新亞洲佛教史 10

朝鮮半島、越南

佛教在漢字文化圈的流布

The Spread of Buddhism Throughout the World of Chinese Script:

Korean Peninsula and Vietnam

石井公成 編輯委員
辛如意 譯者
釋果鏡 中文版總主編

新亞洲佛教史中文版總序

弘揚漢傳佛教，從根本提昇漢傳佛教研究的品質與水準，一直是本所創辦人念茲在茲的心願。這是一場恆久持續的考驗，雖然中華佛學研究所自知能力有限，但仍然願意傾注所有心力，結合海內外的先進與同志，共同攜手為此一目標奮進。

在佛教學術研究的領域，日本學術界的成果一直受到全世界的肯定與注目。「新亞洲佛教史」此一系列研究是日本佛教學界近年來最大規模的結集，十五冊的規模，動員超過兩百位菁英學者，從耆宿到新銳，幾乎網羅無遺，可以說是當今日本佛教學界最具規模的成果展示當不為過矣。本套「新亞洲佛教史」系列海納萬有，概而言之，其重要性約有數端：

（一）「新亞洲佛教史」雖然以印度、中國、日本三大部分為主，但也兼顧中亞、東南亞、越南、韓國等不同地區，涵蓋南傳、漢傳、藏傳等不同的佛教傳統；處理時段從佛陀出世迄於今日。就目前同性質的著作之中，處理時間之長遠，空間之寬闊，迄今尚未有出於其右者。

（二）傳統佛教史的寫作總是詳古略今，無法充分呈現佛教演變的歷史面貌。此次

「新亞洲佛教史」對於近世以降佛教演變的軌跡著意甚深，可謂鉅細靡遺。

（三）傳統佛教史大多集中於思想概念以及政治關係的描述，此次「新亞洲佛教史」在可能的範圍內，嘗試兼顧語言、民俗、文學、藝術、考古學等文化脈絡，開展出各種認識佛法的不同可能性。

職是之由，「新亞洲佛教史」不僅是時間意義上，更重要的意義是一種研究範式的建立。中華佛學研究所取得佼成出版社正式授權，嘗試將日本佛教研究最新系列研究成果介紹給漢語文化圈。其間受到各方協助，特別是青山學院大學陳繼東教授居中聯繫，其功厥偉。同時也要感謝佼成出版社充分授權與協助，讓漢語文化圈的讀者得以接觸這套精心策畫的研究成果。透過高水準學術研究作品的譯介，借鏡世界各國佛教研究者的智慧，讓漢傳佛教研究的境界與視野更高更遠，這是中華佛學研究所責無旁貸的使命，以及未來持續努力的目標。

釋果鏡

中華佛學研究所所長

序

本書的題名是「佛教在漢字文化圈的流布」，不僅是流布，重點亦在於「中國與周圍鄰國的相互影響」。這是為了重新檢視「佛法東漸」或「三國傳來」（編案：佛法從印度經由中國或朝鮮傳入日本）這種從過去以來就已存在的佛教史常識。「印度↓中國↓日本」的模式，是由鎌倉時代的學僧凝然在《三國佛法傳通緣起》、《八宗綱要》等著作中確立的佛教史觀，隨著近代的國族意識高漲，將日本視為大乘佛教發展圓滿之地，並從印度開始將此傳布過程予以重現。然而，這種觀點忽視了以中亞諸國或朝鮮、越南為首的各國功能，抑或雖在各國或印度、中國盛行發展，卻尚未傳入日本的佛教系統，以及在諸國之間所產生的相互影響。實際上的佛教史，堪稱是擁有多元特色的諸國與諸領域之間的複雜交流，以及互為影響的歷史。

例如，北越雖屬漢字文化圈，其佛教卻並非從中土傳入。當佛教經由絲路傳入中國後，尚處於僅在華北發展的時期，越南則早有佛教傳布，亦有越南僧侶前往華南弘法。在中國華南、華北的佛教，以及兩者融合的佛教，又再度傳回越南。此後，從印度或東南亞前往越南的僧侶與越南籍的僧人遠赴中國，或從事譯經，或為人授戒，弘傳活動相當活躍，促使中國佛教更興盛發展並就此傳入越南。

至於朝鮮的情況，並非僅是修習中國佛教而已。高句麗、百濟、新羅的僧侶盛行前往中國，並發展活躍，新羅僧給予中國的影響尤其甚深。元曉等人未能渡唐，其著作卻傳入唐朝，廣為流通。此外，高麗僧義天甚至向遼朝或日本促請提供書籍，致力於蒐集佛教文獻，他曾渡宋習佛，持歸諸多典籍，亦將遭逢戰亂佚失的佛典大量致贈宋朝，促成重振華嚴教學之契機。

日本的佛法是由位於朝鮮半島西部的百濟所傳入，在遣使入唐之際，亦派遣留學僧同行，並直接接受中國佛教的信仰，此後不斷大量接納朝鮮僧侶及文獻，如此傾向一直持續至室町時代。日本僅向朝鮮或中國習佛的情況，至明治時代卻成為最早成功達成近代化，開始拓展海外，並對朝鮮及中國的佛教產生影響。

「印度↓中國↓日本」的觀點，在其他方面亦形成問題。首先，無論是印度或中國，皆是屬於由多種民族、多種語言相互融混，並由諸國反覆進行紛亂獨立與統合的地區，無法以今日的國境或國力為基準來做考量。周圍諸國的情況亦是如此，其中則有發展隆盛之國，雖是小邦，但若正值透過海外貿易等方式而發展成為興盛期，則有可能在學術或美術方面達成一流水準。這種現象若從大航海時代的荷蘭或葡萄牙等例子來思考，則不難理解。其中包括統治蘇門答臘島至馬來半島的三佛齊等在內的國家，曾一時成為足以匹敵印度或斯里蘭卡的佛教據點。除此之外，柬埔寨曾建設如同巴戎寺般的巨大石雕佛教建築，足以與吳哥窟並駕齊驅，以及占婆亦在中越的單陽地區建設巨大石寺，這些王國皆在某一時期國勢十分強盛。在隸屬中國統治之下，而有交趾、交州等地名之稱的北越屢興戰亂，試圖脫離中國而自立。但在另一方面，又與積極接納儒、釋、道三教，或信奉印度教及印度系佛教的東南亞鄰國之間，反覆進行激戰，並不斷受到這些國家影響。

在積極接受中華文化並抵抗中國統治及侵略此點，朝鮮亦是同樣如此。隋朝覆滅的原因，就在於遠征高句麗卻以失敗告終。在高句麗、百濟、新羅的三國之中，新羅是最晚接受佛教，卻將佛教視為一國之柱，急遽增長其勢。在達成統一朝鮮半島的七世紀後期至八世紀中期，新羅在與唐朝處於緊張關係之下盛行研究因明學及唯識學，其盛況不亞於中國。在美術方面，甚至產生足以媲美石窟庵的阿彌陀佛像的藝術傑作。

讀者在逐一閱讀本書各章與專欄之際，不妨針對朝鮮半島與越南這些和日本同屬漢字文化圈的國家，思考他們是如何形成深具特色的佛教，並探究與日本之間又有何相同點。

石井公成

（編輯委員）

目錄

【第七章】 越南佛教　石井公成

體例說明

一、本書針對朝鮮（韓）半島整體進行論述時是使用「朝鮮」，針對現代國名時則略稱為「韓國」、「北韓」。

二、（日文版）漢字標示原則上使用常用漢字。在必須使用舊漢字之處或部分佛教用語之際，可在某些情況下使用舊漢字。

三、有關振假名（編案：為標示漢語讀音而在其上方或周圍附註的假名表音符號）方面，將朝鮮半島與越南的人物、地名、寺名等固有名詞以當地發音為基準，並以片假名表記，若有在日本的慣用稱謂之際，亦一併採用其表記方式。倘若出現難以統合的情況，則以索引來進行對照表記。至於地名方面，除有必要，否則予以省略。

四、當有關人物、書籍、寺院、土地、史蹟、佛教美術品等出現多種稱謂之時，則在可能範圍內予以統一，但亦有某些情況必須尊重執筆者在學術上的考量。

五、原則上在各章首次出現的主要人物生卒年、皇帝或國王的在位年，是以括弧予以標明。若有不確定的情況，則以「約」、「？」來表示。若生卒年皆不詳或身為在世的研究者時，則予以省略。例：張保皐（約七九〇—八四六？）。

六、書中年號採用朝鮮半島與越南的年號或表記方式，括弧內以西元年份表示。例：明宗十九年（一五六四）。

七、書中的典籍名或經典名以《》表示，經典之品名以〈〉表示。例：《法華經》〈如來壽量品〉。

八、書中引文除了主要以「」表示之外，長文引用則與正文間隔一行、整段低二格的方式表示。此外，為能讓引用或參考論述更為明確，則在必要之處的句末（）內詳細記載研究者姓名與論述發表年份，並與卷末參考文獻互為對照。例：（須川英德，二〇〇三）。

第一章

佛教的容受與民間信仰

福士慈稔

身延山大學教授

第一節　古代朝鮮的固有信仰

一、檀君神話與古朝鮮

朝鮮流傳著檀君在西元兩千多年前開國的神話，天神桓因（帝釋天）令其子桓雄降臨於世後，桓雄與化為人身的熊女成親。熊女所生的檀君定都平壤城，並以朝鮮為國號而進行統治。與此傳說有關的最早紀錄，是在高麗時代撰述的《三國遺事》與《帝王韻紀》。《三國遺事》的作者一然（一二〇六—八九）援引《魏書》與《古記》，《帝王韻紀》則是由李承休（一二二四—一三〇〇）引用《檀君本紀》撰成。《三國遺事》所依據的《古記》，以及《帝王韻紀》所依據的《檀君本紀》皆已佚失。《三國遺事》與《帝王韻紀》之中，有關檀君的即位及統治年份的記載略有差異。然而，徐居正等人於西元一四八五年所撰述的《東國通鑑》之中，將檀君即位年份定為「是唐堯戊辰歲也（西元前二三三三，唐堯即位二十五年）」，此後將檀君即位之年定為建國元年，並透過法制化成為檀君紀元（檀紀），至西元一九六一年為止，韓國曾在公定場合持續使用這種紀年方式。約自西元一九〇〇年起，將舊曆十月三日訂為建國日，建立大韓民國後，則變更為陽曆十月三日，並將此日訂為開天節。

據《帝王韻紀》所述，檀君的統治期間為一千零三十八年，統治地區遠及尸羅（新羅）、高禮（高句麗）、南沃沮、北沃沮、東扶餘、北扶餘、濊、貊等，涵括東北亞各部族皆屬於檀君後裔。此外，十七世紀的《揆園史話》曾述及檀君統治的地區是從朝鮮半島至滿州、蒙古、中國北方。其統治區域之遼闊，足以媲美中國皇帝一事，與檀君神話的成立與發展時期不無關係。換言之，這是在契丹侵略及進攻高麗之際，為了鼓舞民心而藉由自古傳承的天神思想與佛教等思想來塑造的神話，至於確切神話形成的時間，大約是在蒙古進攻高麗前後之際。此外，世宗（一四一八—五〇在位）於西元一四二九年將檀君與高句麗的始祖東明王廟予以合祭，檀君亦成為社稷的祭神。此後，朝鮮民族每逢苦難之際，檀君的神話則成為關注焦點，在李朝末期崛起的大倧教（檀君教）對檀君十分崇拜，至殖民時代則發展為民族解放運動。自西元一九九三年起，北韓透過發掘活動而發現檀君之墓。

據《三國遺事》所述，周武王（約西元前十一世紀）於己卯年將朝鮮封予箕子，檀君則歸隱阿斯達山，成為山神。有關漢人箕子東來之說，在司馬遷《史記》〈世家〉與班固《漢書》〈地理志〉之中亦有記載。直至西元元年前後為止，中國曾相信的確有箕子朝鮮存在。據陳壽《三國志》〈東夷傳〉、魚豢《魏略》所述，大約在西元前一九五年之

三世紀的朝鮮半島

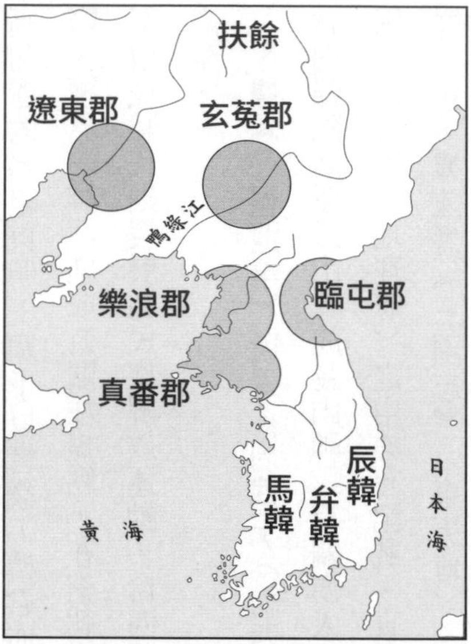

漢朝四郡的設置時期（約西元前二世紀）

際，自箕子在世開始計算至「第四十餘代」之後的箕準時期，箕子朝鮮遭到自燕國亡命而來的衛滿所滅，箕子朝鮮終結後，衛氏朝鮮就此成立。據《史記》〈孝武本紀〉所述，衛氏朝鮮亦於西元前一〇九年歸順西漢武帝，漢朝於翌年在朝鮮設置四郡，亦即樂浪、玄菟、真番、臨屯。真番郡與臨屯郡於西元前八十二年廢止，樂浪郡與玄菟郡的統治地區雖有遷移，卻促使了朝鮮各部族接觸中華文化，並引導朝鮮三國邁向建國之途。

檀君被視為山神，朝鮮山岳亦是始祖的發祥聖地。例如，新羅是透過統合今日位於慶州及其近郊的六小國而得以建國，此六小國（新羅六村）的先祖與桓雄同樣皆是降臨於山上。此外，亦有信奉山中護國神靈的信仰。目前，朝鮮半島的各寺院中之所以建造山神閣的原因，應是佛教與固有信仰相互融合所致。

二、古代朝鮮的祭天儀禮

常以五月下種訖，祭鬼神，群聚歌舞，飲酒晝夜無休。其舞，數十人俱起相隨，踏地低昂，手足相應，節奏有似鐸舞（手執木鐸而舞的中國風舞蹈）。十月農功畢，亦復如之。信鬼神，國邑各立一人主祭天神，名之天君。

如前文所傳述，《三國志》〈韓傳〉記載三世紀的馬韓諸國（位於朝鮮半島西南部的大、小五十餘國）所舉行的春秋祭。此外，《三國志》〈高句麗傳〉記述：「祭鬼神，又祠靈星、社稷。……以十月祭天，國中大會，名曰東盟。」同樣在〈扶餘傳〉、〈濊傳〉之中亦有「祭天神」的記述。

有關鬼神信仰方面，頭上置有山形裝飾、吐露舌頭的鬼面、獸面的鬼神像，記載為永和十三年（三五七）的安岳三號墓（黃海南道安岳郡）的四根石柱斗束（編案：支撐斗拱之用的短柱）上，可知高句麗自古即有鬼神信仰。有關天神信仰方面，在《三國史記》、《三國遺事》等著作中，記載其為古代朝鮮人的信仰根源。在包括《三國志》在內的中國史料中，亦有古代朝鮮人將地位最崇高的天神與地母穀神視為祭神，舉行祭天及農耕儀禮，連日以歌舞助興來娛慶天神與地母穀神，感謝此年收成及祈願次期豐收。此外，古代朝鮮王不僅身為天帝、天神之子，亦是地母穀神之子（獲得穀靈之神人），與五穀命運與共，若五穀歉收，則被逼退位或遭殺害。古代朝鮮王被眾人期盼為具有通靈能力，但在國家形成過程中，將具有通靈能力的職務，漸從君王轉由其母后或嬪妃、王妹等皇族親屬擔任。代替君王奉祀祖靈的王族婦女，被認為是至今在朝鮮半島依舊存在的薩滿，亦即所謂的巫女（巫堂）、巫覡之本源。

據《三國志》〈韓傳〉所述，馬韓諸國設有稱為別邑的聖域，在此處中心豎立大木竿，上方懸掛鈴鐺或鼓以奉祀鬼神，此處為避難者可免遭逮捕的聖域。雖有見解認為可將別邑視為蘇塗，〈韓傳〉卻將蘇塗比擬為類似浮屠（佛塔），認為在別邑入口處豎立木竿（神竿）做為土地邊界神明的象徵，即是蘇塗。

三、朝鮮的龍信仰

根據語言研究分析，研究者認為朝鮮自古以來即有龍的信仰傳統，這是缺乏根據的見解。朝鮮流傳龍的概念是來自中國，在設置漢四郡的時期，尤其是以樂浪、帶方郡時期為課題的研究者甚多。其中包括青龍在內的四神圖（青龍、朱雀、白虎、玄武），這是根據自中國西漢以後在墓室或棺木上的裝飾、或做為各種器物的花紋來予以描繪，並從舊樂浪、帶方郡出土的鏡子等文物上所描繪的四神圖所獲得的見解。高句麗占領樂浪的時間約於西元四世紀初，若根據古墳壁畫的主題內容來看，則可區分為三期：亦即描繪四、五世紀生活情景的人物風俗畫時期；五、六世紀的人物風俗畫及四神圖時期；自六世紀至七世紀中葉以四神圖為中心的時期。自五世紀初期，方才開始在高句麗古墳壁畫中描繪四神之一的聖獸青龍。此外，從西元四一四年所建的〈廣開土王碑〉之中，可發現部分黃龍思想。將四神圖與黃龍予以具體化合併的五神圖，則是出自六世紀的集安五盔墳四號墓（今中國吉林省集安市）等處。龍的概念滲透至高句麗社會，似乎需要若干時間。五世紀後期的古墳開始出現許多佛教圖像，在同一幅壁畫中，除了四神圖之外，亦有描繪佛教式的禮敬圖或菩薩、飛天等形象。這並非高句麗的固有圖像，而是在中國南北朝的壁畫中同樣可見。高句麗對龍的概念是深受中國所影響，故而高句麗對龍的獨特概念，以及高句麗的龍思想與佛教思想所形成的獨特融合樣貌，是難以一窺究竟。

在百濟第二國都熊津（今忠清南道公州市）時期的古墳（宋山里六號墓）之中，可發現四神圖。從古墳建造時代起，就已受到高句麗的古墳壁畫所影響，但在中國南朝、尤其是受到以南梁的丹陽胡橋寶山吳家村磚畫墓等影響為基礎而描繪的這項說法最為有力。此外，在百濟的第三國都扶餘時期所建造的古墳（陵山里東上塚）之中，除了四神圖之外，亦可發現配置著以八瓣蓮花紋為主要圖樣的流雲唐草紋。但與高句麗同樣，從這些圖樣並無法窺知四神圖與佛教思想之間的獨特融合。

在韓國的朝鮮南部有方言「miri」為龍的說法，古代朝鮮自古即有龍的信仰。「miri」是龍的語音直譯，「miru（或miri）」與彌勒的發音相似，加上自古即有對龍的傳統信仰，故而十分盛行崇奉在綻放著龍形花卉的龍華樹下成道的未來佛彌勒菩薩。這項說法，是以從六世紀末以後在百濟地方盛行的彌勒信仰為主要訴求。姑且不論朝鮮南部是否真有龍的傳統信仰存在，隨著佛教滲透百濟，與彌勒信仰相關的龍信仰就此得以穩定發展的說法，應是十分妥切。

在新羅統一之前，從古墳壁畫中並未發現四神圖。其原因是發展至七世紀為止的積石木槨墓的墓制，亦即在安置木棺後建造木槨，再以礫石覆蓋於棺木上，並將泥土填在棺木周圍的這種墓制，被認為是阻礙採用壁畫的原因。從五世紀後期的飾履塚（今慶州市）出土的金銅製鞋履等物件中，可發現有龍紋圖案存在。此外，從《三國遺事》中舉出古代有關龍傳說的傳承，由此可知新羅是大約在五世紀開始對龍有所認知。然而，在《三國遺事》中與龍有關的記載，幾乎皆是在官方正式承認佛教傳入之後，而其記載亦與佛教相關。雖有某些惡龍存在，但是有關善龍、尤其是護法龍、護國龍的記載甚多。例如，在新羅統一之前的皇龍寺護法龍，以及在統一之後，從義湘創建浮石寺的傳說中所出現的護法龍、文武王薨逝之後成為護法龍的說話故事等。從前述內容可知，新羅對龍的概念是確立於官方正式承認佛教之後，初期是被視為護法龍而獲得信仰，此後發展成與護國佛教相輔相成的護國龍之信仰。

第二節　高句麗的佛教容受

一、高句麗的佛教公傳

據《三國史記》〈高句麗本紀〉所述，在高句麗小獸林王二年（三七二），前秦王苻堅（三五七－八五在位）在遣使高句麗之際，亦遣僧順道攜帶佛像及經卷同往，此事件被視為朝鮮佛教初傳。小獸林王遣使朝貢以表謝忱，兩年後僧侶阿道來朝，翌年創建肖（省）門寺與伊弗蘭寺，各別由順道與阿道擔任住持。

在前秦稱霸華北，促使前燕滅亡的西元三七〇年為止，高句麗隸屬於前燕的冊封體制之下。故國原王十二年（三四二），興起於遼河流域的前燕侵略高句麗，攻陷國都丸都城，將葬於王陵的先王屍首掘出，俘虜母后、王妃及五萬民眾，並破壞及焚毀城池之後凱旋而歸。翌年，故國原王臣服於前燕，將先王屍首領回，此為屈辱的順服行動。前燕於西元三七〇年滅亡後，故國原王將前燕的亡命者慕容評等人逮捕送返前秦，高句麗此後改入前秦的冊封體制之下。高句麗與南方的新興勢力百濟交戰，於西元三七一年遭百濟攻陷平壤，故國原王戰死沙場。同年，百濟遷都於漢江流域的漢山。對高句麗而言，南方防禦政策成為當務之急。西元三七二年，百濟向東晉朝貢，獲賜「鎮東將軍領樂浪太守」之號，在此情況下容受前秦傳入的佛教信仰。從中國南北朝與朝鮮半島各國的政治考量之下，亦可窺知佛教公傳之年的說法是否恰當。

對照於《三國史記》的紀錄，《三國遺事》與覺訓所撰的《海東高僧傳》則提出諸種不同說法。《三國遺事》援引〈高麗本記〉，引介阿道是來自東晉的說法，並引用〈僧傳〉所記載的順道、阿道皆來自魏國，而非前秦之說。然而，被視為〈高麗本記〉原本的《三國史記》〈高句麗本紀〉之中，並無阿道是來自東晉的記載。被視為〈僧傳〉原本的《海東高僧傳》之中，亦沒有阿道來自魏國的紀錄。有關《三國遺事》所引用的〈高麗本記〉，研究者指出或許是出自比《三國史記》更早編纂的《舊三國史》記述。至於〈僧傳〉方面，則指出一然存世之際所流通的《海東高僧傳》與當時流傳的刊本《海東高僧傳》，兩者在內容上略有差異。

進而針對小獸林王五年（三七五）創建的肖門寺與伊弗蘭寺方面，《海東高僧傳》指出肖門寺、伊弗蘭寺，分別是當時的興國寺、興福寺。若與《東國輿地勝覽》等資料相互對照，該寺位於今日的平壤地區。然而，一然認為肖門寺與伊弗蘭寺的位置，就位於西元三七五年當時的都城丸都、國內城地區，並批判《海東高僧傳》的記載有誤。從丸都、國內城遷都至平壤的時間是西元四二七年，肖門寺與伊弗蘭寺的所在地至今依舊不明。

此外，有關高句麗的佛教初傳，則有曇始提出的高句麗開教說。出身關中的曇始於東晉太元年間（三七六—九六）的末期，持數十部經律前往遼東，在當地宣說三乘教及勸請皈依戒法。東晉義熙年間（四〇五—一八）的初期返回關中。有關其弘教的說法，是根據「高句麗聞道之始」的慧皎《高僧傳》〈曇始傳〉。在《高僧傳》記載中，最令人關注的是新羅崔致遠所撰的〈鳳巖寺智證大師寂照塔碑銘〉（九二四年建立），將曇始視為高句麗開教之先驅。此後《海東高僧傳》介紹〈曇始傳〉，卻指出曇始是繼順道、阿道之後而赴高句麗。《三國遺事》將曇始描述成一名行徑玄異、莫測高深的人物，從生存年代及事蹟相當類似此點來看，或許是將前往高句麗的阿道、據傳將佛教傳入新羅的墨胡子、或將佛教傳入百濟的摩羅難陀等傳說人物變更其名而成。

二、佛教在公傳之前就已傳入高句麗的可能性

研究者認為佛教公傳的時間點為西元三七二年，但從民間層級來看，佛教可能在此之前就已傳入高句麗。《高僧傳》卷四之中，記載東晉的支遁（三一四—六六）撰有致高句麗道人的書簡，文中讚揚竺潛（二八六—三七四）的德懿風範。從支遁與高句麗道人的交流來看，有見解認為高句麗道人或許曾負笈於江南。總之至支遁示寂之前，從其言行記載可窺知高句麗曾有具備佛教知識的人士存在。

此外，根據記載為永和十三年（三五七）所建的安岳三號墓（今黃海南道安岳郡）之中，在墓主夫婦同坐的宅邸屋頂中央繪有蓮花，墓主擁有的宅邸隅飾（編案：設置在建築物四隅的突起狀裝飾）上繪有蓮花苞，墓主夫人所屬的屋室內則繪有三瓣蓮花。在佛教傳入中國各地之前就已描繪蓮花，若僅以蓮花圖來探討與佛教之間的關聯，則是妄下定論。至於高句麗的情況，則是在四世紀中葉的墳墓中忽然出現蓮花圖，例如安岳三號墓、桓仁（中國遼寧省桓仁縣）的米倉溝一號墓、集安（中國吉林省集安市）的散蓮花塚。故可認為在高句麗的蓮花圖中已意識到佛教之存在，在佛教公傳之前，墳墓中就已呈現佛教色彩。西元三七二年之前的高句麗宗主國前燕曾遷都至後趙（三一九—五一）的國都鄴（中國河南省臨漳縣），一說遷都年份為西元三五八年，後趙在佛圖澄（二三二—三四八）的積極傳揚下，佛教大為興盛。由此應可推估前燕在遷都前後佛教發展的情況，以及從戰亂頻仍的中國華北亡命至高句麗的漢人所傳奉的佛教信仰，在當時皆已傳入高句麗。

三、高句麗諸王與佛教

小獸林王於西元三七二年（據傳為佛教初傳之年）建立大學培育學子，翌年頒布律令。其對國際情勢的覺察力十分敏銳，並能充實國力，對佛教方面，亦在前秦派遣順道前來之時迅速回表謝意。此外，小獸林從創建肖門寺與伊弗蘭寺之際，就已積極接納佛教信仰。此外，《三國史記》記載故國壤王於西元三九二年下令「崇信佛法，求福」，翌年廣開土王於平壤創建九座寺院。有一說指出故國壤王薨逝的年份為西元三九一年，故而質疑翌年頒布教令的說法，總之是無從得知諸王信仰佛教的狀況。從故國壤王於遷都之前就已在平壤創建九座寺院，以及西元一九七六年在平壤西郊的平安南道南浦市德興里發現古墳壁畫（銘文為四〇八年）之時，從壁畫中可發現官僚貴族皆虔信佛教，由此可知當時是以平壤為中心而形成佛教信仰。然而，記載為「釋迦文佛弟子□□氏鎮」的埋葬者，其官爵為「建威將軍、國小大兄、左將軍、龍驤將軍、遼東大守、使持節、東夷校尉、幽州刺史」，由此可知亡命至高句麗的人物是出身漢族。若一併考量安岳三號墓的埋葬者，可知

高句麗王朝君主世系圖

……⑮美川王（三〇〇—三一）—⑯故國原王（三三一—七一）—⑰小獸林王（三七一—八四）

⑱故國壤王（三八四—九一）—⑲廣開土王（三九一—四一二）—⑳長壽王（四一三—九一）—〇—㉑文咨明王（四九二—五一九）……

〇中數字是王位繼承順序
（）是在位之年

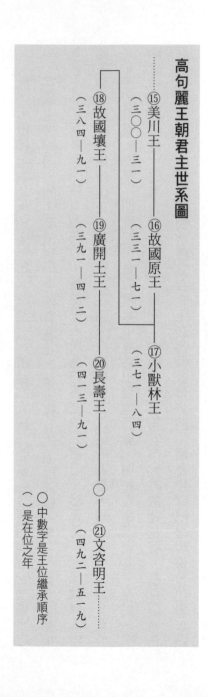

佛教的信仰者首先是以亡命漢人為中心，高句麗君主及貴族則是以追隨方式來接受信仰。

有關廣開土王之後的佛教後續紀錄，則需待至《三國史記》〈高句麗本紀〉所記載的文咨明王於西元四九八年創建金剛寺為止。然而，五世紀末建造的長川一號墓（今中國吉林省集安市）或位於該地區的三室塚之中，繪有墓主祈求前往彼岸的蓮花化生圖或飛天圖。從五世紀後期起的古墳壁畫中，開始出現眾多佛教圖像，由此可窺知佛教滲透貴族階層之深。此外，《三國史記》〈新羅本紀〉或《三國遺事》所記載的新羅訥祇王時期（四一七—五八在位）曾有自高句麗入新羅傳教的紀錄。佛教滲透高句麗內部之深，甚至達到足以赴他國傳教的程度。僧官制度亦同，新羅的僧官制度是藉由高句麗僧惠亮傳入後，並於西元五五一年獲得整頓完備。

四、高句麗佛教的特徵

高句麗接受的佛教，應是採取前燕、前秦等地的華北佛教，並藉由與東晉、江南的貴族佛教互為融混的形式而成。直至五世紀之前，雖已無從得知研究何種經典，但有見解將義淵視為唯識學者，他曾於西元五七六年向北齊定國寺的法上質疑有關高句麗佛教界的問題。並從其提出質疑的內容得知，當時高句麗佛教界是從經典研究的階段，進入《十地經論》、《大智度論》、《金剛般若波羅蜜經論》等論書研究的階段。此外，由高句麗佛教界大量促成如江南三論學派之鼻祖僧朗般的英才輩出。

僧朗是在中國北地修習三論學，南齊建武年間（四九四—九八）南下江南，於楊都的鐘山草堂寺等地講學之後，駐錫攝山止觀寺，獲得梁武帝（五〇二—四九）所崇奉，武帝於西元五一二年派遣智寂等十位名僧碩學向僧朗修習三論大義。在十名僧侶中，唯有僧詮留於僧朗門下，成為攝山三論學派二祖，在與法朗、吉藏互動積累中，促使三論學派得以集其大成。身為鼻祖的僧朗應是功不可沒。約於西元六〇〇年，高句麗出身的實法師與印法師指導慧持、法敏、靈睿等人。就年代來看，實法師與印法師不可能直接受學於僧朗，卻應是仰慕其人而在攝山受學。此外，可確定在高句麗國內曾有與實法師及印法師同樣修習三論學的人物。日本三論宗始祖慧灌曾在師事吉藏之後，於西元六二五年渡日，亦是高句麗人氏。

高句麗的寺院分布圖

進而如同般若與智晃，兩位皆為高句麗人氏。般若於南陳時期前往江南金陵並師事智顗，在智顗示寂後遵其教法，並於天台山華頂峰修頭陀行，後於西元六一三年辭世。智晃曾與在北周廢佛之際避難而來的曇遷有所交流，並以通曉說一切有部而聲名遠揚，在七世紀初的高句麗佛教界，甚至大量促成這些僧侶在中國大放異彩。

五、高句麗佛教與道教傳入

令人意外的是，自七世紀初之後，高句麗佛教界卻遭到國家冷漠以對。高句麗在隋朝統一中國之前就已被納入冊封體制之下。然而，隋煬帝（六〇四—一八在位）因與高句麗發生國界紛爭，又因受到新羅及百濟懇請，自西元六一二年起三度征討高句麗。三次征戰導致兩國疲憊不堪，六年後，遂以唐代隋而立新朝。唐高祖李淵（六一八—二六在位）因隋朝推行護佛政策，故有反推之舉，限制僧侶人數及寺院數量，西元六二五年彙集三教學者，立定道、儒、佛教的先後次序。唐朝的保護道教政策已遵循既定路線，並於前一年冊封榮留王為「上柱國遼東郡公高句麗國王」，派遣道士遠赴高句麗傳揚道教。據《三國史記》記載，高句麗於西元六二五年向唐朝請求准許遣人赴唐修習佛、道二教，但高句麗僧早已活躍於中國各地。遣使的主要意圖，就在於獲准修習道教。

西元六四三年，在寶藏王的冀求之下，唐太宗遣送包括道士叔達等八名人士前往，並致贈《老子道德經》。寶藏王心喜之餘廢除佛寺，並將之改為道士所居的道觀，做為叔達等人的居所。據傳高句麗積極接納道教的原因，是基於太宗因李唐皇室的姓氏與老子（李耳）同姓，故將道教視為國教，試圖藉由信奉道教來博取唐朝歡欣。亦有一項理由認為，是由於道教與高句麗固有的原始信仰十分相似所致。縱使唐太宗於西元六四四至六四八年之間三度征討高句麗，高句麗對道教的信仰仍方興未艾。曾有一則描述高句麗當時情況的說話故事，就是在西元六五〇年，盤龍寺的僧侶普德屢次向王勸諫不宜尊奉道教，國家仍信道不信佛，故而棄庵逃往百濟全州的景福寺。因朝廷推行以道教為尊的政策，似有不少僧人亡命至鄰國百濟、新羅，甚至他國的情況。果真如普德所憂懼般，高句麗遂於西元六六八年步向亡國之途。

第三節　百濟的佛教容受

一、百濟的佛教傳入

據《三國史記》所述，枕流王元年（三八四）九月，東晉的胡僧摩羅難陀前往百濟，此為百濟佛教初傳，在此之前並未有佛教的相關記述。百濟於西元三七二年向東晉朝貢，獲賜「鎮東將軍領樂浪太守」之號。從百濟使臣之中，可知亦有自古以來留居於百濟征服之地的漢族或亡命當地的漢人。此外，如同與鄰國高句麗在佛教公傳之前早已信仰佛教般，百濟國內亦出現漢人信佛的情況。

西元三八四年七月，枕流王在報告即位之際兼而向東晉朝貢。摩羅難陀自東晉抵達百濟後，枕流王隨即在宮中迎接並表示禮敬之意。翌年，王於國都漢城創建佛寺，並有十名出家僧侶。百濟因有如此迅速對應，故有說法指出西元三八四年為東晉佛教公傳百濟之年。然而，《三國遺事》中曾有阿莘王元年（三九二），王頒布「崇信佛法求福」之令的紀錄。至於在《三國史記》中有關官方正式承認的佛教相關紀錄，則需待至聖王在位時期的西元五四一年為止，當時曾在向南梁朝貢之際，請求贈予「涅槃等經義」及派遣工匠、畫師等人。佛教初傳的紀錄僅有數項，包括此後約有一百五十年間毫無紀錄，百濟漢城時期（三七一—四七五）的佛教遺跡並不存在。此外，最重要的是在《日本書紀》推古三十二年（六二四）年條引用百濟僧觀勒的上奏文解釋，由此可推測百濟佛教的初傳時間是比西元六二四年更早一百年的西元五二四年左右。由這幾項要素來看，直至不久之前，日本方面對摩羅難陀初傳佛教之說是採取質疑傾向。

二、百濟諸王與佛教

所謂沒有留存漢城時代的遺跡，其原因就在於寺院皆集中於國都，國都則因遭受高句麗攻擊而淪陷，再加上國都位於現今的首都首爾，已不可能進行發掘。佛教傳入之際，百濟王權並非穩固。枕流王在位兩年即撒手人寰，太子阿莘尚幼，故由辰斯王即位。辰斯王僅在位八年，死因未明。繼辰斯王之後，由阿莘王即位，在位期間為十四年。阿莘王薨逝後，由其二弟訓解擔任攝政，並等待在倭國成為人質的太子腆支返國，訓解卻遭么弟碟禮殺害並自立為王。此後碟禮隨即遭國人所弒，腆支返國後繼承阿莘王之位。解氏是與辰斯王離世、阿莘王即位、腆支王即位皆有關聯的氏族，在位處佛教傳入途徑的漢江流域下游掌握權勢。一說認為真氏在接受佛教信仰之前已擁有勢力，解氏則因接受佛教信仰，故能以此為契機來鞏固與王族的關係，得以擔當儀禮、宗教等方面的官職，並為弘揚佛教發揮重大功能。

漢城於西元四七五年淪陷，高句麗僧道琳則是策謀者之一。道琳奉長壽王（四一三—九一在位）之命入百濟，運用計謀使蓋鹵王聽信其說，並為此修理王城及宮殿，導致民生疲弊，國庫匱乏。蓋鹵王應是信佛崇僧，方才聽信道琳之言。漢城在遭受高句麗侵攻之下都城淪陷，蓋鹵王亦遭殺害。

王子文周逃至熊津即位，定都熊津的時期僅有短暫六十載。據《三國史記》、《三國遺事》等史料所傳述，在熊津地區的寺院僅有大通寺、水源寺而已。藉由發掘調查，可確認只遺留刻有「大通」銘文的瓦片及幢竿支柱的大通寺遺址。此外，雖在前述的兩部史料中未曾記載，但已發現「西穴寺」銘瓦片，由此可確認是西穴寺遺址，其他尚有發現多處寺院遺址。以熊津的公山城為中心的寺院，則零星分布於此。從西元一九七一年發現的公州宋山里的武寧王陵，可一窺熊津時期的君主與佛教之間的關係。從出土品中的王妃木枕上所描繪的蓮花或天人等圖案，與在中國江蘇省丹陽地區發現的南齊帝陵的文物一致，在銅鏢及銀盞上描繪的淨土變相圖等作品之中，可發現受到南朝佛教的影響。從武寧王（五〇一—二三在位）及王妃的陪葬愛用品之中，可窺知兩者皆信奉佛教。此外，有關據傳聖王（五二三—五四在位）曾向日本傳布佛法一事，亦有見解認為，這是基於在三國鼎立的情況下向日本請求軍援所付出的代價。但若從伴隨聖王信仰的佛學知見來看，則令人感到質疑。熊津時期的佛教在聖王在位時期，就已滲透至王公貴族的生活之中。

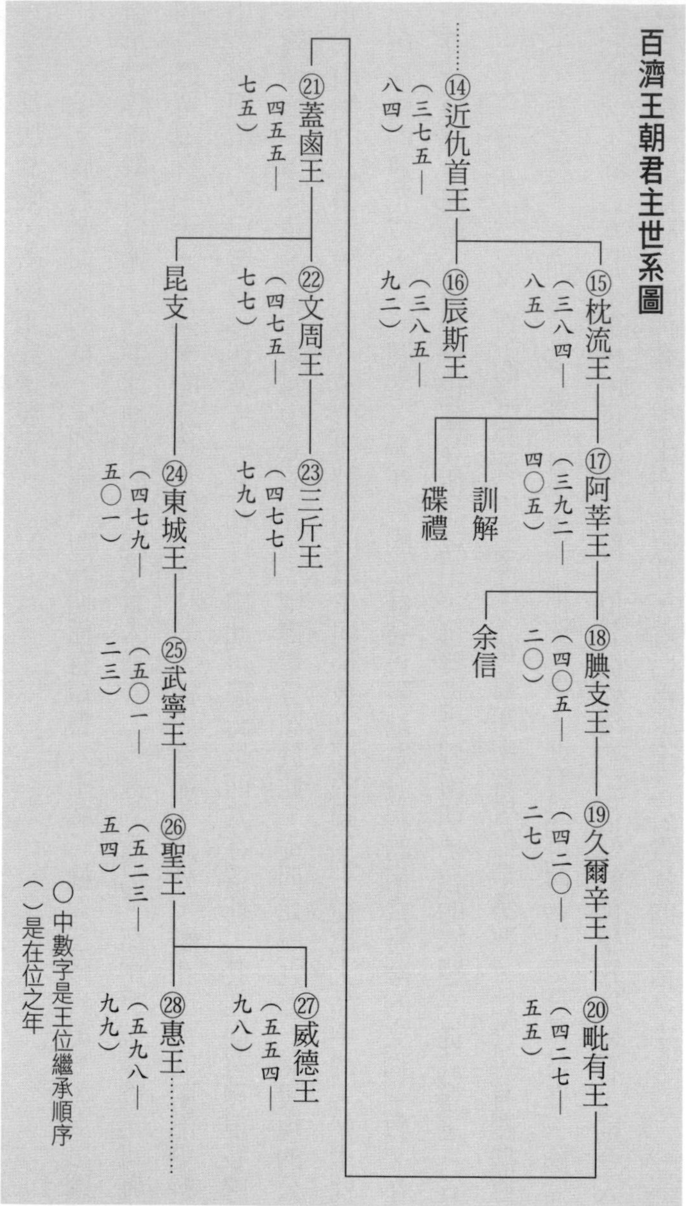

聖王於西元五三八年，從熊津遷都至錦江下游三十公里處的扶餘，並建造泗沘城。移都熊津是受到高句麗攻擊才退避至此，缺乏充分時間選擇定都之地，遷都扶餘則是重新選

擇合適地點。在遷都不久後，聖王於西元五四一年向梁武帝朝貢，請求「涅槃等經義」及工匠、畫師，更致力於興盛佛法。有關「涅槃等經義」，一說認為或許是指武帝御製的《制旨大般涅槃經講疏》，總之是藉由重新向南梁請求工匠及畫師來整頓龐大的寺院建設，在環繞國都及王城的城廓內、外建立寺院。從國都周圍發掘的寺院遺址中，可確認有王興寺遺址、軍守里寺遺址等二十餘處的寺院遺跡。《周書》〈百濟傳〉中亦有「僧尼寺塔甚多」的記載，述說扶餘時期的佛教發展隆盛。

三、百濟的戒律佛教

據《彌勒佛光寺事蹟》所述，西元五二六年謙益赴梵土求法返國之際，聖王聞此消息，不惜遠至郊外以禮相迎。謙益取道海路，抵達中印的常伽耶大律寺，學習梵文五年，在梵僧倍達多三藏的陪同下，攜歸梵本阿毘曇藏與五部律文。聖王延請謙益成為興輪寺住持，並與二十八位名僧合譯律部七十二卷。曇旭、惠仁繼而為律部七十二卷撰寫三十六卷注釋書，並獻呈聖王，王則為其作序。謙益求法的重要性，可從聖王的舉動來略窺一二。如聖王對謙益禮遇備至，並使其成為興輪寺住持，該寺是扶餘地區最宏偉的寺院（扶餘位於夾抱錦江之處，興輪寺則位於泗沘城前方不遠），以及聖王下令要求傾百濟佛教界之總力，將謙益攜歸的律部悉數譯出。至於謙益出發前往印度的時間，則是武寧王在位之時。

謙益攜歸的律典究竟是否為中國所傳的新律，情況尚未明確。專程前往印度求取的律典，應是中國未傳的佛典。為了整頓教團，必須具備新律典。《三國史記》〈雜志〉之中出現百濟職官的記述，在宮廷內官中的功德部方面，若從名稱來判斷認為是屬於管轄佛教教團的國家機構，再將此說法一併考量來看，則謙益應是奉國命而求法。重視戒律被視為百濟佛教之一大特徵，這項特徵可從百濟僧為日本最早出家的善信尼等人授戒，以及百濟國政於西元五九九年頒布禁止殺生令及宣揚放生令等行動來予以彰顯。此外，在百濟覆亡後，百濟僧憬興奉文武王遺命而被舉為國老，並成為國政顧問，對新羅佛教亦造成影響。

四、百濟的法華信仰

在三國之中，百濟是最能明顯推知深奉法華信仰的國家。至於開其先河的人物，則是在中國聽聞法華信仰的發正，以及在慧思（五一五—七七）之下修行的玄光。發正於梁武帝天監年間（五〇二—一九）入華求法，在南梁留居三十餘載，在即將歸國之際，於越州界山目睹《法華經》的受持功德與觀音信仰的功德之後返國。發正的歸國時期，是從聖王在位中期至威德王在位前期（五五四—九八在位），返國後的傳法活動則尚未明確。然而，慧思為避中國華北亂局並開始在華南活躍的時期，與發正在華南滯居的期間互為重疊。玄光應是經由發正得知慧思此人，故而前往其處修學。慧思於南嶽衡山度過晚年，玄光在其門下獲得慧思以《法華安樂行義》為基礎的行法傳授，證得法華三昧並獲受印可。在慧思弟子中能受印可者，唯有智顗與玄光而已。據傳玄光接受慧思勸導其應在百濟教化佛事，故於威德王在位時期返國，並於熊津翁山立寺，集眾說法。玄光的弟子之中，有受莂（獲受印可）一名、修持火光三昧者一名、水光三昧者兩名。所謂的火光三昧、水光三昧，應如《法華經》〈妙莊嚴王本事品〉所描述般，是從身上出水、身下出火，或從身下出水、身上出火的三昧。

此外，尚有在《續高僧傳》中收錄其傳記的慧顯（惠現），雖未赴中土求法，但其佛道修行及神異事蹟亦在中國流傳。慧顯以誦《法華經》為業，多有祈福請願而遂願之事，住北部的修德寺，若有聽眾則宣講佛法，若無眾則誦經修持。此後，慧顯徙居南方的達拏山，於西元六二八年以五十八歲之齡示寂。有一奇瑞事蹟，就是在慧顯歿後，同門者將其屍身安置於石窟中，老虎噬盡其骨肉，卻剩骷髏及舌頭，歷經三年後，其舌依舊鮮紅柔軟。從慧顯曾有同門的紀錄來看，由此可窺知法華信仰曾廣布於百濟。

此外，有關慧顯駐錫的修德寺，該寺是由守護北方的功德天信仰所形成的護國寺院。對百濟而言，讀誦的《法華經》是護國經典。在熊津時期所創建的大通寺，其寺名並非取自南梁的「大通」年號，而是出自《法華經》的「大通智勝如來」。亦有見解認為，身為有力貴族的砂宅智積之名，是從《法華經》中的智積菩薩而來，十分耐人尋味。

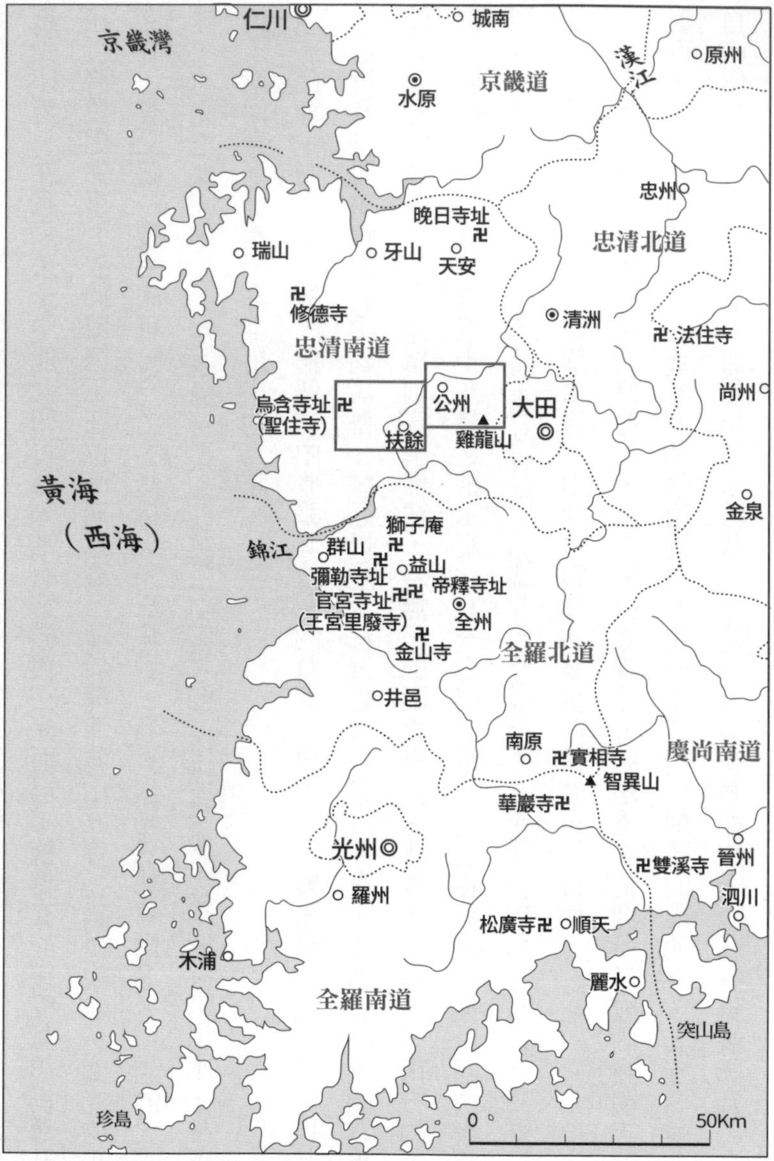
仁川
城南
京畿灣
漢江
原州
水原
京畿道
忠州
晚日寺址
忠清北道
瑞山
牙山
天安
修德寺
清洲
法住寺
忠清南道
烏含寺址
(聖住寺)
公州
大田
尚州
扶餘
雞龍山
黃海
(西海)
金泉
獅子庵
錦江
群山
益山
彌勒寺址
帝釋寺址
官宮寺址
(王宮里廢寺)
全州
金山寺
全羅北道
井邑
南原
實相寺
慶尚南道
智異山
華嚴寺
光州
雙溪寺
晉州
羅州
泗川
松廣寺
順天
木浦
麗水
全羅南道
突山島
珍島
0
50Km

百濟寺院分布圖

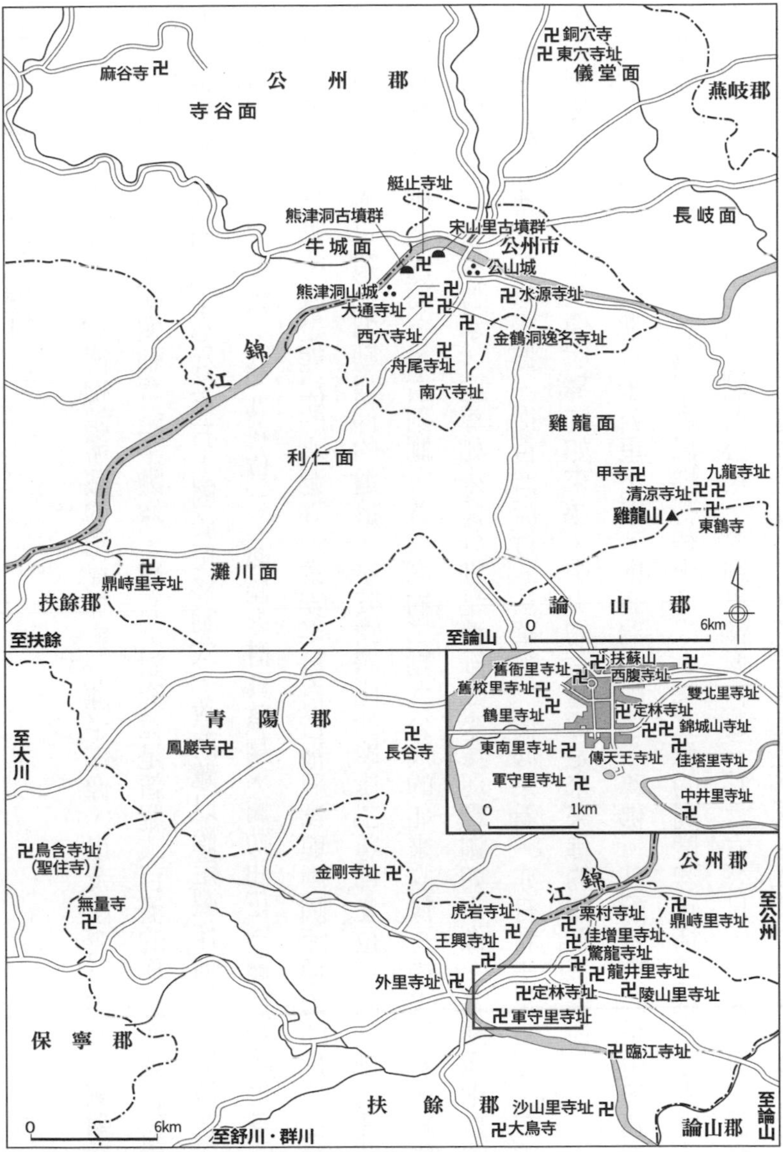

公州（上）與扶餘（下）的寺院分布

五、百濟的彌勒信仰

有關韓國的國立中央博物館所藏的兩尊彌勒菩薩半跏像，以及國寶三山冠金銅彌勒菩薩半跏像、日月冠金銅彌勒菩薩半跏像，雖有針對究竟是新羅或百濟的作品而議論紛紛，但因金銅佛身高約九十公分左右，屬於可移動式，故而難以確定製作地點。據傳在新羅的真智王時期（五七六—七九在位），興輪寺僧真慈為求彌勒仙花（彌勒菩薩化身的花郎）而前往的地點，就是熊津的水源寺。泰安半島自古被視為與中國流通的門戶，從泰安至熊津途中，亦可窺見彌勒信仰的遺痕。泰安白華山的摩崖三尊佛在位於同一排的蓮花座上，包括蓮花座在內的左、右兩側，各有高約二點九公尺的如來立像，中央則有高約兩公尺的菩薩立像。根據傳承，兩尊如來像分別是藥師如來像與釋迦如來像，菩薩像則是觀音菩薩像，但此傳承並無憑據。從百濟流行《法華經》信仰來看，亦有看法認為左、右兩側的如來像應是多寶如來像與釋迦如來像，中央的菩薩像是未來佛的彌勒菩薩像。

從泰安朝熊津約前進二十公里之處，則有瑞山摩崖三尊佛。其配置方式是中央為如來立像，左為菩薩立像、右為半跏思惟菩薩坐像。如來立像的高度若包括蓮花座在內則約二點八公尺，菩薩立像約為一點七公尺，半跏思惟像約為一點六六公尺。如來立像的佛容素以「百濟微笑」而馳名，此尊彌勒半跏思惟像在摩崖像之中成為韓國最早的尊像，故而備受珍視。

此外，彌勒信仰亦以建寺型態來予以顯現。武王（六〇〇—四一）於益山建立的彌勒寺，是在君王巡幸師子寺之際，目睹龍華山的山麓水池中示現彌勒三尊像，故而建造該寺。彌勒寺是以降生於世的彌勒菩薩三度說法的彌勒三會為創寺因緣，該寺猶如將寺地分為三處般，形成三塔三金堂的形式，亦即中央為九層木塔，東、西各置九層石塔，是屬於前所未見的特殊伽藍配置。雖僅剩西塔且有崩塌現象，卻仍留存建築遺構，在日帝時代西元一九二五年曾以混凝土嘗試修復，卻評價甚低。目前是自西元一九九九年重新拆除後，仍處於修復狀態中。東塔已完全塌毀，目前運用當時的石材予以精巧修復。從寺區可一窺當時彌勒信仰的隆盛樣貌。此外，以三層彌勒殿為中心的金山寺（全羅北道金堤市），不僅有武王時期的創寺傳說，更有百濟遺民真表於

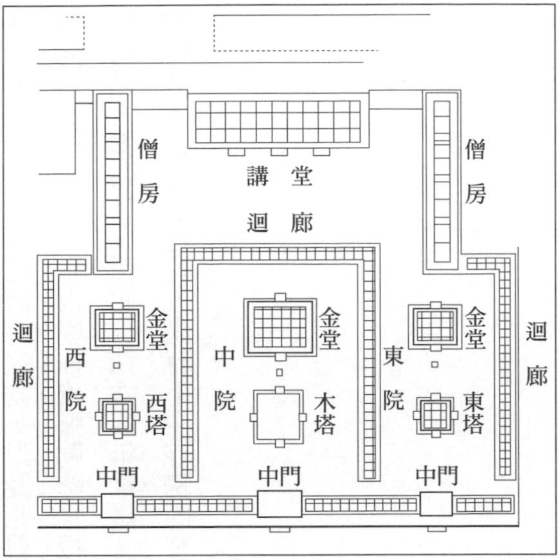

彌勒寺西塔的伽藍配置圖

西元七六〇年代重建該寺之說，以及相傳真表曾獲得來自兜率天的彌勒菩薩為其授戒，故以此為契機，在金堂南壁描繪彌勒降世授戒的威儀形象。現今法住寺（忠清北道報恩郡）內的巨大彌勒像於西元一九六四年重建，由此可窺知據傳創建於百濟時代的該寺亦屬於彌勒信仰。在百濟地區，尚有不少寺院內有彌勒信仰的形跡可循。

第四節　新羅的佛教容受

一、新羅官方正式接納佛教

有關新羅的佛教初傳，在《三國史記》、《三國遺事》、《海東高僧傳》之中收錄幾篇不同說法。這些說法中包含各種問題，故有許多研究發表。其中一項有力見解，就是「新羅佛教是以高句麗傳入的佛教為建構基礎，並以南梁使節前來朝覲為契機，佛教信仰方才獲得國家正式承認」。另有見解加以補足，首先是約在法興王（五一四—四〇在位）時期的西元五二〇年，高句麗佛教以私傳方式傳入，換言之，高句麗僧我道（阿道）將佛教傳入慶尚北道善山郡附近。西元五二一年，新羅為了與南梁交好，故而透過百濟仲介，由梁使（僧元表）攜入熏香等物品，並以梁使朝覲為契機，達成官方正式承認佛教。但據中國史料或《三國史記》所述，新羅於西元三七七年追隨高句麗而入前秦，並於西元三八一、三八二年遣使朝貢。此後，暫與中國中斷交涉，雖無法透過遣使來容受前秦佛教，但歷經與鄰國高句麗、百濟的從屬過程及征戰、修和等關係，應有來自早先接受佛教信仰的高句麗或百濟民間層級所傳揚的佛教。這些跡象可從以下兩項紀錄來推展，亦即從

《三國遺事》中可知在炤知王（四七九—五〇〇在位）時期，宮內已有焚修僧存在的紀錄，以及自古高句麗在佛教初傳之前的味鄒王在位時期（西元二六三年），即有僧人我道在與佛教淵緣甚深之地（建有釋迦存世之前的佛伽藍）的新羅國內弘傳佛教。另有一項傳說存在，就是繼訥祇王（四一七—五八在位）、炤知王時期之後，是由墨胡子、我道傳入佛教。

雖有研究進行，佛教的初傳年份仍未能確定，故認為新羅佛教是由法興王正式承認其信仰而為初始。有關其詳細過程，《三國史記》、《三國遺事》、《海東高僧傳》所收錄的內容皆為一致。法興王欲信奉在國內傳揚的佛教，卻因群臣反對而無法遂願。何況當時新羅王權岌岌可危，國家重大政策皆是以「和白」的方式，亦即是以眾人一致通過為宗旨的貴族（部族首長）會議來決定，法興王的奉佛目的是在於克服舊體制所產生的弊病。換言之，這是試圖將與「古老的固有信仰＝祭祀組織」密切連結的國家體制，建構成以先進宗教的佛教為中心所形成的牢固體系。總之，根據《三國史記》所述，法興王的近臣異次頓向王表明殉教之意，在會議中主張尊信佛教的重要性，故而遭到處斬。異次頓於臨死前曾言：「余將因佛法而就刑矣。佛其有神心，余之死也，必有異於常者。」遂遭處刑，就在施行斬首時，竟從異次頓的頸中噴出乳白色鮮血。據傳群臣見此玄異現象，紛紛大驚失色，就此不再反對信佛。日本方面針對此記載，曾在昭和時代初期從佛典中探索與白乳有關的紀錄，雖有論稿探討異次頓身上冒出白乳的出處典據，但《三國遺事》記載其出身為「父未詳，祖阿珍宗，即習寶葛文王之子」，其書收錄的〈阿道碑〉則述及「父吉升，祖功漢，曾祖乞解大王」，由此可知其出身背景。這兩項資料的紀錄缺乏整合性，可知除了是殉教的說話故事之外，亦可單純視其為說話故事中的人物。然而，近年在韓國出現異次頓是法興王之甥的見解，在日本則有見解發表認為異次頓是法興王之孫。至今被視為虛構人物的異次頓，在其真實性逐漸浮顯的同時，亦可從中得知一項史實，就是在接受國家佛教信仰之際，固守著以傳統信仰為基礎的舊體制貴族勢力，曾抵抗試圖建構以佛教為中心的新體制皇族。

有關佛教獲得官方正式承認的年份，《三國遺事》記載了興輪寺原本進行施工，不久卻在西元五二七年中斷工程，西元五三五年重新開工進行，故有見解將此年視為官方正式承認佛教信仰之年。韓國方面採用《三國史記》所記載的法興王十五年（五二八）之條所記錄的「肇行佛法」，認為應是西元五二八年。日本則認為《三國史記》記載有誤，在《三國遺事》紀錄中所見的丁未年（五二七）才是正確年份，故採用西元五二七年。此外，在《三國遺事》之中有關興輪寺的初建年份記錄為「二十一年乙卯大伐天鏡林，始興工梁棟之材」，若關注法興王二十一年，則是西元五三四年，若採取乙卯的干支年，則是西元五三五年。

二、新羅諸王與佛教

法興王在正式承認佛教信仰後，於西元五二九年下令禁止殺生。這與其說是要求國民遵守佛教所提倡的不殺生，毋寧說是基於一種國家立場的表態，亦即將宗教式的國家儀禮藉由佛教來實踐的思考方式更為妥切。從〈蔚珍鳳坪碑〉或〈迎日冷水碑〉等金石文所記載的「煞（殺）斑牛」、「煞牛」文字，可由此得知當時廢除曾在新羅舉行為了向天立誓而殺牛的祭祀儀禮。據金石文〈蔚州川前里書石乙卯年銘〉（五三五）所記載，可知法興王在巡幸之時，曾有「道人比丘僧安」、「沙彌僧首」兩者同行。值得關注的是，新羅在官方正式承認佛教不久之後，此二僧究竟是經由何種途徑出家的情況並未明確，但在建造興輪寺前後，兩者皆曾擔任法興王的近侍。

之所以將法興王與佛教的關係視為問題來探討，正是根據《三國遺事》、《海東高僧傳》所述的法興王在晚年退位出家，改名法空，並駐錫興輪寺的相關紀錄。據傳法興王於初建興輪寺之年，其妃亦建立永興寺，並在法興王薨逝後出家，住永興寺。但據《三國史記》所述，興輪寺竣工之年是真興王五年（五四四），已是法興王逝後四年。法興王出家一事成謎，倘若真正出家，究竟是出於自願，抑或被迫如此？此外，王於出家後究竟是將政權委託何人？從正史《三國史記》中並無出現法興王出家的紀錄，由此亦可推測法興王

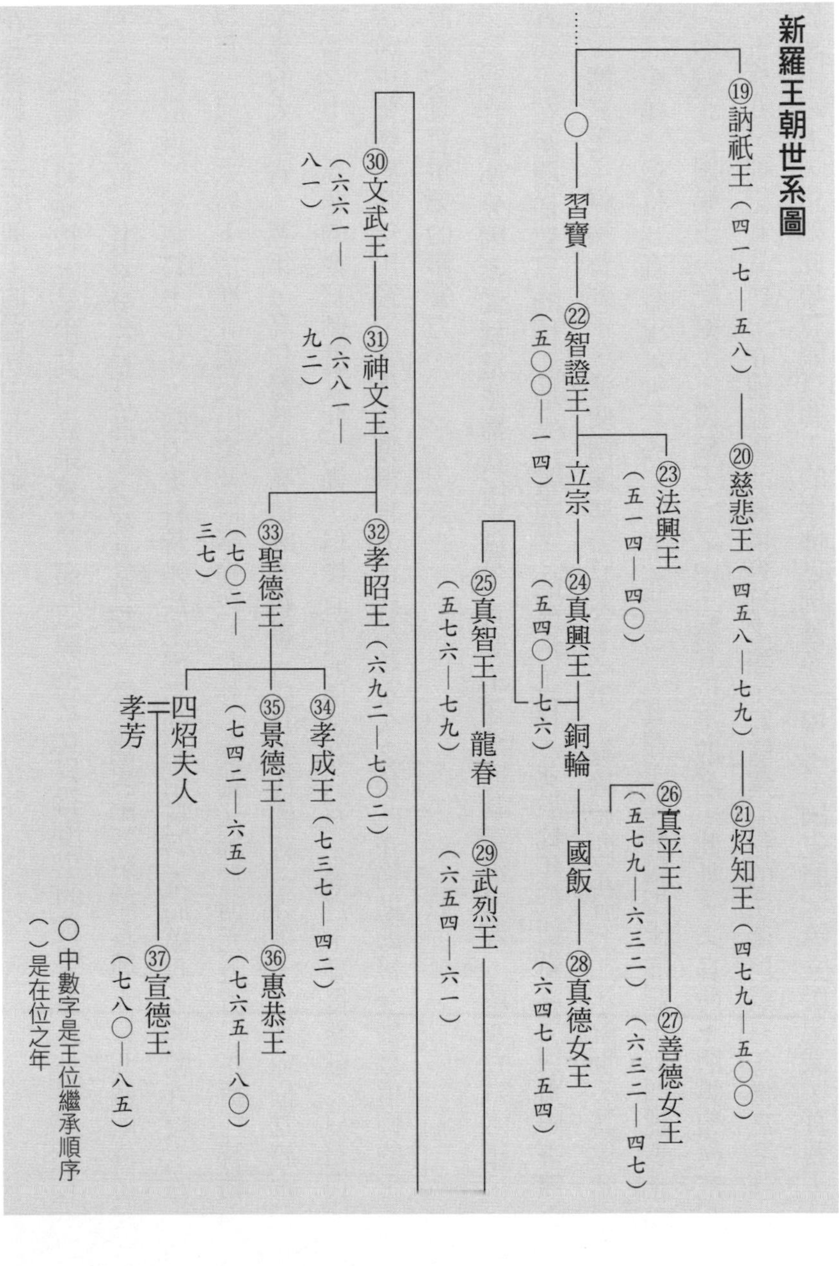
新羅王朝世系圖
⑲訥祇王（四一七—五八）
⑳慈悲王（四五八—七九）
㉑炤知王（四七九—五〇〇）
○
習寶
㉒智證王（五〇〇—一四）
㉓法興王（五一四—四〇）
立宗
㉔真興王（五四〇—七六）
銅輪
㉖真平王（五七九—六三二）
㉗善德女王（六三二—四七）
國飯
㉘真德女王（六四七—五四）
㉕真智王（五七六—七九）
龍春
㉙武烈王（六五四—六一）
㉚文武王（六六一—八一）
㉛神文王（六八一—九二）
㉜孝昭王（六九二—七〇二）
㉝聖德王（七〇二—三七）
㉞孝成王（七三七—四二）
㉟景德王（七四二—六五）
㊱惠恭王（七六五—八〇）
四炤夫人
孝芳
㊲宣德王（七八〇—八五）
○中數字是王位繼承順序
（）是在位之年

在政權轉移至真興王的過程中並非順遂。

法興王薨逝後，是由其弟立宗葛文王與法興王之女只召所生的真興王（五四〇—七六在位）繼位，其身分亦是法興王之孫及外甥。《三國史記》記載真興王於七歲即位，《三國遺事》記載為十五歲，兩項史料皆述及王因年幼而由只召太后攝政。興輪寺竣工的翌月，只召太后下令准許國民出家及信奉佛教。此外，安藏法師於西元五五〇年擔任統轄眾僧的大書省，翌年，高句麗僧惠亮法師入新羅，成為首任國統（寺主），其地位立於大書省之上。新羅的僧官制度就此完備，但極有可能僅是在只召主導之下獲得整備，只召與法興王妃皆於晚年出家。當佛教獲得官方正式承認不久之後，在初期即接受佛教信仰的王族婦女具有重要的影響力。

或許有部分因素受到這些婦女所影響，真興王逐漸成為崇佛之君。西元五六六年，真興王在新羅佛教界的核心地完成皇龍寺的建造工程，並於此年促使祇園寺與實際寺竣工、擁立王子銅輪為太子、遣使南陳稟告立太子之事。銅輪於西元五七二年辭世，其弟金輪（舍輪）繼位為真智王（五七六—七九在位）。真興王從轉輪聖王思想中的四種聖王（金輪王、銀輪王、銅輪王、鐵輪王）之中，為其世子取名。此外，〈真興王磨雲嶺碑〉（五六八）則記載真興王在前往東北邊境巡狩之際，將隨駕同行的法藏與慧忍二僧之名列於諸臣之上，諸如此類有關真興王的崇佛之例甚多。據《三國史記》等文獻記載，真興王於晚年剃髮且身著僧衣，以法雲為號辭世，其妃亦出家為尼，住永興寺。

真智王僅在位三年，亦有說法指出係因政局混亂而被迫退位。在身為王子時期，雖取名為轉輪聖王之中地位至上的金輪，並在此後獲立為王，卻無法從其個人與佛教的相關資料中來一窺其詳。真智王薨逝後，是由早逝的銅輪之子白淨（五七九—六三二在位）即位為真平王。白淨之名是如同《大般涅槃經》、《菩薩本行經》等經典所示般，為釋尊之父淨飯王的異譯語。繼真平王之後，則由王與摩耶（真耶）妃所生的德曼，亦即善德女王（六三二—四七在位）繼位。雖無法直接從佛典中找出德曼此名的出處，但其生性慈悲，聰穎靈敏，在辭世前留下遺言表示將葬於忉利天，指示位於狼山南方之地。後於王陵之下建造四天王寺，故而善德女王是埋於四天王天之上的忉利天。繼善德女王之後，是由真平王之弟國飯與月明（阿尼）妃所生的勝曼即位為真德女王（六四七—五四在位）。勝曼與《勝鬘經》中的勝鬘夫人的發音相同。除此之外，自法興王至真德女王為止，有許多新羅古代王族的名字取自於佛教。佛教滲透王族之深，甚至已達到連取名字皆採用佛典的地步。此外，諸王個別巡幸私有寺院，或建寺立塔、鑄造佛像、派遣留學僧等，積極從事各種活動。

三、新羅花郎組織與佛教

試舉一項佛教滲透新羅社會並成為信仰的事例，就是花郎組織。在《三國史記》收錄的金大問所撰《花郎世記》中，從「賢佐忠臣，從此而秀，良將勇卒，由是而生」一文中，可窺知花郎在三國鼎立時期，是促使國家核心人物輩出的團體。其統領者稱為花郎、風月主、國仙。新羅隨著自古發展至五世紀為止的政教合一社會體制，轉變為在法興王時期逐漸確立王權之後，促使政教逐漸分離，並受到燕國與高句麗所影響，改由王族女性取代君王成為祭司。這些女性主要執行包括祭祀天神在內的「祭典」，花郎則是繼承巫覡舉行「祭典」的功能。所謂花郎組織，是將花郎推舉為組織統領者所形成的團體。參與花郎組織者則有郎徒之稱，最初是以王公貴族的青年為主，此後亦有身分較低者加入。花郎是由王妃或王后任命，有時在宮中掌握實權的婦女亦具有花郎任命權。花郎可任命輔佐自身的副弟，副弟則成為次任花郎的候補人選。然而副弟未必能成為花郎，完全是以宮中意向為優先。

當初花郎集團是以花郎為中心的王族所組成的私人宗教團體為開端，隨著構成人員從數百人增至千人後，加上與當時的高句麗、百濟形成緊張局勢的相輔相成之下，花郎在組織中亦進行軍事訓練。花郎在征戰期間成為副將軍，被編入國家軍制內，與郎徒同赴沙場，並成為新羅達成三國統一的原動力。根據《三國史記》收錄崔致遠於新羅時代末期所撰的〈鸞郎碑序〉之中，曾述及「（花郎道）實乃包含三教，接化群生（郎徒）。且如入則孝於家，出則忠於國，魯司寇之旨也。處無為之事，行不言之教，周柱史之宗也。諸惡莫作，諸善奉行，竺乾太子之化」，是在花郎組織的理念中兼融儒、佛、道三教。並認為在花郎組織的理念中，首先有新羅固有的天神信仰、神仙思想等，並以此為基礎而接納三教。將佛教思想導入新羅的時間點是在六世紀末，導入的思想則是百濟的彌勒信仰。當時相信花郎是彌勒化身，郎徒將受到彌勒菩薩護佑，可於逝後登兜率天。此外，根據七世紀初從中國返國的圓光所述的「世俗五戒」，亦即「事君以忠，事親以孝，交友以信，臨戰無退，殺生有擇」，此亦為花郎組織的基本理念。僧侶成為花郎組織的輔佐角色，佛教理念逐漸成為該組織的核心思想。花郎集團不懼死亡的勇猛果敢，被視為新羅統一朝鮮半島的原動力。換言之，佛教理念堪稱是成為新羅統一半島的原動力。

此外，金大問所撰的《花郎世記》是將已散佚的花郎組織詳史予以彙整成書，該書的筆寫本《花郎世記》於西元一九八九年在釜山被發現，造成韓國史學界轟動一時。此書不僅闡明花郎組織的實貌，亦記載許多解除《三國史記》、《三國遺事》互為矛盾的記述。雖有探討《花郎世記》真偽問題的論稿，或為了闡明新羅史中的矛盾而引用《花郎世記》的論稿，但在西元一九九六年發表《花郎世記》的原本依舊現存，並指出西元一九八九年發現的版本是原本的抄本。此外，亦有見解認為無論是原本或抄本，或許皆是出自戰前任職於日本宮內廳書陵部的朴昌和（一八八九—一九六二）所撰。然而，無論是真撰或偽撰，兩種說法皆尚無定論，目前仍由日、韓兩國從事研究。

四、新羅佛教所推行的護國佛教之發展

從官方正式承認佛教信仰的時間點至七世紀中葉為止，在史料中唯有發現是由王公貴族成為出家人。這些出家人不僅是為求族裔繁榮，甚至是為了祈求國泰民安而存。花郎組織受到國家要求，是以戰鬥組織的形式來發揮功能，而基於指導立場的僧侶則承襲花郎的巫覡功能，自七世紀初就以僧侶為主來舉行國家祭祀。佛教是為祈求國運昌隆、為鎮護國家而存。這些皆可從圓光提出的「世俗五戒」、「撰〈乞師表〉」，慈藏的「進言建造皇龍寺九層塔」及提倡「新羅佛國土思想」，以及明朗主張的「擊退唐軍」等行動略窺一二。

圓光是藉由提出風格殊異的「世俗五戒」，以及奉真平王要求所撰寫的〈乞師表〉等，在從新羅容受佛教的階段發展至成為國家佛教的階段中，扮演了舉足輕重的角色。然而，有關圓光的出身或生卒年，以及入華求法的年份，在包括《三國史記》等朝鮮史料與中國史料的《續高僧傳》之間出現了明顯差異。在《三國遺事》之中，如同一然所述「姓

氏之朴、薛，出家之東、西，如二人焉」般，出現似有兩位圓光的情況。這是基於各資料有時弄錯圓光的年表記事所致。圓光約於西元五六六年出生，西元五八九年入華，西元六〇〇年返國，約於西元六四九年身歿才是恰當說法。

「世俗五戒」是圓光自隋朝返國後，針對兩名向他請示修身戒律的青年貴山與箒項所說明的戒律。在內容方面，可窺知圓光是受到《提謂波利經》、《顏氏家訓》〈歸心篇〉等影響所產生的見解。以及圓光在求法之前就已通曉儒學，故而「事親以孝」、「事君以忠」、「交友以信」，提示五戒與五常一致。至於「臨戰無退」、「殺生有擇」，若從圓光研究《涅槃經》的立場來看，皆是由佛教思想來述說的見解。圓光考量當時新羅的處境，為了配合社會要求，採用佛教之外的各種思想來說明。圓光對國家所採取的姿態，是基於高句麗屢次犯境，故於西元六〇八年奉真平王之命，撰寫向隋朝請求援軍的〈乞師表〉。從製作表文一事，亦可窺知「為自存而滅他，此非沙門之行，貧道於大王土地，食大王水草，豈能違命乎？」然而，並無任何記載顯示隋煬帝曾因〈乞師表〉而派遣援軍。《三國史記》記述新羅於西元六一一年再度請求援軍，隋朝則於翌年起遠征高句麗。有關圓光的「世俗五戒」，因無貴山、箒項是花郎及郎徒的紀錄，故有見解認為「世俗五戒」被視為花郎組織的理念這項說法令人質疑。

慈藏為皇族後裔，嚴拒出仕宰相之後出家。據《三國史記》所述，慈藏於西元六三六

通度寺大雄殿掛有四個殿名匾額，南懸象徵僧團紀律的「金剛戒壇」。（出處：達志影像）

年入唐，西元六四三年返國。善德女王以慈藏返國為契機，命其擔任統帥國內眾僧的大國統，其下設置僧統，並使其整頓僧官制。慈藏每半個月宣講戒律，於冬、春二季舉行考試，並制訂派遣巡迴使至各地寺院，確認諸寺是否遵守戒律的制度。此外，更修建通度寺，建立授戒的戒壇，促使授戒制度臻於完備。

有關慈藏進言修建皇龍寺九層塔一事，是指慈藏曾於中國五台山，遇見居於皇龍寺內的龍王之父。慈藏聽從此位龍神的告諭：「成九層塔於（皇龍）寺中，鄰國降伏，九韓（夷）來貢，王祚永安。」故向王進言，請求建造九層塔。此塔第一層是日本、第二層是中國、第三層是吳越、第四層是濟州島的托羅族、第五層是江蘇省的鷹遊族、第六層是中國東北的靺鞨族、第七層是契丹族、第八層是女真族、第九層是朝鮮東北的濊貊族。各層所象徵的國家，是根據安弘所撰的《東都成立記》而來。總而言之，皇龍寺於西元六四五年將九層木塔予以修建完成，藉此增添了護國寺院的功能，此後成為新羅護國佛教的核心地。此外，慈藏提出的新羅佛國土思想，是指其曾在五台山值遇文殊菩薩，秉受文殊開示：「汝國王是天竺剎利種王，預受佛記，故別有因緣，不同東夷共工之族」、「汝國皇龍寺，乃釋迦與迦葉佛講演之地，宴坐石猶在」，故而試圖鞏固新羅皇族與民眾之間的關係。這是慈藏藉由佛教言論，試圖維持並重新構築以王為尊的威信，其所提出的新羅護國佛教之理念就此完成。

此外，慈藏的外甥明朗，其母為慈藏之妹，並育有長男國教大德、次男義安大德，明朗則是排行第三的么子。據《三國遺事》所述，明朗於西元六三二年入唐，西元六三五年返國。有看法認為其年代記載並非在於善德女王時期，而是在於文武王執政初期（六六一—八一在位）。至於明朗擊退唐軍的說法，則是指新羅與唐朝聯軍促使三國統一之後的事情。然而，唐朝因領土問題產生對立並進軍新羅後，明朗奉王命施展在龍宮所得的祕法（意指神印，梵語音譯為文豆婁，其詳情不明），甚至兩度擊潰唐軍，此為佛教在傳說中實際發揮護國功能之例。然而，《三國史記》並未記載明朗及其擊退唐軍的事蹟。

五、三國統一之前的新羅求法僧

透過諸王推行護佛政策，方有許多僧侶遠赴中土、梵土求法，並因此而為人所知。《三國史記》與《海東高僧傳》之中，記載出國年份未詳的覺德曾於西元五四九年與梁使一同攜歸佛舍利，被視為新羅最初的求法僧。此外，兩部著作中亦記載佛舍利是在西元五四九年初傳。然而，在《三國遺事》的佛舍利相關記載中並未出現覺德之名，卻記錄是由梁使沈湖攜入新羅。至於攜入年份有兩種說法，亦即太清初年（五四七），以及根據「國史云」為太清三年（五四九）己巳。《三國史記》則沒有梁使沈湖的相關紀錄。

至於明觀其人，《三國史記》、《三國遺事》僅記載是在西元五六五年與陳使一同來朝的僧侶。《海東高僧傳》卻記載其為「入學僧明觀」，是來自新羅的求法僧。雖無法確定明觀的身分究竟是漢僧或新羅僧，但在中國僧傳中並無其相關紀錄。此外，《三國史記》記載明觀曾在當時攜入經論一千七百餘卷，《海東高僧傳》的記載數目是經論兩千七百卷。總之透過陳使與明觀，促使經論得以更為充實。

據《三國史記》所述，安弘於西元五七六年在毘摩羅等兩名胡僧陪同之下，攜歸《稜（楞）伽經》、《勝鬘經》及佛舍利，其出國年份未明。《海東高僧傳》安含之條中，記載安含於西元六〇一年西行求法，並於西元六二八年在毘摩真諦及農加陀的陪同之下返國，此為西域胡僧入新羅之始。此外，根據《三國史記》之中有關安弘的記載，是解釋安弘於西元五七六年出國，在真平王時期由胡僧陪同返國，故而質疑安弘與安含是否為同一人物。《三國遺事》並無安弘與安含的詳細記載，但根據「海東安弘記云」、「海東名賢安弘撰東都成立記云」所述，在有關皇龍寺九層塔的說明之中，曾援引安弘的著作《東都成立記》。在東京興輪寺金堂十聖之條所舉出的十名僧人（十聖）之中，並無安弘之名，卻有安含名列其中。《三國遺事》將安弘與安含視為不同人物。

《三國遺事》雖未記載智明其人，但據《三國史記》所述，智明於西元五八五年出國，西元六〇二年自隋返國，真平王崇仰其戒行，故尊之為大德。有關智明的記述，《海東高僧傳》與《三國史記》幾乎一致。此外，早已散佚的智明著述《（四分律）羯磨記》，則收錄於義天《新編諸宗教藏總錄》之中。

至於圓光與國家佛教的關聯已如前述，其他特別值得一提的是圓光的教學，圓光因隋使王世儀入朝晉見，故於西元六一三年招請眾多高僧，舉行設置百高座（百座道場）的法會及宣講經典。日本的著作《東域傳燈目錄》收有《大方等如來藏經》，《大小乘經律論疏記目錄》收有《如來□（藏）經記》，皆被視為圓光著作而予以收錄。《大日本古文書正倉院編年文書》的作者則是無記名，收錄《大方等如來藏經私記》。故有通論據此指出，圓光的著作為《大方等如來藏經疏》與《大方等如來藏經私記》。總而言之，圓光確實撰有與如來藏思想有關的著述。此外，亦有見解認為根據《三國遺事》的「設占察寶以為恆規」所記載，圓光受到信行（五四〇—九四）倡說的三階教所影響，於宮內嚴修占察法會，並於嘉栖寺設占察寶，占察善惡業報，並將述說大乘宗義的《占察經》做為新羅國民道德之基礎。所謂占察寶是指寺院經濟組織，而此組織是透過擁有營運占察法會資金來源的水田或旱田等資產所形成。

《三國遺事》之中雖未見曇育之名，但根據《三國史記》所記載，僅知此僧於西元五九六年入隋，西元六〇五年返國而已。《海東高僧傳》在智明之條附記曇育其人，與《三國史記》內容一致。

有關明朗的出國與返國時間，以及擊退唐軍的相關紀錄，已如前文所述。《三國遺事》更記載明朗曾創建金光寺、四天王寺、金剛寺等寺剎，其法脈的傳承者為安惠、朗融、廣學、大緣等人，明朗則被視為新羅密教神印宗之祖。至於高麗的太祖（九一八—四三在位），則記載其曾為神印宗而開創現聖寺。

惠通僅出現於《三國遺事》一書而已，其人曾師事無畏三藏達三年以上，並獲受印訣，西元六六五年返國。但就年代來看，若將無畏三藏視為善無畏（六三七—七三五）並不合理，故有見解認為是在唐高宗（六四九—八三在位）時期譯出《陀羅尼集經》的阿地瞿多是無畏三藏的說法最為有力。此外，《陀羅尼集經》被視為從雜密演變為純密的過渡期經典。值得關注的是，在善無畏或金剛智（六七一—七四一）的純密傳入新羅之前，已有雜密系統的密教存在。

有關圓勝的傳記，《三國遺事》曾參照《續高僧傳》，並附記於慈藏定律之條。圓勝於貞觀年間（六二七—四九）的初期赴唐求法，在時間上更早於慈藏，並與慈藏一同返國，協助其弘揚戒律。在《新編諸宗教藏總錄》之中記載圓勝的著作有《（梵網經）記》、《（四分律）羯磨記》、《（四分律）木叉記》，皆已散佚。

有關慈藏的說明已如前述，據《三國遺事》記載，慈藏建造的佛塔中，除了通度寺之外，尚有元寧寺、水多寺、石南院等十餘處。至於著作方面，則有針對《新編諸宗教藏總錄》等著作，撰有《（四分律）羯磨私記》、《（十誦律）木叉記》，針對《東域傳燈目錄》而有《（阿彌陀）經疏）》，針對《淨土依憑經論章疏目錄》而有《（阿彌陀）義記》，針對《續高僧傳》而有《出觀行法》，這些收錄的著作皆已散佚。

新羅在統一三國之前，已有不少遠赴梵土求法者。在義淨（六三五—七一三）所撰的《大唐西域求法高僧傳》，以及引用其文的《海東高僧傳》記載之中，包括阿離耶跋摩、惠業、玄恪、玄泰（大）、惠輪、玄遊、玄照，以及佚名二人共九名。《三國遺事》則記載阿離那（耶）跋摩、惠業、玄恪、玄泰、惠輪、玄遊、求本，以及佚名二人，赴印度求法的新羅僧與高句麗僧共為九人。其中唯有玄遊是高句麗僧，其餘八名皆是新羅僧。

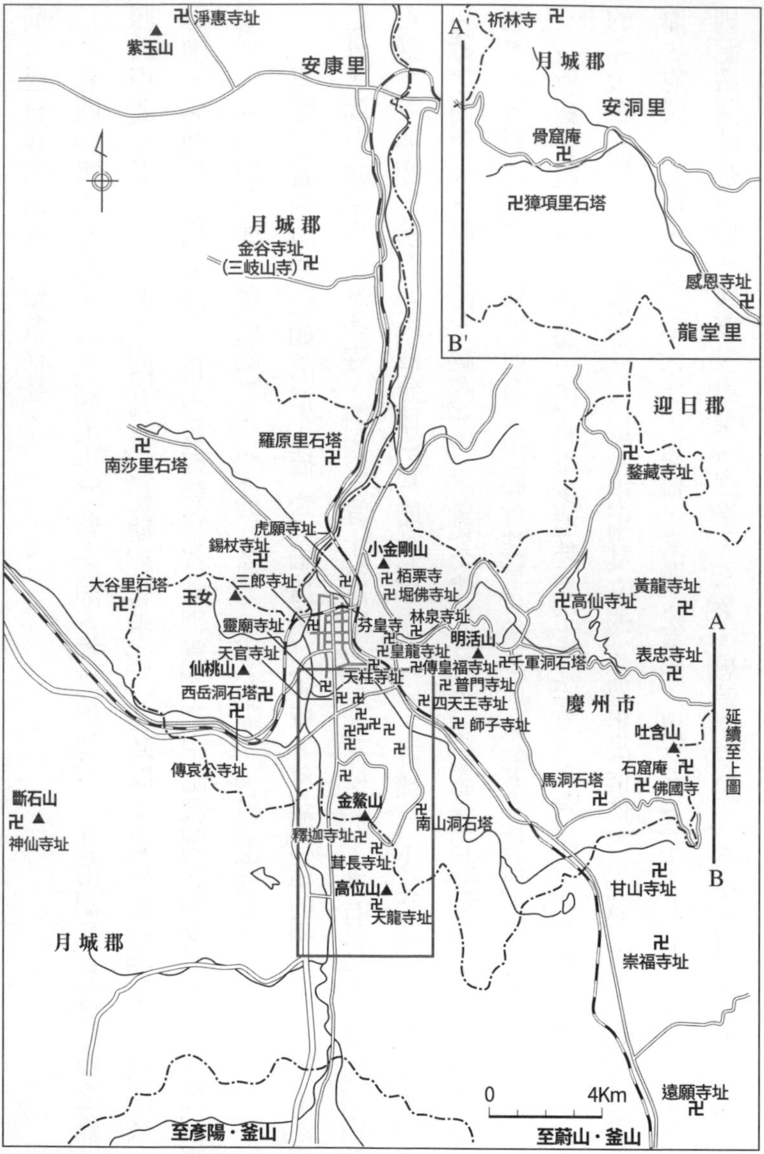
淨惠寺址
紫玉山
安康里
月城郡
金谷寺址
(三岐山寺)
祈林寺
月城郡
安洞里
骨窟庵
獐項里石塔
感恩寺址
龍堂里
A'
B'
迎日郡
羅原里石塔
南莎里石塔
鰲藏寺址
虎願寺址
錫杖寺址
小金剛山
栢栗寺
掘佛寺址
大谷里石塔
三郎寺址
玉女
高仙寺址
黃龍寺址
靈廟寺址
芬皇寺
林泉寺址
皇龍寺址
明活山
天官寺址
仙桃山
傳皇福寺址
千軍洞石塔
表忠寺址
天柱寺址
普門寺址
西岳洞石塔
四天王寺址
慶州市
師子寺址
吐含山
傳哀公寺址
石窟庵
佛國寺
馬洞石塔
斷石山
神仙寺址
金鰲山
南山洞石塔
釋迦寺址
茸長寺址
高位山
天龍寺址
甘山寺址
月城郡
崇福寺址
A
延續至上圖
B
0
4Km
遠願寺址
至彥陽・釜山
至蔚山・釜山

新羅（慶州）的寺院分布圖

至慶州市街
味呑寺址
至普門湖
傳皇福寺址
木塔址
眾生寺
慶州博物館
狼山
傳仁容寺址
天官寺址
五陵
南川
四祭寺址
四天王寺址
通往首爾、釜山的高速道路
傳天恩寺址
玉龍庵
望德寺址
至佛國寺
南澗寺址
菩提寺址
昌林寺址
傳鋶寺址
花郎教育院
三佛寺
滿月寺
上人庵
書出池
南山洞
慶州矯導所
開善寺址
金鰲山
釋迦寺址
茸長寺址
塔址
神仙庵
七佛庵
高位山
天龍寺址
0
2km

新羅（南山）的寺院分布圖

他們幾乎皆是在貞觀年間出發前往中國，於訪學途中在印度亡逝。只有玄照、玄大返回中國，玄照亦在那爛陀寺向勝光法師與寶師子大德修學後返歸洛陽，後於唐麟德年間（六六四—六六五）奉敕命再度求法，並於中印的菴摩羅跋國示寂。此外，玄大亦未返回新羅，而是在唐土結束生涯。《宋高僧傳》記載在三國統一之後，則有元表、無漏等人秉承先德們的求法精神，遠赴梵土求法。此外，從慧超的《往五天竺國傳》殘簡中，可確認其曾赴梵土求法。然而，三者皆同返中土，而非還歸故國新羅。他們是經由史料而獲得確認的求法僧，應有許多是未曾記載的無名僧。

此外，正值真興王時期的西元五五三年，曾有傳承記載新羅僧義信創建法住寺（忠清北道報恩郡），以及《東國輿地勝覽》（一四八一）記錄新羅僧義信曾以白駱駝乘載經典歸國並創建寺院的事蹟，由此可知義信曾遠赴梵土求法。

第五節　朝鮮三國的佛教文化

一、高句麗的佛教文化

有關朝鮮三國的佛像，將在第六章詳細解說，本章僅限定在佛塔等部分。

朝鮮三國之中最早建造佛塔的國家，就是早已接納佛教信仰的高句麗。在《三國史記》、《三國遺事》等著作中，記載西元三七五年創建肖門寺、伊弗蘭寺，西元三九二年在平壤興建九座寺院，西元四九八年建金剛寺，以及至西元六五〇年為止，據傳普德所住的盤龍寺亦名列其中。《資治通鑑》記載隋朝水軍於西元六一二年襲擊平壤之時，高句麗兵曾潛伏於平壤內的一座空寺中。《三國遺事》則援引《高僧傳》介紹兩則紀錄，其一是居於平壤城的普德聽從神人之言，發現八角七重石塔的遺址，並在該處建造靈塔寺。其二是引用唐朝道宣《集神州三寶感通錄》（六六四）所記載，在遼東城（中國遼寧省遼陽市附近）傍曾有阿育王所建的三重土塔遺構，其上是由高句麗的聖王建造七重木塔，卻已頹圮朽壞。因難以藉此推測為聖王所建，阿育王塔與聖王的七重塔應是傳說。然而，西元一九三四年在平安南道順川發掘出一座陵墓（遼東城塚），墓主曾被派遣至遼東城，墓中壁畫描繪遼東城內的景象。研究者指出在遼東城圖的城廓外側繪有三層塔。遼東城是在西元四〇四年成為高句麗領土，城內可能曾有高句麗佛塔。

有關高句麗佛塔的發掘調查，例如平壤地區的清岩里廢寺、上五里廢寺、定陵寺遺址、平安南道平原郡德浦里的元五里廢寺、黃海北道鳳山郡土城里的土城里寺遺址等，幾乎皆是高句麗時代的瓦片大量出土，其遺構亦被確認。除了元五里廢寺之外，在其他遺構的中央之處，可確認有八角建築物的遺址存在。清岩里廢寺、定陵寺遺址、土城里寺遺址則是以八角建築物遺址為中心，東、西各有建物遺址。北側經由確認亦有建築遺址，故有多方見解認為高句麗寺院的基本伽藍配置，是以八角塔為中心的一塔三金堂式建築。

至於其他寺院遺址，在平壤附近的則有發現平川地區平川洞的金銅半跏像，以及永康七年銘光背（高句麗年號為西元五五一年，西秦年號為西元四一八年）、在永明寺遺址發現高麗時代的石階及石獅子出土、在樂良（浪）東寺遺址發現有「樂」字刻印瓦片出土、在南縣寺遺址發現的礎石或瓦片出土、在巖寺遺址發現有「巖寺」字刻印瓦片出土等。此外，在忠清北道中原郡老隱面發現的建興五年丙辰銘舟形光背（四七六年或五三六年），以及在黃海北道新坪郡龍山里等處發現的景四年辛卯銘金銅三尊佛（五一一年或五七一年）等，由此得知可能為寺院遺址。雖無法從文獻史料來予以確認，高句麗的寺院數量卻絕非稀少。

有關高句麗佛塔為八角塔的特徵，一說認為或許是受到中國道教思想與佛教《四分律》的造塔思想所影響。

二、百濟的佛教文化

史料中顯示的百濟佛塔，在漢城時期僅有在佛教容受期建造的佚名佛寺而已。至熊津時期，根據《三國遺事》所記載的僅有新羅法興王所建造的大通寺。新羅僧真慈為了尋求彌勒仙花而詣訪的水源寺，在時間上是屬於扶餘時期。扶餘時期的佛塔不論在國都內、外皆是數量甚多。以水源寺為首，在《三國史記》、《三國遺事》中所見的王興寺，《三國史記》中所見的君王巡幸及祈雨的漆岳寺，以及《三國史記》中顯示在百濟末期發生天地異變的烏含寺、天王寺、道讓寺、白石寺、安養寺、大官寺。此外，另有《三國遺事》中的虎岩寺、師子寺、彌勒寺，以及《觀世音應驗記》的帝釋寺，或《續高僧傳》的修德寺等最為人所知。其他如《三國史記》、《三國遺事》中不曾見到的寺名，則記載於《東國輿地勝覽》。但究竟是屬於百濟時代或統一新羅時代的遺址，其創建時期不明之處甚多。

漢城時期除了佚名佛寺之外，應有興建佛塔，但目前尚未獲得確認。漢城位於現今的首爾附近，難以進行發掘，但仍有許多聲浪期待今後將有所發現。

在日本統治時期曾在熊津或扶餘、益山地區進行發掘，目前發掘調查仍持續進行，故有許多寺院遺址逐漸明朗化。透過熊津地區的發掘調查，可確認大通寺、水源寺、西穴寺為百濟寺院遺址。此外，在同區域可能出現百濟寺院遺址的例子，則有東穴寺、南穴寺、艇止寺、舟尾寺、金鶴洞逸名寺、鼎峙里寺、九龍寺等。從部分寺院遺址中可發現百濟式的佛像或石佛光背等，但尚未確實證明是百濟的寺院遺址。然而，從西穴寺、東穴寺、南穴寺、舟尾寺遺址中可確認有石窟存在，可知熊津地區的寺院特徵為石窟式寺院。至於理由，有見解認為是從漢城遷都至熊津不久後，因國家建寺困難，故而利用洞窟來從事信仰活動，待國力增強後，方在洞窟周圍進行整地，建造伽藍。另有見解是從三國鼎立的情況來判斷，認為並非只是修行道場，而是亦具有軍事目的。在百濟統治區域中的晚日寺遺址（忠清南道天安市聖居洞）中，亦可確認曾有石窟存在，與熊津的形式十分類似。

在扶餘地區進行發掘調查後，確認為百濟寺院遺址的地點，則有陵山里寺、軍守里寺、定林寺、金剛寺、東南里寺、扶蘇山西腹寺、王興寺等。此外，尚有傳為天王寺、佳塔里寺、龍井里寺、虎岩寺、雙北里寺、栗村寺、鶴里寺、舊校里寺、臨江寺等，亦有可能是百濟的寺院遺址。西元一九九二年在此地區發現陵山里寺遺址，自西元二〇〇〇年起再度展開調查。至西元二〇〇五年、二〇〇六年進行調查，發現位於該寺東側的王興寺曾有百濟時代的燒窯遺跡，以及自西元二〇〇六年重新展開調查的軍守里寺遺址等，因調查十分積極，故而期待今後調查將有更多明確發現。總而言之，從在扶餘地區確認的百濟寺

扶餘外里出土的花紋磚（左）和鳳凰文磚（右）（出處：韓國國立中央博物館 National Museum of Korea）

院遺址中，在做為該地區的伽藍特徵上，儘管有所例外，但仍是以南北為基礎所建造的一塔一金堂形式為主流。有關佛塔方面，許多說法認為除了石塔之外，亦十分盛行建造木塔，其建設技術之卓越，可從新羅的皇龍寺九層木塔的造塔形式獲得確認。據傳新羅是受到百濟工匠阿非知的指導，才得以完成九層木塔。

至於其他區域，經確認為百濟寺院遺址的，則有流傳遷都傳說的益山彌勒寺、官宮寺（王宮里廢寺）、帝釋寺、五金寺、禮山郡德山面的修德寺、保寧郡聖住面的烏含寺（聖住寺）等。此外，泰安摩崖三尊佛或瑞山摩崖三尊佛的所在地，亦應有百濟寺院遺址。

若將這些遺址全視為百濟寺院遺址，如此作法仍有待商榷。但可由此窺知《周書》〈百濟傳〉記載的「僧尼、寺塔甚多」應是十分恰當的描述，以及可藉此得知百濟佛教的發展盛況。

三、新羅的寺塔

如同《三國史記》所示般，至新羅完成統一為止之前，佛塔方面包括在法興王時期首次出現的永興寺、哀公寺，以及記載在真興王時期完工的興輪寺、祇園寺、實際寺、皇龍寺，真智王時期的永敬寺，真平王時期完工的三郎寺，善德女王時期完成的芬皇寺、靈廟寺（靈妙寺）、武烈王時期的莊義寺等。《三國遺事》記載真平王所建的天柱寺（內帝釋院），據傳圓光自隋朝返國之後所居的嘉栖寺，以及據傳建有圓光舍利塔的金谷寺（三岐山寺），據傳為義湘剃髮之處的皇福寺，以及元曉駐錫的高仙寺等處。

在這些寺院中，經由發掘調查後確認其寺院遺址的，分別是皇龍寺、三郎寺、芬皇寺、皇福寺、高仙寺。經推定為寺院遺址的是哀公寺、天柱寺、金谷寺。真興王與真智王時期的祇園寺、實際寺、永敬寺，則無法確認地點。至於在進行調查興輪寺、永興寺、靈廟寺之際，發現附有寺名瓦片出土，但因出現不同說法，無法確定其地點。這是由於在《三國遺事》、《新增東國輿地勝覽》、《東京雜記》等著作中，針對寺址地點的記載各異所致。

有關佛塔方面，在新羅統一之前，例如芬皇寺是將安山岩切割為石磚，堆積成為模磚塔，以及高仙寺的三層石塔、皇龍寺的九層木塔等形式十分多樣化。根據史料記載，靈廟寺曾有木塔。此外，近年已確認四天王寺建於新羅統一不久之後，在其寺內具有兩座木塔的雙塔式伽藍。至統一前後為止，可能曾在伽藍內建造多座木塔。但在統一之後，基於擁有豐富石材及寺院建地有限的關係，石塔建造大為風行，此後延續至後世。

新羅在統一之後仍積極造立佛塔，從國都慶州至郊外，至今仍是隨處可見石塔。凡有石塔之處必有伽藍，迄今在慶州依舊盛行寺院遺址的調查。自西元二〇〇六年起再度展開調查，至西元二〇〇八年，則掌握了四天王寺的伽藍配置全貌，筆者期待今後的調查能有所進展。

專欄一

朝鮮俗漢文與吏讀

森博達（京都產業大學教授）

自古朝鮮半島與日本就受到古代傳入的漢字文化所影響。漢字是為漢語而創造的文字。另一方面，朝鮮語與日語、漢語在語順等文法型態上顯然有別，為了借用漢字來表記本國語言而採取各種方法。

日本的漢字文可分為三種文體，亦即正格漢文（編案：純漢文，並無必要還原成日語的發音排列順序，有時卻可透過訓讀方式來復原其日語發音的漢文）、變體漢文（編案：雖採用漢文，但在文法上受日文語法影響而有所調整）、和文。就筆者管見認為，是進而將變體漢文再分為和化漢文與漢化和文。基於日語構想所造成誤用，或以奇特方式使用漢語或漢文，則稱之為倭習（和臭，受日語文法所影響而產生的獨特用法）。至於在和化漢文之中，則有語彙或語順所造成的倭習混入其中。另一方面，漢化和文雖有部分借用漢文語彙或語順，但仍以和文表現為目的。

在朝鮮半島，至西元一四四三年創造諺文為止，文章皆以漢字表記。除漢文之外，亦有借用漢字來表記朝鮮語的方法。其借字表記的方式之一就是吏讀，大量採用如此表記方式的文章則是吏讀文。吏讀文原本是由胥吏等官吏在處理行政文書上所使用的文體，以朝鮮語的語順來排列語彙，至於助詞或活用語尾等文字，則借用漢字音訓來予以表記，故與日本的宣命體（編案：以漢字表現和文體的敕詔宣命文書）相似。在此試舉李朝初期的吏讀文：

⑴《大明律直解》（一三九五）「祖父母果父母果現在為去乙」【祖父母與父母雖健在】「果、去、乙」是音讀，「為」是訓讀。

吏讀表記早已於三國時期開始使用。例文左線部分的實線為借字表記，波狀線是根據朝鮮語所形成的語順。

⑵高句麗〈城壁刻書〉（四四六？）「丙戌十二月中（中略）自此西北行涉之」【丙戌十二月（中略）由此西北行涉（擔任？）】

⑶新羅〈戊戌塢作碑銘〉（五七八？）「另冬里村高□塢作記之。此成在□人者（後略）」【建造另冬里村高□塢而記之，造此塢□者】

若至統一新羅時代，則如後述般，在佛教相關遺文中亦可見吏讀式的表記方式。

⑷〈甘山寺彌勒菩薩造像銘〉（七一九）「亡妣官肖夫人，年六十六古人成之。東海欣支邊散之。」【先妣官肖夫人年六十六作古，散（骸）於東海欣支邊】

(5)〈新羅華嚴經寫經造成記二〉（七五五）「法界一切眾生皆成佛道欲為以成賜乎經」【欲求法界一切眾生皆成佛道而賜成此經】

(6)〈開寧葛項寺造塔記〉（七八五）「三人業以成在之。」【以成三人之業】

(3)是目的語（波狀線）置於「作」或「成」之前，或許是依照新羅語的語順。此外，(4)與(5)的波狀線亦同，正格漢文則是「成古人」、「欲成佛道」。

在前文左線部分，中、之、在、為、以、賜、乎被視為借字表記的吏讀。其中，「中」是表示處格「～に」，「之」則表示語句終結。兩者皆是起源於中國的用法。「在」是完了或完了的動名詞（連體形），「為」是「～する」的訓讀借字，「以」是「～で、～として」等具格助詞，「賜」是敬語法，「乎」是動名詞（連體形）的用法。

吏讀文是以表記朝鮮語為目的所形成的文章，有部分文章雖以漢文表現為目的，卻仍融混吏讀的要素。這種形式稱為「朝鮮俗漢文」或「變體漢文」。

(7)〈高句麗廣開土王碑〉（四一四）「王於忽本東岡黃龍負昇天。」【王於忽本的東岡背負著黃龍昇天】

(8)同前，「買人制令守墓之」【買者遵守制度而守墓】

(9)慧超（八世紀新羅僧）《往五天竺國傳》（突厥條）「男人並剪鬚髮，女人在頭。」【女人頭在】

若從正格漢文來看，(7)的語順有誤，波狀線的部分既是目的語，應置於「負」之後。(8)的「之」是做為終結語尾的用法，置於碑文整句的末尾。附帶一提，碑文每行為四十一字，「之」字置於最後一行的第四十一字，或許是為了填補空格。(9)原本應是「女人有髮」。現代韓語與日語同樣將中文的「在」（所在）與「有」（存在）互為混淆。此外，將「剃髮」稱為「剃頭」。「女人在頭」是從新羅語構想中所衍生出的語彙及語法誤用。此外，《往五天竺國傳》是敦煌寫本殘卷（伯希和三五三二），身為作者的新羅僧慧超於西元七二〇年代遠渡梵土並巡訪北印，在其撰文中可發現是以新羅語構想的變體漢文。

從古代日本，亦可發現與吏讀或朝鮮俗漢文十分類似的表記。

(10)〈埼玉稻荷山鐵劍銘〉（四七一？）「辛亥年七月中記。」【記於七月】

(11)〈法隆寺藥師如來像光背銘〉（傳六〇七）「大御身勞賜時」【賜予之時】

(12)《維摩經義疏・序說》（傳六一三）「接足禮者，雖有空中以接足禮致敬。」（有與在互為混淆）

(13)〈太安萬侶墓誌銘〉（七二三）「以癸亥年七月六日卒之。」（終結語尾）

在《日本書紀》三十卷（七二〇）中，出現了漢文倭習僅集中出現在某幾卷的情況，有不少例子是與以下的朝鮮吏讀表記具有共通點。

(14)卷六〈垂仁紀〉「是玉今有石頭上神宮。」（有與在互為混淆）

(15)卷九〈神功紀〉「甲子七月中，百濟人久氏（後略）」【於七月】

(16)卷十七〈繼體紀〉（百濟使者之發言）「父天皇圖計便宜，敕賜既畢。」【敕賜之事】

(17)卷十九〈欽明紀〉（百濟聖王上表文）「至於卓淳，亦復然之。」（終結語尾）

(18)卷二十五〈孝德紀〉（大化詔敕）「每五十戶一人以宛諸司。」【憑一人】

(19)卷二十五〈孝德紀〉（大化詔敕）「集在黎民」【聚集黎民】

日語與朝鮮語的文法型態相似，故而出現與吏讀相通的表記方式。然而，日本自古即與朝鮮半島交流密切，故有受到朝鮮漢字文化所影響的「倭習」產生，此亦非不可思議之事。

第二章

統一新羅時代的佛教

佐藤厚

東洋大學兼任講師

第一節　新羅與中國的互動交流

新羅僧的活動

在過去，朝鮮半島的佛教史僅強調是受到中國佛教層面的影響，透過近年研究發展，闡明新羅僧在中國活動十分積極，或新羅僧的著作亦傳入中土等，朝鮮佛教亦對中國佛教造成影響。今後若以現代國境做為畫分基礎，並從中國單純傳入朝鮮的形式來探論佛教史，這種方式恐怕將再也無法正確掌握佛教思想史（石井公成，一九九五）。此外，近年逐漸闡明八世紀的朝鮮佛教與日本佛教的關係遠比過去想像的更為緊密，本章將留意這個面向並進行論述。

所謂的統一新羅時代，是指從新羅與唐朝聯合消滅百濟、高句麗，進而與唐相戰，自西元六六八年達成統一朝鮮半島起，至亡國為止的西元九三五年之間，大約為期兩百七十年。在此時代諸王崇尚佛教，是所謂將佛教奉為國教的時期。當時大量興建佛寺，其中的佛國寺與石窟庵等，目前已登錄為世界遺產。若從佛教思想的立場來觀察，在此時期幾乎可分為前、後兩期。前期是法相宗、華嚴宗等教學十分隆盛的七世紀中葉至八世紀，後期則是開始傳入禪思想的九世紀至十世紀初期。

首先，本章在第一節探討新羅僧在中國的活動後，再觀察其教學盛行的情況，繼而從佛教實踐的發展上，來依序探討淨土思想、密教、禪思想的傳入過程。

在新羅統一時期，新羅與中國的交流極為活絡。光是遣唐使就曾派遣多達一百八十次，與總共不到二十次的日本形成強烈對比。在此情況下，許多新羅人渡華積極從事活動。在新羅時代末期入華活動的崔致遠（八五八—？）即為其代表，年十二歲入唐，科舉及第為官，在唐末遭逢黃巢之亂時，因撰寫討伐檄文而博得盛名。崔致遠深諳佛法，在唐時期撰有詩文集《桂苑筆耕集》，亦收錄佛教相關記述。在中國的主要港口中，曾設置堪稱是韓國城的新羅人活動據點，稱之為新羅坊。進而至九世紀，甚至出現了掌握中國沿岸地區制海權的張保皐（約七九〇—八四六？）這般人物。

在佛教界亦然，山東半島有稱為赤山法花院的寺院，據傳在該處是以新羅語誦經（《入唐求法巡禮行記》卷二）。當時以留學僧身分遠渡中國的僧侶為數甚多，其中則有如同圓測（六一三—九六）般的人物，在渡唐後盼能發展唯識學，並於中土結束生涯。此外，新羅王的三子無相渡唐後，於今四川省成都確立稱之為淨眾宗的禪宗派別，甚至是對西藏引入佛教一事造成深遠影響的人物（山口瑞鳳，一九七三）。

如同描述新羅僧在中國積極活動般，倘若覽讀在中國編纂的高僧傳記，例如《唐高僧

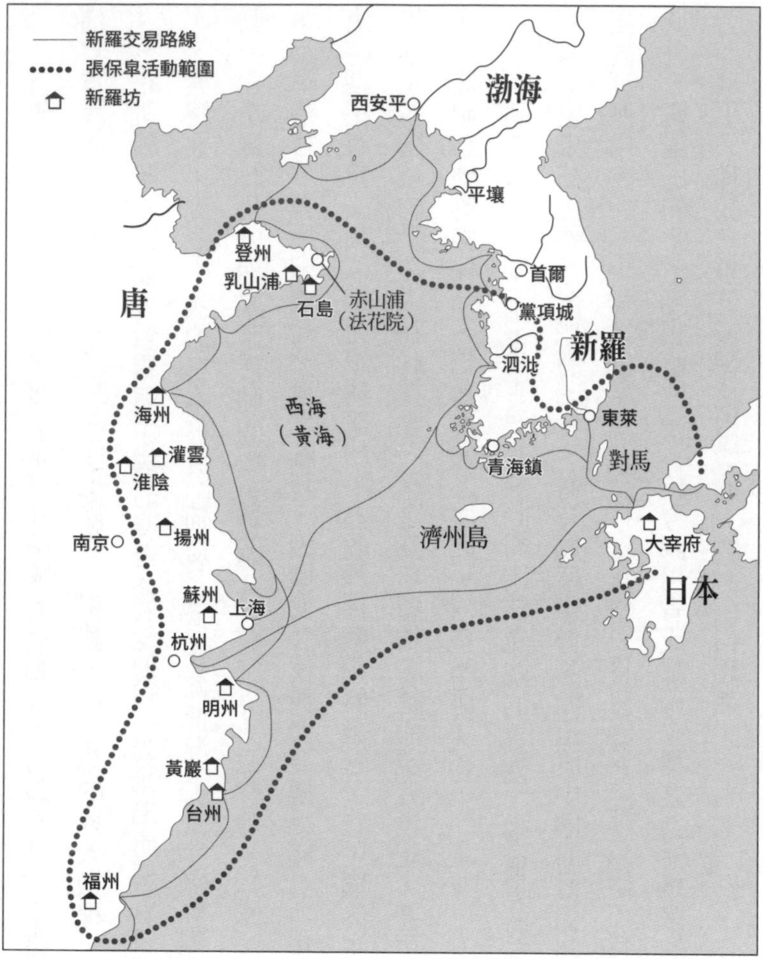
新羅交易路線
張保皐活動範圍
新羅坊
渤海
西安平
平壤
首爾
黨項城
新羅
泗沘
東萊
對馬
青海鎮
濟州島
大宰府
日本
唐
登州
乳山浦
石島
赤山浦
（法花院）
西海
（黃海）
海州
灌雲
淮陰
揚州
南京
蘇州
上海
杭州
明州
黃巖
台州
福州

新羅坊配置圖

傳》曾為圓光、慈藏立傳，以及《宋高僧傳》曾為元曉、義湘、圓測、順璟、無相、真表等人立傳。另一方面，為新羅僧立傳述說了唐朝是對外開放的國家，同時亦顯示新羅人的才能是如此卓越。甚至曾有許多僧侶穿越中國，就此前往西域或印度。義淨（六三五—七一三）在《大唐西域求法高僧傳》之中，記載惠業遊歷西域，曾住中印的大覺寺，巡禮佛跡，並於那爛陀寺修學佛法，亦有玄大渡海至中印進行經律論研究等紀錄。慧超曾渡唐，後經海路至印度巡禮五天竺的佛遺跡，在訪查西域各國後，於開元十五年（七二七）歸返中土，其著作有紀行文《往五天竺國傳》存世。新羅佛教就此具備國際化的廣大流通領域。

第二節　教學隆盛

一、舊譯與新譯的論爭

在新羅時代前期，不僅是接受中國佛教，新羅人的研究亦對中國造成影響，這就是所謂的從彼此交流中形成東亞佛教的時期。在此將從舊譯與新譯的論爭中來探討其實例。

至七世紀為止，中國佛教已有天台、三論、地論（學派）、攝論等宗派成立。在新羅，亦有經由慈藏等人傳入的地論宗、攝論宗教理。但至七世紀中葉，當印度傳入新佛教後，在中國或新羅皆曾為成佛問題而屢起論爭，這就是舊譯與新譯的論爭（常盤大定，一九七二；富貴原章信，一九八八）。

議論前提——人間觀與成佛

佛教是由釋尊於西元前五世紀前後所示說的教法。其教說認為人生即苦，應修習從苦境中獲得解放的過程（四諦）與方法（八正道），並藉此成佛。如此藉由個人審視自我而獲得證悟的行為，則是佛教之基礎。從釋尊在世時期開始，歷經部派佛教發展，約至西元

至七世紀初為止的中國佛教宗派

	代表人物	所依經論	典籍	內容
天台宗	智顗（五三八—九七）	《法華經》、《大智度論》	《法華玄義》、《法華文句》、《摩訶止觀》（智顗述、灌頂撰）	藉由止觀法門體證《法華經》的諸法實相
三論宗	吉藏（五四九—六二三）	龍樹《中論》、《百論》、提婆《十二門論》	《三論玄義》、《大乘玄論》（吉藏）等	徹底空觀 破邪顯正
地論宗（地論學派）	慧遠（五二三—九二）	世親《十地經論》、《楞伽經》、《大乘起信論》等	《十地經論義記》（慧遠）等	●人與佛本同一體性（如來藏） ●分為南道派與北道派，慧遠為南道派
攝論宗	真諦（四九九—五六九）、曇遷等人	無著《攝大乘論》、世親《攝大乘論釋》		心之分析 九識說

傳入朝鮮半島的過程	不明	高句麗出身的僧朗，於中國南方中興此宗。傳入高句麗、百濟、新羅。	傳入高句麗、百濟、新羅	由慈藏傳入新羅

元年形成大乘佛教之後，出現各式經典問世。其中，出現《涅槃經》闡述人人皆有可能成佛（一切眾生悉有佛性），以及確實有永遠無法成佛的一闡提存在。對於一闡提的解釋，大乘佛教直接面臨一大難題。

在此情況下，唯識學派（認為存於外界的思考世界是由人自身的意識作用而產生的思想學派）主張可分為五性各別（將人分為以下五種類型），亦即：1.聲聞定性、2.緣覺定性、3.菩薩定性、4.不定性、5.無性。在此五類型中，聲聞與緣覺、菩薩合稱為三乘。而從1.至3.分別是必定成為聲聞、緣覺、菩薩之人，4.不定性是指有可能成為從1.至3.之中任何一種類型之人，5.無性則是完全沒有可能證悟之人。

新譯登場以及與舊譯的論爭

西元六四五年，玄奘（六〇二—六四）遠赴印度求法後返唐，將當時最新的佛教經論予以譯介。當時，雖已有真諦所譯《攝大乘論》等著作，依然予以重譯。如此將玄奘攜歸及翻譯的經論，稱之為新譯，在此之前則稱為舊譯。

玄奘介紹的唯識學派理論，將三乘說視為正義，就是所謂的法相宗學派。慈恩大師窺基（六三二—六八二）被奉為初祖，慧沼（六五〇—七一四）則被奉為二祖，就此形成「新譯＝三乘佛教＝法相宗」的關係。玄奘從事的翻譯活動中，亦有新羅僧參與其事，更有眾多新羅僧學習新譯佛教。

玄奘在新譯佛典後，《涅槃經》的研究者靈潤則批判其所譯出的否定一切眾生成佛之說乃是魔說，與靈潤同為《涅槃經》研究者的法寶亦對新譯提出批判，此為學僧以舊譯立場提出批判之始。此外，神泰是以新譯立場批判靈潤之說，而參與玄奘譯經事業的新羅僧神昉，則對法寶之說提出批判。如此針對新譯與舊譯的論爭屢次發生。當時，留居唐土的新羅僧圓測是與玄奘系出同門的學僧，其採取主張新譯的立場。此外，在尊奉新譯佛教的人士中，亦有新羅出身的順璟，雖未曾入唐，卻進行研究新譯，並以因明（佛教論理學）來採取新思維，據傳雖獲得窺基認同，卻因其不信《華嚴經》的成佛論而墮入地獄（奈落）。新譯佛教引介至唐朝後，由此可推知不僅有渡唐的新羅僧修習，新譯佛教亦傳入新羅並在國內盛行研究，甚至引發論爭的現象。

舊譯與新譯的差異

名稱	新譯	舊譯
一乘／三乘	三乘	一乘
宗派	法相宗	涅槃宗、天台宗、三論宗、地論宗、攝論宗
代表論師	窺基、慧沼、神泰、神昉、圓測等人	靈潤、法寶等人
典籍	《涅槃經》、《瑜伽師地論》、《成唯識論》等	《涅槃經》、真諦譯《攝大乘論》等
成佛	五性各別（亦有無法成佛之人）	一切皆成（眾人悉皆能成佛）
理佛性與行佛性	重視行佛性	重視理佛性
對佛性採取的觀念	在人心之中	與真如同義，遍及萬物
真如與現象的關係	全然有別	同為一體

統合的論理一——元曉的和諍

在新譯與舊譯的論爭之中，出現提倡兩者統合的論理，就是新羅僧元曉（六一七—六八六）提出的和諍。元曉雖未入華，卻能掌握中國佛教的動向發展。佛教界為三乘與一乘而爭論，這些說法皆是基於釋尊之教，教說一致，卻有內容相歧的情況，此係因聞者心性有別，故示以相異教法。教說之間在根本上並無矛盾之處，若從層次更高的立場來看，則有可能三乘、一乘並立。元曉將此想法透過《大乘起信論》的教理來予以說明。

統合的論理二——法藏的五教判

將華嚴宗予以集大成的唐朝僧侶法藏（六四三—七一二），不僅加入其師智儼（六〇二—六六八）的教判之外，亦導入元曉的思維方式來統合舊譯與新譯。法藏在《華嚴五教章》之中，將佛教整體分為五類，並說明教相判釋，亦即：1.小乘教、2.大乘始教、3.大乘終教、4.頓教、5.圓教。法藏認為最高次第是第五的圓教，並將《華嚴經》歸於此，在內容上則是主張因果非別存，而是因果同時的「一即一切」思考方式。在此教判中，分別將新譯的概念定位為大乘始教，舊譯的概念定位為大乘終教。

如前所述，舊譯與新譯的論爭於七世紀中葉成為中國佛教界的大問題，在此情況下，不僅是中國僧侶，新羅僧亦各據立場進行論爭。這些論理是透過新羅元曉的思維模式來予以統合，中國的法藏則運用元曉的思想來形成闡述其優劣的教理。中國與新羅的佛教是在此情況下產生互動影響。

統合說（元曉與法藏）的主張異同點

	元曉（新羅）	法藏（中國）
典籍	《大乘起信論疏》（海東疏）	《華嚴五教章》、《大乘起信論義記》
成佛	認同一切皆成與五性各別的兩種說法。有此二說的原因在於接受者能力有別所致。	認同一切皆成與五性各別的兩種說法。有此二說的原因在於接受者能力有別所致。
唯識與《大乘起信論》	同時並立	有優劣之別
唯識與如來藏	將一切經論統合於「一心」的立場	將《華嚴經》視為最高次第，並將法相宗、如來藏等予以序列化。

二、活躍於七世紀的僧侶代表

本節是針對活躍於七世紀且具有代表性的僧侶來做介紹，探討對象是前節略提到的圓測，以及同時期的唯識學者元曉、義湘此三人的傳記及著作、思想等方面。三者雖在唯識學、《大乘起信論》、華嚴教學方面的立場各異，這三種教學卻是當時最具代表性的思想。

圓測

〔傳記〕圓測（六一三—九六）出身新羅皇裔，諱文雅，字圓測，早年出家，十五歲入唐，受學於攝論宗的法常及僧辯門下。圓測居於長安的元法寺，博通《阿毘達磨論》、《成實論》、《俱舍論》、《大毘婆沙論》等古今章疏，名聲遠颺，更奉敕成為長安西明寺大德。此後，地婆訶羅三藏自印度至長安從事譯經之際，身為五大德上首的圓測亦參與擘畫，並參與菩提流支（？—七二七）與實叉難陀（六五二—七一〇）的譯經事業。此外，曾受招請至洛陽講釋《華嚴經》八十卷，在講釋結束之前，於西元六九六年以世壽八十四歲之齡，示寂於洛陽的佛授記寺。據傳新羅的神文王（六八一—九二在位）在圓測生前曾催促其返國，因武后（六九〇—七〇五在位）未准，最終不得歸返。圓測辭世後，荼毘於龍門香山寺的北谷，並於該寺建造白塔，長安西明寺的慈善與大薦福寺的勝莊分其遺骨，別葬於終南山。西元一一一五年，又在終南山麓的興教寺玄奘塔左側，重新分骨並另造新塔。在其弟子中，則有新羅僧道證。《宋高僧傳》記載圓測曾盜聽玄奘向窺基傳授的講義，搶先發表最新學說。圓測此後曾受法相宗二祖慧沼的批判，或許是因學說上的歧異而衍生出盜聽之說。

〔著作〕據傳圓測有著作十九部，現存四部，亦即《解深密經疏》、《般若波羅蜜多心經贊》、《仁王般若經疏》、《無量義經疏》（橘川智昭，二〇〇八）。其中，《解深密經疏》是由法成傳譯為藏文，收錄於《藏文大藏經》之中。《藏文大藏經》所收的翻譯文獻幾乎皆是出自梵典，圓測的著作是從漢文譯成藏文後收錄於藏經之中，從文化交流史的角度來看備顯重要。在此補充說明，《解深密經疏》為全十卷，漢文部分僅留下前九卷，其中稻葉正就從藏譯經文來推敲漢譯原文，並還原第十卷內容。

〔思想〕有關圓測的唯識學方面，因過去舊譯多引真諦學說，故主張一切皆成說，或採取新、舊譯的折衷見解。如此思想被視為圓測與窺基等法相宗正統教學互為相異的一大特徵。然而，近年闡明此為誤讀圓測著作的結果，若經詳細檢討，可發現圓測與窺基等人同樣是主張以新譯為基礎的五性各別說（橘川智昭，二〇〇七）。

與圓測同時期的新羅唯識學者

遁倫（道倫） 據推測是活躍於七世紀後期的新羅學僧，其傳記等相關史料未詳。有說法認為遁倫撰有著作十八部，現存僅有《瑜伽論記》而已。此書是針對印度唯識學派的論書《瑜伽師地論》作詳注，是唐朝唯識各家學說之集大成，並引用諸多新羅人士的著作（橘川智昭，二〇〇〇）。

景法師 其著作本體並未存世，而是透過遁倫在《瑜伽論記》等著作中引用其說方為人知。一說認為景法師是新羅僧惠景，是唐朝唯識家的核心人物。景法師是被視為對法相宗初祖窺基教學具有影響力的重要人物（橘川智昭，二〇〇〇）。

勝莊 傳記未詳，但在圓測示寂之際，曾將其遺骨葬於終南山。此外，勝莊在義淨、菩提流支的譯場，以發揮證義之職的翻譯功能而為人所知（橘川智昭，二〇〇〇）。其著作有《金光明最勝王經疏》（有引用他著）、《梵網經菩薩戒本迹記》（現存）等。

道證 據記載為圓測弟子，於新羅孝昭王元年（六九二）自唐返國，曾獻呈《天文圖》（《三國史記》）。據研究者指出，道證的唯識教學沿襲圓測之說，卻在引用之際有所更改。進而闡明法相宗二祖慧沼在批判圓測主張之時，其實並非針對圓測之說，而是將更改圓測之說的道證學說視為批判對象（橘川智昭，二〇〇〇）。

憬興 神文王時期的大德，文武王薨逝前曾遺言應以憬興為國師。憬興亦從事唯識學研究，撰有《成唯識論貶量》、《成唯識論記》、《成唯識論樞要記》等著作。此外，據傳憬興曾為玄奘所譯的《瑜伽論》撰寫注釋書，更有為《大乘起信論》作注的《大乘起信論問答》。然其著作多已散佚，現存僅有《無量壽經連義述文贊》、《三彌勒經疏》而已。其中，《無量壽經連義述文贊》對於日本淨土真宗的開祖親鸞亦有所影響。

玄隆　是七世紀半至八世紀初期的人物，其著作未能現存，卻以「玄隆師章」之名為各方著作所引用。根據最近研究，玄隆的思想是基於新譯唯識的立場，並重新檢討攝論、地論教學之理念（岡本一平，二〇〇〇）。

元曉

〔傳記〕元曉俗姓為薛氏，俗名為誓幢，真平王三十九年（六一七）生於押梁郡佛地村，早年出家，專事修行及研修佛理。此後，元曉決心與義湘一同入唐，最初至遼東，卻無法遂願而中途退返。後經海路至唐州，就在洞窟避雨停歇之際，證悟「三界唯心，萬法唯識」的道理，遂捨入唐之志。此後元曉在新羅勤於著述，與寡公主成婚，還俗穿著俗服，號小姓居士。據傳元曉手持「無礙」之名的瓢瓜，在村中四處唱歌教化眾人，神文王六年（六八六）示寂於穴寺。

元曉與寡公主育有一子薛聰，為新羅最具代表性的學者之一，元曉之孫薛仲業則以外交使節身分渡日。當時，淡海三船曾贈漢詩於薛仲業，收錄於《三國史記》，成為新羅與日本文化交流的貴重明證。

〔著作〕元曉的著作計有七十四部（福士慈稔，二〇〇四），現存有《十門和諍論》（斷簡）、《大乘起信論海東疏》、《大乘起信論別記》、《華嚴經疏》（斷簡）、《金剛三昧經論》、《涅槃經宗要》、《大慧度經宗要》、《二障義》等二十二部。此外，《遊心安樂道》亦對日本淨土教學有所影響，但是否為元曉真撰，仍有待商榷（愛宕邦康，二〇〇六）。另有針對其著作成書的時間順序來進行研究（石井公成，二〇〇四），並有從中國、日本等國的文獻來針對已佚的元曉著作進行涉獵及研究（福士慈稔，二〇〇四）。

〔思想〕元曉是以老莊、三論思想為其思想背景，貫通其思想的著作則是《大乘起信論》。《起信論》是由印度的馬鳴撰述、真諦翻譯，但實際上是否在印度撰成則令人質疑。《大乘起信論》的內容，是指大乘為眾生心，稱之為一心。此一心開二門，亦即心真如門（證悟的世界）與心生滅門（悟與迷的世界），是納入如來藏及唯識思想所構成。《大乘起信論》對中國、朝鮮、日本的東亞佛教思想帶來莫大影響。元曉曾為《海東疏》與《別記》撰寫注釋書，前者是針對《大乘起信論》而述：「眾典肝心，一以貫之者，其唯此論乎。」評價《起信論》是貫通各經典精髓而進行論述。後者則是描述《大乘起信論》是統合印度佛教中觀學派與唯識學派的著作。

此外，元曉的重要著作中尚有《金剛三昧經》注釋，亦即《金剛三昧經論》。據《宋高僧傳》所述，有關此書的成立，是新羅王為求王妃癒疾，遂派遣使者至龍宮，龍王表示盼能使《金剛三昧經》流布於新羅，並告知若由大安聖者將散經黏補綴縫，再由元曉法師造疏注釋，王妃將可病癒。使者向新羅王報告後，王遵照龍王之言，命大安黏補經書，元曉撰寫注釋。大安向君王建議由元曉講釋經典，元曉則表示：「此經以本始二覺為宗，為我備角乘」，將筆硯置於兩牛角之間，進行講義及執筆撰疏。然而，據傳注釋雖已完成，卻不知遭何人盜走，元曉遂請求給予三日緩衝時間，完成略疏三卷。

元曉晚年著有《華嚴經》注釋，其特徵為活用《莊子》來闡述廣大自在的《華嚴經》世界。

〔影響〕元曉的思想對中國佛教影響十分深遠。首先，集中國華嚴宗之大成的法藏在撰寫《大乘起信論》注釋書《大乘起信論義記》之時，曾大量參考《大乘起信論海東疏》。然而，相對於元曉將唯識與《大乘起信論》互為融合的情況，法藏則將兩者予以區別，此點為相異之處。《大乘起信論海東疏》甚至對華嚴宗的四祖澄觀有所影響。元曉繼而在《十門和諍論》中述及空有的會通理論，對法藏的《華嚴五教章》亦給予影響。《金剛三昧經論》則對禪宗形成影響。有關元曉對於後世新羅佛教所造成的影響，將待後文

浮石寺無量壽殿，為韓國歷史最悠久的木造建築之一。（出處：達志影像）

說明。

義湘

〔傳記〕義湘（六二五—七〇二）俗姓為金氏，為韓信之子。於二十歲出家，西元六五〇年與元曉入唐，初次失敗而返，第二次圓滿其願，師從華嚴二祖智儼，其師當時止居於長安南方的終南山。此後義湘於西元六六八年撰寫《一乘法界圖》，並於三年後的文武王十一年（六七一）返國。文武王十六年（六七六），義湘在太白山麓建立浮石寺，成為華嚴傳法之根據地，其門下有道身、智通等多位弟子聚集。此後，義湘的弟子自成新羅華嚴學的支脈，至今構築了朝鮮佛教的倚柱，義湘亦被稱為海東（意指朝鮮半島）華嚴初祖。

義湘與法藏皆是在智儼門下修習的法兄弟。在義湘返國數年後，法藏請託新羅僧勝詮將自己的著作隨信函交於義湘，並請其判斷內容優劣可否。據傳義湘因應其請，針對《華嚴五教章》的章節構成表述意見。

〔著作〕在著作方面，則有《一乘法界圖》、《入法界品鈔記》、《華嚴十門看法觀》、《阿彌陀經義記》、《白花道場發願文》。現存僅有《一乘法界圖》與《白花道場發願文》。《一乘法界圖》形式特異，是由印圖與解釋兩部分所組成。印圖是將七言三十句的詩文，以近正方形的方式予以排列，並採取從中心開始閱讀，盤迴屈曲，最終返回中心的形式，解釋為解說印圖的內容。近年則有針對《一乘法界圖》的作者而提出新說，認為印圖部分是智儼所撰，僅有解釋部分是義湘所撰（姚長壽，一九九六）。但此說仍有待商榷，目前堪稱是以義湘著作的說法為主流（全海住，一九九九）。此外，《白花道場發願文》是與今日韓國江原道的洛山寺觀音菩薩有關，但該書是否為義湘真撰則備受質疑（木村清孝，一九八八）。

〔思想〕在《一乘法界圖》序文中，記述其撰寫目的在於「冀以執名之徒，還歸無名真源」。具體而言，就是引導三乘之人，入於一乘世界。若以《一乘法界圖》的印圖為例，是從正中央的「法」字開始，從左側依序讀為「法性圓融無二相……」，最後是由正

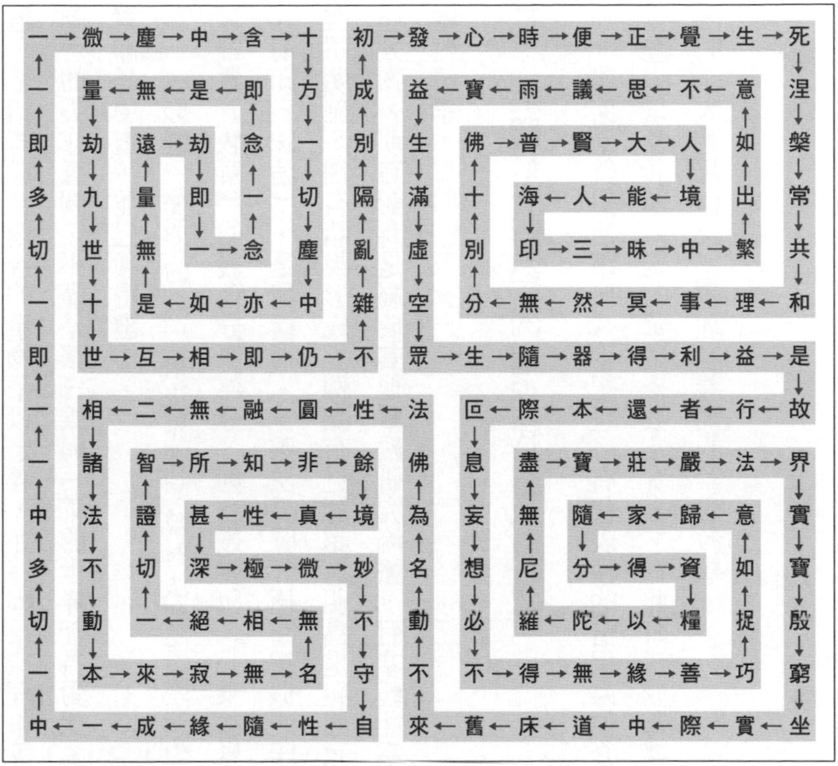

《一乘法界圖》圖印

中央底下往上讀為「舊來不動明為佛」，最後的「佛」字接於最初的法字之下。如此表現出在因果的思維方式上，三乘與一乘之間的差異。換言之，三乘是因果個別，自因漸果，相對於此，一乘是因果本為一體。華嚴宗的教理核心，是在闡述因果、廣狹等相對概念是一即一切的關係，稱之為十玄門，並成為區別一乘與三乘的指標。義湘的立場是將本來合一的一乘內容，稱之為「中道」。所謂中道，是指將融合兩邊的事物予以定義，並將因果或理事等相對關係予以融合。《一乘法界圖》的製作意圖，不僅是讓三乘與一乘的世界互為對比，而是闡述區別因果的三乘之人其實即是中道，並已獲得證悟。

〔影響〕義湘的《一乘法界圖》曾對法藏所撰的《華嚴五教章》造成影響。若對照《華嚴五教章》的義理分齊部分，則有幾處與《一乘法界圖》的論述一致。此外，明皛的《海印三昧論》，是與義湘《一乘法界圖》極為相似的印圖著作。有關明皛的傳記等方面雖不明確，卻有諸說形成，例如有見解認為明皛是與西元七〇〇年返國的密教僧明曉為同一人物，或有認為是屬於其他華嚴研究流脈，而非義湘系統等說法（金相鉉，一九九九；木村清孝，二〇〇三）。

三、活躍於八世紀的僧侶代表及典籍

本節是針對活躍於八世紀且具有代表性的僧侶來做介紹，在此列舉的是太賢、表員、見登，以及義湘系統的華嚴學派及真表。在此時代成為課題的，則是前朝的新譯唯識、元曉的《大乘起信論》教理、義湘的華嚴教學。

太賢、表員、見登

太賢　景德王時期的大德，自號青丘沙門。《三國遺事》稱其為瑜伽祖大德，據傳博通唯識、因明二學。一說認為其為道證之弟子，但無明確典據。據傳有著作五十二部，現存有《梵網經古迹記》、《梵網經菩薩戒本宗要》、《成唯識論學記》、《起信論內義略探記》等。此外，日本所傳系譜（作者未詳，《華嚴宗所立五教十宗大意略抄》）之中，則有「元曉—太賢—表員—見登」，據傳太賢、表員、見登屬於元曉系統。吉津宜英則從其系譜及思想內容，將太賢的教學命名為「元曉、法藏的融合型態」。

表員　撰有《華嚴經文義要決問答》，此書是針對華嚴教學逐一介紹各說（金天鶴，一九九八）。其中有許多融合元曉與法藏的主張，並對義湘進行批判。這是同屬華嚴宗，卻在認同法藏、不認同義湘的背景下，針對義湘及其門流所進行的批判系統。有關表員的教學，吉津宜英將其視同於太賢，同樣將其特徵稱之為「元曉、法藏的融合型態」。

見登　為新羅僧，傳記未詳，著作有《大乘起信論同異略集》與《華嚴一乘成佛妙義》存世。至今有關見登的思想立場方面，從前述的「元曉—太賢—表員—見登」的系譜，來推測其屬於元曉系統。但根據近年研究，闡明見登是屬於義湘系統的華嚴思想家，並曾渡日著述（崔鈆植，二〇〇二）。在其著作中的《大乘起信論同異略集》，是見登針對智憬的著作所給予的建議，智憬是活躍於八世紀中葉的日本華嚴宗僧侶。此外，《華嚴一乘成佛妙義》是透過智儼、義湘、法藏等人的著述來予以彙整，進而援引日本東大寺壽靈的著作。日本的華嚴學是藉由在新羅修學的審祥而奠定基礎，並以法藏與元曉的思想為基磐。相對於此，見登將義湘系統的華嚴學傳入日本，是十分難能可貴之事。

此外，約於奈良時代的西元八世紀中葉，審祥曾在日本講授《華嚴經》，就是所謂開日本華嚴學之先河。審祥被稱為「新羅學生」，但究竟是以新羅學僧的身分渡日，抑或以日本人的身分前往新羅修習佛法，則未能明確。然而，最近研究則認為審祥是日本人的說法較為有力。姑且不論其身分，審祥的藏書是以新羅人的著作為多。從以壽靈為首的日本初期華嚴教學中可發現是受到元曉所影響，此亦是從審祥為開端所致。

義湘系統的華嚴學派

所謂義湘系統的華嚴學僧，是指繼承義湘教理的華嚴學僧。他們的著作並未個別存世，故其動向及思想並不明確。但至近年，藉由高麗時代的均如（九二三—七三）著作，或從西元十三世紀之前編纂的《法界圖記叢髓錄》（《一乘法界圖》的注釋集成）之中，將其收錄的文獻之內所引用的人物或著作予以重新建構，並藉此逐漸闡明義湘系譜及其思想特徵（佐藤厚，二〇〇〇）。

〔義湘系統的系譜〕有關人物或著作的流脈，大致可區分為三期，第一是義湘與嫡傳弟子的時期（七世紀後期—八世紀中期）。當時的文獻則有義湘嫡傳弟子智通所撰的《智通問答》、道身所撰的《道身（申）章》佚文，以及與這些著作相關的《華嚴經問答》。這些著作堪稱是義湘在講授《華嚴經》的講義錄，故其內容相通之處甚多。由此可知當時曾進行《一乘法界圖》或法藏《華嚴五教章》的研究。

第二是神琳、法融的時期（八世紀中期），義湘系統從當時開始自成異論，有別於中國華嚴思想。據傳神琳（？—七五〇？）入唐後曾師事融順，但事實真偽無法確定。神琳的弟子法融除了注釋《一乘法界圖》之外，並與其師共撰《十句章》。據傳智儼曾參與撰寫《十句章》，但無法判定真偽。僅能確定《十句章》是彙集義湘門下的華嚴學問題而成的著作。

第三是在法融之後、均如之前的人物及著作，在此時代則有質應、梵體等人。《一乘法界圖》的注釋有《真記》、《大記》等，其他則有《簡義章》或《古記》等多部著作。

〔思想〕義湘系統的華嚴學派在基本上是以義湘、智儼、法藏的著作研究為中心，並從中衍生出獨有思想，其特徵在於首先是將華嚴思想予以實踐化。如同在義湘該項所述般，華嚴思想的核心在於因與果、廣與狹等相對事物原本為一，《一乘法界圖》稱之為「中道」。義湘系統是將中道逐漸表現於自身。證明其說的文詞為「以三世間為一己身心」。所謂三世間，就現代說法而言，就是指宇宙整體，即自我身心。如此將自我與宇宙整體等同視之，此為義湘系統的特徵，進而實踐禮敬自我之中的佛。在其他華嚴思想家之中，尚未發現如此明確表現出實踐華嚴思想之例。

第二是有關華嚴教學獨具的祕密教理。例如，華嚴教學的核心教理之一是六相說。這是從六項觀點的立場，將世界究竟應從整體（總相），或從部分（別相）的面向來予以掌握。這是根據《十地經論》的教理，但是將原典解釋更為深化。換言之，神琳針對《十地經論》的解釋，是述說「根本入之八難」的教理。所謂的根本入是指六相說的本源部分，神琳為此賦予獨特的意涵及解釋，並述及「若不解此義，縱使再讀《十地經論》注釋，亦無法理解其本質」。同樣之例，則為質應所說、再由梵體傳於潤玄的《華嚴經》十重解釋，「若連此亦知，則可達《華嚴經》妙義，若不知，雖讀亦不成」。如此思想與中國或日本的華嚴思想相較之下，是屬於殊異之說。

《釋摩訶衍論》

《釋摩訶衍論》是《大乘起信論》的注釋書，是受到日本的真言宗開祖空海所關注，在空海教學中占有極重要之地位。有關《釋摩訶衍論》，其書記載是由印度佛教史上為負盛名的龍樹所作，自古卻有主張認為是偽作，亦有相傳為新羅的大空山月忠所撰。根據近年研究，此論是由新羅人所撰，其目的在於調停《大乘起信論》的論爭，說明是為了促使義湘與元曉的思想相融而撰造（石井公成，一九九六）。

真表

真表是以占察法會而為人所知，此種法會是以丟擲木製占具來占卜過去世所造的善、惡業或其他事物。占察法會是根據《占察善惡業報經》所舉行的法會，而此經典則是以《大乘起信論》為基礎所撰造的偽經，據傳此法會盛行於中土，曾遭朝廷彈壓。真表將占察法會傳入新羅，並促使其穩定發展。根據《三國遺事》〈關東楓岳鉢淵藪石記〉的傳記所述，真表於十二歲出家，成為金山寺順濟的弟子。順濟將《供養次第法》、《占察善惡業報經》傳授於真表，更命其詣訪彌勒、地藏二聖以求法懺悔，並在接受戒法後傳揚於世。此後，真表歷經刻苦修行，獲授地藏菩薩之戒本，亦獲彌勒菩薩賜以占卜所用的兩片木簡。此後真表創建金山寺，鑄造彌勒像，俗離山的大德永深等人造訪真表並求授戒法。真表將《供養次第法》、《占察善惡業報經》，以及一百八十九片木簡給予永深等人，更從彌勒所賜的木簡中，取出第九片及第八片予之，並告言：「九者法爾，八者新熏成佛種子。我已付囑汝等，持此還歸俗離山，山有吉祥草生處，於此創立精舍。依此教法，廣度人天，流布後世。」據傳永深等人遵其言，建造精舍並舉行占察法會。

第三節　實踐佛教的發展

一、淨土思想

在新羅，祈願往生淨土的信仰十分盛行。在此略為探討淨土信仰的諸相，以及學僧倡導的淨土信仰（章輝玉，一九九二）。

淨土信仰

《三國遺事》收錄僧侶欣求往生淨土，或即使身為奴婢，亦能念佛成佛的說話故事。

（一）廣德、嚴莊的往生與願往生歌

此為文武王（六六一—八一在位）時期的說話故事。

文武王代，有沙門名廣德、嚴莊，二人友善。日夕約曰，先歸安養者須告之。德隱居芬皇西里，蒲鞋為業，挾妻子而居。莊庵栖南岳，大種刀耕。

一日，日影施紅，松陰靜暮，窓外有聲，報云：「某已西往矣。惟君好住，速從我來。」莊排闥而出顧之，雲外有天樂聲，光明屬地。明日歸訪其居，德果亡矣。於是乃與其婦收骸，同營蒿里。既事，乃謂婦曰：「夫子逝矣，偕處何如？」婦曰：「可。」遂留夜宿，將欲通焉。婦靳之曰：「師求淨土，可謂求魚緣木。」莊驚怪問曰：「德既乃爾，予又何妨？」婦曰：「夫子與我同居十餘載，未嘗一夕同床而枕，況觸污乎？但每夜端身正坐，一聲念阿彌陀佛號，或作十六觀。觀既熟，明月入戶，時昇其光，加趺於上。竭誠若此。雖欲勿西奚往，夫適千里者，一步可規，今師之觀可云東矣。西則未可知也。」

莊愧赧而退，便詣元曉法師處，懇求津要。曉作錚觀法誘之，藏於是潔己悔責。一意修觀，亦得西昇。錚觀在曉師本傳，與海東僧傳中，其婦乃芬皇寺之婢，蓋十九應身之一德。（《三國遺事》卷五）

故事末尾記載了祈願廣德往生之歌（一名〈願往生歌〉）：

今月去西
奉告佛前

無量壽佛
誓深尊仰
雙掌合十
願往生、願往生
有此欣慕
啊～
徒留此身
又該如何
賜以成就
四十八大願（漢譯內容以梁柱東日文意譯為參考）

（二）奴婢念佛現身往生

此為景德王（七四二——六五在位）時期的說話故事。

景德王代，康州善士數十人志求西方，於州境創彌陀寺，約万日為契。時有阿干貴珍家一婢名郁面。隨其主歸寺，立中庭，隨僧念佛。主憎其不職，每給穀二碩，一夕春之。婢一更舂畢，歸寺念佛，日夕徹怠，庭之左右豎立長橛，以繩穿貫兩掌，繫於橛上合掌，左右遊之激勵焉。時有天唱於空，郁面娘入堂念佛，寺眾聞之，勸婢入堂，隨例精進。未幾，天樂從西來，婢湧透屋樑而出，西行至郊外，捐骸變現真身，坐蓮臺放大光明，緩緩而逝。（《三國遺事》卷五）

（三）月明師的祭亡妹歌

同樣是景德王時期的說話故事。

明（月明師）又嘗為亡妹營齊，作鄉歌祭之。忽有驚颷吹紙錢，飛舉向西而沒。（《三國遺事》卷五）

在故事末尾，記載月明師為亡妹所作的鄉歌〈祭亡妹歌〉：

視此處生死為畏途
吾將往矣猶未言盡
難道就此去耶？

總之秋風早起
落葉紛飄
此方彼方
出於一枝
不知去向
啊～
吾應逢彌陀剎
更待修道才是（漢譯內容以梁柱東日文意譯為參考）

以上的（二）與（三），是有關新羅篤信淨土信仰的故事紀錄。

（四）新羅佛國土思想

新羅就此形成吾國本為佛國土的思想。其思想可見於《三國遺事》，例如新羅的七處伽藍用地，皆是在釋迦佛之前既有的佛伽藍用地，堪稱是法水長流之地，並列舉七座伽藍之名（〈阿道基羅〉）。此外，在慈藏入唐記事中，記載曾於五台山獲受文殊菩薩的祕法，當時文殊菩薩告言：「新羅皇龍寺為釋迦、迦葉佛說法之地，仍留宴坐石。」（〈皇龍寺丈六〉）

淨土教學

另一方面，與淨土信仰一併發展的淨土思想教學研究，亦在進行之中。前節所述的僧侶，多曾撰有淨土經典的注釋書。有關新羅的淨土教，在淨土經典中是以《無量壽經》與《阿彌陀經》研究為中心，至於針對中國的核心經典《觀無量壽經》研究則並不發達。換言之，《無量壽經》的注釋者有元曉、法位、玄一、義寂、憬興、太賢，《阿彌陀經》的注釋者有慈藏、義湘、元曉、圓測、遁倫、憬興、太賢。《觀無量壽經》的注釋者，僅有太賢而已。

此外，被視為元曉所撰的《遊心安樂道》是以表現其淨土思想而著稱，因引用元曉歿後才問世的典籍，故有見解認為並非其作。根據近年（二〇〇九）的研究，有學者提出說法指出《遊心安樂道》的作者是東大寺智憬。

彌勒信仰

在新羅與求生西方淨土的淨土信仰同樣盛行的，就是對未來佛彌勒菩薩的信仰。在《三國遺事》中可發現許多彌勒像的相關紀錄，彌勒信仰是以百濟、新羅為中心，尤其是新羅有培育貴族子弟的的花郎組織，並將彌勒信仰積極導入組織中。

在彌勒造型方面，新羅製作許多半跏思惟像來予以表現，光是現存造像，就多達三十尊以上。有研究指出，日本京都廣隆寺的彌勒菩薩像與朝鮮半島的佛像形式有關。在教學層面上，亦有針對與彌勒菩薩有關的經典《彌勒上生經》、《彌勒下生經》而進行研究。

二、密教

密教是在七世紀中葉傳入朝鮮半島，並由明朗導入。新羅統一朝鮮半島後，傳來唐軍將進攻的消息。據傳明朗於此時進言應建造四天王寺，就在修持祕法文豆婁（曼荼羅）之際，海上興起風浪，唐船因此全部沉沒。雖無法明確得知明朗是向何人修學密法，但可知曾修習曼荼羅。此外，據傳惠通曾入唐師事善無畏（六三七—七三五），但其歸國年代與善無畏前往中土的年代不一致，故而有待商榷。

所謂的惠通將純正密教傳入新羅一事，實在令人匪夷所思。惠通的事蹟不明，卻有《供養次第法疏》現存於世，此著作為抄錄《大日經》卷七的〈供養次第法〉，其中記載曾依止善無畏。此外，新羅密教僧的相關記載，尚有師事青龍寺惠果的玄超、一行的法弟義林等人，但未知其詳。此外，撰有《往五天竺國傳》的慧超曾入梵土，返國後向金剛智三藏修學密教。更有悟真、惠日，亦是傳入純正密教的人物。

三、導入禪思想

隨著中國唐朝的佛教配合從教學轉為禪宗的步調，朝鮮半島的佛教亦從九世紀開始由唐僧傳入禪宗。其中，是由道義將南宗禪傳入朝鮮半島。道義曾渡唐，師事馬祖道一門下的西堂智藏之後返國。換言之，現今韓國佛教的最大宗派曹溪宗，就是將道義立為宗祖。此後陸續傳入禪宗教學，在高麗時代，則有禪修集團形成，稱為九山禪門。

九山禪門的特徵，首先是在相同時期師事同一上師。如此說明中國禪宗界的動向亦傳至新羅。第二是他們在習禪之前，多數是修習華嚴教學，尤其是以在浮石寺修習華嚴教理者為多。浮石寺是義湘系華嚴學的據

新羅的禪寺分布圖

點，他們在華嚴宗之中，亦是修習具有實踐性的義湘系華嚴學，故較易於轉向禪宗。

最具代表性的新羅禪門寺剎與開山祖師如下（鄭性本，一九九五）：

一　*迦智山　寶林寺　道義
二　*實相山　實相寺　洪陟
三　智異山　雙溪寺　慧照
四　*桐裏山　泰安寺　慧徹
五　*聖住山　聖住寺　無染
六　*闍崛山　崛山寺　梵日
七　*師子山　興寧寺　道允
八　*鳳林山　鳳林寺　玄昱
九　*曦陽山　鳳巖寺　道憲
十　五冠山　瑞雲寺　順之
十一　*須彌山　廣照寺　利嚴　（*是此後的九山）

以下是簡介前述寺院的發展成果。

一、迦智山寶林寺　道義是最初將南宗禪正式導入朝鮮半島的人物，於宣德王五年（七八四）入唐，後赴五台山，值遇文殊菩薩。道義於廣州寶壇寺受戒，後於曹溪山拜謁祖堂，繼而於江西開元寺接受馬祖道一的高徒西堂智藏的教法，此後改名為道義。進而師事百丈懷海，入唐三十七載，於憲德王十三年（八二一）返國。據傳道義歸國後，曾與華嚴學僧智遠對話交流。就在智遠詢問道義，在華嚴四法界之外更有何等法界之際，道義以舉拳做為答覆（《禪門寶藏錄》卷中）。此為智遠以教學者身分，在詢問華嚴教學真理的事法界、理法界、理事無礙法界、事事無礙法界的涵義為何之時，道義並非藉由理論，而是以自身直接表示的禪宗立場來予以答覆。道義駐錫於雪岳山陳田寺，付法於廉居，廉居則傳法於體澄。

二、實相山實相寺　洪陟與道義同樣接受西堂智藏的教法，受興德王、宣康太子皈依。洪陟創建實相寺，開實相山派，並有弟子秀徹等人。

三、智異山雙溪寺　慧照（七七四—八五〇）活躍於興德王時期，西元八〇四年入唐，獲受馬祖門人神鑑的印可，更於嵩山少林寺受具足戒。後入終南山十三載修習止觀，西元八三〇年返國，此後創建雙溪寺。

四、桐裏山泰安寺　慧徹（七八五—八六一）在義湘系華嚴宗的主要寺院浮石寺修習華嚴教學，二十二歲受具足戒。憲德王六年（八一四）入唐，師事西堂智藏。智藏示寂後，慧徹前往西州（今新疆省維吾爾自治區），歷時三年讀《大藏經》，西元八三九年返國，於桐裏山說法。第四十六任新羅君主文聖王聞其名聲，遣使請詢經國之要。

禪法傳入者

僧名	嗣法	入唐年份	返國年份
法朗	四祖道信		
神（慎）行	（北宗）志空		
道義	西堂智藏	七八四	八二一
洪陟（直）	西堂智藏	八〇九	八二六（？）
慧照（七七四—八五〇）	雲秀神鑑	八〇四	八三〇
慧徹（七八五—八六一）	西堂智藏	八一四	八三九
玄昱（七八七—八六八）	章敬懷暉	八二四	八三七
體澄（八〇四—八八〇）		八三七	八四〇
無染（八〇〇—八八八）	麻谷寶徹	八二一	八四五
道允（七九八—八六八）	南泉普願	八二五	八四七
梵日（八一〇—八八九）	鹽官齊安	八三一	八四七
慈忍			約八四五

大通（九一八—八三）	仰山慧寂	八五六	八六六
順之	仰山慧寂	八五八	？
行寂（八三二—九一六）	石霜慶諸	八七〇	八八五
迴徹（八八四—九一七）	雲居道膺	八九一	九〇五
忠湛（八六九—九四〇）	雲蓋志元	八八七—九六	九〇四—〇七
慶猷（八七一—九二一）	雲居道膺	八九一	九〇八
麗嚴（八六二—九三〇）	雲居道膺	八八五—八七	九〇九之前
利嚴（八七〇—九三六）	雲居道膺	八九六	九一一
慶甫（八六八—九四八）	疏山匡仁	八九二	九二三
璨幽（八九九—九五八）	投子大同	八九二	九二一
玄暈（八七九—九四一）	九峰道虔	九〇六	九二四
競讓（八七八—九五六）	谷山道緣	八九九	九二四

五、聖住山聖住寺　無染（八〇〇—八八八）為武烈王的第八世後裔，十二歲出家，後於浮石寺修習華嚴學。無染於西元八二一年入唐，赴終南山至相寺，出席華嚴學講義，並順道至洛陽佛光寺，與馬祖法嗣的如滿晤面。無染更參禪於蒲州的麻谷寶徹，並於文聖王七年（八四五）返國，多有諸王皈依，弟子逾兩千人。無染有著作《無舌土論》，其中將佛教分為有舌土與無舌土（《禪門寶藏錄》卷上）。所謂的有舌土是指應機門、言說門、淨穢門，無舌土是指禪、正傳門。

六、闍崛山崛山寺　梵日（八一〇—八八九）於二十歲受具足戒後，入唐參禪於馬祖門下的鹽官齊安，並獲得大悟，亦曾師事藥山惟儼。西元八四七年返國，後住闍崛山，多有諸王皈依，並受任為國師。

七、師子山興寧寺　道允（七九八—八六八）於十八歲出家，修習華嚴學。西元八二五年入唐，師事馬祖門下的南泉普願。西元八四七年返國，接受景文王皈依。道允的弟子折中於十五歲時在浮石寺修習華嚴學，十九歲受具足戒，依此因緣訪求道允，並依止為師，繼承其法嗣。

八、鳳林山鳳林寺　玄昱（七八七—八六八）於西元八二四年入唐，師事馬祖道一的法嗣章敬懷暉，西元八三七年返國，住南岳實相寺，受諸王皈依。

九、曦陽山鳳巖寺　道憲（八二四—八八二）向浮石寺的梵體修習華嚴之學，十七歲受具足戒。道憲並未入唐，而是師從慧隱習禪，其禪法承襲自中國禪宗四祖的道信法系。

十、五冠山瑞雲寺　順之傳揚溈仰宗的禪法，其先祖為地方豪族，於五冠山剃度，並於俗離山受具足戒。西元八五八年入唐，成為仰山慧寂（八〇七—八三）的弟子，返國後住五冠山瑞雲寺。《祖堂集》以長文記錄順之的教說，並收錄表相現法（圓相）、三遍成佛篇（證理成佛、行滿成佛、示顯成佛），以及三篇（《頓證實際篇》、《迴漸證實際篇》、《漸證實際篇》）的教說。順之的教說核心是禪思想，同時以華嚴教學為基

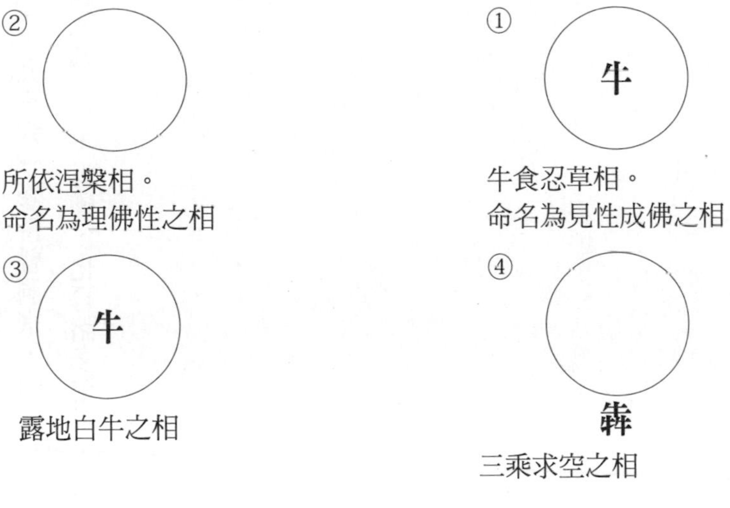

①表現悟的世界。②悟與牛（修行者）成為一體。③、④個別表現一乘與三乘，說明眾生能力有別。

順之的表相現法（圓相）之例

礎，尤其是以唐代華嚴學者李通玄的思想為背景。

十一、須彌山廣照寺 利嚴（八七〇—九三六）修持曹洞宗，西元八九六年入唐，由洞山良价的弟子雲居道膺授其心印，西元九一一年返國，化育諸多弟子，後受高麗太祖皈依。

專欄二

旅印的新羅僧

平井宥慶（大正大學教授）

《朝鮮日報》（西元二〇〇二年七月二十七日）刊登一則新聞，內容是現存最早的《三國遺事》已從指定寶物升格為國寶。韓國文化財有「寶物」與「國寶」之分，當然指定為國寶的規格更高。此部《三國遺事》僅存第三至第五卷，以青絹裝幀，被視為十四世紀末製作，亦有報導另有四種《三國遺事》被新指定為寶物。

《三國遺事》與朝鮮正史《三國史記》（西元一一四五年成立）同樣是紀錄朝鮮史的珍貴資料，目前卻無法完全認同其價值。從《三國遺事》被指定為國寶，可明顯反映出其史料價值是升格而被高度認定。《三國遺事》是由高麗僧一然（一二〇六—八九）所撰成，研究者認為應是成立於西元一二七〇至八〇年代。一然對《三國史記》的僵化格式多有不滿，每當補充內容之際，皆收錄許多穿插在故事中的短篇佚事。如此導致《三國史記》至今的評價降低，但時至今日，此點反而成為備受矚目的課題。

在《三國遺事》卷四之中，有一則耐人尋味的記述。此書與《高僧傳》的體裁相似，

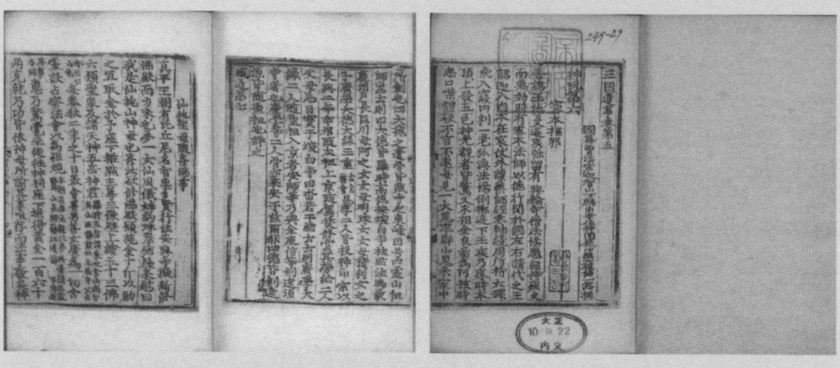

京都帝國大學藏《三國遺事》部分內容（出處：國立國會圖書館網站）

該卷的內容為彙集義解者的事蹟，其中有「歸竺諸師」項目，是有關數名僧侶自新羅行旅天竺的紀錄，並列舉七位僧人之名，加上兩位姓名不詳者。

最初記載的人物，是身為新羅人氏的阿離那跋摩，起初是為求正教而渡唐，勤於修學，貞觀年間更以赴西方天竺為目標，最終抵達那爛陀寺。阿離那跋摩將律論書於貝葉而學習，並祈求將在某時返國，卻難圓其願，瘁然而逝，據傳世壽七十餘歲。若說起貞觀年間，當時的朝鮮仍處於三國鼎立時期。佛教約自四世紀起普及於朝鮮半島，逐漸覆蓋整個東亞世界，成為一種國際標準文化。朝鮮三國處於政治對立關係，在文化政策方面卻競相導入佛教，在亞洲東端出現均一的文化世界。從半島東端的新羅至中土的道程，被迫取道高句麗，若以僧人形貌前往則非易事。

就此意味來說，佛教彷彿成為創造出培育國際人之契機。光從歐亞大陸東端至中土修習佛法，就是在理解世界。佛教進而賦予人們一種動機，促使他們以前往西方天竺為目標。但印度路遠迢迢，惠業、玄泰、求本、玄恪、惠輪、玄遊，以及加上兩位姓名未詳的僧侶，承襲阿離那跋摩的軌跡，遠赴梵土。然而，卻有止住當地寺院者，或夭於中途，唯有玄泰返唐，卻莫知所終。

以上是根據目前成為話題中心的《三國遺事》所記載的內容。《海東高僧傳》、《大唐西域求法高僧傳》之中亦有同類型記述，但內容略有差異，筆者為求慎重起見，盼能交由其他考察另行探討。在此（被指定為國寶的珍本）光有如此紀錄存世，就堪稱是十分僥倖之事。但若說是僥倖，則又是最大的僥倖，原因就在於以下即將敘述的人物。然而，這位人物慧超（七〇三—八七？），不知何故竟然沒有在《三國遺事》中登場……。

二十世紀初期發現的佛教文物，是由敦煌文獻的問世來揭開序幕。伯希和是繼史坦因發掘文物之後進入敦煌，而其所發現的寫本第三五三二號是旅行紀錄的殘卷。但此寫本的首尾皆欠損，故在書名及作者皆不明的情況下進行徹底調查。此外，並與慧琳（七三七—八二〇）撰《一切經音義》一百卷中所記述的《慧超往五天竺國傳》進行對照。但據《一切經音義》記載，該書為三卷，經由發現其寫本並無分卷，並有若干不同用詞散見其中，故將這部發現的寫本視為要略本。

據《慧超往五天竺國傳》所述，慧超誠如其文，似乎曾巡禮整個印度文化圈。近年的校定本光是殘卷就有四十五節，足以匹敵其駐錫國家之數。慧超亦曾跨越印度文化圈，例如從吐火羅國西行一個月至波斯國，記載此國「不識佛法」。至波斯國，慧超目睹佛法不在的世界。更北行十日至大食國，該國亦「不識佛法」。大食國位於今日伊朗附近，當時應已伊斯蘭化（雖僅占少數，但在大食國東側仍有些許佛法遺痕）。繼而朝西北方，則是小拂臨國、大拂臨國，這些地方又是何處？若是抵達現今的裏海或黑海沿岸，應是抵達佛教徒巡禮的最西端。

慧超就此於唐朝開元十五年（七二七）十一月上旬抵達安西都護府，據說為三年行程。此處為龜茲國（今庫車市），慧超由此前往于闐後，再度返還。在接近漢文化圈時，他留意到僧侶是否能食肉的問題，例如在龜茲可食，在于闐則不可，如實說明了梵土與中國的出家情況之差異。

「慧超」此名亦出現在不空所譯《大乘瑜珈金剛性海曼殊室利千臂千鉢大教王經》的〈序〉中。據其序所述，慧超於開元二十一年（七三三）始習此經，奉敕於八年後譯出此經，並隨金剛智（六七一—七四一）擔任譯經的「筆受」之職。原本欲在開元二十九年（七四一）十二月十五日譯成，翌年天寶元年（七四二）二月十九日，卻因金剛智之命而將梵本送還獅子國（斯里蘭卡），故此經典未能傳世。唐大曆九年（七七四）十月由金剛智的弟子不空完成翻譯，建中元年（七八〇）慧超於五台山抄錄此譯本，並被視為與《慧超往五天竺國傳》中的慧超是同一人物。至於其係出新羅的身分，則從《不空表制集》（文言集）中的「三藏和上遺書一首」之中，得知其為不空弟子「新羅慧超」。

此外，在前述的序文中出現幾項疑點。換言之，有兩點疑問，亦即將經書送還獅子國是奉金剛智之命，但過去以來不斷有說法指出是奉不空之命。而且，大曆九年十月的時間點是在不空示寂（同年六月）之後。這些質疑應如何考量，將是今後的課題。

總而言之，慧超周遊五天竺國而修學密教一事，在在說明了時代變遷。七世紀的中國佛教盛行玄奘的唯識佛教，八世紀前期則是密教，慧超前往的印度恐怕必然正值密教的全盛期。慧超為佛教而巡遊世界，在漢地追隨不空，隨其積極弘教，想必是逐日東奔西走。最近研究指出慧超是在西元七八七年示寂。最終是否因思念故鄉而返回新羅，則沒有任何一項足以採信的紀錄存世。

文獻介紹

平井宥慶，《シルクロードを仏教が往く　黎明篇》（上），大東出版社，一九九六年。
平井宥慶，《シルクロードを仏教が往く　開花篇》（下），大東出版社，一九九七年。
藤田豐八，《慧超往五天竺國傳箋釈》，一九一一年。
慧超原著，張毅箋釋，《往五天竺國傳箋釋》，中華書局出版，一九九四年。

第三章

《高麗大藏經》的成立背景

金天鶴

韓國金剛大學佛教文化研究所所長

第一節　高麗佛教的護國傳統

鎮護國家的思想

自王建（太祖，九一八—四三在位）創建高麗，重新統一後三國以來，高麗始終維持護國佛教的特性。在此列舉幾項象徵高麗時代的護國佛教之例，首先最應關注的是〈十訓要〉，據傳是由王建所作，成為後世高麗諸王必須遵守的訓誡，並由王建親自傳述於近臣朴述希（熙）。〈十訓要〉被奉為高麗王室的圭臬，亦是理解王建的信仰及思想、政策的重要文書。〈十訓要〉收錄於《高麗史》與《高麗史節要》的太祖二十六年四月條，至於作者則有異論，認為王建所撰的傳承十分令人質疑，但確實為高麗時代之作。由此可窺知高麗時代的佛教與國家的密切關係，此點亦是毋庸置疑。〈十訓要〉的內容可大致分為兩大部分，亦即序論的「信書」與本論的「訓要」。十項目中的第一、第二、第六條與佛教的關聯十分密切。

第一條是宣告高麗大業必資諸佛護衛之力。因此創建寺院時，亦強調僧侶修行，禁止執權者與僧人聯手爭奪寺社。

第二條是敘述諸寺皆依照僧侶道詵的占卜風水所建，為求國祚長盛，故需以道詵的風水觀為基礎來建寺。此外並提出警示，此後不得妄加增建願堂等建築物。

第六條是燃燈會為奉佛法會，八關會為奉天靈及五嶽、名山、大川、龍神的法會，禁止妄自增減法會。

由此可窺知在高麗時代曾舉國奉佛、信風水之說、守護土俗信仰。此外，由此可知當時是為了祈求國運長盛而導入風水之說般，高麗的信仰是以鎮護國家的思想為根本。

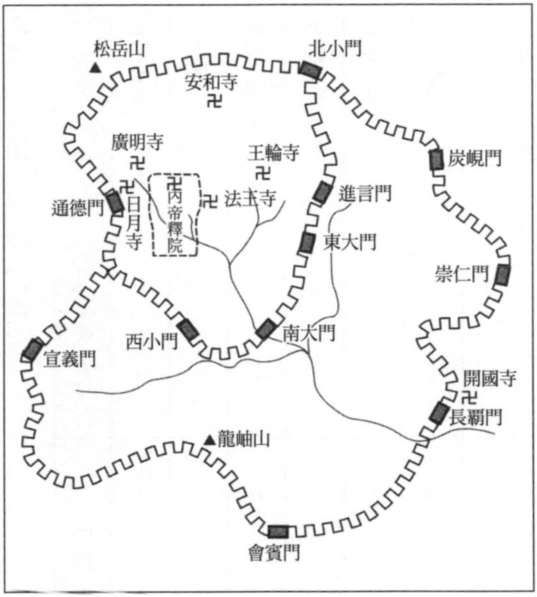

根據風水而築城的高麗國都開城

在此針對風水信仰來探討。據傳風水之說是產生於中國的戰國時代末期。至南北朝及隋朝發展更盛，隋朝的蘇吉發展出居宅、墓地的風水說。雖不知蘇吉的風水說究竟於何時正式傳入朝鮮半島，但在新羅時代末期與禪宗同樣蔚為風潮。據說這是由於當時是以豪族為中心發展的社會，禪師

王建（太祖）創建的寺院

寺名	創建年代	位置	功能
法王寺	太祖二（九一九）	都內	八關會行香所
王輪寺	〃	〃	燃燈會行香所
內帝釋院	〃	〃	帝釋信仰
普濟寺	〃	〃	談禪大會
地藏寺	〃	〃	
文殊寺	〃	〃	
新興寺	〃	〃	無遮大會、三韓功臣願堂
舍那寺	〃	〃	
慈雲寺	〃	〃	
靈通寺	〃	〃	
大興寺	太祖四（九二一）	五冠山	
廣明寺	太祖五（九二二）	松岳山	

日月寺	〃	宮城西北	
外帝釋院	太祖七（九二四）		
九曜堂	〃		道教行事
神衆院	〃		
興國寺	〃	京城	官壇
智妙寺	太祖十（九二七）		申崇謙、金樂願堂
龜山寺	太祖十二（九二九）	松岳山	
安和禪院	太祖十三（九三〇）	松岳山	大匡王信願堂
開國寺	太祖十六（九三三）	開城府東五里	
廣興寺	太祖十九（九三六）		
內天王寺	〃		
現聖寺	〃	炭峴門內	
彌勒寺	〃		功臣願堂
開泰寺	〃	連山	

以個人居住地為中心而樹立風水之說，此點亦發揮了功能。風水說是藉由觀察地勢來判斷吉凶的一種相地法，雖被視為迷信，另一方面，卻被評判為是為了活用國土合理化，故而具備人文地理學的面向。

自高麗時代之後，多採用道詵在新羅時代末期所提倡的裨補寺塔說。這是如同針灸人體的「穴道」般，在國土的重要之處建造寺塔，促使國運昌盛。其中融混了中國自古以來提倡的讖緯說，這種預言術原本是窮究山川地勢，在氣勢衰弱或險惡之地建造寺院以增補氣運的說法。透過遵從裨補寺塔說，可使社稷興隆，結果亦促使其發揮護國的原理。一說是藉由此說來補足氣運的場所，竟多達三千八百處。裨補寺塔說所形成的風水說，被視為一種信仰而深受重視，一直延續至高麗時代末期。在〈十訓要〉之中，雖警告貴族不可妄自增建願堂，但實際上有許多寺院在進行重建或重修寺院等佛事之際，是在基於有利條件之下以裨補寺院的名義來建寺。進入朝鮮時代初期之後，即使在寺院數量減少時，以風水說為基礎的裨補寺塔說已能穩定發展，甚至被當做因無適當土地而不宜建寺的藉口。

其次是佛教儀禮方面，〈十訓要〉僅提及燃燈會與八關會，高麗時代的佛教儀禮多達八十餘種，在此時代舉行的佛儀多達一千兩百次以上。其種類及次數遠多於儒教或道教，可知佛教儀式在國家儀禮中所占的比例甚高。此外，佛教儀禮不僅具有整合社會的功能，亦是向民眾彰顯國家及王室權威的機會。高麗自建國初期，就是基於儒教政治原則來進行執政。成宗（九八一—九七在位）時期受到以崔承老為首的儒學者及官僚所影響，他們強調儒教所發揮的功能，導致一時停止舉行燃燈會及八關會，卻因此招致反彈，在顯宗（一〇〇九—三一在位）時期又逐漸恢復舉行。在佛教儀禮之中，仁王會、燃燈會、八關會等儀式十分盛行。

仁王會的發展開端，是根據鳩摩羅什所譯的《仁王般若波羅蜜經》〈護國品〉，經文中記載了避免國家遭受敵人侵害的方法，開頭說明應迎請百尊佛像、百尊阿羅漢像，並招請百位法師，設置百高座來宣講《仁王般若波羅蜜經》。仁王會亦稱為「仁王道場」、「百座法會」、「百座道場」。南北朝時期是以陳武帝在宮內設置仁王大齋為嚆矢，至唐朝則成為定例。新羅於西元六一三年初設仁王大齋，招請自中國留學歸國的圓光。此後，高麗是以鎮護國家及消災祈福、鞏固王權為目的而盛行仁王會。高麗於西元一〇二〇年設百獅子座，經三日宣講《仁王般若波羅蜜經》，此後成為定例，並被視為國家儀禮。當時一併舉行飯僧以供養僧人齋飯，甚至舉行多達五萬人的大規模飯僧。

燃燈會起源於印度，是向佛獻上燃燈而獲得功德的儀禮之一。在中國始於二世紀，西元一八〇年漢帝遣官吏至佛塔寺，供養僧人齋食，向佛供奉燃燈。六朝、隋朝亦執行此項佛事，至唐朝則定於一月十五日舉行。然而，從唐朝使用戒律中所禁止飲酒一事，可知燃燈會漸具祭典的性質。燃燈會是自唐土傳入新羅，尤其在高麗時代是以國家佛教儀禮而大

曹溪寺舉行燃燈會的裝飾（出處：達志影像）

為盛行。高麗是在一月與二月的十四、十五日舉行，當時的燃燈會具有慶典特性，亦向佛供香，但有演奏樂曲及飲酒作詩。對官吏而言，這項國家佛教儀禮甚至是能為了燃燈會而給予三日休假。

若說燃燈會具有強烈的奉佛特性，八關會則具有強烈的傳統信仰層面之傾向，其特性為共同奉祀天靈、五嶽、名山、大川、龍神。八關會起源於印度的布薩，原本是由在家眾持守的六齋日中所遵守的八齋戒。所謂的六齋日，是指八日、十四日、十五日、二十三日、二十九日、三十日，八齋戒則是在家眾應信守的五戒之外，再加上以下三戒：

六、不可配戴花飾、灑香水、觀看或聽聞歌舞樂曲。

七、不坐或睡臥足高之床。

八、過午不食。

自四世紀開始在中國發展的八關會，與印度同樣是在六齋日持守八齋戒，且與因果報應信仰或中國民間信仰互為連結，是為了王室或貴族而舉行的法會，並得以穩定發展。在唐朝，甚至出現多達一千名僧侶與六千名在家眾參加的盛況。

新羅於真興王十二年（五五一）招請亡命至高句麗的惠亮，初次舉行的八關會具有慰靈祭祀陣亡者的性質。此外，高麗曾留下舉行一百零九次八關會的紀錄。八關會於每年十一月十四、十五日舉行，亦舉行山神祭祀，卻未必是佛教形式，甚至可稱為土俗儀禮的佛教儀式化，呈現僧俗融混的複合型態。就其規模遍及全國此點來看，八關會是屬於國民慶事，亦達到社會統合的功能。此外，對外是由宋朝商人在從事高麗與宋朝的兩國貿易之際，以經濟使節團的形式來參加八關會，並促使女真國、耽羅國（今濟州島）的使臣前來參與。藉此在八關會的舉行期間，豈止只有國內交易，甚至與外國商人積極從事貿易。

其他亦有許多儀禮，可分為五類，亦即：1.經典信仰儀禮；2.神眾信仰儀禮；3.傳承習俗儀禮；4.齋會；5.密教信仰儀禮。這些儀禮多以君王為頂點的秩序來進行，是以君王與臣僚、一般民眾同樂的祭祀傳統來延續傳承。

第二節 《高麗大藏經》的雕造背景

一、高麗初期的佛教制度

據傳高麗的國都開京（開城）約建有三百座寺院，全國寺院則多達三千六百座，實在不愧是佛教國家。為了維持如此巨大的佛教組織，最重要的莫過於必須整頓佛教制度。除了過去各宗之外，從新羅時代末期開始導入禪宗，進入宗派佛教。高麗時代就是延續新羅時代末期的宗派佛教而展開，高麗為了管理宗派，亦積極整頓制度上的措施。西元九五八年，高麗接納中國的科舉制度，在實施僧科（編案：僧侶甄試制度）的同時，從得度制度、僧階、僧錄司、國師，至王師為止，組織制度呈現多元化，佛教界得以根據此項制度而達到穩定發展。

至於授戒方面，是受自於官方認定的戒壇（官壇），除了少數法相宗（瑜伽宗）的寺院之外，大致上皇族出家的情況甚多，歸屬於影響力深厚的華嚴宗。他們在授戒結束後，經由僧科考試而成為大德。此項制度在光宗（九四九—七五在位）時期整頓完備，當時不問任何宗派，皆是歷經大德↓大師↓重大師↓三重大師的階段。此後，若是教宗則設首座→僧統，若是禪宗則設禪師→大禪師之地位。

寺院組織是由院主、直歲、維那（三綱）來營運管理。院主統管寺院，直歲擔任財務，維那是負責端正僧人綱紀及指導勞役。此外設有僧錄司，職掌僧人戶籍或僧階、僧職。僧錄司是負責任命高級僧階或住持，僅做為行政輔助，並不具備人事影響力。

在高麗時代初期，則設置國師與王師。這些職位是甄選自高階僧侶，屬於終身職，以年事已高者居多，甚至出現在受任不久後即撒手人寰的情況。此外，亦有不少在示寂後獲得追贈謚號之例。例如身為新羅高僧的和諍國師元曉與圓教國師義湘、先覺國師道詵即是如此。高麗的義天，亦獲得追贈大覺國師之號。國師與王師堪稱是名譽之職，實際上是從舉行書紳禮、三反禮、下山禮、避席禮、九拜禮之後才予以任命。

書紳禮是指使臣持有君王御筆親書而尋訪高僧，請其允諾出任。三反禮是指高僧以自身修行或德行不足為由，堅辭其任，國王則更換使臣三顧茅廬，以示懇請之意。下山禮是指高僧難以拒辭，最終移居都城的過程。避席禮是指在舉行任命儀式之際，國王等待高僧前來，彼此勸請上座。九拜禮是指最終由高僧上座，國王為表謙遜之意而行九拜之禮。如此循序進行的禮儀，是將遵守太祖所提出的〈十訓要〉視為一種理想來予以維持，而太祖則實踐儒教的王道政治，亦能信奉釋教。

如前所述般，高麗的佛教制度是透過採取崇佛政策，並從組織層面來保有僧侶權利。

在此背景下，《大藏經》的雕造事業亦是得以舉國完成。

此外，高麗的佛教宗派除了禪宗、華嚴宗、法相宗的三大宗派之外，尚有義天成立的天台宗，《大藏經》就是在此情況下超越這些宗派而得以完成。其中，在高麗時代初期是以禪宗與華嚴宗最盛，至中期則是以法相宗與天台宗成為最具影響力的宗派。以下將針對此四大宗派簡單進行討論。

二、高麗初期的宗派

禪宗

禪宗各派是以取代固有宗派之勢而陸續開創，這些宗派早已從新羅時代末期發展至後三國時期之前。道義於西元八二一年返國，雖未達到成立禪宗教團的地步，但至第三代法孫開山為迦智山派。在將唐朝禪宗傳入國內的新羅禪師之中，許多曾於在新羅國內修習華嚴教學，其中有不少期盼赴唐留學的最初理由，是為了能更深究華嚴教理。然而，他們以禪師身分返國後，卻陸續開創禪門。這即是所謂的九山禪門，實際上卻多達十二山門。此時恰為古代社會轉換至中世社會的時期，開創禪宗成為一大關鍵，可顯示出新羅時代末期、高麗時代初期的佛教界動向。

自九世紀中葉至十世紀中葉，禪宗是居於優勢的宗派，擁有足以被推舉為國師的實力。在探討高麗禪宗之際，尤其最值得關注的課題，就是禪宗在光宗時期與在吳越（建國於中國江南）興盛發展的法眼宗之間的交涉過程。根據紀錄所示，慧炬（？—九七四）修學於法眼文益（八八五—九五八）門下，返回高麗後在光宗時期出任國師。其弟子英俊（九三二—一〇一四）於永明延壽（九〇四—七五）門下修學後返國，積極弘教。法眼宗的永明延壽是以撰寫《宗鏡錄》一百卷而為人所知，在光宗時期以智宗（九三〇—一〇一八）為中心的三十六名僧侶曾傳授延壽之法。但除智宗之外，其他的法眼宗留學僧的傳法活動並未見於史料中，義天（一〇五五—一一〇一）在天台宗開宗之際，他們幾乎皆皈信天台宗。在中國，法眼宗與天台宗的關係十分密切，此思想傾向應與高麗的法眼宗和天台宗的關係一致。

義天曾針對禪僧對教學漠不關心一事提出強烈批判，當時統治中國北方的遼國正值道宗治世，並以批判禪宗而為人所知。道宗是以焚毀《六祖壇經》及《寶林傳》而著名，義天則是接受其立場。在此有一種看法可能成立，就是義天藉由開創天台宗來促使許多禪僧歸屬於自宗一事，是基於九山禪門自新羅時代末期形成後逐漸增加其宗派特性，故而義天試圖透過權力來予以重組佛教界。高麗禪宗在此背景下必須等至知訥登場後，才能再度發揮其勢。

海印寺主殿大寂光殿，主要供奉毘盧遮那佛。（出處：達志影像）

華嚴宗

高麗初期的主要宗教是華嚴宗。儘管自新羅時代末期，由華嚴宗改信禪宗者逐漸增加，華嚴勢力卻未衰滅，反而從當時分為兩派發展，其中最能獲得高麗太祖（王建）信任的就是希朗（八八九—九六六）。

希朗生於新羅時代末期，至高麗時代初期為止，主要活躍於海印寺。新羅時代末期亦是後三國分崩離析的時期，當時海印寺的立場處於遭受各方勢力所影響，在受到政治因素影響之下，分為南岳與北岳且彼此對立。當時，觀惠接受創立後百濟的甄萱所護持，希朗則是受到高麗太祖所護持。此後因高麗統一後三國，希朗駐錫的海印寺成為華嚴宗的核心寺院。

海印寺是由神琳（義湘法嗣）的弟子順應與利貞於西元八〇二年所創建，二僧曾一同入唐留學，當時修習華嚴教理及牛頭禪後返國。自創建海印寺之後，順應、利貞相繼擔任住持，該寺成為禪、教共存之地。利貞的後繼者決言、賢俊，二僧自西元八六〇年起大約活躍十年歲月。決言、賢俊與王室關係深厚，為了能向中國華嚴宗開祖智儼、法藏表達報恩之意而組織結社。決言是忠實奉持智儼所主張的華嚴教理者，兩者應被視為純粹的華嚴學者，此乃是毋庸置疑之事。另一方面，賢俊的弟子則是希朗。他們就是在如此情況下於海印寺傳承義湘的華嚴學。

此後，至第四任君主光宗時期，均如（九二三—七三）促使華嚴宗大為進步，甚至被崇仰為義湘再世。他曾修學於義順和尚（承襲義湘法系北岳系），並撰有多部有關智儼、義湘、法藏著述的注釋書。這些著作是從在均如之前所撰寫的三十餘種注釋中，擷取出與華嚴教理相關的各種異說，再予以彙集成書，而這些著述亦發揮彙整的效果。換言之，均如是以高麗時代初期的華嚴教理為背景而從事著述活動。此外，均如甚至成為佛教界的實質指導者，其教說則在遴選僧侶之際被視為正統理念。均如曾以朝鮮語的歌謠形式（鄉歌）來創作〈普賢十種願王歌〉等十一首作品，將艱澀難懂的佛法教理，以淺顯方式教化民眾。

高麗的華嚴學主要是以繼承義湘思想的流派而進行活動，並逐漸深化其教理。其中，據傳在決凝（九六四—一〇五三）所住的浮石寺內，曾聚集千餘名門徒。然而，均如繼承義湘教理而倡導的華嚴學派飽受義天所批判，甚至在《新編諸宗教藏總錄》之中，亦未見輯錄其書。均如的部分著作是經由海印寺增補版的形式來予以刊行，至現代被重新發現及進行研究。

法相宗

如同從新羅時代中期的元曉、道證、太賢、遁倫（道倫）等人的活躍可知般，研究唯識的法相宗在其教理方面十分充實。後期的法相宗在教理層面趨於式微，同時亦受到真表所影響，發展成將地方民眾視為教化之對象。法相宗在新羅盛極一時，但自高麗時代之後，與禪宗及華嚴宗勢力相較之下卻漸顯衰弱。然而，法相宗在地方保有基礎勢力，在顯宗時期以法相宗師為國師，玄化寺受到王室莫大支持，並隨其發展規模而發揮影響力。尤其是玄化寺雕造《大藏經》，在政治及宗教層面上愈顯重要。自玄化寺的首任住持法鏡以來，該寺僧侶陸續受任為國師、王師，法相宗的玄化寺甚至被開京的佛教界視為最重要的寺院。但在教理方面，德謙的《金光明經疏》三卷是唯一值得矚目，但仍無法超越新羅時代的唯識學。此外，義天身為華嚴宗僧，卻強調唯識學的重要性，應與其在法相宗獲得勢力的時期進行傳法活動有所關聯。

天台宗

高麗的天台宗是由義天所創立。義天入宋後值遇從諫，教觀兼修，並參詣天台智者塔，立誓將於高麗開創天台宗之後返國。此後義天受到王室護持，如願在國清寺開創天台宗，當時包括法眼宗信徒在內，曾有千人皈信天台宗。義天所創的天台宗，是以教觀兼修為基本教理。在新創建的國清寺內進行《法華玄義》講義，並以高麗語彙整為三百卷等，晚年的義天為了確立天台宗而竭盡心力。義天將《法華玄義》做為高麗天台宗的主要宗典，甚為重視此書，如同從義天稱揚新羅元曉、高麗諦觀的教理研究成果所顯示般，亦可從中讀取其懷有繼承新羅及高麗的法華教學、天台學的意識。此外，義天受其母仁睿皇后所支援，歷經一萬日（三十年）修持天台的禮懺法，此後甚至足以左右天台宗的實踐法。西元一一〇一年，高麗初行僧科，及第者四十名，促使宗派面目一新。義天的後繼者為教雄（一〇七六—一一四二），之後則為德素（一一一九—七四），就此奠定天台宗的發展基盤。

三、高麗的文獻流通

佛教文獻流通

如眾所周知般，佛教文獻是從中國傳入朝鮮半島，或經由中國及朝鮮半島而傳入日本。高句麗於小獸林王二年（三七二），經由前秦王苻堅所派遣的僧侶順道一併致贈經文及佛像。故國壤王元年（三八四），亦有曇始請歸數十部經律典籍。據傳百濟約於西元五三〇年，由謙益從中印請歸梵本五部律。新羅則於真興王二十六年（五六五），由南陳的明觀攜入經卷一千七百餘卷。善德女王十二年（六四三），則由慈藏請歸三藏四百餘函，安置於通度寺。在新羅時代末期，亦有普耀禪師請歸《大藏經》，開創海龍王寺。至高麗時代，仍繼續傳入中國文獻。據《高麗史》所述，新羅僧洪慶於西元九二八年自唐土裝載一部《大藏經》，在抵達禮成江之際，國王親自來迎，並將經藏安置於帝釋院。

中國的廢佛行動多達四次，至宋朝以後，佛教文獻反從高麗或日本傳回故土。誠然，在此之前的唐朝曾有新羅僧元曉的著作及其他典籍傳入中國，並由法藏等人援引其說，這些典籍在入唐之際是由新羅僧傳入，難以聲稱是取自中國。根據紀錄所述，五代時期的吳越王曾向高麗請求天台宗典籍，高麗則派遣諦觀並攜典籍入華。入華時間約於西元九六〇年，此事被視為日後的北宋天台宗得以復興的契機。直至這段時期為止，佛教文獻的流通並非刊本，而是極有可能為筆寫本。

寫經的傳統

所謂寫經，原本是為弘揚佛法而書寫經典。然而，透過木版經典出現，從寫經的原意開始重視功德這種次要的涵義。其伴隨而來的寫經，則是逐漸演變成以金泥或銀泥書寫，卷首繪有細緻扉畫等華麗的裝飾經（編案：在佛經的封皮或經紙、褶裝、卷軸等部分施以精美裝幀的經典）。

寫經是從新羅時代開始出現，其中《白紙墨書大方廣佛華嚴經》是現存最早的寫經。在高麗時代的寫經之中，最早是西元一〇〇六年的筆寫《大寶積經》。如此大規模從事寫經，是正值高麗成為從屬的元朝干涉期。此時的寫經特徵，是多為君王發願寫經，以及與密乘經典相關的寫經。其中，又以強調寫經功德的《法華經》成為被最多信眾繕寫的經典。此外，不僅是王室，即使一般官僚之間，亦流行以功德信仰為基礎的寫經。

高麗的忠烈王時期（一二七四—一三〇八在位）設置金字院、銀字院，屢次舉行盛大豪華的寫經活動，卻因耗資龐大，招致儒者批判。當時元朝亦流行寫經具有功德的信仰，據《高麗史》所述，在忠烈王時期，元朝曾數次要求提供製作寫經、派遣寫經僧、提供寫經紙等。高麗則是一次派遣三十五名至一百名左右的寫經僧，在撰寫金字、銀字《人藏經》的寫經之後返國。這是原本由中國傳入的寫經技術，在高麗則發展更為進步，呈現逆勢輸出之例，由此說明當時高麗寫經極具高度水準。此外，在高麗時代舉行耗資龐大的護國《大藏經》供養法會之藏經道場，光在道場內就舉行多達二十五次法會。在全盛時期的忠穆王（一三四四—四八在位）時期，包括慶祝完成金字《大藏經》寫經的法會在內，亦舉行多達七次。但至再雕《大藏經》的完成時期，或十四世紀曾進行三次印刷的時期，則沒有舉行法會。

請歸《大藏經》

至十世紀末的宋朝，原本以筆寫或石碑所傳承的《大藏經》改由木版印成。這些木版本《大藏經》之所以出現的背景因素，首先可舉出的就是印刷術的發展。自古已有藉由石碑採取拓本的技術；唐朝已知使用木版印刷術，並以版木印成經典。例如，西元八六八年以版木刊印的《金剛經》（大英博物館藏）即是此種類型。

雕版印刷亦傳入新羅與日本，在日本的法隆寺保存許多記載年份為西元七七〇年安置的《百萬塔陀羅尼經》。此外，在佛國寺釋迦塔發現的《無垢淨光大陀羅尼經》，據推測是成立於新羅時代的西元七五一年。這些版木所印成的經典，是促使無數經典與大眾接觸的絕佳方式，故以雕版及紙張刊印的木版印刷日益普及化。

宋朝的蜀地（四川省）是印刷重鎮。北宋太祖得知此事，於西元九七一年下詔在蜀地開始雕造經論版木，並於西元九八三年在「印經院」印刷。此為最初的《大藏經》刊本，稱之為《蜀版大藏經》、《開寶藏》、《敕版》。西元七三〇年，《大藏經》刊本是以智昇撰《開元釋教錄》為基礎而印成，並由四百八十餘部五千零四十八卷所構成。目前僅可確認原本中的十二卷，在日本則有京都南禪寺與東京的書道博物館各藏一卷。除此之外，與《高麗大藏經》有關的宋朝《續開元釋教錄》所收的《大藏經》予以開版入藏，以及自西元九八二年至九九九年完成的宋朝新譯經論，兩者亦是應受關注的課題。

《宋史》〈高麗傳〉記載高麗成宗八年（九八九）派遣僧侶如何入宋請歸《大藏經》，宋朝則藉此贈予藏經。《高麗史》成宗十年條與《宋史》〈高麗傳〉之中，分別記述在兩年後的西元九九一年，由韓彥恭自宋請歸《大藏經》。此外，據《高麗史》〈韓彥恭傳〉所載，自宋請得的經藏為四百八十一函二千五百卷。其中，可獲得確認的是西元九九一年傳入的《大藏經》為蜀版。至於其他，可從文末列表得知分別於西元一〇一九年、一〇二二年、一〇八三年、一〇九九年自宋請歸《大藏經》。

此外，亦有契丹致贈的《大藏經》。契丹版是約自西元一〇三一年至一〇五四年進行雕版刊刻。此版是參考《房山石經》文本而進行的國家事業。西元一九八二年，從山西古剎佛宮寺的木塔中安奉的佛像內，發現十二卷《契丹版大藏經》。

據《高麗史》所述，《大藏經》於文宗十七年（一〇六三）三月送抵國內。此外，《遼史》〈道宗本紀〉記載西元一〇七二年亦贈一部藏經。文宗十七年的紀錄，則是出於《遼史》〈高麗傳〉的「清寧八年（一〇六二，編案：清寧為遼道宗耶律洪基之年號）」十二月的記載。換言之，可知高麗使臣於西元一〇六二年十二月離開契丹，翌年三月返抵高麗。然而，西元一〇七二年是咸雍八年（編案：遼道宗年號），這項紀錄在《遼史》〈高麗傳〉或《高麗史》中皆無記載，亦有見解認為是西元一〇六二年「清寧八年」的誤記。

高麗在被納入北宋冊封之下的同時，亦於西元九九三年起遭受契丹侵略。契丹（後為遼國）於西元一〇六三年賜予《契丹大藏經》，欲藉高麗而向宋朝宣示遼國在政治上的優勢立場。五年後，高麗與北宋重啟關係，在政局緊迫之際，遼國於西元一〇七二年再贈經典於高麗，此事亦不足為奇。西元一〇八三年，義天安置《北宋大藏經》，並暗自入宋攜歸經典返國，此事亦是藉由外交關係的進展方向做為背景因素。遼國於西元一〇九九年、一一〇七年亦向高麗致贈《大藏經》。

以上是述說高麗如何請得北宋《大藏經》與契丹《大藏經》的過程。在這兩部經藏之中，北宋版對高麗的初雕《大藏經》影響甚為深遠，契丹版則對重新刊刻《大藏經》亦有深切影響。

三國與高麗時代請歸的《大藏經》

	請歸經藏的年份	大藏經種類	請歸者	安置地點
1	高句麗小獸林王二年（三七二）	經	前秦順道	
2	高句麗故國壤王元年（三八四）	經、律	東晉曇始	
3	百濟（五三〇）	梵本五部律	謙益	
4	新羅真興王二十六年（五六五）	經論一七〇〇餘卷	陳明觀	
5	新羅善德女王十二年（六四三）	三藏四〇〇餘函	慈藏	通度寺
6	新羅時代末期	大藏經（吳越）	普耀禪師	海龍王寺
7	高麗太祖十一年十月（九二八）	大藏經一部	新羅洪慶	帝釋院
8	高麗成宗八年（九八九）	蜀大藏經	沙門如何	
9	高麗成宗十年（九九一）	蜀大藏經四八一函	韓彥恭	
10	高麗顯宗十年（一〇一九）	宋新譯經論	崔韓信	
11	高麗顯宗十三年（一〇二二）	宋續開元釋教錄		
12	高麗文宗十七年三月（一〇六三）	契丹大藏經		

13	高麗文宗二十六年（一〇七二）	契丹大藏經		
14	高麗文宗三十七年三月（一〇八三）	宋大藏經		開國寺
15	高麗肅宗三十七年三月（一〇九九）	宋大藏經	遼蕭朗	
16	高麗睿宗三十七年三月（一一〇七）	契丹大藏經	遼高壽	

第三節　雕造《高麗大藏經》

現代的《高麗大藏經》研究，是由關野貞於西元一九〇四年以海印寺所藏的《大藏經》版木為對象，在發表調查報告書《東京帝國大學工科大學學術報告書》六號之後方才開始發展。在〈韓國建築調查報告〉之中，附有「海印寺修多羅藏及法寶藏」的照片及簡單說明，是首次在日本學界進行介紹。後至西元一九五〇年代為止，《高麗大藏經》在日本學界成為研究主流，成果十分卓越。基於此項成果，闡明初雕《大藏經》與再雕《大藏經》、義天的教藏確實存在。以下分為三項略做概說。

一、初雕《大藏經》

初次雕版的《大藏經》稱為初雕《大藏經》，是在顯宗時期雕造。最初的《高麗大藏經》是以北宋版（九七一—八三）為底本刊刻而成。如前文已略做說明般，根據高麗時代的紀錄，西元九八九年亦有請歸《大藏經》，是在北宋版雕版不久之後。不容否認的是，此版或有可能為北宋版。然而已如前述，所謂最確定的版本是由韓彥恭於西元九九一年攜歸高麗的《大藏經》。

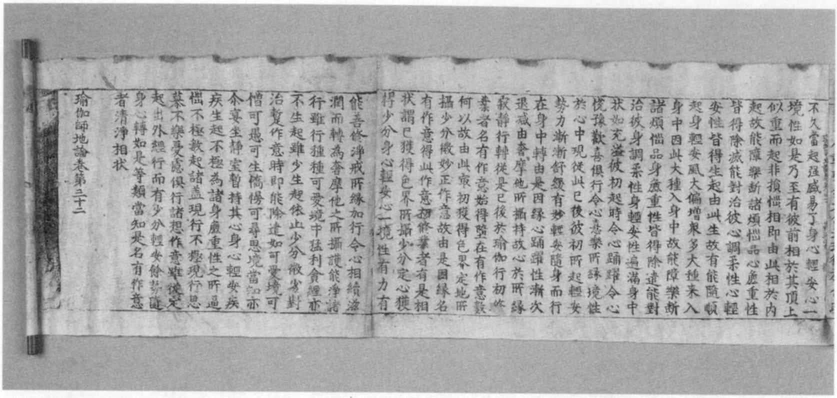

初雕《大藏經》部分內容（出處：韓國國立中央博物館 National Museum of Korea）

此後，契丹自西元九九三年起入侵高麗，根據高麗時代中期的李奎報所撰的《東國李相國集》〈大藏經刻板君臣祈告文〉所述，當時是為求仰賴佛力，可使入侵高麗並駐紮於松岳城的契丹軍撤軍，故於顯宗二年（一〇一一）起開始雕造《大藏經》版。義天《大覺國師文集》之中，亦有顯宗時期曾雕造五千軸祕藏的紀錄。此外，西元一〇二二年撰述的〈玄化寺碑陰記〉之中，則記載「雕造大般若經六百卷，并三本華嚴經、金光明經、妙法蓮華經等印板著於此寺，仍別立號為寶，永令印施四方」。所謂的三本《華嚴經》，是指晉譯、唐譯、貞元本。其中，貞元本並未收錄於《開元釋教錄》（七三〇），而是收於《續開元釋教錄》（七九八）、《續貞元釋教錄》（九四五），由此可知初雕《大藏經》包含自《開元釋教錄》之後的新譯經典。至於新譯經論，則是約在高麗開版雕印了初雕

《大藏經》歷經八年之後，分別於西元一〇一九年與一〇二二年兩度傳入國內。

根據研究者推定，初雕《大藏經》開雕於顯宗二年，至文宗（一〇四六—八三在位）初期則再度雕造。據《高麗史》顯宗二十二年條所述，宣宗四年（一〇八七）二月，王為祝《大藏經》雕成而入開國寺，三月入興王寺以慶大藏經殿落成，四月則入歸法寺以慶《大藏經》雕成。光參照此資料，可知自顯宗時期以來，初雕《大藏經》總計費時七十七年歲月方才完成。

若將此與宋朝（費時十二年）或契丹（費時二十三年）的雕版年數，或此後進行檢討的再雕《高麗大藏經》（費時十六年）相較之下，亦顯得過於長久。究竟在此期間發生何事？在開版雕印再雕《大藏經》之際，負責諸本校勘工作的守其在其著作《高麗國新雕大藏校正別錄》之中，出現國前本、國後本的表現方式，這是指針對同部藏經分為兩次刊印之意。有關國前本、國後本的名稱由來尚未有定論，據推測是指前者為顯宗時期、後者為文宗時期所雕造的《大藏經》。

針對兩次的理由，則有兩種說法。首先，國後本是契丹本傳入後，將國前本闕漏之處予以修正，再重刻而成。其次，則是顯宗時期所雕造的經典因某種理由佚失，至文宗時期重新刻造，並延長至宣宗時期方才完成。然而，有關初雕《大藏經》的雕版期間尚未確定，就在懸而未決的情況下僅能憑空臆測，此乃不爭之事實。然而，初雕《大藏經》卻耗時長久才得以完成，若查閱其目錄，確實加入宋朝的新譯經典。

初雕《大藏經》藏於符仁寺，卻在蒙古軍於西元一二三二年侵襲之際付之一炬，《高麗史》亦有相關紀錄現存於世。然而，初雕《大藏經》並非最初就收藏於符仁寺，原本主要是雕造於開城的開國寺、興王寺、歸法寺。此後在顯宗時期保管於開城的玄化寺，至文宗時期則保存於興王寺。如此經由保存的《大藏經》版本究竟何時藏於符仁寺，至今仍不得而知。

此外，初雕《大藏經》的《大藏目錄》是在崔士威負責下所推展，並由三卷構成，如今皆已散佚。究竟是以何種目錄為底本，又成為何種分類體系，則未知其詳。最近是根據現存的再雕《大藏目錄》、守其等人編撰的《高麗國新雕大藏校正別錄》為基礎而進行復原工作。

根據這兩部經錄，初雕《大藏經》的《大藏目錄》是依照千字文順序排列函號，並根據《開元釋教錄》，自天函分類至英函，但有幾項特點有別於《開元釋教錄》。首先，《開元釋教錄》是根據翻譯順序而予以排列，初雕《大藏經》的《大藏目錄》則是將同一譯者的譯本予以彙整列出。過去認為自天函至英函是復刻《開元釋教錄》所收的敕版《大藏經》，《開元釋教錄》未列入的經典則多達七經三十五卷。由此可知初雕《大藏經》的天函至英函並非敕版《大藏經》復刻版，而是修正版。

初雕《大藏經》的策函至密函是根據《續貞元釋教錄》所收錄，至分類為止近乎一致。勿函至寔函的《南本涅槃經》，在唐、宋時期的任何目錄中皆不見收錄此經。自杜函至輕函為止，在《大中詳符法寶錄》所收錄的宋朝新譯經論之中，僅有一百七十一部三百三十五卷。從以上情形來看，初雕《大藏經》應被視為敕版修正的經藏。

目前根據初雕《大藏經》版本所印刷的經典，在韓國現存三百餘卷，在日本的南禪寺與對馬地方則保存兩千四百餘卷，初雕與再雕刻版則有經名相異的情況。諸如此類等發現，促使初雕《大藏經》的實際情況逐漸明朗化。

二、義天的教藏總錄

章疏的蒐集與刊行

初雕《大藏經》在雕版之後，與《大藏經》相關並值得關注的課題是義天的積極弘法。義天是高麗第十一任君主文宗的四子，於十一歲出家，十三歲成為僧統，當時獲受法號為祐世，謚號為大覺國師。義天盼能留學宋土，並與淨源法師以信簡維繫交流，淨源在宋朝是具有代表性的華嚴僧，並以復興華嚴學而獲得高評。西元一〇八五年，義天不惜觸犯國法禁令而私自渡宋，與以淨源為首的宋朝各宗僧侶進行對談。闊別十四個月之後，於西元一〇八六年六月返國，攜歸三千餘卷佛典。義天在返國後入住興王寺，蒐集宋朝、遼國、日本的佛典四千餘卷，亦在高麗蒐羅典籍，其目的是為了刊行經論。義天於興王寺設置教藏都監，針對已蒐集的典籍進行校勘及刊行。又為求刊行典籍，於西元一〇九〇年編撰《新編諸宗校藏總錄》三卷。相對於《大藏經》是以經典為中心，《教藏總錄》的特徵是將重點置於經典注釋書的章疏並予以目錄化，是高麗最初的佛教章疏目錄，其中收錄經、律、論的章疏一千零一十部四千七百四十卷的文獻。據推測教藏都監是藉由《教藏總錄》來刊行教藏，其規模如何尚未明確。若從現存資料來看，最早文獻是記錄西元一〇九二年刊記的《法藏和尚傳》，並可確認至西元一〇九九年為止。尤其是包括日本東大寺現存且被視為高麗版本最為精良的《大方廣佛華嚴經隨疏演義鈔》在內等諸多教藏仍遺存於各寺，為研究《高麗藏》而發揮重要功能。

義天在蒐羅各宗教藏之餘，並將其他佛教相關的資料予以蒐集或分類，並在示寂後，由其華嚴宗的門徒樂真、覺準等人將興王寺的教藏都監予以刊行，王賜其題名為《釋苑詞林》。在總計二百五十卷之中，現存僅有第一九一卷至一九五卷而已。

義天的教藏及分類刊行是以高麗為中心，並與遼國、北宋、日本皆有關聯。故而《大藏經》的刊行獲得高評，被視為高麗向東亞彰顯政治威信的絕佳文化事業。

義天與東亞佛教交流

以義天編著而為人所知的《圓宗文類》、《新編諸宗教藏總錄》、《釋苑詞林》等，是纂輯及刊行佛教典籍的著作。宋朝進行《大藏經》刊行及譯經的國家事業，至於教學方面，則如同從《華嚴五教章》的注釋書所示般，明顯傾向於祖述佛教，亦即秉承祖師教義，僅針對內容進行說明。義天的教藏及其分類、刊行，應是受到祖述佛教所影響。

已如前文所述，義天自十七歲起蒐集佛典，自西元一〇八五年入宋後，並根據其所獲得的三千餘卷章疏而雕印教藏。反之，義天亦向宋朝致贈佛典，負責這些交流事宜的則是宋朝商人。在《大覺國師文集》之中，從幾則信簡往來的紀錄中，可窺知其發展始末。義天致贈的佛典是包括智儼《孔目章》在內的華嚴相關著作，或義天個人的著述。《圓宗文類》是義天蒐集並編纂華嚴典籍的著作，約於西元一〇八八年前後傳入宋土，不僅是師會等華嚴僧侶，甚至連出自天台僧系的辨真亦予以利用。研究者認為《華嚴六相頌》是由智儼撰述，並由法藏運用於《華嚴五教章》之中，此點是經由《圓宗文類》所記載的資料而得知。尤其是宋僧與義天透過佛教層面的交流，可獲得已散佚的重要華嚴典籍，藉由研究並連帶促使淨源等人復興華嚴宗義。義天詣訪淨源，獻呈其所持有的各種華嚴相關文獻並提出質疑。翌年，淨源受請出任杭州的慧因禪院（編案：後稱慧因寺）住持，義天在其處累積修學，此後該寺成為賢首宗（華嚴宗）本山。義天返國後，為建華嚴經閣與盧舍那佛像等費用，致贈數百兩銀，此後高麗王室屢次捐助，故該寺有高麗寺之稱。公文書亦記載其名為「高麗慧因教寺」，甚至在元代，慧因寺被視為義天所建的弘法道場。

此外，義天因入宋而得以大量攜歸當時在高麗尚未流通的佛典，高麗佛教愈益發揮教學基礎的功能。義天開創天台宗，以及守其在此後撰寫《高麗國新雕大藏經校正別錄》的原動力，皆是基於義天所從事的佛教文化交流所致。

從《圓宗文類》記載於《東域傳燈目錄》一事，可推測該著作是約於西元一〇九四年前後傳入日本。華嚴宗的景雅（一一〇三—八九）是以持有《新編諸宗教藏總錄》與《圓宗文類》而為人所知。此外，可知《圓宗文類》在日本不僅被華嚴宗的湛睿運用於著述中，亦被真言宗及淨土宗的著作所採用，以及出現比在宋朝更為活用的情況。

義天的教藏在其示寂後，亦廣為弘傳流布。西元一一二〇年，日本東大寺的覺樹自高麗引入一百餘卷經典，其中理當包含義天的教藏。然而，現今僅能確認六部著作，亦即澄觀《大方廣佛華嚴經隨疏演義鈔》、《貞元新譯華嚴經疏》、遼僧法悟《釋摩訶衍論贊玄疏》等，若讀其奧書（編案：在書卷最末行之後的文章或紀錄），可知奈良的興福寺僧曾於西元一〇九五年透過宋朝商人向高麗的義天請求章疏，並於兩年後獲得。可知南都佛教早已取得高麗的教藏開版信息。

在義天刊行的教藏之中，大量運用日本的華嚴宗與遼國的密教相關文獻。例如，高山寺的明惠在將華嚴與真言互為融合，並使其成為體系的著作《光明真言土砂勸信記》之中，援引遼僧覺苑所撰的《大毘盧遮那成佛神變加持經義釋演密鈔》。遼僧非濁所撰的《三寶感應要略錄》，則為《今昔物語集》提供了說話故事題材。此外，義天的教藏被視為在院政期發揮媒介功能，促使重視真言密教的政策得以推動。

如上所述，義天的教藏刊行支持了北宋、遼國、高麗、日本的諸宗交流，以北宋重興華嚴為開端，日本佛教汲取華嚴宗文獻與遼國文獻，促進振興東亞佛教及交流。

三、再雕《大藏經》

再雕《大藏經》的雕版

所謂的再雕《大藏經》，是指保管在伽倻山海印寺本堂的大寂光殿後方的格納堂內，這些《大藏經》雕版俗稱為《八萬大藏經》。自蒙古軍於西元一二三二年焚毀大邱符仁寺所藏的初雕《大藏經》以來，同樣是冀求仰賴佛力逼退蒙古軍而雕成的經藏。

在符仁寺所藏的初雕《大藏經》遭到兵火所焚的該年，高麗遷都於江華島。西元一二三六年，為了推展重雕《大藏經》版木的佛事，於江華島的禪源寺設置大藏都監。七年後於南海設置分司大藏都監，分擔刊刻事業。此項事業在西元一二四八年暫告終止，但自西元一二四四年起推動的補遺藏經雕版事業早已展開，並於高宗三十八年（一二五一）終

海印寺經板庫（出處：達志影像）

結，總共費時十六年得以完成，並藏於江華島的禪源寺。

然而再雕《大藏經》與初雕版同樣，究竟在何時或以何種理由移至現今的海印寺，則尚未明瞭。據《朝鮮王朝實錄》所記載，可知朝鮮王朝於太祖七年（一三九八），將在江華島禪源寺所藏一百四十餘年的《大藏經》移至支天寺，並於西元一三九九年在海印寺印經。透過此紀錄，僅能推測藏經於西元一三九八年移至支天寺後，經由陸路或海路遷移至地點安全的海印寺收藏。

在此筆者想附帶說明，若從西元一二五一年算起，即使歷經七百五十九年歲月，版木保存狀態依然良好。若在日本的情況，是從校倉（編案：放置經藏的高架倉庫）亦可知般，一般是以墊高四個角落的支柱來建造經藏，無疑是為了保護經藏以防潮。另一方面，海印寺的經板庫成為修多羅藏與法寶殿、東、西寺刊殿，皆是建於地面的建築物。儘管如此，這是為了能長期保存版木所做的各種防範措施。經板庫的地面是泥土，其中混和碎石或沙子、木炭等，可自然調節濕氣。當然理由不僅如此。木材或窗子、建築物的構造，甚至是建築物位置，皆設計成可長期保存版木之用。韓國為了保存海印寺的版木，於西元一九七五年新建經板庫，將部分經板移置此處。然而，原本歷經七百年卻幾乎沒有任何瑕疵的經板出現裂痕，最終仍放置原處。由此實例可知，海印寺經板庫的建築技術與今日相較之下毫不遜色，蘊涵可長期保存版木的祕密。

《高麗國新雕大藏經校正別錄》

在探討高麗《大藏經》之際，值得關注的應是高麗僧守其所撰的《高麗國新雕大藏經校正別錄》三十卷。這部著作是記錄在雕版再雕《大藏經》之際，負責校勘工作的守其所校訂的內容，其所採用的對校本是宋本及國本、契丹本，以及各種《大藏經》目錄集。守其透過對校來修正其文，並以縝密校訂再雕《大藏經》而著稱。但在中國，無論是宋、元、明代的任何時期，亦皆刊行各種《大藏經》。至近世，則在朝鮮半島、日本、越南等國，亦可輕易獲得新雕《大藏經》並予以流通。再雕《大藏經》之所以獲得高評，是基於京都法然院的忍澂（一六四五—一七一一）在比較黃檗版《大藏經》與建仁寺所藏《高麗大藏經》之後，給予《高麗大藏經》高度評價，認為是誤刻稀少的最精良文本。此後，江戶時期的各宗學僧將《大藏經》互做對照及檢討，亦是見解一致。故在明治時期編纂的《縮刷大藏經》是根據各種系統的版本來予以校正此點，被視為「勝他本之由」，故以《高麗大藏經》為底本。自大正時期開始刊行的《大正新脩大藏經》，亦是採用增上寺所藏的《高麗大藏經》為底本。由此完成的《大正藏》，目前成為全球佛教研究者所使用的標準版《大藏經》。

最近則得知成為初雕《高麗大藏經》底本的宋本（《開寶藏》）是在長江上游的蜀地編纂，其型態有別於在長安等地的中國核心區被視為基準的寫經系統，再加上所謂的「國本」是高麗初雕本，並以宋本為底本。故以許多不同系統的版本互為校訂的再雕《高麗大藏經》，實際上是將宋本與契丹本互做對照而成，唐朝的長安寫經則是近似敦煌寫本或日本奈良時期的寫經，中國的《房山石經》或契丹本亦屬於此系統。然而，再雕《大藏經》在追加《開元釋教錄》之後譯出的新譯經典或契丹本，在既存目錄所記載的經典中，亦有未刊刻的典籍等是依據某些判斷標準而調整目錄。此外，當時僅傳入高麗的經典，亦有多達十五種四十三卷入藏。在經由選定及校訂而進行書寫後，再進行嚴格的雕版程序。如同稱之為「八萬藏經」、「八萬大藏經」一般，約有品質精良的八萬片《大藏經》版木，跨越了佛教屢因戰亂及儒教勢力彈壓時期，至今仍徹底受到守護，以當時樣貌保存於海印寺，此事堪稱是佛教史上、或印刷史上的奇蹟，《高麗大藏經》甚至被指定為世界遺產。

在此補充說明，海印寺有雜板傳存。由該寺保管的經板庫是屬於東、西向延伸的結構，其整體構造是呈長方狀的東、西向小規模建築，分別收藏高麗時代與朝鮮時代、近世的版木，這些版木俗稱為雜板。經板庫原本是稱為東、西齋的經庫，東齋安置雜板，西齋安置佛像。此後兩處皆以書架收藏經板，雜板庫內收藏的《華嚴經》版的重複版極多。其中若發現高麗時代的版木，則可知是江華島的願刊板、分司大藏都監的刊板、寺刊板等移此保管。尤其是願刊板之中有許多屬於個人的願刊板，約有半數的重要刊板的原本刊藏不明，況且現今已無從得知海印寺是在何時收藏。其中，分司大藏都監的刊板亦有十種，當時正值該機構發展最為活絡的時期，可想像其他應有不少分司大藏都監的刊板。

如前所述，海印寺不僅有江華島的再雕《大藏經》，亦收藏包含分司大藏都監的刊板，以及高麗時代的寺刊板等在他處未曾存在的經典章疏版木，應被視為珍貴法寶及文化遺產。

《高麗大藏經》在文化史上的意義

《高麗大藏經》不僅是仿效中國形式而雕造《大藏經》而已，甚至是包括義天的教藏刻版在內且歷經三次雕造，此部藏經是藉由仰賴佛力的信仰心所建構而成。高麗時代曾多達九次舉行藏經道場、大藏會、轉經等，這些佛教儀禮的舉行目的是在經典傳入或印成之際，藉由佛力來祈求國家或王室的安泰及興隆。

有關舉國進行雕造及保存的《大藏經》雕造方面，若從東亞文化交流的角度來看，可彙整為以下三項：

其一為《大藏經》的雕造事業，堪稱是各國文化力量之象徵。《高麗大藏經》應可視為在遭受契丹及蒙古侵略的艱苦困頓中，藉由佛力這種宗教文化的力量來予以克服，最終目標是在文化上凌駕侵略國。

其二是從義天的教藏刊行中，可知中國、日本、高麗是以文獻形成連結，尤其是華嚴典籍對於重興中國的華嚴教學與日本的華嚴學研究，皆發揮了重大功能。

其三是自朝鮮時代之後，《大藏經》在與日本文化交流方面發揮了重要功能。至朝鮮時代，朝鮮成為儒教之邦，是開始採行抑佛政策的時期。日本在室町時代之後，以《高麗大藏經》版木印刷的《大藏經》亦大量攜入日本。這主要是從足利義滿於西元一三八九年初次請經，至足利義澄最終請經為止，在約一百年間曾多達八十次。最主要的請經寺院是越後安國寺，民間亦盛行請經，甚至有自稱日本使節的偽使入朝鮮請求《大藏經》。從日本與朝鮮的對外關係來看，《高麗大藏經》占有舉足輕重之地位。

專欄三

日本遺存的朝鮮佛教文獻

藤本幸夫（麗澤大學大學院教授）

日本對古文獻的傳承及保存之優良，在世界上是屈指可數。如同眾所周知般，日本曾將中國傳入的漢籍或鈔本予以大量傳存，在朝鮮文獻方面亦是如此。筆者以近四十年參與調查在日本遺存的所有朝鮮書籍，並針對集部書方面已刊行《日本現存朝鮮本研究　集部》（京都大學學術出版會，二〇〇六），目前則準備刊行史部與包含佛書在內的子部。拙稿因限於篇幅，不做具體說明，僅介紹曾目睹的朝鮮佛書流脈及近年新說，並將時期大致分為以下四期：

一、奈良時代末期以前

日本於西元五三八年（或五五二）接受百濟傳入佛教，進而有高句麗僧及新羅僧渡日。至統一新羅（六七七—九三五）時代，則有日本留學僧前往新羅。活躍於八世紀前期的留學僧審祥，自新羅攜入一百七十部六百四十五卷佛經至日本。在奈良時代或更早之前的寫經過程中，無疑必有摻混來自古代三國的舶載本，但因無法確立判斷標準，故而難以確認現存情況。在正倉院文書中，針對奈良時代的舶載寫經，附有漢手、百濟手、新羅手等意指出自何地的註明。此外，並指出前者多採用黃染紙，後兩者多採用白紙。在此補充說明，韓國現存未達十件的新羅寫經皆是採用白楮紙。

然而直到近年，宮崎健司才指出大谷大學所藏《判比量論》殘簡或許是從新羅傳入的典籍。宮崎氏以字跡風格、字體、用紙（白麻紙），再加上該經論蓋有在西元七六一年之前的光明皇后之印，以及在審祥攜入典籍之中亦有《判比量論》等特徵做為根據。山本信吉進而推測，正倉院聖語藏《大方廣佛華嚴經》卷七十二至八十此卷應是新羅寫經。其根據列舉如下，首先在日本並無《華嚴經》一部合卷之例，但在新羅與高麗則有此例。此外，寫經文本是大約傳存百分之四十六的省略本，在奈良時代的寫經中是屬於特例。至於採用的紙張為白楮紙（空白無線條），在當時並無此類似之例。以及卷首標題之下記載用紙張數為「用帋五十四張」，「張」字在奈良時代的寫經中並無記載如此使用之例，更舉出在高麗的紙張表記中亦採用「丈」字等。筆者盼能藉由今後的研究或新技術開發而獲得新發現。

二、平安——室町時代

在平安時代或鎌倉時代，幾乎無法確認來自新羅與高句麗傳入的書籍，但至室町時代，因日本方面的請求而傳入幾部《大藏經》，部分初雕《大藏經》在南禪寺或對馬等地，部分續藏收藏於東大寺，再雕《大藏經》的完本則收藏於金剛峰寺或增上寺等處。這些經藏是由室町幕府、各豪族、大寺院等屢次強行請經而傳入，在新羅與高句麗反而沒有保存完本。小林芳規博士從韓國所存的《大藏經》殘卷中，發現過去認為朝鮮原本沒有的訓讀表記，探索古代朝鮮訓讀對日本所產生的影響。朝鮮時代（一三九二—一九一〇）不重佛教，或較偏重禪宗，在此之前的古代佛書幾乎不曾傳存於世。十五世紀的世宗、世祖時期是由朝廷刊行佛典，此外僅有部分是由王妃刊行而已，大部分是由寺院信徒敬獻刊行。豐臣秀吉在侵略朝鮮（一五九二—九八）之際請歸大量朝鮮本，其中佛典所占比例不多，恰可反映前述的情況。這些典籍目前妥善保存於宮內廳書陵部、國立公文書館及其他地點，其中包括許多在韓國早已失傳的貴重書籍。諺文（Hangul）公布於西元一四四六年，當初並未普遍使用，但因常用於佛典翻譯，故遺留許多韓文文獻，成為研究朝鮮語的珍貴資料。

三、江戶時代

江戶時代是唯有透過對馬宗藩與朝鮮進行交涉。宗藩自朝鮮獲得大量朝鮮典籍，至今留存天和三年（一六八三）當時的目錄，在其記載的兩千四百零一冊之內，經由確認完全沒有任何一部佛教著作。其中的三分之一著作，是現存於嚴原的長崎縣立對馬歷史民俗資料館。研究者認為宗藩不求取佛典，以致朝鮮的佛教著作在江戶時期並未傳入日本的想法亦非為過。江戶時代曾將在奈良時代傳入日本，但在朝鮮早已佚失的著作，例如將元曉、憬興、勝莊、義寂、道倫、太賢等人的著作予以刊行，此點十分值得矚目。

四、明治時代之後

朝鮮於西元一八七六年對日本開國，日本書肆（書店）聲稱赴朝鮮購書，又於西元一九一〇年日韓合併，許多日本研究者前往朝鮮。其中以京城帝國大學為中心的學者或民間的藏書家大量購買朝鮮本。例如，前間恭作（東洋文庫）、德富蘇峰（成簣堂文庫）、今西龍（天理大學）、河合弘民（京都大學）、佐藤六石（大阪府立圖書館）、阿川重郎（東京大學）、小倉進平（同上）、吉田東伍（早稻田大學）、江田俊雄（駒澤大學）、岩瀨彌助（西尾市岩瀨文庫）、黑田亮等人。其中尤其是在前間、德富、今西、小倉、江田、黑田的舊藏書中，包含許多珍貴的佛教著作。

朝鮮著作在佛學研究領域上占有一席之地。昔日亦曾發現《祖堂集》。此外，近期則發現雖非佛教著作，卻反映出元代俗語的口譯官教科書《老乞大》、元刊本《至正條格》殘本，不僅在朝鮮學，在中國學方面亦成為重要話題。但至朝鮮時代，儒教則純屬朱子學、佛教純屬禪宗，除此之外的儒、佛二學傳存十分稀少，但今後對此研究領域所抱持的期待甚高，依然大有可為。

第四章

朝鮮時代的佛教——統合與彈壓

中島志郎

花園大學教授

第一節　排佛國家出現

一、朱子學的傳播

朝鮮王朝（李氏朝鮮，一三九二—一九一〇）自建國初期就以儒教為政治的根本理念，並以兩班官僚為中心建設儒教國家。朝鮮王朝延續五百年的統治政策，是在與前朝的高麗佛教互為對決的動機之下展開，並以崇儒排佛為基礎，佛教在社會中遭到剝奪身分，淪為僅能在深山中苟延殘喘的悽慘境遇。

若論其首要原因，就在於朝鮮王朝忠實接納朱子學的思想。朱子學在高麗時代末期，亦即在忠烈王時期（一二七四—一三〇八在位）就早已從元朝傳入國內，至忠宣王（一二九八、一三〇八—一三一三在位）時期，高麗朱子學以新統治理念來顯示蓬勃發展之兆。此後在與元朝交流的過程中，至十四世紀隨著儒生勢力形成，促使排佛時機逐漸成熟。儒者對佛教的一貫批判為「無父無君，戎裔之教」（《高麗史》卷四十六），在高麗時代末期的上疏及上書中，屢有排佛之語，極端排佛成為朝鮮朱子學的特徵。

有關朱子學在朝鮮傳播有諸種說法，一般通論認為最初的引介者是安珦（安裕）或白頤正（邊東明，一九九五）。

安珦（號晦軒，一二四三—一三〇六）於高麗忠烈王十六年（一二九〇）隨王入元都燕京（北京），購得六經子史等著作，並抄寫朱子群籍返國（《晦軒先生實記》）。又常掛晦庵先生（朱子）真影，遂號晦軒（《高麗史》卷一〇五，列傳十八），致力於國學復興。其弟子白頤正（一二四七—一三二三）隨忠宣王入燕京，留居十載，蒐集程頤、朱子等人的性理學著述後返國。此後，高麗時代末期的宰相李穡（號牧隱，一三二八—九六）亦赴元都習儒，重興成均館（朝鮮儒學教育機構），並與朱子學的名儒吉再、鄭夢周合稱為「麗末三隱」。

鄭夢周肖像（出處：韓國國立中央博物館 National Museum of Korea）

據傳鄭夢周（號圃隱，一三三七—九二）曾將《朱子家禮》傳入高麗。元朝末年，鄭夢周於高麗時代末期的亂局中成為學官，與李成桂共同指導政界，並曾為處置倭寇之策，造訪博多的今川了俊。然而，李成桂崛起後，因向高麗朝廷盡忠而遭到芳遠（李成桂第五子，後為第三任君主太宗）所暗殺。鄭夢周以不事二朝，殉節祖國，故而受到後世的朱子學者敬慕，李穡稱其為「東方理學之祖」。然而，李穡自身亦與鄭夢周步入同樣命運。

至高麗時代末期，反之由李穡的弟子鄭道傳（號三峰，一三四二—九八）提倡社會改革（易姓革命），並以協助李成桂而對李朝建國有所貢獻。李朝立國後，鄭道傳成為政界要角，撰有治理規範的基礎著作《朝鮮經國典》（一三九四）、《經濟文鑑》（一三九五），鞏固新王朝的理論基礎。此外，發展排佛論的《佛氏雜辨》（一三九八），則成為日後崇儒抑佛的理論根據。此外，因王位繼承而引發宮廷內部紛爭，鄭道傳最終仍遭李芳遠暗殺，日後其著作由鄭道傳彙整於《三峰集》（一四六五？）之中。

二、女性的佛教信仰

朝鮮王朝確立獨尊朱子學的政治體系，其特徵並不僅止於將朱子學視為統治理念，而是如同鄭夢周在四禮俗（冠、婚、喪、祭）中以《朱子家禮》為依據般，是以重視《朱子家禮》、《三綱行實圖》等德目，來促使禮制滲透社會秩序的末端結構。

佛教在國家法典《經國大典》（一四七一年制定）之中，保障禪教兩宗的存續。另一方面，《經國大典》則明確記載：「儒主婦女上寺者（中略），遊宴山間水織，及親行野祭、山川、城隍祠廟奈者（中略），並杖一百。」（《經國大典》卷五〈刑典〉禁制條）。

高麗時代的婦女甚至連寄宿寺院亦無傷大雅，但一旦進入朝鮮時期，在太祖時期就已試圖強化對婦女宣導儒教倫理，儒家因敵視女性階層潛在具有的佛教信仰，故針對婦女外出、尤其是參拜寺院予以強烈糾彈（一三九二年，大司憲南在的上書）。例如大司憲、經筵官等的上書內容為：

婦女或子女等與僧有醜聞，婦女投宿（於寺）之際，閉門遣開奴僕。成宗責難婦女上寺為醜聞，尼僧出入寺院，亦被視為與僧有醜聞。（《成宗實錄》成宗四年七月，漢譯內容以本章作者意譯為參考）

婦女入寺參拜，或甚至包括國都近郊的尼寺等在內，皆成為儒臣執拗批判的對象，並透過從李朝第四任君主世宗開始推動的《朱子家禮》，不斷進行排除以喪葬儀式為首要的各種佛事。

至第九任君主成宗開始整頓政治體制的時期，儒士從性理學的學派成長為士林派，形成新興官吏的政治勢力，並採取以朱子學為基礎，顯得更強而有力的排佛政策。在此嚴酷情況下，以「不孝有三，無後為大」，尤其是要求女性應生產男丁，遂演變成祈願滅除已身罪障，來世轉生為男。對女性而言，在男尊女卑的嚴酷封建體制下，寺院成為其精神依歸。故不論王室、民間，甚至滲透至社會習俗中的佛教，不可能就此根絕。佛教具備的祈福禳災、祈求冥福等功能，無法從社會中立即摒除。

另一方面，亦可發現佛教與朝鮮特有的巫覡信仰互為習合之後所形成的在地化現象，僧尼於願堂祭祀牌位並一遥祈求，或建造祈求願主長壽萬福的法堂（《世祖實錄》卷一一一）。至朝鮮王朝後期，在第十任君主燕山君的政治壓迫下，佛教近乎廢絕，王室內部則有以婦女為中心的佛教信仰勉為保存，最終培育出義僧，為豐臣秀吉侵韓（壬辰倭亂、文祿之役）而毅然奮起抗爭。女性的佛教信仰才是維繫至今的悠久信仰傳統。

三、歷代國王的佛教信仰

在思考朝鮮王朝的佛教發展之際，一般通論是劃分為前、後兩期，自太祖至第九任君主成宗為止是前期（一三九二—一四九四），自第十任君主燕山君的出現至第二十七任君主純宗為止，則是後期（一四九四—一九一〇）（高橋亨，一九二九）。朝鮮舉國之教學為儒教，在燕山君之前的前期王朝，佛教是公認宗教，歷代君王中有多位皈信佛教。王妃、大妃（先王之妃）、宮廷女官多為虔信佛教者，在舉行先王葬儀中諸如入棺、埋葬等儀式是遵循儒教之儀，同時亦在佛教寺院內經營盛大法會。甚至將王陵與佛寺並設，促使為王祈求冥福成為慣例化。宮內嬪妃的慣例則是隨著國王薨逝而剃度出家，進入尼寺的淨業院為王祈福。

自第四任君主世宗以來，宮中設「內佛殿」成為君王的信仰道場。至第七任君主世祖、第八任君主睿宗時期，由君王率領百官參禮佛寺及佛像，最重要的是以王妃為首的宮廷婦女幾乎清一色是佛教徒，王室內部為了宗教儀禮的雙重性，屢次釀成權力對立的要因。儒、佛二教的儀禮對立問題逐漸表面化，例如即使是喪儀，佛教在初期的儀禮中發揮重大功能，但隨著鄭夢周攜歸的《朱子家禮》逐漸滲透，佛教喪儀逐漸遭到分離。在高麗恭讓王禁止荼毘（一三八九）之後，自朝鮮時期開始，士大夫階級遵照《朱子家禮》來徹底執行儒式葬儀。此後，朱子的禮儀在朝鮮成為制度化而穩定發展。《經國大典》規定士大夫四品以上需在三個月後、五品以下需在一個月後舉行喪儀。中宗十一年（一五一六）在趙光祖推動之下，命令父母亡逝需服喪三年等，進行強化儒式、排除佛式的儀禮（池斗煥，一九八二）。

然而，自燕山君之後的後期朝鮮王朝雖有在壬辰倭亂（文祿之役）時毅然奮起的義僧大為活躍，但在內政方面，排佛政策卻堅持執行至王朝結束。朝鮮王朝是採取以高麗再雕《大藏經》做為對日本的贈答品等方式，有效利用佛教做為外交手段，佛教教團及僧侶卻因社會身分遭到剝奪，宗派及法燈延續變得岌岌可危，亦難以傳承教理（黃善明，一九八五）。

第二節 朝鮮時代前期（一三九二—一四九四）轉變為排佛政策

一、自太祖李成桂至第三任君主太宗

以下是依照太祖—定宗—太宗—世宗—文宗—端宗—世祖—睿宗—成宗的諸王治世，來探討朝鮮時代前期的佛教。

太祖李成桂（一三九二—九八在位）時期

太祖李成桂（一三三五—一四〇八），生於咸鏡道永興的全州李氏一族。在身為武人的父親李子春歿後（一三六一），李成桂隨即以咸鏡道咸興為據點，因討伐倭寇而獲得功勳。

辛禑王十四年（一三八八），李成桂為抵禦明軍侵略遼東而出擊，並遵從僧軍指導者神照的建議，於鴨綠江的威化島退返（威化島回軍）。在返回開京後，掃蕩辛禑王及宰相崔瑩（親元派）等勢力，推立辛昌王並掌握實權（《高麗史節要》卷三十三，辛禑王十四年、《太祖實錄》卷一）（三宅英利，一九九三）。

恭讓王四年（一三九二）七月，恭讓王讓位後高麗滅亡，李成桂成為始祖太祖。翌年（一三九三）由明朝授意，命國號為朝鮮，就此建國。無學自超獲得太祖皈依，並受任王師（僧官的最高階位）。太祖三年（一三九四），尊天台宗的空庵祖丘為國師，並聽從無學自超之言，定都漢城（首爾）。

太祖因功勳彪炳而被推舉為王，錄用趙浚、鄭道傳、鄭夢周、成石璘等優秀的新興儒官。在受此影響下，太祖元年（一三九二）七月二十日，立即從司憲府（處理監察事宜的官廳）上書要求淘汰僧道，太祖一時置之不理（《太祖實錄》卷一）。深信佛教加庇的太祖雖嚴格控管度牒制，另一方面，卻有記錄太祖自建國之初，曾屢次刊印《大藏經》及舉行消災會、法席、供養僧侶齋食的飯僧（金煐泰，一九九七）。

太祖六年（一三九七），隨著整頓國都，為神德王后康氏建造興天寺，並於津寬寺設置追薦祖先、濟度眾生的水陸道場。

該年三月，在舉行太祖妃喪儀後，於敬天寺開華嚴法席，慰勞神德王后（《太祖實錄》卷十一）。

太祖於晚年遭逢血親及家臣為王位繼承而引發的骨肉抗爭，更虔誠皈依無學自超。自第三任君主太宗掌握實權後，李成桂自稱為「松軒居士」，太宗八年（一四〇八）以世壽七十歲薨於漢城的昌德宮。至此為止，太宗曾巡禮各地寺院。

在此針對太祖皈依的無學自超有如下說明：

無學自超（號無學，居室為溪月軒，俗姓朴，一三二七—一四〇五），為朝鮮時期的首位王師。三岐郡人氏，十八歲隨小止禪師於松廣寺出家，後於龍門山師事慧明國師、法藏國師。無學曾於高麗時代的恭愍王二年（一三五三）赴元都燕京，師事曾在高麗施行教化的梵僧指空，以及高麗禪僧懶翁惠勤。三年後返國，此後繼承指空與惠勤的教法，守護禪宗法燈。李成桂建立朝鮮後，無學被迎入開城，受任為王師，輔佐太祖致力於遷都漢陽（漢城），亦曾進言革新政治。

至定宗繼位後，於即位之年在興天寺、廣明寺，為太上王設忌齋等，無學自超為了抵抗排佛勢力而主導當時佛教界（《定宗實錄》卷二，定宗元年八月）。無學於太宗五年（一四〇五）示寂後，隨即獲得「王師大曹溪宗師禪教都總攝傳佛心印弁智無碍扶宗宗樹教弘利普濟都大禪師妙嚴尊者」之尊號。在〈檜巖寺妙嚴尊者塔碑〉之中，記有《印空吟》（已佚）、《無學秘訣》（已佚）、《無學國師語錄》、《佛祖宗派之圖（祖派圖）》等著述。其弟子有涵虛己和、退隱莊休、月江寶鏡、及菴道師、照月海澄、心地虛融等人。

李朝初期的佛教在無學自超之後，繼而有涵虛己和、東峰雪岑（一四三五—一九三），皆是承襲佛日契嵩《輔教篇》等中國宋代的禪宗思想，倡說儒教的德目（五常）與佛教戒律互為折衷的儒佛一致說（忽滑谷快天，《朝鮮禪教史》，一九三〇，三二九頁）。

涵虛己和（號得通，一三七六—一四三三），二十一歲於冠岳山義湘庵出家，後於檜巖寺依止無學自超。自太祖六年（一三九七）起，己和修行於功德山大乘寺、天磨山觀音窟、佛禧寺。太祖十四年（一四〇五），於慈母山（平山）烟峰寺設置其居室涵虛堂。世宗三年（一四二一），己和住開城的大慈寺，為祈求先妣大妃的冥福而說法，後於世宗十五年（一四三三），以五十八歲之齡示寂於曦陽山鳳巖寺。其著作有《圓覺經疏》、《金剛經五家解說義》、《般若懺文》、《綸貫》、《顯正論（涵虛堂得通和尚顯正論）》、《儒釋質疑論》、《永嘉集說義》、《涵虛和尚語錄》（〈涵虛堂得通和尚行狀〉）。其中，《顯正論》在排佛氣焰高漲中，是以顯揚佛教正義為目的來闡述儒教五常與佛教五戒互為一致，並由儒、佛二教再加上道教，共以十四項目的問答來倡說三教在現實中彼此折衷之說（三教一致說）（權奇悰，一九八四，二五九頁）。此外，其內容與《顯正論》十分類似的《儒釋質疑論》，亦著重於以論述破斥儒者的廢佛論，並提倡三教一致說。

第三任君主太宗（一四〇〇—一八在位）時期

太宗（李芳遠）陸續肅清鄭夢周、鄭道傳等朝鮮建國功臣，甚至廢黜第二任君主定宗（一三九八—一四〇〇在位）而自行登基，在受明朝冊封為朝鮮國王後，不僅鞏固王權，並確立以君主為中心的統治體制。無學自超於太宗五年（一四〇五）示寂後，儒官隨即要求排佛的聲浪漸熾，立即展開最初推行的排佛政策。其項目有以下五項：

（一）斷然執行促使宗派縮減規模與整頓裨補寺社（根據風水說所建造的寺院），將寺院所屬莊園收歸國有，又將服勞役的奴婢予以徵兵並使其從軍（據推定將宗派規模縮減至十分之一）。

（二）禁止建寺、造像、舉行法會。

（三）太宗五年（一四〇五）廢除國師、王師的僧階，貶低僧侶地位及待遇。

（四）太宗十六年（一四一六）斷然大規模處理度牒，迫使無度牒僧還俗。

（五）將高麗自古在王陵建造寺剎的舊習（陵寺制）予以廢除（太祖的健元陵已建有開慶寺、定宗的厚陵已建有興教寺做為陵寺，卻破除此舊習，斷除佛教與王室的關係）。

太宗六年（一四〇六）三月至翌年，接納議政府（中央政府）啟請（申告），將十一宗整合為七宗，全國寺院總數整合為兩百四十二座。

有關建國當時的各佛教宗派，在《太宗實錄》之中顯示，自高麗時代以來的曹溪宗、華嚴宗、天台宗、慈恩宗為中心的十一宗。換言之，亦即曹溪宗、總持宗、天台疏字宗、天台法事宗、華嚴宗、道門宗、慈恩宗（瑜伽宗）、中道宗、神印宗、南山宗、始興宗。宗派的實際情況不明之處甚多，分別是曹溪宗為禪宗、總持宗為陀羅尼宗（真言宗）、天台疏字宗與法事宗為天台宗二派、道門宗派別不明（或為華嚴宗支派）、中道宗為三論宗、神印宗為密教、南山宗為律宗、慈恩宗為法相宗、始興宗則為新宗派，應屬於教宗。

寺院總數為曹溪宗（總持宗）七十座寺、天台宗（疏字宗、法事宗）四十三座寺、華嚴宗（道門宗）四十三寺、慈恩宗三十六寺、中神宗（中道宗、神印宗）三十寺、總南宗十寺、始興宗十寺，共為兩百四十二寺（《太宗實錄》卷十一；《曹溪宗史》二〇〇四、二七四頁）。

國師、王師的僧階雖遭廢除，依然保留僧錄司，禪教七宗每三年舉行僧籍考試，並賦予僧階，禪教兩宗則各錄取三十名。考試之際的同席者有禪宗判事、掌務、傳法共三名，以及證義十名，考生若能及第，則可獲得大選之稱號。

禪宗僧階是依序晉陞為大選、中德、禪師、大禪師。若獲得大禪師的僧階後，不僅身為禪宗本山興天寺的住持，亦具有禪宗判事之身分者，則受任為都大禪師。

朝鮮王朝君主世系圖

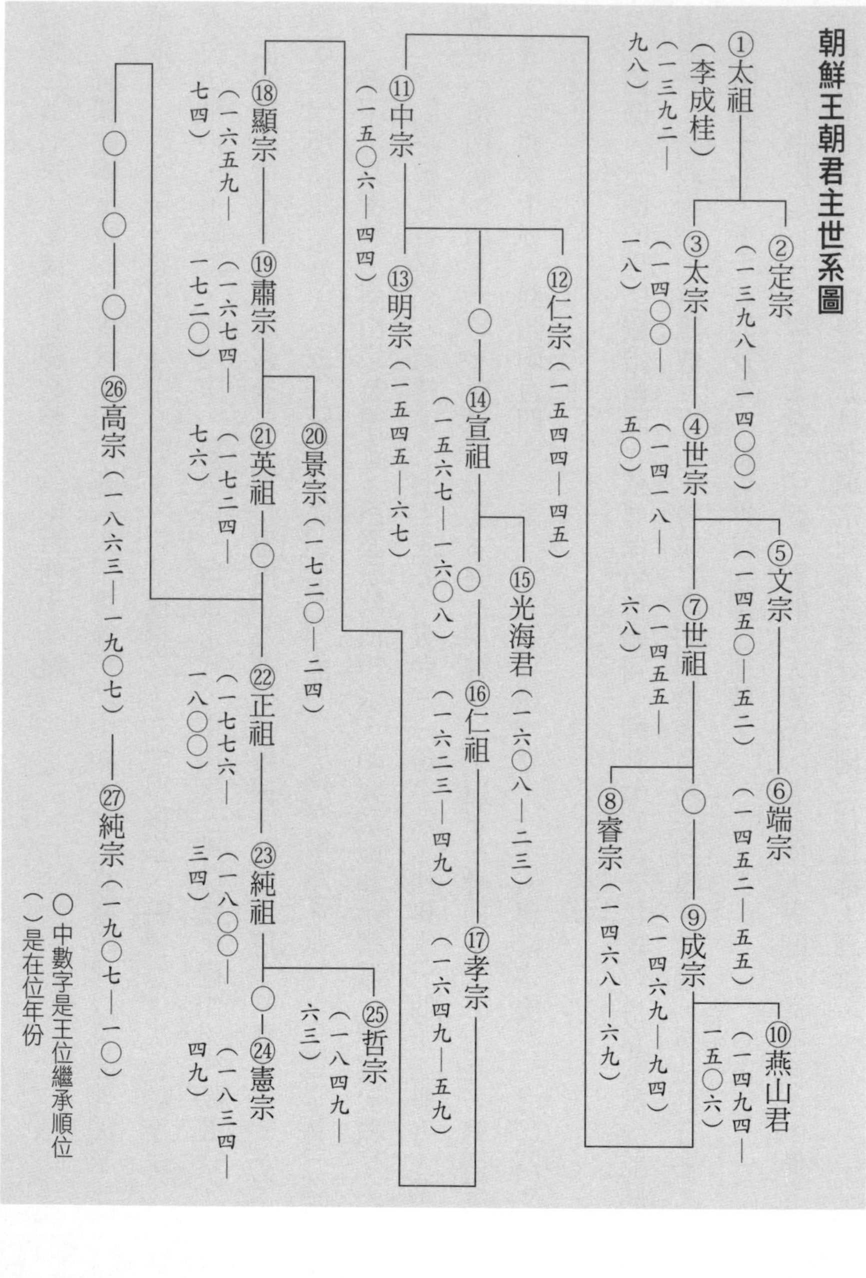
①太祖（李成桂）（一三九二—一三九八）
②定宗（一三九八—一四〇〇）
③太宗（一四〇〇—一四一八）
④世宗（一四一八—五〇）
⑤文宗（一四五〇—五二）
⑥端宗（一四五二—五五）
⑦世祖（一四五五—六八）
⑧睿宗（一四六八—六九）
⑨成宗（一四六九—九四）
⑩燕山君（一四九四—一五〇六）
⑪中宗（一五〇六—四四）
⑫仁宗（一五四四—四五）
⑬明宗（一五四五—六七）
⑭宣祖（一五六七—一六〇八）
⑮光海君（一六〇八—二三）
⑯仁祖（一六二三—四九）
⑰孝宗（一六四九—五九）
⑱顯宗（一六五九—七四）
⑲肅宗（一六七四—一七二〇）
⑳景宗（一七二〇—二四）
㉑英祖（一七二四—七六）
㉒正祖（一七七六—一八〇〇）
㉓純祖（一八〇〇—三四）
㉔憲宗（一八三四—四九）
㉕哲宗（一八四九—六三）
㉖高宗（一八六三—一九〇七）
㉗純宗（一九〇七—一〇）
〇中數字是王位繼承順位
（）是在位年份

教宗則依序晉陞為大選、中德、大德、大師。不僅身為大師，亦是教宗本山的興德寺住持，並具有教宗判事之身分者，則受任為都大師，並被授予最高僧階。

至於各寺住持，則皆要求具有中德以上的資格。僧錄司設有兩街都僧錄（各一人）、左右街僧錄（各一人），都僧錄亦稱為都僧統，僧錄則可稱為僧統。

如此具體確立排佛政策後，儒官之間對王室強勢推出抑佛信仰，提倡徹底推行《朱子家禮》的喪儀及確立家廟制，正式展開排佛行動（洪潤植，一九七六，二六八頁）。

曹溪宗的省敏等人對此政策直接提出訴請，太宗則不予理會。然而，太宗八年（一四〇八）五月，省敏為太祖而親自在興德寺舉行拜懺法會（《太宗實錄》卷十五），兩年後，又於太祖的舊宅興德寺轉讀《大般若經》。太宗十二年（一四一二）建造做為超薦用途的聞慶寺，並收有海印寺所藏《大藏經》。至太宗時期，佛教儀禮依然是國家的重要儀禮之一。

二、第四任君主世宗至第九任君主成宗

第四任君主世宗（一四一八—一五〇在位）時期

李朝的儒教政治體制是由世宗（太宗三子）所確立，王素以名君著稱而享譽世間。世宗延襲父王政策，以儒教為國教，並以五禮而行國事，在此同時，要求士大夫以《朱子

家禮》來履行禮教，並依此典籍做為社會倫理的骨幹。在文化方面，設置集賢殿做為政策研究機構，並試圖振興學術，撰寫《高麗史》、《訓義資治通鑑綱目》、《東國通鑑》、《新撰八道地理誌》、《李朝實錄（三代）》等各種敕選著作，並制定（一四四三）及刊行、頒布（一四四六）《訓民正音（韓文版）》等，推行具有歷史性的事業。

另一方面，亦承襲既有的嚴格壓制政策來處置佛教。

世宗即位該年（一四一八）十一月，針對祭祀先王山陵的儀禮中，應否兼採佛教儀式一事而進行議論。在文獻記載的同月項目中，出現喪葬儀禮是依據《朱子家禮》，禁止佛事（荼毘）的記載（《世宗實錄》卷六）。此後，獎勵在民間舉行儒式四禮，開始整頓及縮減佛教儀禮。然而，篤信佛教的大妃堅決不從，據《世宗實錄》所述，世宗二年（一四二〇）七月有如下記載：

上王（太宗）因大妃患疾而篤信佛教，故不可貿然廢佛儀，雖非本意，惟設七齋，廢法席（《世宗實錄》卷八，漢譯內容以本章作者意譯為參考）。

由此可窺知王室對佛教的支持是如此根深柢固。

世宗四年（一四二二），敕命禁止在都城內經行。這項例行儀式是在每年春、秋季的第二個月舉行，並由僧眾在街頭遊行及讀誦《般若經》以祓除災厄。敕命則將這項自高麗以來的舊習予以廢除。

進而在世宗六年（一四二四）四月，王接受禮曹（掌管禮儀之官署）的啟奏，將第三任君主太宗斷然採行的「五教兩宗（七宗）」佛教統合政策，更進一步合併為「禪教兩宗」。身為大司憲的河演建言表示僧人數量與各寺寺田不成比例，導致僧侶過多現象，故以此為契機，將曹溪、天台、總南三宗合併為禪宗，華嚴、慈恩、中神、始興四宗合併為教宗，最終統合為禪教兩宗。更分別以十八本山（全國三十六寺）統管其他寺院，並嚴禁分派（《世宗實錄》卷二十四）。之後推行更深入的統合政策，削減寺院數量，廢除內佛堂，但所謂的禪教兩宗三十六寺，就國家公認寺院的意味而言，此後的《新增東國輿地勝覽》依然記載保留一千六百餘座寺。雖僅限於三十六寺做為本寺，並能獲得認可及支援，卻任憑其他寺院淪為荒廢。此外，將興天寺做為禪宗都會所，興德寺做為教宗都會所，並個別設置判事，僅將兩寺留於城內來處置兩宗宗務。其他除了與王室有所淵源的數座寺院之外，其餘都城內的寺院悉皆廢除，並壓制舉行佛事，禁止僧眾出入都城，嚴格執行度牒制，各寺的三百八十四名奴婢則歸屬於禪教兩都會所。此外，更廢除自高麗以來設置的僧職——僧錄司。

然而，受到太宗的次男，亦即世宗的胞兄孝寧大君皈依佛門的影響，世宗個人亦漸信佛道。

例如世宗七年（一四二五）准許公私賤民出家，兩年後重興大圓覺寺。世宗十五年（一四三三），准許重建及修繕遭到禁止營運的寺院。此年於興天寺招請一雲（如菴禪師）盛大舉行大慶讚會，在貴族及官僚中漸有許多佛教信徒。此外，可知世宗十九年（一四三七）二月有傳命之例如下：

時人喪儀保有高麗以來之習（陋習），雖以六典禁之，仍奉各宗教巫覡，浪費農作，為寺設齋祈福以散財，故令嚴格取締風紀（《世宗實錄》卷七十六，漢譯內容以本章作者意譯為參考）。

世宗二十三年（一四四一）的〈司憲府上疏文〉之中，針對王室推出抑佛信仰，提倡徹底依據《朱子家禮》舉行喪儀及確立家廟制，晚年的世宗為憑弔於世宗二十八年（一四四六）崩殂的昭憲王后沈氏，命首陽大君（世宗次男）刊行釋迦傳記《釋譜詳節》，繼而創作其讚頌《月印千江之曲》。

此後世宗就個人對佛教的態度方面，雖在信仰與國家政策之間舉棋不定，但其喪儀終究採取佛教儀式，促使君主與王室的佛教信仰因而獲得庇護（《韓國文化史（朝鮮前期）》，一九八四，二九三頁）。

第七任君主世祖（一四五五—六八在位）時期

第五任君主文宗（一四五〇—五二在位）英年早逝，第六任君主端宗（一四五二—五五在位）以十二歲之齡繼任，卻遭其叔父首陽大君廢黜，並竄位為世祖。如前述般，世祖與其父世宗同樣編纂《釋譜詳節》，自身亦於世祖四年（一四五八）完成刊印多達五十部的《大藏經》。翌年，又將《釋譜詳節》與《月印千江之曲》合併，刊行諺文（韓文）的《月印釋譜》。進而於世祖七年（一四六一）設置刊經都監（出版機構），將《法華經》、《禪宗永嘉集》、《金剛經》、《般若心經》等諸經譯成諺文刊行。

此外，世祖在位時期曾命崔恒編纂法典《經國大典》（最終完成於成宗時期，一四八五年），在書中明確記載舉行僧科（取得僧侶資格的考試）的情況如下：

> 禪教兩宗每三年選試一回，禪宗以《傳燈錄》、《禪門拈頌集》為據，教宗以《華嚴經》、《十地論》為據，各取三十名（《經國大典》，漢譯內容以本章作者意譯為參考）。

由此可知禪宗是以《傳燈錄》、《禪門拈頌集》、教宗將《華嚴經》、《十地論》做為考試科目，並從僧侶中各甄選三十名來保障其身分。所謂僧科是指賦予僧籍資格的制度，大寺住持必須藉由國家檢定考試來接受身分資格及僧階。

世祖准許五台山的月精寺及青鶴寺等處，進行以重興寺院為首要的各項佛事。世祖十年（一四六四）於漢城創建圓覺寺，並將具有奴婢及其他身分者獻於內院寺（京畿道永平）、神勒寺（京畿道驪州）、雙峯寺（全羅道和順）、海印寺（慶尚道陝川）等諸多寺院。現存最著名的圓覺寺遺址十層石塔（首爾市鐘路區，一四六七年完成），即是當時所建造（〈大圓覺寺碑銘〉《續東文選》）。

在篤信佛法的世宗、世祖時期名僧輩出，在此針對慧覺信眉、東峰雪岑做如下說明：

慧覺信眉（生卒年未詳），世祖以師禮相待，迎至王師。信眉因獲世祖信任，於世祖四年（一四五八）編纂《月印釋譜》，並主導國譯教典的事業，文宗則賜其號為慧覺尊者。信眉將涵虛己和所撰的《金剛經五家解說義》予以校正，再加上彙集唐、宋時期最具代表性的注釋五部（五家解）而纂成一書，進而校正《禪宗永嘉集》諸本異同。此外，亦將《證道歌》的彥琪注、宏德注、祖延注合併一書刊行。

東峰雪岑（俗名為金時習，字悅卿，號東峰，清寒子，梅月堂，一四三五—一四九三），自幼文才秀逸，世宗雖識其才，卻因端宗遭廢而飽受衝擊，拒絕仕於竄位首謀的世祖，就此遁世不出。雪岑歷經數度出家及還俗，遂於成宗十二年（一四八一）四十七歲時還俗娶妻，待妻逝後，又再度入山參修頭陀行。為避世俗而住楊州水落寺、慶州金鰲山茸長寺、雪岳山五歲庵等，最終獲得開悟，得以無礙自在度日。東峰雪岑是融合佛教慈悲與儒教仁義的思想家，亦是世宗時期的傑出文學家。除了《梅月集》之外，其知名著作尚有《大華嚴一乘法界圖註并序》、《曹洞五位要解》、《十玄談要解》、《法華經別讚》、《金鰲新話》。

第九任君主成宗（一四六九—九四在位）時期

第八任君主睿宗僅即位十四個月即薨逝，繼位的則是成宗者山君。成宗是睿宗胞兄懿敬世子的次子，懿敬身為長男卻英年早逝（追贈廟號為德宗），者山君於十二歲即位後至成人的七年間，是由貞熹大妃（世祖王妃）垂簾聽政，睿宗的喪儀是奉大妃之命，舉行四十九日法會。然而，成宗一旦成人開始親政後，採用尊崇朱子學的金宗直等新興儒生（士林派），推行儒教式的四禮（冠、婚、葬、祭），排佛運動順勢高漲。士林派以地方氏族的新興儒生為中心，成為取代過去建國以來的儒教勢力（勳舊派），並於成宗十五年（一四八四）為時間點開始嶄露頭角（姜在彥，二〇〇一，二六〇頁），原本成宗自身是在朱子學的學術氣息中受培育，即使在貞熹大妃攝政下，仍於成宗二年（一四七一）六月強行關閉國都內的念佛所，同年十二月關閉刊經都監等，逐漸強化排佛運動。同時公布將習慣法予以集大成的《經國大典》，此後法令逐漸獲得整備。

成宗四年（一四七三）七月，因有大司憲等人上書，婦女訪寺被視為問題行徑，遂於兩年後破壞國城內、外的二十三座尼寺，並禁止火葬（《成宗實錄》卷五十七）。

成宗八年（一四七七），廢除在佛寺舉行祝壽君王壽辰的齋會，翌年禁止士族婦女及子女出家。進而於成宗十三年（一四八二），推動禁止建造新寺、嚴格限制發給度牒（實質上的禁止出家）與推行排佛政策。在此同時，尚有強制取締民間宗教或風俗，貫徹朱子學獨尊化（《成宗實錄》卷一四〇、一四一）。

成宗二十三年（一四九二）二月促使僧科制度續存，卻完全廢除度僧法（《成宗實錄》卷二六二、《故事撮要》）。

朝鮮的度僧法規定可誦讀《般若心經》、《金剛經》經文，若繳納丁錢（人頭稅）、正布三十匹（編案：疋布三十反，一反寬約九寸五分，長約二丈八尺），則可准許發給度牒成為僧侶。然而，成宗甚至將《經國大典》所保證的發給度牒制度予以廢除，迫使未持度牒的僧侶還俗，並課以賦役（編案：賦稅和徭役的統稱）及軍丁（編案：徵召服兵役的壯丁）〔後於中宗七年（一五一二）刪除度僧項目〕。

另一方面，成宗雖承認僧科可維持延續，卻於中宗二年（一五〇七）甚至將僧科予以廢除。僧侶兼修禪教兩宗，禪宗以《傳燈錄》、《禪門拈頌集》為課頌基礎，與教宗教學一併修習。

以下針對當時禪僧碧溪正心的法脈所做的說明：

碧溪正心（？—一四六四）是世祖、成宗、第十任君主燕山君時期的曹溪宗學僧，受法於龜谷覺雲，並入明參學於臨濟宗的雪堂捴統，獲得心印後返國（《海東佛祖源流》、《東師列傳》第二）。

其弟子妙覺守眉（一四〇五？—七〇）為朗州（全羅南道）人氏，與俗離山法住寺的慧覺信眉有所交流，修習經論及戒律，有二甘露門之稱。曾為判禪宗事，後受任為王師，賜號妙覺（《朝鮮金石總覽》卷下〈靈巖道岬寺妙覺和尚碑〉）。

碧松智嚴（俗姓為宋，堂號碧松，號埜老，一四六四—一五三四）為扶安人氏，嗣法碧溪正心。門下有芙蓉靈觀、圓悟一真、休翁一禪（《碧松集》、《東師列傳》第二）。

芙蓉靈觀（號為隱蕪或蓮船道人，堂號為芙蓉堂，一四八五—一五七一）為嶺南晋州人氏，受教於信聰法師，並參禪於威鳳大師。中宗四年（一五〇九）入龍門山，向祖愚大師習禪，並師事清平山的學梅禪子、金剛山大尊庵的祖雲大師，後於智嚴門下證得大悟。智嚴示寂後，取代領眾成為嶺湖以南的大宗師。曾駐錫於黃龍山、八公山、智異山，後於宣祖四年（一五七一）示寂於燕谷寺（《東師列傳》第二〈芙蓉堂行蹟〉）。

休翁一禪（號休翁、禪和子，俗姓張，一四八八—一五六八）為蔚山人氏，曾入斷石山，剃度於海山法師門下，後於智異山師事智嚴，受得密旨。繼而於東金剛山坐禪修行，證得大悟。此後遍訪名山，於中宗三十九年（一五四四）入妙香山普賢寺觀音殿，並於內院寺駐錫二十餘年，擔任指導修行僧之職。明宗十三年（一五五八）於太白山創立上禪庵，更建造慶聖堂，成為慶賀君王之用的道場（《東師列傳》第二〈慶聖堂行蹟〉）。

自成宗掌握政治主導權之後，新進士大夫針對曾為王公國戚安身立命而發揮功能的佛教展開更激烈的批判。這與強化取締各種宗教或風俗的情況並行推展，並以確立朱子學的社會秩序為目的。下節將探討當時宮廷婦女的動向。

第三節　三位廢佛王與王室婦女

一、守護王室佛教信仰的宮廷婦女

前文已記述朝鮮佛教是以燕山君為分歧點，共分為兩期，大致上是以三名廢佛君主（成宗、燕山君、中宗）時期為歷史分水嶺。在考量三王時期的佛教發展之際，應關注三名王室女性成員，分別是德宗之妃，亦即成宗之母昭惠王后（仁粹大妃，一四三七—一五〇四）；燕山君之繼母，亦即中宗之母貞顯王后（一四六二—一五三〇）；中宗繼妃，亦即明宗之母文定王后（一五〇一—六五）的佛教信仰。在將排佛政策做為統治國家政策穩定發展的過程中，正是由這些宮廷婦女來守護王室的佛教信仰。

此外，朝鮮佛教後期的諸王即位順序如下：

燕山君—中宗—仁宗—明宗—宣祖—光海君—仁祖—孝宗—顯宗—肅宗—景宗—英祖—正祖—純祖—憲宗—哲宗—高宗—純宗

二、燕山君與仁粹大妃

第十任君主燕山君（一四九四—一五〇六在位）時期

成宗因首位正妃早逝，將後宮的尹氏扶為正妃，其嫡長子生於成宗七年（一四七六）十一月，名為燕山君。但其母尹氏於成宗十年（一四七九）遭廢，後於成宗十三年（一四八二）被賜死。此後，尹氏（中宗之母，即貞顯王后）成為繼妃，燕山君交由繼母養育，於成宗十四年（一四八三）七歲時被冊立為世子。成宗二十五年（一四九四）十二月，成宗以三十八歲之齡早逝，同月二十九日燕山君即位，時年十八歲。

燕山君即位後，兩股對立勢力隨即為了成宗喪儀而逐漸浮上檯面。這兩股勢力分別是以仁粹大妃為核心、要求推動舉行佛式法會的宮廷佛教勢力，以及將舉行法會視為舊弊而加以拒斥的士林派（儒生勢力），而此派又以禮曹、台諫（負責啟奏諫言的機構）、弘文館（成宗創設的儒教研究機構）為據點。禮曹上奏表明意見：「七十七齋（四十九日）佛事，此前朝舊禮不見於禮文記載，故不宜舉行。」仁粹大妃則以「王不好佛事，然歷代祖宗朝皆行之，今不宜廢」而予以駁回（《燕山君日記》卷一，甲寅十二月）（洪潤植，一九六七，二六九頁）。燕山君理解到，若能為在陰間輪迴的亡魂舉行水陸齋，就是為先祖祈求冥福，是慰藉孤魂最殊勝的供養方式。儘管儒官屢次上書，要求停止水陸齋會，太宗與燕山君唯有駁回而已（《陽村集》卷十二〈津寬寺水陸社造成記〉）。

燕山君剛即位後，亦排除上奏反對成宗喪儀採用佛教儀式的台諫等儒生（士林派），並聽從仁粹大妃之願，首先於津寬寺、奉先寺、正因寺為先父舉行超薦水陸齋會，敕准於圓覺寺刊印佛典一千餘卷。進而在廣州（首爾江南區）的宣陵營建齋宮寺，另建超薦之用的奉恩寺。燕山君六年（一五〇〇）敕准於海印寺刊印千卷的《大藏經》，皆是仁粹大妃隱然存在的影響力所致（全惠星，一九九四）。

燕山君十年（一五〇四）正月，臥病的仁粹大妃依舊盼修來世之福，故而撤回成宗的排佛政策，向燕山君請求恢復世祖的興佛政策。燕山君雖非出於自願，卻應允大妃之命，命令一年僅限制發給十名僧侶度牒。政院大臣為此猛烈反對，故而發生糾紛（《燕山君日記》）。同年三月，燕山君得知其生母尹氏在成宗生前遭到打入冷宮並被賜死的原由之後，對仁粹大妃施加暴行，大妃於一個月後（四月）猝逝，此事衍生出燕山君的後續事件（甲子士禍）。

燕山君在仁粹大妃健在之時，包括奉命為成宗舉行水陸齋及重修寺院，以及為臥病的仁粹大妃而成為支持法會舉行的後盾等，對抑佛政策的態度有所保留。然而，燕山君生性粗暴、厭惡宗教及治學，不僅迫害佛教，對儒教亦進行迫害。雖有儒生陸續上奏反對，其治理方式依然故我，極其蠻橫殘暴。燕山君五年（一四九九）七月，將成均館做為宴遊場所，並廢除台諫。進而引發兩度士禍（彈壓官僚），分別是李克墩（勳舊派）諫奏士林派在編纂《成宗實錄》之際，文中出現責難世祖的語句，燕山君以此為藉口，趁機排除新興的士林派，此為「戊午士禍」（一四九八）。另一方面，則是在前述的仁粹大妃逝後，燕山君將與其生母遭賜死事件相關的成宗後宮嬪妃予以殺害，並肅清勳舊派，此為「甲子士禍」（一五〇四）。

燕山君對佛教的態度亦是恣意妄為，暴虐無道。燕山君五年（一四九九）六月戊申，以橫闖淨業院為開端，於此年停止舉行僧科，並廢除僧科及僧階制度，將宗務院遷往宮外。廢除城內兩宗的本寺禪宗都會所興天寺、教宗都會所興德寺、世祖所建的大圓覺寺，並使其成為妓坊（培養官妓之處），廢除兩宗判事，將僧侶遷移至楊州檜巖寺。

燕山君十一年（一五〇五）頒布縮短葬期之令，翌年將僧庵做為娛樂場所（《燕山君日記》）。

此後，燕山君將對自身的批判聲浪予以封殺，又為建造狩獵場所而將漢城居民驅離出城，如此倒行逆施及浪費國帑的行徑不曾間斷。這位稀世暴君，遂於燕山君十二年（一五〇六），在成希顏、朴元宗等重臣舉兵逼宮之下遭到廢黜，稱之為「中宗反正」。同年，由成宗次子（燕山君的異母弟）晉城大君（中宗）即位，燕山君於同年末被流放至江華島而身歿。

仁粹大妃調和佛、儒二教

昭惠王后（仁粹大妃，一四三七—一五〇四）為睿宗之兄、成宗之父（懿敬世子）之妻，十九歲嫁於世子，五年後遭逢夫喪。後因睿宗早逝，故由懿敬世子的次子者山君即位。成宗二年（一四七一），追贈懿敬世子之廟號為德宗，王后自身亦獲追贈為仁粹大妃。

仁粹大妃自身潛修佛道甚深，成宗薨逝後，與貞顯王后共同翻譯並刊行佛典諺文。另一方面，於成宗六年（一四七五）刊行《內訓》，此著作是以教育婦女為目的，共由三卷七章所構成，分別是第一章言行、第二章孝親、第三章婚禮（以上為第一卷）、第四章夫婦（第二卷）、第五章母儀、第六章敦睦、第七章廉儉（以上為第三卷）。全書在整體上是闡述儒教德目，仁粹大妃將與自身相關的燕山君生母廢妃問題亦含括在內，成為體現傳統秩序的著作。就忠實舉行祭祀的意味來看是屬於尊重佛教，並在擁護佛教之際，依然維持與儒教調和的朝鮮王朝傳統立場。

三、中宗與貞顯王后

第十一任君主中宗（一五〇六—四四在位）時期

中宗排除燕山君而繼位後，投入重整社會體制，採用士林派並藉此牽制勳舊派，反而在中宗十四年（一五一九）發生的「己卯士禍」之中，因勳舊派反擊而大量肅清士林派，逐漸轉由功臣勢力掌控政治實權。然而，中宗並未更改徹底實施排佛政策的立場。此時，是由貞顯王后尹氏（一四六二—一五三〇）擁護佛教，其為燕山君繼母，亦為中宗生母，為了其夫成宗而與婆婆仁粹大妃一同護持翻譯及刊印佛典（高橋亨，一九二九，二九五頁）。

中宗二年（一五〇七）正月，中宗秉承已故仁粹大妃的熱切心願，以恢復燕山君時期的廢寺及歸還寺院財產為目的，下令重興寺院。但在另一方面，中宗在此年停止曾於世宗六年（一四二四）制定的僧選（僧侶考試），並廢除兩宗僧科及度僧（編案：發給僧人度牒）。

進而以中宗為號召而藉口舉兵的功臣儒生（勳舊派），因其勢力擴大而促使排佛行動加速發展。

中宗四年（一五〇九）廢除所有京城寺院並改為公府，三年後拆除圓覺寺，將寺材賜予臣僚，並沒收佛像用以鑄造武器，讓僧侶成為土木工匠。翌年禁止度僧，並於同年十月停止信奉禪教兩宗（《中宗實錄》卷二十一）。

中宗十三年（一五一八）一月，出現儒生破壞寺院文物的紀錄，四月去除禮典樂章中的佛教歌詞，甚至以中興樂詞取代〈本師讚〉、〈彌陀讚〉（《中宗實錄》卷三十二）。

中宗三十四年（一五三九）二月二十三日，由官吏導致京畿道、全羅道的寺院大多遭到破壞，並將寺田給予鄉校（地方官學），推行培育儒學教育。此外，舉發無度牒的僧侶，將三千五百餘名僧侶予以驅逐出京，甚至造成在深山避難的僧侶死亡等社會問題，中宗一時停止彈壓佛教。中宗因「中宗反正」而排除燕山君，卻處於儒官勢力相爭（黨爭）的夾縫中，導致政策不安定（《中宗實錄》卷一）（須川英德，二〇〇三）。

如此橫跨成宗、燕山君、中宗三代的八十年間，是朝鮮時代徹底執行排除及打擊佛教的期間。朝鮮佛教面臨巨大轉機，佛僧喪失度僧與僧選而被迫逃往地方。僧侶甚至投入工商實業或開墾農地等領域，勉強得以保全命脈。此後，佛教從社會中抽離而出，被迫採取僅能隱遁山間的消極防衛對策。

四、明宗與文定王后

第十三任君主明宗（一五四五—六七在位）的時期

中宗薨逝、仁宗即位（一五四四）後，中宗的第一任繼妃章敬王后尹氏（仁宗生母）及其胞弟尹任（大尹）隨即掌控權力，形成勢力。然而，仁宗僅即位八個月，就以三十歲之齡早逝。西元一五四五年，同為坡坪尹氏出身的第二任繼妃文定王后尹氏，其世子慶元大君於十二歲即位，是為明宗。此時，文定王后與其弟尹元衡（小尹）、李己等人勢力抬頭，取代了早逝仁宗的生母章敬王后及尹任的勢力，將反目成仇的中宗外戚尹任及其屬下的一百餘名具有影響力的士林官僚，以謀反罪名處以極刑，此為同年發生的「乙巳士禍」（《中宗實錄》卷一，即位年份為七月）。此後士林派再度失勢，招致文定王后及尹元衡專政，釀成日後黨爭之因。

文定王后與普雨所推行的李朝護佛政策

中宗繼妃、亦即明宗之母文定王后尹氏（一五〇一—六五）自中宗在位時期，就已派遣密使至各方寺院祈求，並於各處寺院設內願堂，祈求招福攘災。中宗、仁宗相繼逝後，藉由明宗即位之年（一五四五）發生的「乙巳士禍」，進而以大妃（聖烈仁明大王大妃）的身分確立垂簾聽政，位居政權核心。

此外，文定王后修正自燕山君以來的排佛政策，拔擢雪嶽山百潭寺的普雨來推動佛教復興。

文定王后以「自度牒制遭廢，致使忌避服役之私度僧漸增，反增社會弊害。此非糾彈私度僧，乃為認同僧團，亦為重興僧科，以禪教兩宗管理佛教，此乃遵循《經國大典》之策」（《明宗實錄》卷十），這是自燕山君十年（一五〇四）廢除禪教兩宗以來近五十年，重新促使兩宗甦生。

明宗五年（一五五〇）十二月，文定王后聽從普雨之言，將燕山君廢除的禪教兩宗予以復立的〈備忘記〉，向王政的最高機構右議政官僚尚震提出，促使度僧法重新推行（《明宗實錄》卷十，明宗五年十二月甲戌、《虛應堂集》卷下）。

明宗六年（一五五一）六月，將奉恩寺做為禪宗首剎、奉先寺做為教宗首剎，更遵循六典制定，促使僧科與度牒制重新推行，並實施宗選（僧科預備甄選）。此時，普雨以判禪宗事都大禪師之身分受任為奉恩寺住持，守真大師則被受任為判教宗事都大師奉先寺住持。

明宗七年（一五五二）舉行僧科，發給度牒。三年後的明宗十年（一五五五）乙卯舉行第二次僧科，至文定王后崩殂為止的十五年間，不僅促使恢復僧侶度牒制，並派遣住持至全國重興廢寺。明宗二十年（一五六五），為三年前早逝的順懷世子（明宗世子）祈求冥福，並於檜巖寺（京畿道楊州）由普雨擔任主法法師，預定即將舉行無遮大會。然而，文定王后自同年三月起病情轉為惡化，遂於翌月崩殂（《明宗實錄》卷三十一，明宗二十年三月、四月，《西遊別集》卷四，記乙丑儒生上疏事）。

文定王后雖有遺言：「佛教雖稱異端，自太祖設禪教兩宗，此乃社稷為統理僧徒之故，雖稱無用，朝廷彰顯哀家之意，依舊制存續。」文定王后辭世後，立即停止預定將於三日後在檜巖寺舉行的無遮大會。四月，待為期二十日的喪事（卒哭祭）結束後，司憲府、司諫院陸續啟奏要求排除普雨勢力（《明宗實錄》卷三十一，明宗二十年四月）。至五月，明宗削普雨僧職，將其流放（《明宗實錄》卷三十一，明宗二十年五月）。然而，上疏請誅普雨未曾中止，普雨被流放至濟州島，十月被誅。

明宗二十一年（一五六六）四月，縱使對於重興的佛教，兩司與弘文館、成均館依舊陸續上疏，執拗不屈。至二十日，明宗終於決定廢除禪教兩宗與僧科（《明宗實錄》卷三十一，明宗二十一年）。明宗則於翌年（一五六七）薨逝。

後世記載文定王后受到妖僧普雨的祈福之言所惑，故而設置無遮大會，邀集數千名僧侶，極盡奢華之事（《明宗實錄》卷三十一，史臣注記），甚至將文定王后評為稀世惡婦。然而，從中宗至仁宗、明宗的三代功臣與姻親派閥鬥爭之中，文定王后以明宗生母的身分垂簾聽政，重興禪教兩宗，恢復僧科及皈依普雨，為了興佛而竭盡心力（中島志郎，二〇〇二）。從恢復舉行第一次僧科（一五五二）的西山休靜（一五二〇—一六〇四），以及第四次僧科（一五六一）的四溟惟政（一五四四—一六一〇）、浮休善修（一五四三—一六一五）等，在宣祖時期的壬辰倭亂（文祿之役）之中，促成一群積極活躍、引人矚目的僧侶集團，並得以保存朝鮮佛教之命脈。

以王室為中心的統治階層、尤其是王妃與內房（宮廷婦孺）多為佛教徒。其中輔佐成宗的貞熹王后為首，尚有在成宗逝後輔佐燕山君的仁粹大妃、中宗的廢佛主義與其母貞顯王后的佛教信仰、或在中宗逝後以明宗生母身分來推動復興佛教的文定王后等，皆是以母親（大妃）或祖母（王妣）的身分，時而掌握超越君王的權力。在此應可指出，雖說身分為王，卻必須遵從儒式家族倫理、尤其是以人倫為中心的「孝順」觀念已然存在。另一方面，為了舉行明宗二十年（一五六五）的無遮大會，在文定王后命令製作的四百幅檜巖寺佛畫（現存六幅）的發願文中，除了國君的長壽與施行善政、王室繁盛之外，亦有積極祈求王子誕生的內容。在將無後視為最大「不孝」的時代風潮下，不僅是佛教，婦女亦傾服於巫覡（巫俗）等其他宗教。

普雨興佛

據《虛應堂集》所述，虛應堂普雨大師（號懶庵，室號虛應堂，一五〇六〔九？〕—一六一），幼少失親，入寺為行者（雜役），十五歲於金剛山剃度受戒，後入龍門寺，至二十三歲修習儒佛之學。此後，因設無遮大會而獲僧俗舉薦，約於四十歲接受文定王后招請而入奉恩寺。此後已如前述般，為重興二宗僧科而大為活躍。目前可知其著作有《虛應堂集（詩文集）》上、下卷、《懶菴雜著》一冊、《勸念要錄》、《水月道場空花佛事如幻賓主夢中問答》。

《虛應堂集》上、下卷收有詩偈六百二十三首，《懶菴雜著》為普雨法語，以跋文三十篇所構成。尤其是《懶菴雜著》主張禪教一致說，「禪為諸佛之心，教為諸佛之語，心語必為一，禪教又如何為二？」（《虛應堂集》卷下），從教理上發展諸教融合的立場。《懶菴雜著》更倡述「一正說」，以佛、儒融合為一的論理，舉出宇宙原理（天理）的一與道德倫理的正，將兩者分置於理與心，闡述人天、一正為綜合一體。更於該書的〈華嚴經後跋〉述及「孝為百行之初，仁為五常之先」，此與《華嚴經》的大本大用一致，同歸《華嚴經》的廣大世界（《韓國佛教全書》卷七，五八〇—八一頁，《普雨大師研究》）。自十六世紀之後，朝鮮性理學成為以心性論為中心的哲學，儒佛會通思想的課題漸生變化，有說法指出「一正說」是具有一元論的發展面向，是用以對抗儒教提倡的四端七情說（二元論）而形成。《勸念要錄》（一六三七）闡述「口念」、「觀法」、「引證」之整體是淨土念佛的功德（《韓國佛教全書》卷七，六〇九—六一四頁）。尤其是口誦的往生故事舉出婦女的念佛信仰來宣揚淨土往生，應是將女性視為弘教對象。此外，《水月道場空花佛事如幻賓主夢中問答》（《韓國佛教全書》卷七，五四九—六〇八頁），述說在設齋供佛的儀式上，併用華嚴教學與真言密教。

從這些著作可窺知普雨的佛教思想，是依據《華嚴經》教學，亦倡說禪教一致，對於儒生排佛，則以「一正說」為依據，述說儒、佛二教一致。進而針對如同文定王后般的女性檀越，在《勸念要錄》中闡述念佛淨土信仰，以包括念佛在內的佛教諸宗兼具做為其特徵。

不久，普雨即獲得儒生與兩班的部分人士暗中支持，此事可從李珥《栗谷石潭日記》的記述或《虛應堂集》的詩文交流而略窺一二。過去，普雨試圖一舉挽回佛教勢力，大量發給度牒並舉行僧科，藉由文定王后的聲威而極度專橫行事，故遭貶抑為「妖僧普雨」、「奸猾之賊」（《明宗實錄》卷三十一），但普雨在重興朝鮮佛教方面，應有許多值得讚揚之處。

李朝社會獨尊朱子學，另一方面，卻產生婦女集中信仰佛教或其他宗教的現象。以宮廷婦女為中心的佛教信仰得以穩固發展的傳統，縱使面臨儒生排佛，依舊頑強抵抗。文定王后即是其典型人物之一，但隨著王后辭世而導致一門失勢，獲得護持的普雨亦遭到排擠及驅除。對於普雨的激烈反駁，其產生的背景因素不僅是針對佛教，而是對文定王后一派所提出的反擊（《虛應堂普雨大師研究》）（徐閏吉，一九七五；韓鐘萬，一九七八；金燉，一九九七）。

第四節　朝鮮後期（一四九四—一九一〇）李朝佛教的轉換期

一、第十四任君主宣祖與壬辰倭亂

第十四代君主宣王（一五六七—一六〇八）時期

明宗薨逝（一五六七）後，至宣祖時期是由崇奉朱子學的群儒（士林派）進入中央政府，他們是以嶺南（慶尚道）為基礎的地方書院（私塾）為據點，將外戚或勳舊派的功臣予以排除並掌握實權。其思想的核心人物，是具有「東方小朱子」之稱的朝鮮朱子學魁首李退溪（李滉，一五〇一—七〇）。退溪於中宗二十九年（一五三四）以三十四歲文科登第，四十三歲受任為成均館司成。但在仁宗、明宗的政爭漸熾之際離開政界，此後再三堅辭出仕。在此期間李退溪聲望日隆，五十三歲晉陞為堪稱是今日大學校長的成均館大司成，至六十歲時終於在鄉里的禮安（慶尚道）建造陶山書堂（後為陶山書院，一五七四），在此隱棲及專研學理。文定王后崩殂後，明宗的後繼者宣祖命其出任首要之職吏曹判書，備受禮遇，後於宣祖三年（一五七〇）辭世。

朝鮮前期的性理學，是依據《朱子家禮》、《三綱行實圖》等典籍來重視德目之學，李退溪從內省的角度來深化探究朱子學，並開創獨自學說，確立理氣互發說（四端理發、七情氣發）、理之動靜說等思想。李退溪傾服於朱子，親自編纂《朱子書節要》，尚有個人著作《聖學十圖》、《自省錄》、《易學啟蒙傳疑》等，亦在江戶時代的日本廣為流傳。

李栗谷（本名李珥，一五三六—八四）與李退溪並稱為朝鮮朱子學之雙璧，十六歲遭逢母逝，三年服喪期滿後入金剛山專修禪法。未久復歸儒學，以優秀政治家的身分歷任要職，撰有《聖學輯要》、《東湖問答》等，倡導理通氣局說（氣發理乘一途說）等，確立在朱子學領域的獨自學說。相對於重視理的李退溪，李栗谷則是提倡重視氣的立場。

此後，士林派分裂為兩朋黨，亦即尊崇李退溪主理說的嶺南（慶尚道）東人派（嶺南學派），以及遵循李栗谷主氣說的畿湖（京畿、

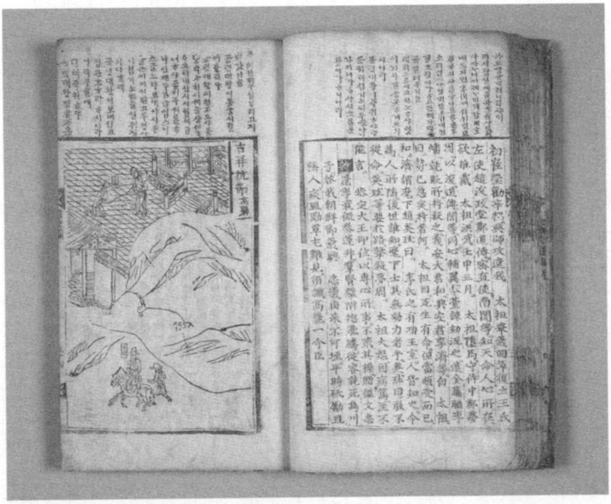

《三綱行實圖》部分內容（出處：韓國國立中央博物館 National Museum of Korea）

忠實道）西人派（畿湖學派），不斷形成激烈的黨派鬥爭（黨爭）。

宣祖二十五年（一五九二）四月，豐臣秀吉軍發動侵略朝鮮半島的戰役（壬辰倭亂、文祿之役），中央政府因黨爭未曾間歇，導致因應措施混亂，宣祖被迫逃往邊境義州。由平民組成的朝鮮正規軍受到兵役過重所影響，故而備感疲弊，戰局陷入劣勢。當時在各地挺身奮起的義兵大為活躍，僧人雖遭逢激烈的排佛政策，依然結集一堂，其中又以妙香山普賢寺的禪僧西山休靜為中心，四溟惟政（松雲大師）、雷默處英、騎虛靈圭等人率領義僧投入戰陣，發揮重大功能。平定倭亂後，因僧兵身分而獲戰功者，則被授予都總攝、副總攝、總攝之僧職，此後在朝鮮與江戶幕府在外交方面重啟交涉之際，惟政、處英、靈圭等人亦積極發揮長才。

朝鮮佛教中興之祖——西山大師休靜

西山大師清虛休靜（號清虛堂，字玄應，一五二〇—一六〇四），是活躍於壬辰、丁酉倭亂（文祿、慶長之役）的義僧軍指導者，並被稱為朝鮮佛教的中興之祖。休靜為安州（平安南道）出身，幼時父母雙亡，參學於頭流山（智異山）的崇仁長老及師事芙蓉靈觀，並由休翁一禪為其授戒。明宗七年（一五五二）三十三歲應試復舊之後舉行的初次僧科，禪科及第，三年後入京陞任禪教兩宗判事。至三十八歲時辭去判事之職，遍訪金剛、

西山大師肖像（出處：韓國國立中央博物館 National Museum of Korea）

太白、五台諸山，明宗十九年（一五六四）撰寫《禪家龜鑑》序文。自宣祖元年（一五六八）之後住妙香山，與四溟惟政、逍遙太能等人參集於此。宣祖二十二年（一五八九），七十歲的休靜遭到懷疑曾涉入鄭汝立的謀反入獄事件，故受牽連而身陷囹圄，此不白之冤最終獲得昭雪並被釋放。當時休靜甚至得以謁見宣祖，受尊為僧界泰斗且博得聲譽。

宣祖二十五年（一五九二）四月，壬辰倭亂爆發，在平安道義州的宣祖及時召請休靜出任「八道禪教十六宗都總攝」，命其與惟政、處英等人共同指揮全國義兵。休靜以七十三歲高齡奉王命出仕，依然秉持「吾等挺身奮起非奉朝命，若有恐懼之心，不可加入吾軍」、「愛國憂朝，山僧亦為一臣」（《宣祖實錄》卷三十一）的凜然大義之下，以義兵之名而舉兵。休靜發檄文於全國，自身則於順安的法興寺集結一千五百名義僧，與惟政率領的義兵一同布陣。

在朝鮮社會中，原則上是將奴婢、賤民、流民、僧侶等自軍中除役，且在排佛政策下，至君王向各道長官下達命令「應正當對待僧兵」為止，僧兵亦非合法。然而檄文獲得極大反響，全國僧侶紛紛響應，聚集於休靜會下。

金剛山表訓寺的四溟惟政受任為都大將，在關東（江原道地方）編組八百餘名義僧軍，處英則在全羅南道組織一千餘名僧軍。此外，忠清道公州青蓮庵的騎虛靈圭、慶尚南道晉州的海眼大師、黃海道九月山的義嚴大師所統率的僧軍繼而崛起。宣祖二十五年（一五九二）秋，義僧軍形成數千名的重大戰力（《宣祖實錄》卷三十一），亦獲得明軍支援，翌年迅速成功奪回平壤、開城。太祖建國之際，包括世宗時期的強制徵召僧軍（《世宗實錄》卷五十八，世宗十年條），明宗討伐倭寇（《明宗實錄》卷二十二）等，護國佛教與組織義僧軍的傳統重新復甦，休靜因當時軍功，獲賜「國一都大禪師禪教都總攝扶宗樹教普濟登階尊者」之號。

此後，秀吉軍再度進攻所引發的丁酉再亂（一五九七，慶長之役），亦因秀吉離世為契機而獲得平定，長達七年的國難終告結束。宣祖三十五年（一六〇二），休靜為探求日本國勢民情，遂向派遣至對馬的全繼信、孫文彧託交私信，當時推舉四溟惟政為後繼者。

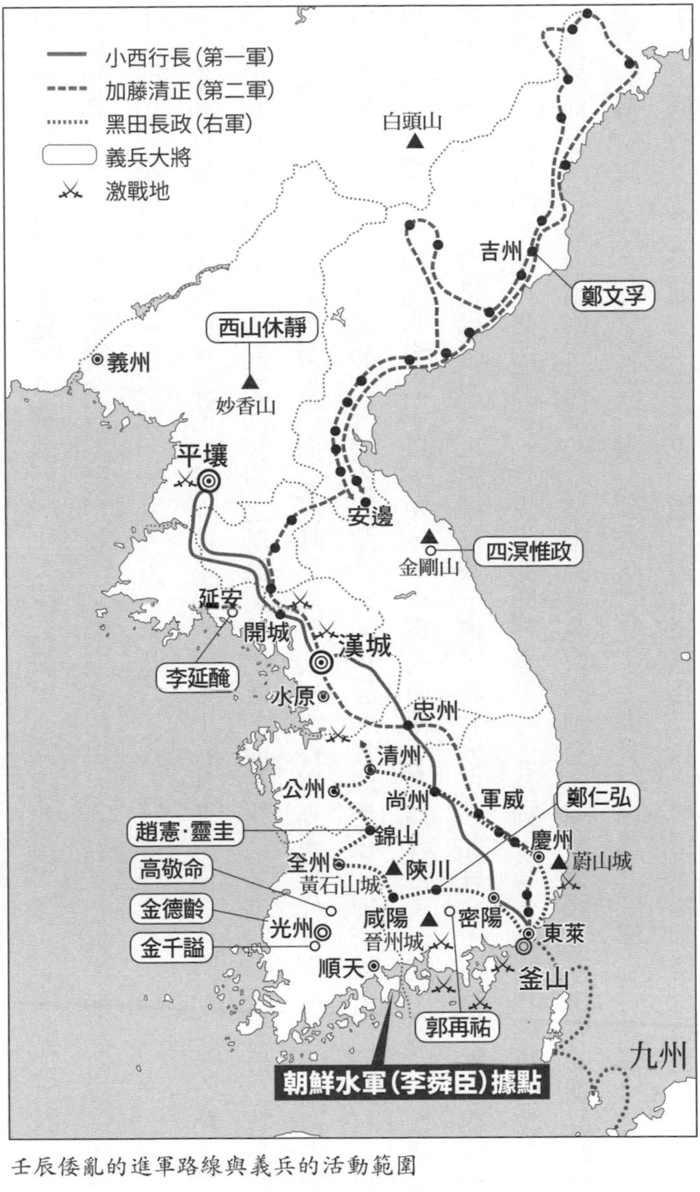

壬辰倭亂的進軍路線與義兵的活動範圍

宣祖三十七年（一六〇四）一月二十三日，休靜示寂於妙香山圓寂庵，世壽八十五歲，法臘六十七歲。休靜平定倭亂後，再度隱棲妙香山，因專於著述，故世稱為西山大師。其著作有《禪家龜鑑》、〈禪教門〉、《禪教訣》、《禪教釋》等（《清虛集》卷二、《東師列傳》卷二、《朝鮮金石總覽》卷下〈清虛堂休靜大師碑〉、《朝鮮寺刹資料》卷上〈西山大師行錄〉）（金奉鉉，一九九五，一八八—一九二頁）。

李朝佛教因西山大師休靜的出現而產生重大轉變。在教理方面，休靜門下統合諸宗分歧的佛教界，並形成一大勢力。休靜之師為芙蓉靈觀，而靈觀之師則為碧松智嚴，智嚴自身並未師承嗣法，以《大慧書》與《高峰語錄》獨自悟得自高麗時代以來所傳的大慧看話禪與高峰原妙的宗風（休靜撰〈碧松行蹟〉）。休靜的教理是在《禪家龜鑑》第三的〈禪教門〉，將禪旨與教門的大意予以分類，「世尊三處傳心者為禪旨。一代所說者為教門。故曰：禪是佛心，教是佛語」（《韓國佛教全書》卷七，六一九頁）。西靜秉承唐朝的圭峰宗密、高麗的知訥以來的禪教一致說，亦即釋尊之心法為禪，其言說為教，將禪教之源求諸於釋尊。在此所謂的三處傳心，是指高麗時代的禪籍《禪門寶藏錄》所收的朝鮮禪宗獨有的傳燈說，在《禪家龜鑑》或《禪教訣》之中，則有「世尊三處傳心者為禪旨。（中略）三處者，多子塔前分半座一也，靈山會上舉拈花二也，雙樹下槨示雙趺三也。所謂迦葉別傳禪燈者此也」（《韓國佛教全書》卷七，六三五頁）。但自身所處立場，是為「心意識及處，即屬思量者，教也。心意識未及處，即屬參究者，禪也。……無量行門中，參禪為第一」（《心法要抄》），「然後放下教義，但將自心，現前一念，參詳禪旨，則必有所得，所謂出身活路」（〈禪教門〉）居「捨教入禪」的立場，將禪宗「教外別傳」置於優位（《禪教釋》）。

另一方面，休靜雖勸導念佛，卻非求往生西方淨土，而是一心念佛以求本來面目現前。換言之，是基於往生西方淨土的「自性，即阿彌陀佛」之立場。佛教總體是具有以禪為根本而融攝諸宗的性質，是透過高麗的知訥所形成的朝鮮禪宗基本立場（中正午，一九九一；高橋亨，一九二九，三九五頁；禹貞相，一九八五，一三一—一五三頁）。

二、西山大師休靜的門派

據傳西山休靜有一千餘名門徒，其中尤以四大弟子，亦即四溟惟政（松雲派）、鞭羊彥機（鞭羊派）、逍遙太能（逍遙派）、靜觀一禪（靜觀派）形成門派，各自擁有龐大勢力。

四溟大師惟政的積極活動

四溟大師惟政（號松雲或四溟堂，俗姓任，一五四四—一六一〇），十三歲時依止黃岳山直指寺的信默和尚而出家。明宗十六年（一五六一）於第四次僧科（禪科）及第，歷經直指寺住持後，於宣祖八年（一五七五）受請出任報恩寺住持，卻予以辭退，後入妙香山，師事西山休靜。惟政於壬辰倭亂之際，親率義僧軍在杵城的乾鳳寺奮起抗敵。因奪回平壤有功，惟政接受休靜委任，身任義僧都總攝。此後惟政擔任義僧軍的總指揮，南下慶尚道追擊日軍。宣祖二十六年（一五九三），惟政因軍功受任為禪教宗判事，翌年於釜山的西生浦詣訪加藤清正，展開斡旋談和。至平定丁酉再亂（慶長之役）為止，惟政立於第一線指揮僧軍，並於宣祖三十六年（一六〇三）休靜示寂前一年，終於完成與師重逢的心願。此時休靜向惟政交託後事，在其師推舉之下，惟政就任此後的外交斡旋之職。

宣祖三十七年（一六〇四）八月，朝鮮王朝在倭亂退兵後，為了是否應與江戶幕府重啟邦交，首先派遣四溟惟政與錄事大將軍孫文或以非正式的「探賊使」身分同赴對馬。惟政於該年末前往京都，翌年二月末，在對馬藩主宗義智安排之下，會見滯留在京都伏見城的德川家康。家康的對應為「我於壬辰在關東，不曾干預兵事，朝鮮與我實無讎怨，請與通和具由」（《攷事撮要》卷上，萬曆三十二年），以盼恢復邦交，並命令本多正信與身為五山僧的西笑承兌進行和談協議。惟政滯留日本十個月後返國，此時達成了大約送返一千四百名俘虜的心願（《宣祖實錄》卷一七七、一八六，宣祖三十七、八年）。後於慶長十二年（一六〇七）正月，朝鮮派遣正式使節團（回答兼刷還使）至江戶幕府。寬永十三年（一六三六），使節團是在舉行第三代將軍德川家光的「祝賀泰平」之際成為「朝鮮通信使」。

四溟惟政是在佛教遭受迫害與壬辰、丁酉倭亂的受難時代生存的禪僧，因在國難之中積極活動，促使抑佛政策得以緩解。惟政秉承其師休靜之法燈，得以中興曹溪宗法脈，並曾以義僧身分親赴沙場，甚至在外交方面親自與江戶幕府進行交涉等，這些特點不僅顯示其為佛門中人，更是見識過人的一代義士。光海君二年（一六一〇）七月，在致對馬藩主宗義智的書簡中，記載「（江戶幕府）勉修舊好，兩國千載，共留美名，以無負先師（休靜）彌重付托之意」（《朝鮮史料集真解說》第三輯〈松雲大師書狀〉），告以完成大任的欣喜之情。惟政於同年一個月後（八月）示寂。

惟政的禪教觀是秉承臨濟宗風、西山休靜的思想，並以禪宗為根本，在《法華經》跋文、《華嚴經》跋文（《四溟堂大師集》卷六）等著作中，表明禪教一致的教學觀，並摸索禪淨雙修（其中攝取了欣求彌陀淨土的念佛思想），以及儒佛融會的會通思想，留有《四溟堂大師集》、《奮忠紓難錄》傳世（《朝鮮金石總覽》卷下〈海印寺四溟大師石藏碑〉、〈乾鳳寺四溟大師紀蹟碑〉）（仲尾宏，二〇〇〇；仲尾宏、曹永祿，二〇〇二）。

至第十四任君主宣祖之後，僧職制度取代僧階而成立，兩宗與兩宗判事於明宗二十一

朝鮮通信使赴日交流一覽表

西元	朝鮮	日本	正使	副使	使命	使節名稱	總人數
一六〇七	宣祖四十	慶長十二	呂祐吉	慶暹	修和	回答兼刷還使	四六七
一六一七	光海君九	元和三	吳允謙	朴梓	平定大坂慶賀日本統一	〃	四二八
一六二四	仁祖二	寬永元	鄭岦	姜弘重	家光襲位	〃	三〇〇
一六三六	仁祖十四	寬永十三	任絖	金世濂	祝賀泰平	通信使	四七五
一六四三	仁祖二十一	寬永二十	尹順之	趙絅	家綱誕生	〃	四六二
一六五五	孝宗六	明曆元	趙珩	俞瑒	家綱襲位	〃	四八八
一六八二	肅宗八	天和二	尹趾完	李彥綱	綱吉襲位	〃	四七五
一七一一	肅宗三十七	正德元	趙泰億	任守幹	家宣襲位	〃	五〇〇
一七一九	肅宗四十五	享保四	洪致中	黃璿	吉宗襲位	〃	四七五
一七四八	英祖二十四	延享五 寬延元	洪啟禧	南泰耆	家重襲位	〃	四七五

一七六四	英祖四十	寶曆十四 明和元	趙曮	李仁培	家治襲位	〃	四七二
一八一一	純祖十一	文化八	金履喬	李勉求	家齊襲位	〃	三三六

年（一五六六）已遭廢除。至宣祖時期，在壬辰倭亂之際大為活躍的西山休靜受任為八道禪教十六宗都總攝，此為設置總攝之始。次任都總攝則由惟政出任，在戰亂後負責修築山城及防衛任務，並任命南漢山城（開雲寺）與北漢山城（重興寺）的僧侶出任都總攝。

當時北方出現新勢力的威脅，整頓國防實力成為重要課題。自壬辰倭亂之後，僧兵成為不可或缺之存在，當時則由四溟惟政、浮休善修的門徒積極負責事宜。

首先是以惟政的弟子松月應祥為中心而形成松雲派。

松月應祥與松雲派的形成

松月應祥（一五七一—一六四三）於第十六任君主仁祖二年（一六二四）受任為八道都總攝，獲賜法號為妙湛國一都大禪師。應祥的弟子虛白明照（一五九三—一六六一）師事四溟惟政，受學於休靜的高徒玩虛堂圓俊，並由應祥授予心印。仁祖五年（一六二七）發生「丁卯胡亂」，由滿州地方的後金率軍三萬入侵朝鮮。明照率領義兵，在朝鮮軍處於劣勢中仍取得戰功，獲授嘉善大夫國一都大禪師之號，其著作有文集《虛白堂詩集》、《僧家禮儀文》。明照門下則有松波義欣、清波覺欽等人。

鞭羊彥機與鞭羊派的形成

在西山休靜門下，尤以鞭羊彥機（一五八一—一六四四）的法孫之中出現最多碩學及高僧。彥機最初在休靜的法嗣玄賓大師門下出家，後獲休靜所傳心印，並於金剛山天德寺、九龍山大乘寺、妙香山天授庵開堂，闡述「一切諸法皆為妙心」的禪教一理之法，著作有《鞭羊堂集》三卷。其中，彥機彰顯師兄四溟惟政，著有〈蓬萊山雲水庵鍾峰影堂記〉（一六二五），明示太古、幻庵、小隱、正心、碧松、芙蓉、登階（休靜）、鍾峰（惟政）的傳燈次第，並闡明了朝鮮禪宗是繼承高麗的太古普愚法嗣之最初紀錄（《朝鮮金石總覽》卷下〈普賢寺鞭羊堂大師碑〉、〈白華庵鞭羊堂大師碑〉）。

彥機的弟子楓潭義諶（一五九二—一六六五）秉授其心法，於金剛山、寶蓋山研究《華嚴經》等經典，並標明字音及解釋其意，更培育月渚道安、月潭雪霽、霜峰淨源等多名弟子，示寂於金剛山（《朝鮮金石總覽》卷下〈文殊寺楓潭大師碑〉、〈普賢寺楓潭大師碑〉）。

月渚道安（號月渚，俗姓劉，一六三八—一七一五）為平壤人氏，在金剛山的楓潭義諶之下修學長達二十餘載，並承其嗣法。道安設立華嚴會，完成其師未竟之志的《華嚴經》譯經事業（以韓文譯解），故有華嚴宗主之稱，亦曾刊印《華嚴經》、《法華經》。雖受任為八道禪教都總攝，道安卻固辭不受，著作有《月渚堂大師集》，撰有承自無學自超法燈的《佛祖宗派之圖》。其弟子有雪巖秋鵬（一六五一—一七〇六）、冥真守一等人（《月渚堂大師集》二卷、《東師列傳》卷二、《朝鮮金石總覽》卷下〈普賢寺月渚大師碑〉）。

逍遙派與靜觀派的形成

組成逍遙派的逍遙太能（一五六二—一六四九）最初師事浮休善修，二十歲投於西山休靜門下。歷經二十年勤勵參究之後獲傳心印，在倭亂之際加入義僧軍。其門下有枕肱懸辯、海運敬悅等，形成由數百名門徒所組成的十五支派（《朝鮮金石總覽》卷下〈金山寺逍遙堂大師碑〉）。

此外，組成靜觀派的靜觀一禪（一五三三—一六〇八）亦獲休靜所傳心印，其門下有任性沖彥、浩然太浩、無染戒訓等（《佛祖源流》、《靜觀集》序）。

此外，休靜的門人尚有霽月敬軒、青梅印悟。

霽月敬軒（號虛閑居士，堂號霽月堂，俗姓曹，一五四四—一六三三），湖南人氏，修學三藏並於休靜會下證得大悟。敬軒於休靜門下入義僧軍，宣祖任其為判禪教兩宗事，卻不輕易受任。曾遍遊楓岳、五台山等處，門下有道一等弟子（《朝鮮佛教通史》卷上〈虛閑居士敬軒大師碑銘〉）。

青梅印悟（號青梅，字默契，一五四八—一六二三），曾獲休靜所傳心印，並於倭亂之際成為義僧大將，立有軍功，其著作有《青梅集》（《月沙集》卷四十）。

三、浮休善修的門派

後世在朝鮮時代後期，與西山休靜門下同樣形成佛教界兩大勢力的，就是浮休善修的門下弟子。

浮休善修（號浮休，俗姓金，一五四三—一六一五）出身於南原（全羅北道）獒樹，隨智異山的信明而得度，與休靜同受芙蓉靈觀所傳心印。善修與同時期的四溟惟政在壬辰倭亂之際擔任僧將，奮起而行，時人稱為二難。平定倭亂後，善修於光海君執政時，遭人誣告為狂僧，故與弟子碧巖覺性一同入獄。在冤罪昭雪及獲赦之後，光海君向善修詢問禪法奧旨，並賜以紫襴方袍等物。此後自松廣寺遷至雙溪寺七佛庵，七十三歲示寂。善修的嫡傳弟子為碧巖覺性，其勢足以與西山門下並駕齊驅。

李朝法系圖

- 碧松智嚴
  - 芙蓉靈觀
    - 西山休靜
      - 靜觀一禪
        - 無染戒訓
        - 浩然太浩
        - 任性沖彥
      - 逍遙太能
        - 海運敬悅
        - 枕肱懸辯
      - 鞭羊彥機
        - 楓潭義諶
          - 霜峰淨源
            - 仁岳義沾
          - 月潭雪霽
            - 喚醒志安
              - 虎巖體淨
                - 雪坡尚彥
                  - 白坡亘璇
                    - 枕溟翰醒
                    - 道峰正觀
                    - 雪竇有炯
                - 蓮潭有一
              - 涵月海源
          - 月渚道安
            - 雪巖秋鵬
            - 冥真守一
      - 四溟惟政
        - 松月應祥
          - 虛白明照
            - 清波覺欽
            - 松坡義欣
      - 青梅印悟
      - 霽月敬軒
    - 浮休善修
      - 孤閑熙彥
        - 宗悅
        - 永周
        - 覺圓
      - 碧巖覺性
        - 翠微守初
          - 雪坡敏機
          - 翠巖海瀾
          - 栢庵性聰
            - 無用秀演
              - 玩華處解
              - 普應偉鼎
              - 影海若坦
                - 楓巖世察
                  - 默庵最訥
        - 白谷處能

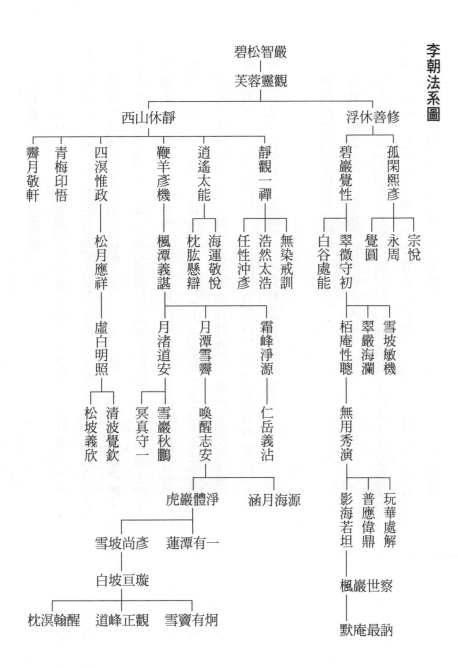

碧巖覺性的積極弘化活動

浮休善修的門下至碧巖覺性（號碧巖，字澄圓，俗姓金，一五七五—一六六〇）之際，形成廣大勢力。覺性為報恩人氏，壬辰倭亂發生之際隨師立下海戰之功，後住奉恩寺，受任為判禪教都總攝。仁祖二年（一六二四）修築南漢城之際，覺性繼四溟惟政之後，出任八道都總攝之職，並獲賜報恩闡教圓照國一都大禪師之號。仁祖五年（一六二七）發生「丁卯胡亂」之時，則有松月應祥之弟子虛白明照挺身奮起。仁祖十四年（一六三六），在清（後金）兵再度入侵的「丙子胡亂」之時，覺性率領數千名義僧組成降魔軍。此外，亦於松廣寺、海印寺等諸山施行教化，最終示寂於華嚴寺。其著作有《禪源集圖中決疑》、《看話決疑》、《釋門喪儀抄》（《朝鮮佛教通史》卷上〈華嚴寺碧巖大師碑〉、〈法住寺碧巖大師碑〉、《朝鮮金石總覽》卷下）。

碧巖門下的積極弘化活動

在此列舉碧巖門下積極傳法的四名弟子。

白谷處能（號白谷，？—一六八〇）於俗離山出家，漢文與儒學皆受學於東陽尉申翊聖，自身亦是知名文豪。著作有《白谷集》正續、《任性堂大師行狀》。對於顯宗即位之後推行強化彈壓佛教之策，處能曾撰寫多達八萬字的上疏文《諫廢釋教疏》批判排佛論翠微守初（號翠微，一五九〇—一六六八）是系出世宗時期的忠臣成三問之後，出家後入浮休善修門下。善修將其託於碧巖覺性，身為覺性弟子的守初因通曉禪教兩宗，故與白谷並稱為覺性門下之雙璧。守初的弟子有栢庵性聰（一六三一—一七〇〇）、翠嚴海瀾、雪坡敏機等人（《翠微集》、《海東佛祖源流》）。

無用秀演（號無用，俗姓吳，一六五一—一七一九）於松廣寺的惠寬門下出家，獲受仙巖寺的枕肱懸辯之禪旨，並成為性聰門下。三十一歲於澄光寺神仙庵開講，後受請至松廣寺。其著作有《無用集》，門下有影海若坦、普應偉鼎、玩華處解（《海東佛祖源流》、《東師列傳》卷三）。

孤閑熙彥（號孤閑，俗姓李，一五六一—一六四七）於德裕山向浮休善修詢問法性圓融之義。光海君十四年（一六二二），熙彥於廣州清溪寺設齋會之際受請為導師，曾獲賜金襴袈裟。後於遺言中，囑咐將自身遺骸餵於鳥獸而示寂。其門下有覺圓、永周、宗悅（《白谷集》〈孤閑大師行狀〉）。

第五節　至朝鮮時代結束為止

一、平定倭亂後的佛教

自宣祖之後，光海君（一六〇八—二三）因平定倭亂有功而即位，並試圖重建仁慶宮、慶德及慈壽二宮等已荒廢的宮城（《光海君日記》卷一〇一）。但自宣祖時期起，儒生因重要政策悉皆對立，促使黨爭日益激烈，仁祖在士林派的西人黨擁立之下，遂將光海君予以廢黜而即位（仁祖反正，一六二三）。

自仁祖之後，朝鮮佛教在必須動員僧眾的爭亂獲得平息之下，顯得情況較為穩定。在此時期，不僅是修復戰亂中痛失的寺院殿閣或佛像、佛畫，亦是在屋外舉行佛教儀禮之際所使用的巨幅佛畫（掛佛畫）出現的時期。這些佛畫是在水陸齋、祈雨齋、消災道場等場合予以運用。然而，佛教已喪失宗名與宗派，在社會身分方面，則被設置在有八賤之稱的賤民階級（私奴婢、白丁、巫女、藝人、喪與軍、妓生、工匠、僧侶）之中，在此情況下被迫負擔油、紙、雜役的課稅及徭役。

在日漸荒廢的寺院逐漸增加之中，僧侶形成兩種類別，亦即理判僧與事判僧。理判僧是修行參禪、講經、念佛三門，勸導弘法。事判僧則有勉強僧之稱，專門維持寺院經營及處理雜役。在彈壓佛教的政策下，因有理判僧的存在，李朝的佛教教團至末期為止方能得以延續傳燈，維持祖道之命脈。至於事判僧的功績，則在於防止寺院荒廢，周全確保佛教界的寺財。顯然可見倘若缺少理判僧或事判僧的任何一方，將無法護持佛教的法燈及伽藍。至李朝末期，理判僧較事判僧更為減少，雖說是事判僧，凡有護持及重建傳統大寺者，即是兼具理判僧的層面。西山休靜、浮休善修、碧巖覺性、白谷處能等諸位大師皆屬於此類型。

朝鮮時代重臣宋時烈肖像（出處：韓國國立中央博物館 National Museum of Korea）

第十八任君主顯宗（一六五九—七四在位）之時，宋時烈、宋浚吉等人獲得重用，隨著儒學隆盛發展，排佛政策更為強化。顯宗元年（一六五九），禁止身為平民階級的「良民」剃髮為僧尼。翌年，廢除慈壽尼院及仁壽尼院，促使女尼還俗，年邁尼師遷至城外的尼舍，將院內安奉的歷代君王牌位改祀於別處。顯宗更聽從宋浚吉的進言，在尼院遺跡之上重建學舍。

第十九任君主肅宗（一六七四—一七二〇）時期

肅宗十二年（一六八六），法國天主教傳教士欲入朝鮮傳教，肅宗嚴格禁止，將其驅逐出境。

京城內的尼院雖遭撤廢，禁止女尼往來城內，但在當時排佛政策略顯緩和，又再度准許女尼為了祈求或從事佛事而出入城內。

肅宗三十七年（一七一一）修築北漢山城，遴選三百五十名義僧鎮護王城，其僧將亦兼任管理全國僧侶的八道都總攝。重興寺、龍嚴寺、太古寺、鎮國寺等十一座寺院，則被設定為鎮護之用的靈剎。在肅宗晚年之際，佛教深入滲透至宮內，故亦盛行刊行佛典。

在此時期，以禪教高僧而為負盛名的喚醒志安（一六六四—一七二九），在與鞭羊派的月渚道安同門的月潭雪霽（一六三二—一七〇四）之下獲傳心法。肅宗時期曾於金山寺舉行華嚴大法會，一千四百餘名道俗人士雲集於此，志安卻因此遭到誣告，被流放至濟州島後辭世。其著作除了有闡述溈仰、臨濟、曹洞、法眼、雲門五宗大要的《禪門五宗綱要》之外，尚有《禪門綱要集》、《喚醒詩集》（《東師列傳》卷三〈喚惺集〉）。其弟子有涵月海源（一六九一—一七七〇）、虎巖體淨（一六八七—一七四八）等，其法系則有影波聖奎（一七二八—一八一二）、野雲時聖（一七一〇—七六）、華潭敬和（一七八六—一八四七）、映虛善影（一七九二—一八八〇）。

第二十一任君主英祖（一七二四—七六）時期

第二十任君主景宗（一七二〇—二四在位）繼肅宗之後，僅踐祚四年即告終。至繼任的英祖、正祖時期，已是朝鮮時代後期的文化興盛期。儒官黨爭漸趨激烈，英祖採取調停政策（蕩平策），促使政治安定得以實現，並實施社會政策改革。寺院因倭亂導致寺院毀損，僧侶遭受人為禍害甚大，面對佛教如此遭遇的情況下，英祖自即位之後，隨採取部分放寬僧侶入都城的限制。將僧兵以兩個月輪替的方式防禦北方的上番制，改革為義僧防番錢制（繳納金制）。在社會對佛教的歧視依舊強烈的情況下，藉由英祖對佛教採取的放寬政策，形成儒佛學術交流及支援活動。例如李栗谷、丁茶山、金秋史等人，這些外儒內佛的學者與佛教互動交流，對佛教產生影響，佛教亦以與儒教進行協調路線為目標。

此外，《三門直指》為三門修行的指導書，大約編纂於英祖四十五年（一七六九）。所謂三門，是指念佛門、圓頓門、徑截門，分別指淨土念佛、華嚴教學、禪門參究。在宗派消滅的時代，已有大寺院建構禪房（坐禪堂）、講堂（看經房）、念佛堂（萬日會堂），形成整體共通的佛教型態。

在此列舉當時的知名僧侶如下：

雪坡尚彥（號雪坡，一七〇七—九一），受法於秉承蓮峰與喚醒志安法嗣的虎巖體淨，亦向碧巖法系的晦庵修習，後於龍湫寺設講壇。雪坡每日念佛，廣攝大、小乘諸教，尤通華嚴義理，八十五歲示寂（《朝鮮佛教通史》卷上〈雪坡大師碑銘〉）。著書有《清涼鈔摘抉穩科》一卷、《鈎玄記》一卷。

蓮潭有一（號蓮潭，字無二，一七二〇—九九），與雪坡尚彥並稱為禪教碩學，秉受虎巖體淨法脈，曾向雪坡尚彥修習《華嚴經》。蓮潭於三十一歲時在寶林寺設講壇之後，歷經三十餘年在各寺講授禪教。尤其是《華嚴經》講義，與仁岳義沾的私記備受稱揚為當代之雙璧，因其學識淵博，甚至被儒生奉勸還俗（《蓮潭集》序文）。其著作有《金剛蝦目》、《起信蛇足》、《都序私記》、《書狀私記》、《禪要私記》、《蓮潭大師林下錄》、《拈頌著柄》、《圓覺經私記》、《法集別行錄節要科目并入私記》、《玄談私記》、《大教遺忘記》、《心性論》、《楞嚴經私記》等（《朝鮮佛教通史》卷上〈蓮潭大師碑〉）。

仁岳義沾（號仁岳，字子宣，一七四六—九六），為霜峰淨源（一六二七—一七〇九）的第五世法孫，與楓潭義諶的法嗣月渚道安為同門。仁岳於達城的龍淵寺出家，向碧峰和尚修習《金剛經》、《楞嚴經》，並向尚彥修習華嚴學。二十三歲講經於琵瑟、八公、雞籠、佛靈等諸山，五十一歲示寂，留有多部經論私記（《仁岳集》〈仁岳和上行狀〉、《朝鮮金石總覽》卷下〈桐華寺仁獄大師碑〉）。其著作有《仁岳集》、《圓覺經私記》、《華嚴私記》、《楞嚴經私記》、《金剛經私記》、《禪門拈頌記》、《書狀私記》。

二、禪論興起

至十九世紀，以理判僧為中心所提出的禪論，是將西山休靜、浮休善修以來的禪宗法燈予以重新確認，而此禪論自正祖至哲宗時期突然活絡發展。其先驅著作，是自月渚道安以來的第六世法嗣獅巖采永（生卒年未詳）所編纂的《佛祖源流（西域中華海東佛祖源流）》（一七六四），此著作是在松廣寺費時三餘載完成。《佛祖源流》是以印度、中國禪宗法燈為始，歷經統一新羅時代末期的禪宗傳播，闡明元代臨濟宗的高麗傳法，並揭示自太古普愚至西山休靜的法燈為朝鮮禪宗之正統，是最初整理朝鮮時代的法脈諸說。

自朝鮮時代初期以來，因有無學自超積極從事弘化活動，禪宗被認為是以梵僧指空、懶翁惠勤的法系為中心。其次有關西山休靜的法脈方面，僅止於闡明以正心登階、碧松智嚴、芙蓉靈觀的師承系譜。至於中國法脈方面，則僅有陳述承襲大慧與高峰的看話禪（〈碧松堂大師行蹟〉）。此後在宣揚四溟惟政法脈的過程中，在《清虛堂集序》（一六一二）、〈西山碑銘〉、〈松雲大師石藏碑銘並序〉之中，將高麗的懶翁定位為傳法祖師。然而，從在鞭羊彥機為了彰顯四溟惟政法脈而撰寫的〈蓬萊山雲水庵鍾峰影堂記〉（一六二五）之中，揭示以太古普愚為傳法祖師的法燈，李植在自行刊行的《清虛堂集》（一六三〇）之中所撰的〈序〉、〈西山碑〉（一六三〇）、〈大興寺清虛碑〉（一六三一）、〈松雲大師行蹟〉（一六四〇），皆顯揚太古法燈之說。朝鮮禪宗的法脈是訴諸於懶翁或太古，此後產生各種異說，但在《佛祖源流》之中，太古說已趨於定論化。

在教學方面，禪宗與華嚴教學一併展開朝鮮佛教獨特發展的論理。其核心人物是被視為禪門中興之主、亦善於華嚴教學的白坡亘璇（一七六七—一八五二）。白坡於十二歲得度，由虎巖體淨的法嗣雪坡尚彥授其具足戒，其法脈則是承襲於退庵法嗣的龜谷雪峰。

白坡著述甚豐，《修禪結社文》、《禪文手鏡》、《六祖大師法寶壇經要解》、《五宗綱要私記》、《禪門拈頌私記》、《金剛經八解鏡》、《禪要記》、《作法龜鑑》等。其中，又以《禪文手鏡》（一八一六）在朝鮮時代末期的佛教界因禪宗要旨的問題而引發議論。此書是由二十二章所構成，承襲喚醒智安在《禪門五宗綱要》之中提出所謂的三種禪，亦即祖師禪、如來禪、義理禪，進而將臨濟三句配合上、中、下的三種禪（祖師禪、如來禪、義理禪）而予以理解。此外，《臨濟錄》所述的三玄（體中玄、用中玄、玄中玄）、三要（大機圓應、大用全彰、機用齊施），將前述的三種禪之中的祖師禪比擬為三要，如來禪比擬為三玄，並將義理禪做為格外禪，將其視為尚未達到唯心經驗的口頭禪，並予以定位在較低位階。在整體論理方面，是以攝取《大乘起信論》的真如隨緣說來理解其心等，構築獨自提倡的論理（《朝鮮佛教通史》卷上〈白坡大師略傳〉，《東師列傳》卷四雪竇撰〈白坡大師行狀〉）（高橋亨，一九二九，八二五頁）。

至於批判《禪文手鏡》的人物，則是善工詩文的艸衣意恂（一七八六—一八六六）的《禪門四辨漫語》。艸衣針對《禪文手鏡》所示的三種禪是根據言教來分類的說法提出批判，認為祖師禪即是格外禪，如來禪即是義理禪的分別，並提出殺人劍與活人劍、真空與妙有的兩種四項之禪門四辨（四種說明法），故而提倡四辨禪（《東師列傳》卷四〈艸衣禪伯傳〉）。

此後，身為白坡末流法脈的優曇洪基（一八二二—一八八一），承襲艸衣《禪門四辨漫語》之中針對白坡的批判，在《禪門證正錄》之中引證禪籍，糾正白坡禪論之誤。另一方面，承襲白坡學理的弟子，則有枕溟翰醒（一八〇一—一八七六）、道峰正觀、雪竇有炯（一八二四—一八八九）。雪竇以《禪源溯流》批判艸衣《禪門四辨漫語》、優曇《禪門證正錄》。至於禪論發展的最終盛事，則是笠源震河（一八六六—一九二六）所撰的《禪文再正錄》，其著作卻再度批判白坡、雪竇，並重新評價艸衣、優曇之說。

以白坡《禪文手鏡》為開端的李朝末期禪論，堪稱是將收於高麗僧天頙所撰《禪門寶藏錄》之中的〈海東七代錄〉所記載的內容，亦即高麗獨特發展的祖師禪之由來（真歸祖師的教外別傳說），與中國臨濟宗法脈一同與西山休靜的禪法互為統合，並以試圖重興朝鮮佛教特有的禪宗傳燈為目的而興起的論戰。總而言之，這些論述是將臨濟宗最眾所周知的臨濟三句，發展出三種禪、四種禪、三處傳心、機用殺活的新義解釋。針對朝鮮禪宗思想的獨自理解及分類，不容否認的是淪於繁瑣，但歷經一百餘年仍持續進行的禪宗論戰，至二十世紀的朝鮮佛教界依然綻放短暫異彩（《韓國禪思想研究》〈朝鮮末期的禪論〉）。

三、「近代」的僧政

第二十二任君主正祖（一七七六—一八〇〇）時期

在為英祖繼承王位而發生的黨爭中，莊獻世子遭到廢黜，並由英祖之孫正祖即位。正祖設置皇室圖書館奎章閣，推行如從庶子之中錄用人才等善政，另一方面則獎勵實用之學。正祖儒學素養深厚，於即位之年（一七七六）敕令禁止建造奉祀皇室牌位的願堂，並於正祖七年（一七八三）限制乞僧入城，最初即是採取排佛的立場。至正祖九年（一七八五），將防衛南、北漢山城的義僧防番錢（編案：繳納雇用僧人防禦敵寇的資金）予以減半。

正祖十四年（一七九〇），以在水原創建龍珠寺為契機，正祖轉而崇佛，並於密陽建造表忠祠，設置院長、都總攝、都有司、都僧統之僧職。正祖應是受到向其獻上《父母恩重經》的寶鏡堂獅馹（生卒年未詳）所影響，實際上，寶鏡曾兼任都總攝與八道都僧統，二職皆是在維持及強化做為軍事力的僧軍為目的。南、北漢山城的都總攝為了王室與國家而從事祈求及修法，三祠的都總攝任務則是主持祭儀。

然而，有名無實的僧職淪為閒職，總攝成為理判，僧統成為事判。另一方面，水原的龍珠寺住持被稱為八道都僧統，擔負匡正全國僧規，振興僧風之任務。大寺住持仿效其制度而取代總攝，以致使用僧統、都僧統之稱號。在做為矯正僧風的制度方面，在奉恩、奉先、開元、重興、龍珠的五大寺內設置糾正所，其目的在於管理全國寺院。

第二十二任君主正祖之後，純祖、憲宗、哲宗治世之下的僧政

自正祖至純祖、憲宗、哲宗，高宗李太王（一八六三—一九〇七）推行開國之策，朝鮮王朝就此邁向近代。倘若概觀朝鮮國內外的新宗教思潮，天主教於十八世紀後期，受到以實學者（編案：批判朱子學的空泛思想，研究實用利民之學的學者）為中心的朝鮮社會所接納，並逐漸滲透其中。朝廷的宗教政策則是在純祖繼位不久後（一八〇一），由貞純皇后（英祖繼妃）掌握實權，老論派為了排除政敵（南人派）而鎮壓天主教（辛酉教難），此

次事件導致純祖開始排除一般西學（洋學）。

純祖十五年（一八一五），領議政金載瓚上奏，禁止巫覡尼僧出入城內。宮中與民間婦女依然信仰佛教及祈福祝禱，後宮的佛教信仰與城外寺院的聯絡職務則由尼師擔任。另一方面，慶州人氏崔濟愚（一八二四—六四）所提倡的東學，主張「人乃天」的平等思想，卻被視為否定身分秩序的危險思想，故而遭到處決。其後繼者崔時亨則在興宣大院君的政治困局中，擴大教派勢力。

但至高宗即位（一八六三）後，其父興宣大院君掌握實權，在堅持鎖國政策下，宗教悉遭彈壓且趨於頹勢，甚至出現僧侶被充當創建慶福宮（一八六五）勞役的情況。

高宗十年（一八七三），高宗排除興宣大院君而開始親政，並轉為開國，三年後締結〈日朝修好條規〉（即〈江華島條約〉）。翌年，真宗大谷派設置釜山別院，日蓮宗、淨土宗更於四年後（一八八一）開始弘教。朝鮮佛教在面臨巨大轉變期之中，優秀學僧梵海覺岸（一八二〇—九六）撰寫《東師列傳》六卷（一八九四），是覺岸於七十五歲完成的畢生心血之作，收錄對象是從三國時代（十名）至高麗時代（十六名）、朝鮮時代（一百七十二名）為止的歷代高僧行蹟，尤其是採重點式收錄朝鮮時代後期的僧侶傳記。

至於本章最後遺留的問題，請容筆者略做探討。

甲契與念佛契

自「壬辰倭亂」之後，在寺田逐漸荒廢的情況下，佛教徒締結各種僧俗一體的「契約」，藉此確保經濟基礎。例如，「甲契制度」是為求增加寺產的組織。一座寺院將從子年生至巳年生，以及從午年生至亥年生的僧侶個別予以集合形成團體，定期繳付固定資金，並藉由增加資金利息而購入田地，成為向寺院捐獻的制度。

另一方面，以稱名念佛為日課的彌陀淨土信仰，則是以「念佛契」的形式蔚為風潮。念佛契是屬於念佛結社之一，不分僧俗悉皆參與其中。大寺院必然設有坐禪堂、講學堂、念佛堂三種法堂，念佛契則是指念佛行者主要聚集於各寺的念佛堂，為了維持念佛會而合力捐助部分田地或出資的制度，稱之為萬日會或萬日念佛會，是以萬日為期的念佛修行期限。從其紀錄中，可知在純祖、哲宗、高宗時期分別進行數年。主導者是由稱為化主並負責寺院事務的僧侶擔任，為了維持寺產而擁有田地，並可獨立經營。長期法會是由具有影響力的寺院主辦，例如根據慶尚南道的吾魚寺所建立的念佛契碑文所述，純祖十一年（一八一一），寺僧與村民等共一百五十名合力出資並締結契約，又以利息購入田地，試圖藉此營收來維持念佛堂的營運。念佛契盛行於慶尚道、全羅道，寺刹契則是自十七世紀之後逐漸增多，至十九世紀為止擴展至全國，並隨其流行風潮，致使非僧非俗的居士亦隨之增加。

佛書刊行

在幾乎徹底推行排佛政策的朝鮮時代，另一方面卻大量刊行佛書，在朝鮮時代的五百年中，曾有兩百五十四種佛書，歷經四百六十四回刊行。

已如前文所見，世祖經由刊經都監大量刊行諺文佛書，從《楞嚴經》、《法華經》、《般若心經》、《金剛經》等經典，至《華嚴經合論》、《大日經義釋演密鈔》、《起信論疏筆削記》、《禪宗永嘉集》等論書，至朝鮮時代末期之前，翻譯成韓文的漢文佛籍多達五十九種（洪潤植，一九七六，一七四頁）。其中又以淨土經典為首，甚至刊行《父母恩重經》、《天地八陽神咒經》、《十王經》等與儒教倫理或道教習合的世俗經典。

刊經都監出版的典籍是屬於官版，另一方面，海印寺、松廣寺、普賢寺、釋王寺等在各地的有力寺院，亦擔任刊行佛書的核心角色。這些寺院刊行的佛書，稱之為寺版，僧侶從印刷至製本全權負責。書籍末尾撰有施主姓名，並記載刊記（開版因緣或刊行年份、場所、寺名）。

漢文佛書的刊行，是包括經律論及其注釋、禪語錄、真言陀羅尼等。真言陀羅尼在民間信仰方面尤多採用，在印刷後甚至發送至民間。此外，亦刊行如同中國唐朝僧侶圭峰宗密的《禪源諸詮集都序》般的禪宗教理書，至李朝末期，妙旨深奧的理論書逐漸沉潛，多刊行趨於通俗化的偽經類群。現今在海印寺不僅有再雕《高麗大藏經（八萬大藏經）》，亦保存當時刊行的貴重佛書（寺刊版）。

有關朝鮮時代佛典刊行的相關課題，筆者在最後想陳述的是《大藏經》傳入日本的過程。太祖七年（一三九八），原本保管於江華島的《高麗大藏經》遷移至漢城西大門郊外的支天寺，進而由海印寺收藏。日本使節為《大藏經》屢次求訪，身為九州探題的今川了俊將在高麗時代末期淪為倭寇俘虜的高麗人民予以送還，並於朝鮮王朝太祖四年（一三九五）三月，透過朝鮮回禮使而首次獲贈兩部《大藏經》（《太祖實錄》卷八）。此後，《大藏經》歷經定宗、太宗、世祖、燕山君而進行六次刊印，室町幕府則以日本寺院收藏為名目，向朝鮮王朝屢次策請《大藏經》（押川信久，二〇〇九）。光是足利義滿之後的百年間，請經就多達十五次，其中又以足利義政的請經次數高達七次（補足缺卷一次），太宗、世宗、文宗、端宗、世祖、成宗，最後至燕山君八年（一五〇二）為止，朝鮮王朝將向全國收集而來的《大藏經》賜予日本。尤其是太宗態度為「雖無經，我國福亦不減」（《太宗實錄》卷二十八，太宗十四年），為了因應需求，甚至從全國廢寺蒐集梵鐘等物。此外不僅是幕府，即使連深具影響力的守護大名大內氏、宗氏亦曾自行派遣使節，藉此求取《大藏經》及各種經典。大內義隆最終遣使求取《大藏經》的時間，則是天文七年（一五三八）（張愛順等，二〇〇六）。

自朝鮮建國以來，在獨尊朱子學的社會中，歷經太宗、世宗時期的宗派統合及廢除，又以燕山君的壓迫政策為分水嶺，朝鮮的教團佛教就此消滅。此後，佛教在孤絕深山中勉強保留命脈，宗派法統或教學相續極為艱困。朝鮮佛教必須待至日本統治朝鮮、導致王朝瓦解方才得以復權，實為令人感到諷刺之事。

專欄四

韓國的古典文學與佛教

嚴基珠（專修大學教授）

雖說文學與佛教有所關聯，兩者卻非一致。若以日本的《今昔物語》為例，原本是為了傳揚佛法而作，卻被視為文學作品，其內容當然具有佛教風格。另一方面，以讀物形式撰成的《平家物語》，即使沒有必要勉強與佛教產生連帶關係，卻多被稱為佛教作品。這是由於不論在當時或今日，在日常生活周遭產生佛教式的思考習慣，或懷有「無常感」等想法縈繞於身，而多數人可從《平家物語》的基本論調中感到此項要素所致。

即使在韓國，認為佛教乃國家發展基本方針的高麗僧一然，其所編纂的《三國遺事》視為文學書，書中收錄的說話故事當然與佛教密切有關。倘若考量到佛教成為生活習慣上的背景因素，則可從佛教與國是或撰寫者身分無關此點上，來思考佛教與作品之間的關係。

朝鮮王朝推翻高麗，成為後繼政權，其國家是以奠定朱子學為基礎的儒教做為國家發展基本方針來彈壓佛教，將寺院從國都核心區撤離，並貶低僧侶身分。在朝鮮王朝的文化事業中，成為劃時代創舉的正是創造韓文。韓文是可書寫與表現固有韓語的表音文字，完成於第四代君主世宗大王時期（一四四三）。但從創造當時至近代，遭到注重漢字、漢文的學術知識階層所反對，故不被認同做為公文書等用途的官方文字，僅止於婦女所使用的文字或信簡等部分情況，無法全面實踐在韓語表現上。

儘管如此，當時形成一種奇妙的文化現象，就是在做為官方國家事業方面，刊行許多使用韓文的佛典。首先是描寫釋迦畢生事蹟的《釋譜詳節》（一四四七），或將此著作譜為韓語歌曲的〈月印千江之曲〉（一四四七），以及將兩者合併的《月印釋譜》（一四五九）等具有較強烈的創作風格。此外，《舍利靈應記》（一四四九）、《楞嚴經諺解》（一四六一）、《法華經諺解》（一四六三）等，編撰許多使用韓文的佛典對譯著作。在創造韓文後的五十年之間，光是佛典方面，即有多達二十九種對譯版本問世。此外，包括漢文佛書刊行在內，在整個朝鮮時代所刊行的兩百五十四種佛書，共以四百六十四次陸續刊行。

由此可窺知朝鮮時代雖在政治理念上排斥佛教，卻還不至於連生活習慣皆予以徹底否定。實際上，宮廷內亦設佛堂，前述的對譯佛書的刊行，若沒有將世宗、世祖對佛教的熱忱納入考量，則無法予以理解。倘若在日常生活基礎之下懷有佛教精神，則除了當時的漢詩或樂章，以及韓語歌曲的時調（編案：主要流行於李氏朝鮮時代的國語詩歌）或歌辭（編案：

與時調並行發展的長歌國語詩歌）之外，在以漢文或韓文撰寫的小說或隨筆中，即使出現佛教要素亦不足為奇。以下針是對小說所做的陳述。

有別於當時中國或日本已具有商業發達的都市，韓國並無專業小說家或出版業者，故在出版規模上難以並駕齊驅。除部分漢文小說之外，幾乎對作者是一無所知。在以朱子學做為治國理念的當時，雖有官方認定的著述成果而名列其中，卻幾乎不可能以韓文小說作者而示於世間。雖是韓文小說，若考量到可能出自漢文小說翻譯，或從文章中窺知包含漢文知識，則僅能推測作者或許是屬於知識階層並具備漢文素養而已。作者雖有可能為女性，卻毫無確證可循。

至於小說讀者方面，據說或許主要是知識分子身邊的女性。換言之，是指宮廷婦女或統治階層知識分子家庭中的女眷。對當時女性而言，佛教比儒教更為親近，婦女應是擔任支持佛教的重要角色。若從小說讀者的角度來考量女性角色，或許是與小說中的佛教要素有關。

關於作者未詳的小說方面，在一般內容特徵上是以中國為舞台，登場人物幾乎皆是中國人。在呈現佛教要素的作品中，例如《金鰲新話》、《狄成義傳》、《王郎返魂傳》、《崔陟傳》、《九雲夢》、《沈清傳》、《雍固執傳》等。其中，《金鰲新話》是由五則短篇構成。例如〈萬福寺樗蒲記〉是以寺院為故事舞台，男、女主角是透過佛而邂逅，文中描述他們的離別與重逢亦是基於佛緣，最終是女主角轉生為男身。長篇小說《九雲夢》的主角則是一名年輕僧侶，因無法專心修行，其師就使其在夢境中體驗眾人稱羨的功名逸樂。最終步入老邁的主角回顧一生，在喃喃自語諸行無常之時從夢中覺醒，證得悟境。此後，主角與夢中結緣的八名女子一同清修，同登極樂之國。《九雲夢》的內容幾乎全是與夢中的功成名就及婚嫁有關，佛教要素僅使用於物語框架之中。

此外，以父母向佛所求之子做為主角，或主角受到在寺院避難的僧侶相助而逃過劫難等，多是以土俗佛教信仰做為要素的作品。然而，此項要素不僅做為佛教，亦可做為儒教或道教的要素來予以說明。在《金鰲新話》的五則作品中，除〈萬福寺樗蒲記〉之外的四則作品，與其說是蘊涵佛教要素，毋寧說是呈現濃厚的儒教、道教要素。

在探論朝鮮小說的思想要素之際，猶如屢有「儒、佛、道三教融混」的說法般，在與日本作品相較之下，顯然呈現多元思想要素的共存樣態，多為難以斷言是屬於純粹佛教的情況。即使同屬「無常」，相對於日本作品是以人生虛無的情感表現為背景，或許朝鮮作品堪稱是以佛典知識做為基礎的論理式理解做為其創作的背景要素。

文獻介紹

金思燁、趙演鉉，《韓国文学史》，北望社，一九七一年。

金東旭、李佑成、張德順、崔珍源，《韓国の伝統思想と文学》，成甲書房，一九八三年。
三枝壽勝，《韓国文学を味わう》（報告書，有網路版），国際交流基金アジアセンター，一九九七年。
張德順著，姜漢永、油谷幸利譯，《韓国古典文学入門》，国書刊行会，一九八二年。
旗田巍，《朝鮮史》，岩波書店，一九五一年。

第五章

「韓國近代佛教」近代化與獨立之道

崔鈆植

韓國木浦大學教授

第一節　開港期的佛教

一、日本佛教入侵

在長達五百年的朝鮮王朝期間，朝鮮佛教持續一蹶不振，但在朝鮮政府受到日本政府逼迫之下，簽訂〈江華島條約〉（一八七六，〈日朝修好條規〉）並決定開港後，藉此迎向新變化之契機。佛教在國家權力壓抑之下，停滯於社會邊緣，卻因具有治外法權的日本佛教出現，故能以此為契機，獲准自由信仰及弘傳教法，並藉此取得擴大社會基礎及影響力的機會。另一方面，卻因過度依賴日本佛教，導致妨礙朝鮮佛教界自律發展的狀況。朝鮮佛教進而透過與日朝合併政策同調的日本佛教勢力，彼此構築緊密關係，致使朝鮮佛教界與國內社會整體上的利害關係分歧，形成恐將遭到大眾孤立的危機狀態。就此點來看，在朝鮮開港之後，日本佛教的出現對朝鮮佛教雖是重生機會，卻亦是危機之根源。

日本佛教的勢力是在開港不久後，開始進入朝鮮逐漸發展。日本方面在簽訂〈江華島條約〉的翌年（一八七七），即在最初開港的釜山設置日本領事館，此後日本政府隨即請託真宗大谷派在朝鮮開教。大谷派順應政府政策，派遣奧村圓心、平野惠粹，並借用部分領事館用地，開始從事傳法活動。本願寺曾於壬辰倭亂（文祿之役）即將發生前（一五八五），至戰亂結束（一五九八）之間，在釜山建設及營運高德寺，績效頗彰。又至十七世紀之後，朝鮮通信使一行在訪問江戶之際，寄宿於東本願寺的淺草別院等，與朝鮮建立特殊因緣的關係，理解這些實情的明治政府故而請託大谷派優先入朝鮮傳法。另一方面，大谷派在朝鮮弘法的核心人物奧村圓心，其身分為奧村淨信之後裔，淨信曾於十六世紀末開創高德寺，奧村為此燃起熱情，企盼實現先祖未竟的夢想。西元一八七八年，奧村建立本願寺釜山別院之後，受任為首位輪番（編案：在寺內輪替擔任寺職），在本願寺釜山別院設置韓語學舍，培養在朝鮮傳法的人才與濟貧事業的（慈善）教社。另一方面，在元山、仁川、木浦等新開港區及首都首爾，亦創建別院並進行管理。奧村圓心以適於主張護國、護法為一體的真宗僧侶身分，在傳揚真宗的同時，亦致力於擴大日本在朝鮮的影響力。

透過朝鮮僧侶與知識分子的交流，將日本政府的政治立場在朝鮮傳播，另一方面，亦擔任開化派政治家與日本政府的仲介角色，主導朝鮮內部的親日政治勢力成立。進而在中日甲午戰爭與日俄戰爭發生當時，各地零星分布的本願寺別院在運送日軍物資及救護軍人方面，發揮不少功能。然而，西元一八九七年高宗因宮廷政變而成立大韓帝國，在尋求與俄國合作之際，開始排除親日開化派，奧村圓心撤出在朝鮮的弘法活動，返日後則在千島地區傳法。但自奧村歸國後，大谷派在朝鮮的弘化工作仍活絡發展，在朝鮮各地開設多座布教堂。

繼真宗大谷派之後，其次進入朝鮮拓展勢力的是日蓮宗。日蓮宗於西元一八八一年在釜山建立會堂之後，又於元山、仁川等開港地建立寺院，並展開弘化工作。中日甲午戰爭結束後，教團內的有力人士佐野前勵（日菅）隨即於西元一八九五年三月，以代理管長的身分前往朝鮮，在日本公使館斡旋之下，與王室及政府高官交流，試圖擴大日蓮宗的影響力。佐野於首爾開設日蓮宗教務所，設置傳法據點後，前往位於首爾近郊的北漢山地區參訪僧侶，並說明日蓮宗教義及勸請皈宗。透過與朝鮮僧侶的互動接觸，佐野前勵了解朝鮮皇朝的僧侶對於禁止僧人出入都城的政策心懷不滿，故對朝鮮王室及政府高官進行遊說，促使解除入城禁令。此後為了紀念此事蹟，由首爾近郊的朝鮮僧侶及政府高官、首爾的日本居民等，共由一萬五千餘名人士參加規模盛大的法會，並於都城內的北一營（今首爾大學附設醫院）舉行，就此解除入城禁令。一旦朝鮮僧侶因解除禁令而對日蓮宗的關注益深，佐野就更為積極傳法，盼能促使日蓮宗涵攝朝鮮佛教，故而返回日本，試圖落實傳法之策。然而佐野前勵返國後，卻因教團內部衝突而失勢，日蓮宗在朝鮮的弘教活動終究未能如預期般活絡發展而就此告終。

繼真宗大谷派與日蓮宗之後，淨土真宗本願寺派與淨土宗則是以中日甲午戰爭為契機，派遣傳法者進入朝鮮。淨土真宗本願寺派於西元一八九五年八月，以在釜山傳法為嚆矢，傳教網絡逐漸擴展至朝鮮全國。統監府於西元一九〇五年掌握朝鮮內政之際，曾於首爾設置開教總監部，大谷尊寶於翌年正式赴任開教總監，對朝鮮弘化工作更傾注心力。尊寶善用本願寺派的有利身分，積極實踐弘法政策，亦即建設以朝鮮人為對象的「教會」，在短期內獲得大量信徒。

此外，西元一八九七年傳入釜山的淨土宗，於翌年在首爾設立開教院之後，在強化對僧侶傳法之下，逐步在朝鮮佛教界擴大勢力。因淨土宗與重視念佛的朝鮮佛教有相似之處，朝鮮僧侶為此示以善意，故而淨土宗的開教師（編案：在日本國內外從事開教活動的淨土宗教師）將此視為絕佳契機，致力於將淨土宗引介於朝鮮僧侶及寺院之中。西元一九〇六年二月，身為淨土宗開教使長（編案：從事日本海外開教活動的淨土宗教師首長）的井上玄真，接受首爾地區以元興寺為中心集結的僧侶，並組成佛教研究會。該會宣揚淨土宗旨，並發給會員「淨土宗教會章」的會員章。佛教研究會在地方設置支部並擴大勢力，輿論則開始批判某日本特定宗派試圖合併朝鮮佛教。故自西元一九〇七年六月之後，與淨土宗維持密切關係的僧侶就此退離，淨土宗的影響力亦隨之減弱。

日本在日俄戰爭中處於優勢，自西元一九〇四年鞏固統治朝鮮之後，真言宗、曹洞宗、臨濟宗等紛紛傳入朝鮮，加入已先行傳入宗派之間的布教競爭，各宗派以在朝鮮擴大勢力為手段，積極考量並施行將朝鮮固有寺院納為自派末寺的政策。此外，強制推行〈乙巳條約〉（第二次日韓協約〉，管理朝鮮內政的統監府亦於西元一九〇六年十一月發布〈宗教ノ宣布ニ相關スル規則〉，試圖讓日本宗派能有效管理朝鮮寺院。日本佛教將朝鮮寺院納入管轄的行為，表面上是採取由寺院個別「請求接受管理」的型態，但實際上是指朝鮮寺院加入某日本特定宗派及接受管理，並被編入該宗派的末寺。部分具有影響力的寺院對於日本佛教各宗派試圖將自寺納入管轄所推行的各種運動，採取積極抵抗行動。自朝鮮時代後期以來，朝鮮僧侶在遭受政府的壓迫政策之下，被迫處於難安立場，許多僧人為求安定，試圖透過「管理請願」的方式被納入日本佛教編制中，故有相當數量的寺院被編入日本佛教各宗派的末寺之中。

然而，日本佛教勢力逐漸傾向於強行掌控，相較於原本期盼受到保護，卻因日本僧侶單方管轄的情況逐漸浮上檯面，故在朝鮮僧侶之間，出現了與其隸屬日本宗派，寧可由朝鮮僧侶自主營運寺院的主張聲浪愈漸高漲。

二、佛教界覺醒與致力於體制整備

自開港之後，外國文物或書籍逐漸傳入，朝鮮佛教界亦開始意識到近代社會與近代佛教。尤其是與傳入國內的日本佛教接觸之際，漸能理解日本「近代化」的佛教，並以此為模式，開始展現試圖改變佛教界的動向。許多朝鮮僧侶鎮日造訪奧村圓心所建立的釜山

相傳為義湘大師所創建的梵魚寺，名列華嚴宗十剎之一，其中大雄殿列為韓國國寶。（出處：達志影像）

及元山的本願寺別院，並針對日本佛教的現況提出大量詢問，其中甚至出現僧人直接渡日，親自體驗日本社會及佛教。釜山郊外的梵魚寺僧李東仁（生卒年未詳），於西元一八七九年六月獲得奧村支持，得以偷渡日本，留居京都及東京的大谷派寺院，體驗日本社會及佛教，並與福澤諭吉等開化派知識分子進行交流。西元一八八〇年八月，第二次修信使金弘集一行留居東京的東本願寺淺草別院之時，李東仁接受日本政府請託，向金弘集遊說仁川開港，金弘集對李東仁的見識讚譽有嘉，並請其歸國，介紹於開化派人士。此外，早先就與開化派人士交流的首爾華溪寺僧侶無佛（一八五一－八四），亦於西元一八八〇年五月在獲得奧村協助下渡往東京，接觸日本社會實貌，並於同年與李東仁一同返國。

李東仁與無佛在奧村協助之下，不僅強化開化派與日本政府的連結，亦在韓、美修好或向日本派遣紳士遊覽團等方面，成為推動開化政策的重要角色。此外，身為朝鮮開化思想先驅者的劉大致，對於以禪法為首要的佛教思想造詣深厚，金玉均、朴泳孝等開化派政治家在受其思想影響下，對佛教亦深表關心。李東仁、無佛與開化派政治家合作，試圖推動朝鮮社會及佛教界的近代化。然而，李東仁於西元一八八一年離奇失蹤，無佛則於三年後病逝，就某種意味來說，他們的努力並未獲得顯著成效。金玉均等人更因期盼日本政府提供後援而發起甲申政變，卻以失敗告終，開化派人士紛紛逃亡海外，試圖與佛教界產生連結的情況下所推行的開化行動隨即消逝。

李東仁等人試圖進行開化的行動，無法達到預期成效，朝鮮佛教界卻在日本佛教影響之下漸趨活絡化，在解除僧侶入城禁令後，僧人活動更為積極。另一方面，日本佛教對寺院及僧侶的影響力逐漸擴大，大韓帝國政府在面臨如此局勢下，一改昔日對佛教界置之不理的態度，轉為講求積極監督及政策變更。以淨土宗在首爾設開教院為契機，大韓帝國政府於首爾東大門之外重新建設由中央政府直接管轄的首剎元興寺，並計畫欲以該寺為中心統轄朝鮮佛教界。西元一九〇二年元興寺建成未久，隨即設置寺社管理署，頒布〈國內寺剎現行細則〉，試圖採取一元式管理全國寺院。寺社管理署的負責者是由民間官僚出任，在經由指定為大法山的元興寺內，設有左正、右正、大禪議、上講議、理務、都攝理、內山攝理等僧職。從各道既有寺院中，指定首要寺剎並成為中法山，設置道教正、副教正、禪議、講議、攝理的僧職，並管理該地寺院。指定中央的首剎來管理全國寺院，是恢復朝鮮時代固有的寺院管轄原則，「大法山—中法山—個別寺院」的體制，是仿效日本佛教的本、末寺管理方式。

〈國內寺剎現行細則〉亦制定僧侶出家及所具資格、寺財保護等相關規則，其中設立提昇僧侶身分的學校，並提出教育計畫。藉由設置寺社管理署及制定〈國內寺剎現行細則〉，至今存於國家制度框架外的寺院或僧侶逐漸被納入國家制度中，佛教界的管理方式，亦漸從以個別寺院轉為以全國寺院為單位。然而積極推動寺社管理署及實施〈國內寺剎現行細則〉，卻僅為期不到兩年即被廢除，佛教界再度恢復由僧侶自主經營。大韓帝國政府遭受日方壓力，難以自行採取國家營運，對於維持寺院營運管理早已無能為力。

寺社管理署遭到廢除，導致無法以國家層級來管理寺院，僧侶卻試圖利用既有組織，成立全國營運組織。西元一九〇六年，以首爾的寺僧洪月初、李寶潭等中堅人士為中心而組成佛教研究會，並獲得在首爾積極弘法的日本淨土宗僧侶所提供的後援，以大法山元興寺做為總部根據地，並以在地方寺院設置支部的型態來進行管理。佛教研究會在獲得政府准可下，在元興寺設立最初的近代佛教教育機構明真學校，此後以全國中法山所遴選的僧侶為對象，進行佛教及新學術的教育。明真學校為兩年制，分為高級科與隨意科，是以修完傳統的講院教育中級課程的大教科僧侶為對象，教授內容為近代哲學或宗教學，以及法制、經濟、歷史、地理、物理、化學、測量等近代學術基礎科目。明真學校的營運，促使成為全國佛教核心地的元興寺得以地位穩固，在此同時，佛教研究會則愈益強化。但因佛教研究會的主導者態度過於傾向日本佛教，尤其是與朝鮮佛教傳統相異的淨土宗維持密切關聯，故而招致批判。結果造成西元一九〇七年六月在元興寺召開全國寺院代表總會之際，洪月初、李寶潭等人商議決定辭退，改由在佛教界德高望重的修行僧，亦是海印寺住持的李晦光被遴選為佛教研究會會長，並兼任明真學校校長。

朝鮮佛教界的主導勢力之所以轉移，其主要原因在於日本佛教在朝鮮佛教界的影響力太強所造成的反動。但在另一方面，朝鮮佛教界的主導勢力轉移，對於以南部地方寺院為中心的禪宗復興，以及回歸傳統佛教的動向，皆發揮了重要作用。至於主導此動向的人物，正是有朝鮮近代禪中興者之稱的鏡虛（一八四九—一九一二）及其弟子。鏡虛出家後在雞龍山東鶴寺講院修學，以講師身分度日，覺悟若單憑解釋經典是無法解決生死問題，故於西元一八七九年詳參公案，為時三個月獲得大悟。此後，鏡虛主張應再度延續朝鮮已斷絕的禪宗法統，並於忠清南道及慶尚南道開創禪院，在培養弟子之際促進禪宗發展。尤以西元一八九九年於海印寺創立修禪結社之後，至西元一九〇三年為止的五年間，巡禮包括通度寺、梵魚寺、華嚴寺、松廣寺在內的慶尚南道及全羅南道的主要寺院，並恢復禪院舊貌，致力於組織結社及恢復禪修傳統。鏡虛在確認禪風得以復興後，於西元一九〇四年向弟子囑託後事，此後突然外出旅行，行經五台山、金剛山等處，並歸隱於中國邊境的咸鏡道，此後過著儒者生活，閑靜示寂。身為傳法弟子的田水月、申慧月、宋滿空、方漢岩等人，在各地開創禪院培育門徒，成為禪宗中興的主導者。海印寺及梵魚寺住持金南泉、吳惺月等人成為鏡虛的護持者，亦為了擴大禪宗發展而竭盡心力。曾參學於田水月會下的白龍城（一八六四—一九四〇）則透過參究公案而獲得證悟，此後巡歷各地寺院，致力於弘揚禪修。尤其自西元一九一一年之後在都市建立布教堂，並以在家信眾為對象，積極推動及獎勵參禪修行的傳法活動。其門下如東山、東庵、仁谷、雲庵、慧庵、韶天、古庵、慈雲、東軒等人，出現多位在近代佛教界具有代表性的碩德禪宿。

三、圓宗與臨濟宗的對立

身為佛教研究會主導者的李晦光等人，於西元一九〇八年三月在元興寺召開全國寺院代表會議，決議開創圓宗，做為總攝朝鮮佛教界的統合機構。圓宗的名稱是源自佛教界代表聚集商議，共同成立圓融無礙的宗派，故其涵義不僅具有教宗或禪宗，更涵蓋念佛祈禱等傳統的佛教信仰。在此同時，亦顯示為朝鮮獨有的佛教，有別於日本各式宗派。圓宗創立未久，隨即在《皇城新聞》公開表示該宗才是總攝全國寺院的機構，且是全國僧侶的原動力，並向所有寺院及僧侶呼籲參與該宗。對於自十六世紀之後首爾城內不准寺院留存的情況，圓宗則推動寺院建設及創建覺皇寺（一九一〇年二月），刊行最初的佛教雜誌《圓宗》（一九一〇年十二月）等，擔負做為佛教界核心機構的任務。全國主要寺院響應圓宗致力推動的發展，開始紛紛加入圓宗。

然而在設立圓宗的背景中，受到韓國曹洞宗的布教師並兼任侍天教顧問的武田範之（一八六三—一九一一）所影響。武田出身於筑前久留米藩，西元一八八三年於新潟曹洞宗的顯聖寺出家，修學於長岡的曹洞宗專門分校。此後，武田決心藉由宗教及殖民方式來報效皇國，於西元一八九二年渡朝鮮，與其他日本浪人參與擴大日本影響力的活動。農民於西元一八九四年發起內亂，其中包括由崔濟愚吸收朝鮮及各國宗教所創始的東學信仰者在內，武田等人隨即組成浪人組織天佑俠，企圖促使東學親日化。此外，武田因參與西元一八九五年殺害明成皇后事件而遭逮捕，被遣返日本，此後在顯聖寺活動並擔任住持（一九〇一），亦參加國家主義組織黑龍會。然而，對日本殖民政策抱持關心的武田於西元一九〇四年成為曹洞宗在韓國的布教師，兩年後就任推動韓日合邦（日韓合併）的親日政治組織一進會顧問，在曾身為天佑俠夥伴的內田良平推薦之下，擔任促使東學親日化的宗教侍天教顧問及一進會的諮商者。此後，崔濟愚接受統監府與親日高官的後援，積極推展朝鮮宗教界的親日化及韓日合邦活動。

武田範之整頓朝鮮佛教界的改革方案，並透過侍天教的代表者李容九向李晦光提此方案，其主要架構是在聚集及組織全國主要寺院的代表者，此後在首爾設置會務所（宗務院），在接受日本僧侶諮詢之下進行營運，並遴選具有能力的僧侶在地方宣講佛法，試圖提昇僧人與佛教的地位。李晦光為此迎請武田範之成為圓宗顧問，欲遵循武田的計畫案來營運圓宗。另一方面，之所以迎請武田成為顧問，原因是藉由統監府與親日高官之間締結友好關係，來確保大韓帝國政府對圓宗提供後援。

武田範之應允擔任圓宗顧問，為求圓宗發展而被迫接受日本佛教界援助，並具體提出與日本曹洞宗聯合的提案。包括李晦光等人在內的圓宗指導部，在面對不同於真宗或淨土宗等其他宗派，而是與同樣屬於禪宗系統的曹洞宗互助合作一事，則是抱持肯定想法。尤其是針對政府准許創立圓宗及皇覺寺卻延後一事，則認真籌畫應如何獲得日本佛教協助，來向朝鮮政府提出催請的方案。在韓日合邦之後，隨即於西元一九一〇年九月由圓宗指導部邀集全國七十二座寺院代表，召開召集總會，決議與日本佛教互為聯合。李晦光於翌月東渡日本，與曹洞宗管長石川素童面晤，締結可確認圓宗與曹洞宗正式聯合的七條聯合盟約。其內容為曹洞宗為了取得准許設立圓宗而進行斡旋，並由早已確立體制的曹洞宗派遣顧問及布教師，支援朝鮮佛教發展。締結盟約之後，圓宗在曹洞宗特使向總督府請願認同圓宗成立的友好關係中，雖再度提出批准申請，最終朝鮮總督府仍不認同圓宗，甚至是慫恿其解散。

此外，原本李晦光並未公開的聯合盟約全文遭到曝光後，其中包括曹洞宗指導朝鮮佛教的教育及弘法方式，以及圓宗支援曹洞宗布教師的內容被人知悉，故在部分佛教界人士之中，開始出現主張締結盟約是失當之舉的聲浪趨勢。在位於慶尚南道、全羅南道的主要寺院中，其僧侶在受到鏡虛影響之下而復興禪宗，他們主導這股趨勢，認為與曹洞宗締結盟約，是導致獨具傳統的朝鮮佛教淪為從屬於日本曹洞宗，並批判締結盟約是出賣自宗的行徑。他們更主張朝鮮禪宗是屬於臨濟宗，完全迥異於日本曹洞宗。反對圓宗與曹洞宗聯合的嶺南（慶尚道）、湖南（全羅道）的僧侶，於西元一九一〇年十一月集結在順天的松廣寺，決議設立個別宗教團體臨濟宗來與圓宗抗衡，並於松廣寺設置臨時宗務院。此後，臨濟宗將宗務院遷至梵魚寺，後於嶺南及湖南各地區設置支部，與北方的圓宗對峙並擴大勢力。西元一九一二年五月，臨濟宗為了擴大在全國的影響力，亦設立朝鮮臨濟宗中央布教堂，目的是與首爾覺皇寺的圓宗宗務院互為抗衡。其開校典禮盛況空前，是由一千三百名僧侶及信徒列席參與，在素負盛名的禪師白龍城與主張佛教界自主改革的韓龍雲等人的主導下，中央布教堂成為首爾佛教界的新據點。

第二節　殖民地時代的佛教

一、寺剎令與殖民地佛教體制的形成

朝鮮總督府將日本佛教各宗派對朝鮮各寺的掌控，以及朝鮮佛教內部的圓宗與臨濟宗的對立，視為是妨礙有效統治朝鮮佛教的重要因素，遂於西元一九一一年六月及七月，發布〈寺剎令〉與〈寺剎令施行規則〉，制定直接統治朝鮮佛教界的制度。〈寺剎令〉全文是由七條項目構成，有關寺院合併、移轉、廢寺、名稱變更與寺院所屬一切財產的處分，皆需經由總督核准。此外，將全國寺院區分為本山（本寺）與末寺來進行營運，並於本山設立總督核准的寺法，規定寺院管理及營運的相關權利是由住持獨占。〈寺剎令施行規則〉全文是由八條項目構成，主要是針對住持資格及任免的相關規定所構成，確立三十座寺院的本山，本山住持與末寺住持則分別由總督及地方長官核准的僧侶就任。西元一九一二年，根據〈寺剎令〉制定各本山的寺法，皆是遵從制定〈寺剎令〉的總督府學務局宗教課主任渡邊彰所擬定的草案，無論針對任何本山的內容皆近乎一致。寺法則是規定寺院管理的具體內容，在單方賦予住持全部寺院經濟實權及人事的相關權限之同時，亦給予本寺住持可統管末寺的權限。此外，日本的紀元節、天長節、新嘗祭與元始祭、春秋二季的皇靈祭、神武天皇祭、孝明天皇祭等，分別定為祝釐法式日與報恩法式日，並於寺院本尊御前奉置「天皇陛下聖壽萬歲」的尊牌，每日祈祝讚頌等，強迫對日本皇室效忠。

〈寺剎令〉與〈寺剎令施行規則〉，以及透過訂定各本寺的寺法制定等方式，形成順應總督府殖民統治的殖民佛教體制。這些法令賦予住持、尤其是讓本山住持全權處理寺院營運，卻由總督府掌握可派任住持的實質權限，建構能積極協助總督府推行殖民政策的人物來主導佛教界的體制。換言之，總督府藉由阻斷日本佛教宗派對朝鮮傳統寺院的影響力，來促使達成一元統治的可能性，並以三十寺的本山為中心來分割統治全國寺院，藉此抑制佛教界整體的組織活動及互助合作。

這種殖民佛教體制，全面否定在寺院中被視為朝鮮佛教傳統的自律統轄及管理。朝鮮佛教界在傳統上，並沒有以宗派或區域來形成排他性的區隔，僅透過法統來維持緊密關係，特定寺院並未締結主從式的本末關係，亦即不以本寺立場來比他寺處於更優勢的地位。此外，寺院的主要問題，是藉由曾為所屬寺院的全體僧侶參加山中公議來做決定，各寺住持並未具有足以凌駕寺院行政實務負責人之上的絕對權限。然而，自〈寺剎令〉實施後，各寺透過與法統無關並根據不同地區編制的本末體制來促使行政組織化，寺院住持成為猶如總督府管轄的官僚般，最重要的莫過於讓住持享有絕對權限，山中公議的權限則逐漸不被認同，喪失住寺僧得以自律營運的基礎。透過〈寺剎令〉與寺法而獲得保證絕對權利的住持，恣意行使個人權利，享受「住持專權時代」，並為了維持此權利而積極協助總督府。尤其是寺法制定寺內權利之際，本山住持可獲得奏任官的待遇，接受招請赴日視察或謁見天皇，或享有特權得以參加總督府舉行的新年或節慶宴席，故而積極擁護日本殖民政策，主導佛教界的親日化。

儘管〈寺剎令〉將朝鮮佛教予以殖民化，但在法令發布當時，朝鮮佛教界鮮少有人覺察到其真正本質為何。毋寧說是對佛教可受國家管理及保護一事表示擁護及讚揚的氣息形成了主流。與過去相較之下，寺院財產可獲得法令保護，朝鮮寺院擺脫從屬日本各宗派的立場，原本遭受國家體制遺棄的佛教被正式編入國家體制內，佛教發展基礎逐漸獲得整頓，如此過程成為一般認知。尤其是有別於自朝鮮王朝以來政府採取對僧侶的壓制態度，總督府對僧侶的禮遇態度，以及隨著僧侶社會地位提昇，〈寺剎令〉成為佛教界保護朝鮮佛教的特別措施，成為僧侶積極接納此項法令的重要原因。

總督府在實施〈寺剎令〉及寺法之後解散圓宗與臨濟宗，取而代之的是建構由三十本山住持所組成的會議機構，試圖藉此統轄佛教。在總督府支持下，西元一九一二年六月由十七本寺的住持與七本寺的代理住持，以及圓宗宗務院執行幹部共同召開會議，將梵魚寺住持吳惺月試圖基於傳統立場來決定宗旨的意見予以排除，並順從總督府的意圖，決定將記錄於《經國大典》的「禪教兩宗」定為朝鮮佛教的宗名，決定將既有的圓宗與臨濟宗予以解散。此外，締結由各本寺住持組成的「三十本山住持會議院」，並使會議召開成為定例，決議針對佛教界的各種問題進行協議。圓宗已探詢總督府意向，隨即解散宗務院，設有圓宗宗務院的覺皇寺則移交三十本山住持會議院進行管理。有別於圓宗而主張繼承傳統宗旨並採取抵抗立場的臨濟宗，最終屈服於總督府的強行威逼，數日後決定解散，原本在首爾設立臨濟宗的中央布教堂，亦隨之更名為「朝鮮禪宗布教堂」。三十本山住持會議院是繼承圓宗宗務院，維持覺皇寺的中央布教堂營運，並刊行其機構雜誌《朝鮮佛教月報》，在形式上具有佛教界最高機構的性質，但實質上僅是本山住持的聯絡事務所，無法擔任佛教界的統合管理。根據試圖更有效統轄佛教界的總督府指示，西元一九一五年，本山住持將三十本山住持會議院更名為「三十本山聯合事務所」，制定〈朝鮮寺刹各本寺連合制規〉。該事務所在做為本寺住持的協議體系方面，並在

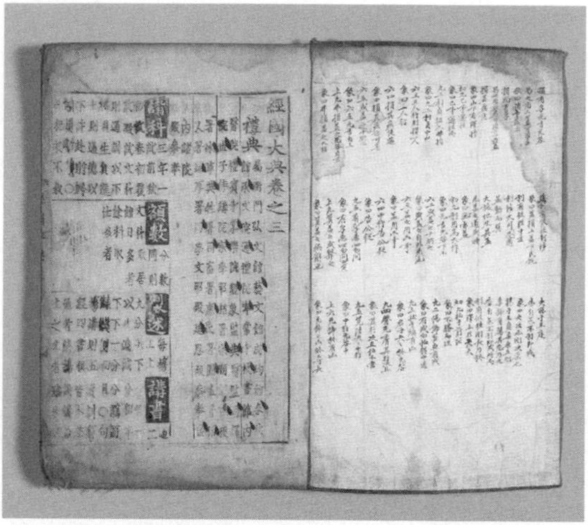

《經國大典》部分內容（出處：韓國國立中央博物館 National Museum of Korea）

成為總括佛教界全體的管理機構上是有其限度。在藉由〈寺剎令〉與寺法，並以地區為單位的本寺為中心來設置財政及人事管理的情況下，是難以確立可網羅佛教界整體與統攝佛教界的統一機構。本寺住持對於或許將限制自我權限的佛教統一機構就此出現，亦不抱持任何期待。

二、追求佛教近代化

在總督府實施殖民佛教體制的形成期，佛教界內部推動追求佛教近代化的制度改革。從當時流行的社會進化論所造成的影響，導致優勝劣敗、適者生存等論理逐漸擴散。為能使佛教不致於在與其他宗教競爭下遭到埋沒，並且得以繼續傳存，佛教界的一般認知是必須改革故態依舊的佛教界，追隨新時代潮流，故從各領域來摸索多元化發展的具體方案。

有關佛教近代化改革之必要性，以及改革的具體方案，是在西元一九一〇年代初期，分別由圓宗與臨濟宗的核心活躍分子權相老、韓龍雲提出正規方案。權相老（一八七九—一九六五）出身於慶尚北道聞慶，並於金龍寺出家，傳統講院教育修畢後，以講師身分積極活動，並於明真學校開設後，隨即成為第一屆入學生，歷經兩年修習近代學術後，於西元一九一〇年成為《圓宗》編輯部長。權相老自行刊行的《朝鮮佛教月報》之中，自西元一九一二年四月至西元一九一三年七月為止，歷經十二次連載〈朝鮮佛教改革論〉，其中針對佛教在宗教競爭時代之中應如何延續的課題，主張徹底改革乃是不可或缺，並揭示立足於佛教平等思想之上的佛教改革是一種理想。其具體改革方法，就在於主張順應時代變化的教育制度，以及修行方式革新、積極推行大眾弘法，佛教界成為統一財團並能團結一致。

韓龍雲（一八七九—一九四四）出身於忠清南道洪城，年少時在江原道百潭寺出家，講院教育修畢後，透過中國知識分子梁啟超的著述而接觸近代思想。韓龍雲曾暫時修習於明真學校，於西元一九〇八年在東京的曹洞宗大學修習近代學術，又自西元一九一〇年末開始主導設立臨濟宗及營運其宗派。韓龍雲曾於西元一九一三年發表《朝鮮佛教維新論》（著述時間為西元一九一〇年），主張採取近代化的方式改革朝鮮佛教，並闡述佛教是宗教與哲學兼備、最為合理的現代宗教，為了實踐平等主義或救世主義的佛教理想，故而力倡佛教近代化改革。此外在具體改革方案方面，主張針對僧侶推行的近代新學術教育、廢除與世俗隔離的一味守舊、徒具形式的禪門修行，以及透過設立模範禪院來提昇禪僧資質，廢除寺內的念佛堂。除了教主釋迦牟尼之外，排除其他佛像或佛畫，儀式趨於儉樸化，促使寺院進入都會及傳法活絡化，認同僧侶結婚，或由僧侶遴選住持，以及確立全國僧侶與寺院的統一組織。

權相老與韓龍雲的改革論皆提出將平等主義視為理想，主張針對僧侶而推行近代化的新學術教育，以及加強一般大眾的傳法活動。這些主張構成了日後佛教在近代化改革運動中的核心思想。此外，他們共同主張統合佛教界及整合組織的構成，與〈寺刹令〉促成的本山割據體制相反，而是與在西元一九二〇年之後成為〈寺刹令〉體制的代用方案所提倡的建構統一機構，顯示出異曲同工之妙。另一方面，他們所揭示的改革方案，則是以當時的日本佛教為模式，有時被指出是有其限度，原因在於其改革方案對天主教形成過多的排他意識，並導致佛教的世俗化倉促發展。尤其韓龍雲提出可認同僧侶結婚的主張，是深受日本佛教界食葷娶妻所影響，並於西元一九一〇年，向身為統監的寺內正毅提出請求批准僧侶可娶妻的陳請書。在朝鮮遭受日本侵略及剝奪國權，甚至被日本抹煞傳統文化的情況下，對於日本殖民政策或對日本宗教並未提出批判性的探討，就將日本佛教予以理想化，甚至試圖藉此改革朝鮮佛教界，光由此點即可窺知當時朝鮮佛教改革論有其限度。

以權相老、韓龍雲的改革論為開端，在當時佛教界改革議論之中的首要課題，就是有關僧侶教育的近代化改革。這是基於某種考量，亦即是為了能在其他宗教競爭中取勝，且與世界文明諸國並駕齊驅，故而必須培育成為改革主體的青年人才。然而，佛教界的近代化機構在設立及營運方面並非坦途，最初設立的佛教學校明眞學校，在總督府於西元一九一〇年頒布私立學校令之際，被更改編制為佛教師範學校。佛教界原本期盼能將該校改編為專門學校，總督府卻僅認同改編為師範學校。其教育課程為三年制，除佛教學及教育學之外，尚包括國語、漢文、日語、歷史、地理、科學等，近代學術科目所占比重甚多。自韓日合邦之後，亦需修習日本史及地理（附設的一年制隨意科之中，教授科目為佛教學及國語、漢文、日語、歷史、地理等）。然而，佛教界在圓宗與臨濟宗對立之下，學校無法充分獲得財政支助，難以健全營運，結果導致西元一九一一年十一月降格為各種學校。在〈寺刹令〉實施後出現的三十本山住持會議院，新興設立專門學校等級的高等佛教講塾，並藉此取代既有的佛教師範學校，卻因高等講塾的學生與三十本山住持會議院彼此對立，故以此為契機，在未及半年之後的西元一九一四年秋季自行解散講塾。換言之，高等講塾的學生是支持韓龍雲主張全面改革佛教界的立場，並批判對改革採取消極態度的三十本山住持會議院的核心人物。三十本山住持會議院對此則中斷援助學校的營運資金，並促使校方解散。

三十本山住持會議院遵照總督府的勸導，自改編為三十本山聯合事務所之後，近代僧侶教育體制歷經了初等課程的普通學校、中等課程的地方學林，達至高等課程的中央學林後，終於在體系上獲得整備。地方學林改編自既有講院，故在講院教授《大慧書狀》、《禪源諸詮集都序》、《高峰禪要》、《法集別行錄節要》的四集、《首楞嚴經》、《大乘起信論》、《金剛般若經》、《圓覺經》的四教，形成將教授戒律學、佛教史學、國語、修身等的傳統講院與近代式教育互為折衷的體制。中央學林所具備的水準，相當於預科一年、本科三年的專門學校，故而選拔地方學林的畢業生及四教科的履修者，不僅有傳統講院的大教科科目，亦教導近代佛教學與宗教學、哲學、國語、漢文、科學、數學、歷史、地理等。此後至西元一九二〇年代初期為止，中央學林成為佛教界的代表教育機構，培育許多擔任佛教界中樞機構的人才。中央學林的組織營運在受惠於三十本山聯合事務所提供的出資及維持費用之下，地方學林與普通學校則是由其所設立的寺院擔負資金，隨著確立新興的僧侶教育體系，講院停辦之後轉換為地方學林，傳統教育漸趨式微。當時在固有的講院教育難以順應時代培育人才的風潮之下，具有悠久歷史傳統的講院逐漸消逝。另一方面，在此時期的僧侶積極往赴海外、尤其是積極渡日留學。為了培育促使朝鮮佛教界邁向近代化的人才，在主要寺院中遴選具有才識的僧侶，派遣至日本修學先進文明及佛教思想。

不僅是教育方面，三十本山住持會議院亦致力於大眾弘法及演教。以梵魚寺與釋王寺在首爾建立布教堂為開端，即使在地方的主要都市，亦陸續建造相當於本寺等級的布教堂。這些本山住持脫離山中修行，正式積極啟動針對一般都市民眾的弘法活動。西元一九一四年一月，三十本山住持會議院刊行以國文及漢文撰成的釋尊生涯傳記，並運用在弘法活動之中。此外，為了仿效日本的先進弘法方式，本山住持每年前往日本佛教界進行訪問，更為了引導囚犯信佛，亦在監獄從事傳法活動。

西元一九一〇年代積極刊行的佛教雜誌，亦在以知識分子為對象的傳法工作上發揮重要功能。以圓宗的機構雜誌《圓宗》（通卷二號）為首，陸續刊行《朝鮮佛教月報》（一九一二年二月—一三年八月，通卷十九號）、《海東佛教》（一九一三年十一月—一四年六月，通卷八號）、《佛教振興會月報》（一九一五年三月—十二月，通卷九號）、《朝鮮佛教界》（一九一六年四月—五月，通卷三號）、《朝鮮佛教叢報》（一九一七年三月—二一年一月，通卷二十一號）、《唯心》（一九一八年九月—十二月，通卷三號）等。這些雜誌駁斥其他宗派及一般人提出的佛教批判，藉由體系化來說明佛教理論及佛教史，藉此主導發展以提昇佛教社會地位為目標的啟蒙活動。此外在朝鮮半島的歷史及文化方面，闡明佛教所占比重之大，並建構為求大眾弘法的學術基礎。尤其在進行歷史及文化方面的發掘上，以李能和、崔東植、李命七、崔建植、張志淵、宋憲斌等居士為中心所設立的佛教振興會，亦發揮重要功能。他們是以從傳統佛教中發現朝鮮佛教的優秀特質及知性傳統為旨趣，發表重新審視及擁護佛教應有樣貌的文章，逐漸發展出集團式的文化運動。然而，他們多數帶有擁護日本統治的親日特性，難以對大眾造成廣大影響。

如此加深對朝鮮佛教的歷史或文化所抱持的關心，不久發展出諸如權相老《朝鮮佛教略史》（一九一七）、李能和《朝鮮佛教通史》（一九一八）般的通史型著作。兩者的著作成為透過僧侶或居士立場來整理、介紹傳統佛教文化之先驅，構築了朝鮮佛教學的基石，對韓國及日本學者而言，則成為韓國佛教研究之基礎。

三、三一運動與致力於克服殖民佛教體制（一九一九—三五）

朝鮮民眾及知識分子在飽受日本帝國主義的嚴酷殖民統治下，身心備受煎熬，自第一次世界大戰之後，基於民族自決主義在全球逐漸普及化的背景因素下，遂以西元一九一九年三月一日的獨立萬歲事件為契機，發動主張朝鮮自主獨立的三一運動。此項運動遍及全國且持續一年以上，大為鼓舞朝鮮民族主義及獨立運動的推行。自三一運動之後，佛教界亦真正出現了批判及試圖克服殖民佛教體制的動向。

三一運動是以宗教為中心，在佛教方面則以韓龍雲、白龍城為朝鮮民族代表而參與活動。西元一九一〇年代初期正值臨濟宗的開宗時期，兩者是以主導立場參與三一運動，在頒布〈寺剎令〉之後，以首爾的朝鮮禪宗布教堂為據點，更致力於佛教界的近代改革及大眾弘化活動。韓龍雲、白龍城在接受主導三一運動的天道教（由反日的東學組織設立的宗教）所提出的方案後，亦積極參與其運動。尤其是韓龍雲為了更能表明支持朝鮮獨立的志向，在獨立宣言書中追加公約三章，日後成為活躍於國內民族運動的核心人物。另一方面，中央學林受到韓龍雲所影響，在學中的年輕僧侶亦積極參加三一運動。他們遵循韓龍雲的指示，不僅參與發送獨立宣言書，更前往地方各寺，組織獨立萬歲運動。負責主導組織臨濟宗的梵魚寺、海印寺、通度寺等，在他們的指導下興起大規模的萬歲示威運動。參加該運動的中央學林僧人學子之中，有部分人士在日後渡華，參與設於上海的大韓民國臨時政府，或參加在滿州發起的對日武裝鬥爭。進而參與由佛教界發起的要求獨立運動所進行的募款，並向臨時政府傳達言論，或從事撰寫及公布〈僧侶獨立宣言書〉等活動。

青年僧受到三一運動所影響，而促使民族意識高漲，此後為了佛教界的自主管理而推行改革運動。西元一九二〇年六月，由中央學林的學生主導組成的朝鮮佛教青年會，於該年十二月召開全國代表會議，組織改革佛教界的佛教維新會，並向三十本山聯合事務所提呈八項建議文。其主要內容為停止本山住持採取獨裁式的寺院管理，並以民眾公議的方式營運寺院，修正三十本山聯合制規，設置可總攝佛教界各種問題的多元化機構，以及將佛教界財政予以一元化、促使營運中學校及專門學校、派遣留學生赴海外深造、改善繁瑣儀式、致力於弘法工作。但他們的建議未能落實，佛教維新會要求將於翌年一月召開的三十本山住持總會，變更為舉行「朝鮮佛教徒總會」，此會是除了本山住持參與，一般僧侶亦可參加的僧侶大會。該總會決議廢除三十本山聯合制規，設置總務院做為統一佛教界的機構。在根據此項決議下，於三月實際設置總務院，四月廢除〈寺刹令〉，要求提出任其自律管理佛教界的陳情書，在經由兩千餘名僧侶連署後，向朝鮮總督府提出，開始實際自主改革佛教界。然而，多數住持試圖維持〈寺刹令〉規定的既得權體制，試圖繼續維持既有的三十本山住持會議院，導致佛教界形成支持與反對總務院存立的對立派。

總督府招請兩派，同時解散總務院與三十本山住持總會，指示締結新組織。僅有居多數派的本山接受總督府的要求，組成朝鮮佛教教務院，通度寺、梵魚寺、釋王寺的三本山與佛教青年會等，則抗拒與本山住持主導的教務院合併，試圖繼續維持總務院。以青年改革派僧侶為中心的總務院，接受由天道教組織營運的普成高等普通學校，不惜致力於發展教育及弘法事業。然而，在無法承受總督府的施壓及財政緊迫下，僅在兩年多後的西元一九二四年三月，與教務院互為統合，對於西元一九二〇年代中期的民族主義運動衰退與總務院的勢力弱化，亦造成影響。

在佛教青年會與總務院互為連結的同一時期，傳統禪的復興運動再度活絡展開，其運動是試圖恢復在殖民佛教體制下逐漸失勢的傳統禪法流脈。包括南泉、道峰、石頭等最具代表性的禪師以及鏡虛的門徒，於西元一九二一年透過全國募款運動在首爾創立禪學院，該學院被賦予中央禪院的地位，成為全國禪院中心。翌年為了護持參禪修行的首座（禪僧）而設立禪友共濟會，更在全國十九座寺院內設置支部。參加禪學院的僧侶，與佛教青年會及總務院主導推動的佛教改革同一步調，總務院亦積極成為禪學院運動的後援。但自總務院與教務院統合後，喪失安定護持勢力的禪學院與禪友共濟會紛紛陷入財政困難，遂自西元一九二四年之後幾乎完全斷絕官方活動。

自總務院被教務院合併之後，試圖改革殖民佛教體制的動向逐漸從佛教界消失。在總督府與本山住持的施壓之下，改革派僧侶的活動漸趨萎縮，西元一九二二年，中央學林在三十本山住持要求之下廢校，青年僧喪失活動據點。僅有部分留日學生透過留學生會機構雜誌《金剛杵》，批判佛教界的惡弊，主張進行改革。主導刊行《金剛杵》的李英宰（一九〇〇—二七），自高等學校畢業後，曾擔任忠清北道廳職員，十九歲出家，西元一九二〇年赴笈日本，修學於日本大學宗教科、東京帝國大學印度哲學科。西元一九二二年已於《朝鮮日報》發表〈朝鮮佛教革新論〉，主張廢除〈寺剎令〉及要求教團統一，並主倡以民主共和制為模式來營運教團、推行大眾弘法、擴大社會事業等。並於兩年後刊行《金剛杵》，讀者是以留學生及國內僧侶為對象，陳述佛教界現狀與改革方案的相關意見。李英宰於西元一九二五年赴印度留學，兩年後在斯里蘭卡修習梵文及巴利文之際不幸罹病，以年僅二十七歲而英年早逝。

在中央改革運動低迷時期，地方寺院出現了試圖恢復傳統佛教的情況。中央學林遭到封鎖之際，地方寺院復興在此期間中斷的傳統講院教育。佛教界目睹接受近代教育的僧侶還俗並日趨世俗化，重新認同在寺院修行的傳統講院教育之價值，為了克服傳統佛教學中斷的危機，故而主張必須推行講院教育。自西元一九二五至二六年，將海印寺、梵魚寺、開雲寺等寺院的專門講院予以恢復，此後，乾鳳寺、榆岾寺、通度寺等專門講院亦開始營運。西元一九二八年由專門講院的學人召開大會，要求改善包括設立高等講院與近代教科課程的講院教育制度。然而，教務院以財政匱乏為由，並未接納要求。

隨著恢復講院教育，亦有遵守戒律，以及兼修勞務及修行，出現試圖恢復佛教傳統的運動。以日本佛教為參考模式所進行的近代化改革過程中，僧侶娶妻食葷的風潮逐漸普遍化，西元一九二五年出現試圖消除原本禁止已婚僧侶擔任住持的規定。包括白龍城在內的首座，將此規定視為傳統佛教趨於沒落，並向總督府呈遞陳情書，要求禁止僧人娶妻食葷。他們指出娶妻僧浪費寺財，修行僧遭致壓迫的情況，要求娶妻僧還俗，並為修行僧指定其擁有本山的部分權益。然而，總督府無視於他們的要求，採取承認僧侶娶妻食葷的政策。西元一九二七年，白龍城在批判佛教界及要求恢復正統佛教之下，宣布創立大覺教，實踐禪修及農務勞動並行的禪農佛教。白鶴明則以百丈清規的「一日不作，一日不食」為基礎，於內藏寺進行勞動與禪修並行的半農半禪。

佛教界陷入低迷的改革運動，自西元一九二〇年代後期再度活絡化。在社會整體上，結合民族主義與社會主義的民族解放運動逐漸復甦，在此過程中，佛教界再度出現試圖克服殖民佛教體制與建設自主式佛教的運動。西元一九二八年，繼中央學林之後重新開設的佛教專修學校，亦提供可集結改革派青年僧的據點。

此外，改革派僧侶於西元一九二九年一月，在首爾召開朝鮮佛教禪教兩宗僧侶大會，決議在佛教界建構脫離國家權力的統一獨立機構。此次僧侶大會是為了在朝鮮的日本佛教徒所籌組的朝鮮佛教團，並在總督府支持下，試圖召開由日、朝佛教界的代表人士所參與的朝鮮佛教大會（此會於西元一九二九年秋季，在舉行紀念朝鮮總督府施政二十週年的朝鮮博覽會期間召開），該會是由察覺日本佛教對朝鮮佛教的影響力逐漸擴大的青年僧所主導。在僧侶大會中，制定朝鮮佛教禪教兩宗的宗憲，決議設置成為最高決議機構的宗會與做為行政部屬的中央教務院。宗會的成員構成是從各本山的每一百名僧侶中遴選一人做為議員，中央教務院則是取代既有的教務院，成為佛教統一機構的行政部署。西元一九二九年三月，依照宗憲而舉行的宗會在佛教專修學校升格為專門學校之際，決議設立講院學生要求的高等講院，並改建覺皇寺做為佛教統一機構的中央布教堂。然而，本山住持在依據〈寺刹令〉而擁有掌管寺院營運的絕大權限之下，宗會與中央教務院等機構的實際影響力備受限制，故由宗會決定的事項在實際上難以落實。故而改革派僧侶以佛教界為對象，促使透過全體僧人意志所制定的宗憲予以落實，另一方面，則為求廢除〈寺刹令〉而展開政教分離運動。

隨著復興佛教的改革運動，中央佛教界的復興傳統禪運動再度活絡發展。金寂音禪師曾以針灸術及煉製中藥而累積鉅財，禪學院在獲其助援下得以穩定財政，於西元一九三一年三月召開全（朝）鮮首座大會，並恢復做為禪修核心機構的地位，創刊誌《禪苑》則是鼓吹強化全國禪院與禪修者之間的繫絆及禪修大眾化。繼而在西元一九三四年，為了發展禪修的財政管理，以及為了組織的安定化營運，故而設立財團法人禪理參究院。在如此致力發展之下，禪學院逐漸擴大規模，自行擔任統括全國禪院的統一機構。自西元一九三五年起，在針對標榜是與〈寺剎令〉揭示的禪教兩宗有所區別的特有朝鮮佛教禪宗之外，另一方面則要求必須交還可讓參禪首座駐錫的清淨寺剎，亦即沒有娶妻僧存在的寺院。

四、朝鮮佛教曹溪宗的成立與皇道佛教的陰影

儘管僧侶大會已有決議，卻在本山住持反對之下，在佛教界無法直接推動設立統一機構的運動。但此運動卻以總督府的心田開發運動為契機，迎向嶄新的局面。總督宇垣一成將心田開發運動的推行，視為皇民化政策之一環，透過宗教的心性開發，謀求能培養順從國家政策的忠臣良民，尤其是以佛教界為中心來推動。總督府為了要求本山住持彼此協調，故而促進心田開發事業，在此同時，並試圖在佛教界組織以自律性主導該項運動的代表機構。藉由總督府的意圖，至今否定統一機構的本山住持態度轉為積極，開始正式推動設立統一機構。

本山住持欲設立朝鮮佛教禪教兩宗宗務院，藉此做為本山聯合行政機構，改革派僧侶與過去曾參與總務院的本山，主張廢除本山並設立可實質統管全國寺院的總本山。經議論

後，最終決定繼續維持本山制度，並在首爾設立總本山。具體而言，就是將覺皇寺進行擴大及遷移，使其成為總本山。西元一九三八年十月，總本山建設工程結束後，重新針對總本山的寺名及型態進行議論。在議論過程中，多數意見支持應將總本山移至北漢山的太古寺。其原由在於高麗時代末期的太古普愚（一三〇一—八二）曾在太古寺修行，自十七世紀之後，朝鮮僧侶繼承普愚的法統，對其深表崇敬，故決定將該寺設為總本山。在議論過程中，亦有意見認為既有的朝鮮佛教禪教兩宗的名稱，並不適於朝鮮佛教的意識型態表現，導致恢復採用曹溪宗的宗名，此為自高麗時代以來對禪宗的稱謂。有關曹溪宗與太古寺的宗派及總本山名稱，是以官方立場來表現當時佛教界具有禪宗的意識型態。如此反映當時佛教界的多元意識表現，亦即顯現朝鮮佛教有別於日本佛教的特殊意識型態。

西元一九四一年五月一日，在召開朝鮮佛教曹溪宗首屆中央宗會之際，推舉身為鏡虛弟子並參與禪學院的方漢岩擔任宗正（管長），至於行政負責人的宗務總長則遴選出李鍾郁，其身分為月精寺住持及兼任本山住持會議的代表。如此人事安排，反映出具有傳統佛教繼承者名分的禪學院，以及擁有宗教界實質權限的本山住持之間，在互為整合下所成立的曹溪宗之特性。即使在設立總本山之後，各本山仍依據〈寺刹令〉之規定，在住持指揮下各自獨立營運。至於財團法人朝鮮佛教教務院是在負責處理本山住持所設立的佛教界主要事業，卻僅在更名為財團法人曹溪學院的情況下獨立營運。總本山只憑靠當時的基本財產及本山繳納金來維持營運，導致做為佛教界的統一機構，其所發揮的功能卻相當有限。身為總本山住持的宗正，亦與其他本山住持同樣，必須獲得總督批准方能行事。

縱使設立總本山做為統一佛教界的機構，卻無法直接邁向佛教界的自立化營運。總督府籌畫設立總本山，毋寧說是利用總本山來強化統轄佛教界，並試圖在戰時體制下有效動員寺院及僧侶。總督府透過曹溪宗宗會，決議使其要求佛教界捐助國防資金及提供國防獻金，並經由總本山向全國一千五百餘寺發送公文書，要求舉行祈求日軍勝利的祈福法會。此外，動員以宗務總長為首的佛教界指導者，促使進行日式的創氏改名（編案：將朝鮮式的姓強制改為日本式的氏，改名則可任意選擇是否更改）與招募日軍志願兵，以及參與慰勞前線將士的工作。由青年僧組成「朝鮮佛教勤勞報國隊」，權充在戰時體制下勞力不足的人力，為求內鮮一體（編案：促使朝鮮與日本一體化的口號）而動員寺院及僧侶舉行日語講習會。另一方面，在佛教專門學校設立興亞科，做為培育中國殖民統治要員之用，並改編為惠化專門學校，任命以京城帝大教授高橋亨為首的日本學者擔任校長及教授之職，逼使許多朝鮮教授及講師紛紛辭職，對於培養佛教界的指導者方面，亦試圖予以直接掌控。

總督府進而利用佛教思想，主張擁護日本天皇制及軍國主義的「皇道佛教」，逼迫佛教人士積極參與，不少佛教人士涉入總督府的政策。當時以佛教界的代表學僧權相老、金泰洽等人發表親日論述，主張擁護日本軍國主義及侵略戰爭，基於內鮮一體的精神，應對日本帝國竭盡忠誠，在為求提高信仰報國精神所舉行的演講會之中成為主要的演說者。除了這些人士之外，多數佛教界的代表人士在《新佛教》、《佛教時報》等雜誌及新聞之中發表親日論述。此外，以宗務總長李鍾郁為首的宗務院幹部，以及主要本山住持紛紛主導創氏改名，並促使僧侶及信徒透過奉獻精神，來參與分配給佛教界所應提供的國防獻金及資金。在這些人士中，有不少屬於激進親日派。但在另一方面，亦有人士不顧總督府施壓，自始至終堅持抵抗皇道佛教。當韓龍雲在自行發刊的雜誌《佛教》中，被要求登載親日論述之際，他則在西元一九三八年十二月號以唯一刊登元曉所撰的《大乘起信論疏》全篇以示抵抗。此外，自三一運動之後，曾在臨時政府從事活動的金法麟（一八九九—一九六四），亦向在慶南地區寺內專門講院修習的僧侶鼓吹民族意識。然而，《佛教》以西元一九三九年新年號為最終刊，此後面臨廢刊，金法麟則於西元一九四三年因涉及朝鮮語學會事件而被迫入獄。

第三節　西元一九四五年之後的佛教

一、教團重建與嘗試僧風淨化

西元一九四五年八月十五日，朝鮮從日本殖民統治之中獲得解放，宗教界取得脫離殖民體制與獲得自律化營運的機會。自蘇聯與社會主義政權出現後，有別於北韓（北朝鮮）宗教勢力面臨大幅萎縮，南韓（韓國）宗教界的影響力在解放後反而更為擴大。尤其在美軍政策下，具有留美經驗的基督教徒成為統治階層的主流，隨著基督教迅速發展，以儒教與天道教為首的民族宗教大幅衰退。佛教在社會上的影響力，若與殖民時期相較之下是相對萎縮，但依然維持擁有最多信徒、居於最大宗教之地位。另一方面，佛教在迅速西化的社會中成為傳統文化的代辯者，藉此獲得大眾支持。在左、右翼的意識型態對立，以及南、北韓分裂、朝鮮戰爭勃發等情況之下，國家體制整頓遲滯，社會持續不安。在此情況下，隨著延續傳統佛教，亦持續致力於邁向近代化佛教，並在某種程度上有所斬獲。

隨著殖民統治解放之後，原本迎合日本皇道佛教的曹溪宗執行部退出佛教勢力，並由拒絕妥協的抗日人士背負教團發展的任務。他們建構朝鮮佛教革新準備委員會，為了克服殖民佛教體制而設置方案，以西元一九四五年九月二十二、二十三日在太古寺召開全國僧侶大會。北朝鮮的僧侶無法參與，僅有南韓僧侶與會，決議廢除曾是殖民佛教基礎的〈寺剎令〉，以及根據此項法令所制定的各寺寺法及本末制度，並構築新教團體制。新教團有別於殖民時期的情況，是以中央集權建構的一元化組織為目標。在中央設置總務院做為行政機構，並以教務院做為立法機構、監察院做為監察機構，函括整體佛教界。在地方則有以道為單位的教區，藉此取代本山，更依據不同教區設置教務院來針對管轄區進行管理。至於在做為教團代表的教正（管長），以及身為教團執行部負責人的總務院長方面，則遴選出近代佛教中最具代表性的學僧朴漢永（一八七〇—一九四八），以及主導革新委員會的金法麟。在此情況下，更決定地方教務院的負責者將從今後召開的各道僧侶大會之中選出。

此外，在僧侶大會中廢除殖民時期所使用的曹溪宗之宗名，決定將教團名稱取為朝鮮佛教。這是基於某種認知，認為使用宗名是始於總督府所制定的〈寺剎令〉而來，與朝鮮傳統佛教無關，以及蘊涵禪宗之意的曹溪宗名稱並無法涵攝多元化的佛教傳統所致。

這種認知反映在西元一九四六年三月的首次中央教務會制定的〈朝鮮佛教教憲〉之中，該教憲將釋迦牟尼奉為本尊，繼承自三國時代接受佛教信仰以來的歷史傳統，試圖以超越宗派的佛教為目標指向。在教憲中明確記載不僅是繼承提倡各宗和會的元曉與普照國師知訥的思想，亦繼承太古普愚的法脈。在首次中央教務會之中，進而將各寺財政分配在寺院營運占五成、道的教區營運占三成、中央教團營運占兩成的財產比例整合，並決議實施促進弘法活絡化，以及為求佛教現代化而進行的譯經事業。

新設立的教團雖為新佛教營運而籌整制度，但其營運過程並非順遂。美國軍政未能撤除及廢止成為殖民佛教基礎的〈寺剎令〉，而是繼續維持，各本山更根據此項法令，不肯放棄各自享有的既得權。此外，由總務院持續推動接收原本由日本佛教界管理的敵產寺院，亦在美國軍政反對之下無法順利進行。故而教團期盼中央集權式的強勢營運相當難以實施，亦難以確保經濟基礎。此外，針對殖民佛教體制的改革方式，教團執行部與在野的革新團體形成意見對立，阻礙教團的統一營運。革新團體批判教團執行部的改革政策十分消極，主張應從本質進行改革，例如將殖民時期的產物，亦即娶妻僧的僧籍予以剝奪，並將寺院所屬土地分給小農，推行透過信徒布施來營運的寺院經濟改革。教團執行部有鑑於佛教界面臨娶妻僧所占比例極高的現狀，故而採取不予接納的立場。革新團體最終於西元一九四七年五月召開獨自的佛教徒大會，另行設置教團營運機構的總本院。禪學院系統的僧侶亦參加總本院，他們從殖民時期就已強調清淨修行，主張以比丘僧為中心來從事僧團營運。教團執行部與總本院的分裂，在受到社會左、右翼對立的影響相輔相成之下，僅維持至西元一九四八年初為止。

伽倻叢林海印寺（出處：達志影像）

至西元一九四八年後，在寺院土地改革方面，總本院一旦針對總務院提出的有償沒收、有償分配表示反對，並主張採取無償沒收、無償分配之後，在總本院中反對無償沒收的多數勢力就此脫離總本院。進而在樹立排除左翼的單獨韓國政府之過程中，許多與社會主義同調的總本院人士紛紛前往北韓。總本院勢力就此急速衰微，他們主張以比丘僧為中心的重建僧團計畫則以失敗告終。此外，根據韓國政府於西元一九四九年六月發布的農地改革法，寺院土地是以有償沒收、有償分配的方式分配給農民。

在為了教團營運而持續陷入糾葛狀態的過程中，部分地方寺院開始出現了試圖確立以禪僧為中心，並可藉此淨化僧人風紀的禪修風潮。總務院接納首座開設修道道場的請求，西元一九四六年十月，在海印寺開設做為總務院直屬修道道場的伽倻叢林，將繼承方漢岩、宋滿空法脈的李曉峰推舉為祖室，並指導僧侶修行。伽倻叢林內共有五十餘名僧侶參與，恪守戒律參修，亦鑽研教學。所謂的叢林，原本是意指具備禪院、講院、律院等綜合修道場。但在當時的伽倻叢林卻明顯具有禪院特性，禪院則是以沒有前述區分方式的參禪修行為主流，兼而修習教學。叢林經費是由海印寺負擔，因財政並未充裕，僧侶無法專注修行，亦需托鉢化緣。叢林僧侶未能實現向教團要求設立獨自財團法人的心願。

繼伽倻叢林之後，在鳳巖寺李性徹與李清潭的主導下於西元一九四七年組成參禪結社。兩者自西元一九四〇年代初期開始從事共修，籌畫僧侶共同修行及恢復清淨僧伽，自殖民統治解放後，開始在鳳巖寺正式結社。他們在「以佛法生存」的口號下，試圖透過獨自的律藏研究來重現僧伽的本有樣貌，並不仰賴寺地借貸或信徒個人布施，而是憑藉自行勞動及化緣來維持生計，撤除及廢止具有迷信要素的七星閣及山神閣，亦不舉行信徒請託辦理的佛供（法會）、薦度齋（喪葬儀禮）、忌日齋等。此外，除佛菩薩之外，廢除向神明敬拜或祈求，而是改為以禮佛或誦經為主。在日常生活中恪守過午不食及布薩，在袈裟及鉢盂等方面亦依據經典，使用壞色袈裟及瓦鉢。他們徹底實踐的修行方式在佛教界引起廣大回響，為許多僧侶及信徒提供修行者的典範。

幾乎與鳳巖寺同一時期創建的宋蔓庵則是與教團分道揚鑣，並以白羊寺為中心組成古佛叢林，發展獨特的淨化僧風運動。古佛叢林揭示綱領，表示其傳承自太古普愚以來的臨濟禪風，並以比丘為中心從事教團營運。這項綱領是針對教團對各宗所採取的融合態度及承認僧侶娶妻而提出批判，而此綱領是為了恢復禪宗傳統而設置。古佛叢林藉由將僧侶區分為比丘僧（尼）的正法眾，以及具有娶妻僧身分的護法眾，來將寺內任務予以分擔。正法眾研究參禪及教學，護法眾擔任傳法工作及寺院營運，身為寺院負責人的住持則是由正法眾出任。此外，唯有正法眾方能培育門徒。

伽倻叢林與鳳巖寺結社、古佛叢林等組織，皆是為了淨化僧風及恢復修行傳統，而由僧侶以自律方式來致力呈現佛教界的改革方向。西元一九五〇年在韓戰爆發之下，這些組織因難以彰顯成果而遭致中斷。韓戰結束後，不僅是叢林，甚至連禪院或講院等由僧侶組成的共同體，皆處於遲滯難復的狀態。山中寺院在戰爭期間遭到嚴重破壞，在社會整體陷入經濟疲弊至極的情況下，為僧侶修行而設的組織營運並非易事。

二、淨化運動與教團分裂

受到農地改革與朝鮮戰爭等因素影響而導致寺院財政惡化，對僧侶生活亦造成重大影響。尤其是僅專注參禪修行的首座，其個人生存方式甚至遭到威脅。對於沒有參與寺院經濟活動、只重視個人修行的首座，在殖民時期就已受到寺院內部排斥或疏遠，倘若寺院經濟狀況面臨惡化，其立場更處於劣勢。掌握寺院實權的娶妻僧隨著個人經濟狀況轉劣，並無意接納首座，故而導致首座陷入豈止能修行，就連生活空間亦難以確保的情況。為了突破此窘境，禪學院做為培育首座的代表性機構，於西元一九五二年春季向當時出任校正的宋蔓庵提呈建議書，請求將適合修道的數座寺院讓由首座管理。宋蔓庵接納建議，向總務院告示提供單身僧侶專用的修行寺院。宋蔓庵進而要求禪宗傳統明確化，又將比丘與娶妻僧分為正法眾及護法眾，並將僧團與寺院管理的責任全面交由正法眾擔任，雖在現實中接受護法眾，卻只承認當事者僅此一代而非世襲，並指示連同宋蔓庵個人自古佛叢林以來所考量的教團淨化方案亦一併予以檢討。教團執行部接納校正的意見，指定首座專屬的十八座寺院，卻因寺內僧侶反對而無法立即實施。首座則以未能包含如通度寺、海印寺、松廣寺（三寶寺剎）般的重要寺院或經濟規模可觀的寺院，故而要求分讓更多寺院。

首座與教團執行部之間形成對立後，是以李承晚總統於西元一九五四年五月二十日所舉行的促進佛教淨化的談話為契機，而就此出現轉機。對於李承晚指出應由單身比丘管理教團及寺院，娶妻僧則應離開寺院的談話內容，教團執行部反應十分敏感，並於六月二十日召開中央教務會，提出淨化教團的具體改革方案。其主要內容是以強化禪宗意識型態為目的，將教團名稱從既有的朝鮮佛教改為曹溪宗，並將僧侶分為修行僧（比丘）與教化僧（娶妻僧），又明確切割兩者任務，將包括佛寶寺剎的通度寺、法寶寺剎的海印寺、僧寶寺剎的松廣寺在內的三寶寺剎共五十餘寺指定為首座專屬寺院。這項改革方案是藉由接納宋蔓庵的意見所實踐的教團淨化來排除政府干預，另一方面，亦認同娶妻僧的僧人所屬權利。然而，比丘僧透過僧伽大會，決定不接納教團執行部的改革方案，九月末宣告獨自制定的宗憲，其內容包括將娶妻僧從僧團之中排除，並認定其身分是屬於在家佛子的護法眾。比丘僧為使僧團改革得以明確化，將既有的宗祖太古普愚，變更為主導高麗時代後期佛教界的普照知訥，但強調身為太古門孫的宋蔓庵則批判此舉為捏造法系，一改過去態度，立場轉為支持既有的教團執行部。此後，兩者為求意見協調而嘗試進行議論，卻無法獲得共識，遂於支持比丘立場的李承晚在發表第二次談話之後，比丘僧隨即於十一月五日進入太古寺，驅逐既有的執行部，重新建構隸屬於比丘僧團的曹溪宗宗務院。此外，將太古寺更名為曹溪寺，試圖強調自承系統有異於太古門孫的既有執行部。既有的執行部遭到驅逐，在與其立場同調的比丘共同組成宗團執行部後，除了推行認同娶妻僧權利的獨有淨化教團方式之外，並主張自身保有宗團的正統性。此後，具有明確準則及確保政府支持的宗務院，與實際掌控大多數寺院的既有執行部之間，彼此為了主張自我的正統性而在法廷進行鬥爭，另一方面，則為了爭奪寺院而持續引發肢體衝突。政府擔憂將造成社會混亂而向雙方提出妥協要求，依然相當難以解決兩者之間的對立。在藉由五一六軍事政變而獲得執權的軍政府施壓之下，雙方以承認娶妻僧享有部分權利的形式而彼此妥協，西元一九六二年四月，建構成為統合宗團的大韓佛教曹溪宗。其妥協方案為「於寺內單身常住，不需負擔撫養家族之責，專事修道教化及恪守戒律」、「僅針對娶妻僧而承認其僧權，如有違反，將立即褫奪僧權」。至於隨之而來的難題宗祖問題，最終決定並非知訥或普愚，而是將新羅時代末期初傳南宗禪的道義國師奉為宗祖。取而代之是將知訥與普愚，分別認定為致力於興佛的重闡祖與中興祖。

統合宗團在歷經重重障難之下最終得以建構，但在宗團營運及個別寺院管理方面，兩者的糾葛依舊持續未歇，尤其是透過三十二名比丘與十八名娶妻僧所組成的宗會，娶妻僧因逐漸無法徹底堅持自我主張而否定統合宗團，主張應恢復統合前的形式。但在歷經西元一九六二年八月廢除既有的〈寺剎令〉，以及新公布佛教財產管理法之後，首先登錄在統合宗團的寺院管理監督權歸屬於統合宗團，娶妻僧故而無法輕易要求分宗。娶妻僧質疑統合宗團的正統性，故而引發訴訟，積極爭取認同我方權利。西元一九六九年，大法院（最高法院）最終判決承認統合宗團的正統性，娶妻僧的試圖復舊以失敗告終。此後，部分娶妻僧與統合宗團彼此合流，其他僧侶則於西元一九七〇年五月另行組成宗團太古宗，就此脫離統合宗團。

太古宗立普愚為宗祖，並以首爾的奉元寺、順天的仙巖寺等部分傳統寺院，以及近

仙巖寺現為韓國第二大佛教宗派太古宗的道場，大雄殿前左右兩側三層石塔為韓國寶物。（出處：達志影像）

代以後設立的新設寺庵為中心來維持勢力，但與在佛教界占有絕大比例的曹溪宗相較之下，其勢力顯得微不足道。

佛教界在歷經朝鮮戰爭與淨化運動之後，陷入極其混亂的狀態，自從以統合宗團開始發展後，總算得以整備宗團體制。西元一九六五年制定叢林設置法之後，於西元一九六七年七月、西元一九六九年五月，在法寶寺剎海印寺與僧寶寺剎松廣寺分別開設海印叢林、曹溪叢林，並設置綜合僧侶教育及修行場所。此外，在全國主要寺院設立講院及禪院，促使許多僧侶可進行體系化教育及修行。尤其是在首爾與釜山、大邱、仁川等大都市地區設立多座禪院，不僅是僧侶，對於在家信徒亦推廣坐禪修行。另一方面，僧侶在以叢林為首的講院、禪院生活中，是以鳳巖寺結社為模式，曹溪宗僧就是由此時開始正式穿著壞色袈裟，藉此與他國僧侶有所區別。

統合宗團亦致力於大眾弘法，尤其重視將經典譯成韓文的譯經事業。在根據西元一九六三年制定的譯經委員會法之下，翌年在東國大學（前身為惠化專門學校）設立東國譯經院之後，計畫刊行將整部《高麗大藏經》譯成韓文的《大藏經》。此外為了培育譯經人才，而在龍珠寺開設譯經道場。有關《大藏經》的翻譯方面，在歷經三十七年歲月之後，於西元二〇〇一年刊行全三百八十一冊。另一方面，以基督教為中心並針對其宗教政策進行批判的活動亦活絡發展。尤其是統合宗團於西元一九六三年向政府提出建議書，指出應比照在美國軍政府統治之後將聖誕節指定為國定日一般，亦將佛誕日（花祭）同等指定為國定日。此後歷經泛佛教界式的署名運動及訴訟之後，自西元一九七五年起，終於將佛誕日指定為國定日。

三、教團改革的現況

淨化運動將有如殖民佛教遺產般的娶妻僧予以驅逐後，試圖致力恢復傳統比丘（尼）僧團，在此同時，卻在佛教界遺留不少弊害。最重要的是欲藉由世俗公權力及法律來決定教團的正統性，其中最具代表性的，就是以訴諸暴力來解決僧團內部糾紛的情況蔚為風潮。原本人數較娶妻僧更少的比丘僧在勢力逐漸擴大的過程中，大量出現許多欠缺僧籍資格的僧人，導致衍生出有違淨化運動原本寓意且有欠完備的僧侶教育，以及缺乏出家精神、悖棄戒律、寺院專斷營運等問題。另一方面，自從統合宗團開始營運以來，中央宗團逐漸強化對個別寺院的影響力，為了爭取中央宗團的主導權愈漸熾烈。這種情況與前述的問題點相輔相成，導致佛教界的糾紛趨於日常化。太古宗自西元一九七〇年分宗之後，曹溪宗內部為了宗正、總務院長、宗會的權限而糾紛不絕，甚至常有引發法廷訴訟或暴力事件。

如此宗團內部造成的糾葛情況，自西元一九八〇年四月開始營運和合宗團而暫告終結，並以此為契機，於同年五月透過軍事政變掌權的軍事政權以「淨化社會」為藉口，促使拒絕支持政權的和合宗團解散，並強制要求組成佛教淨化中興會議及協助政權。此後，宗團在協助政權者的主導下，支持政權並採行專斷式的宗團營運方式。如此欠缺正統性的政權，與宗團執行部之間猶如蜜月期般的關係，遂於西元一九九二年民主化之後產生裂痕，兩年後則由以改革宗團為目的而集結的僧侶所構成的泛僧伽宗團改革推進會，藉由將行事專橫的總務院長徐義玄予以驅逐，並建構改革宗團來完全使其斷絕發展。佛教界於西元一九七〇年代後期開始受到社會民主化運動所影響，民眾佛教運動是在佛教必須寄託於社會民主化與維護一般民眾權益的情況下，而以在家信徒為中心的方式出現。

這種潮流是由以僧侶為重心的宗團改革與確立修行風氣運動互為結合，自西元一九八〇年代後期之後促使許多改革僧團誕生，諸如淨土具現全國僧伽會、大乘僧伽會、實踐佛教全國僧伽會、禪友道場等。自從以經由改革的僧團為基礎所成立的改革宗團開始營運以來，在斷絕與政治權力緊密連結的同時，為了宗團民主營運而推動各種改革。將中央宗團具有的寺院住持人事權委讓於教區，本寺住持是由教區山中總會遴選而出，末寺住持則負責實施由本寺決定的教區自治制。在個別寺院營運方面，亦透過設置包括信徒在內的寺院營運委員會，來進行並非由住持獨斷決定，而是由寺院大眾全體進行公開議會的營運方式。

在宗團內部為爭取宗權而反覆上演紛爭及糾葛之中，以僧侶教育與大眾弘教為目標的體制整頓則是較為順利進行。西元一九八〇年代初期，設立中央僧伽大學、行者教育院、佛教學林等機構，為僧侶教育設立的教育機構得以發展完備。此外，西元一九九〇年代以這些教育機構為基礎，將僧侶教育課程予以體系化，亦即「行者教育院的基礎教育—僧伽大學（講院、中央僧伽大學）的基本教育—學林、僧伽大學院的專門教育」。出家眾在行者教育院接受六個月的僧侶基礎教育及考試之後成為沙彌（尼），再於僧伽大學接受四年的基本教育，此後才被正式認定為僧侶。僧伽大學的教育內容為初等的沙彌科、中等的四集科、完成階段的四教科與大教科等傳統講院教育，在此同時，亦包括佛教史、外語、律藏、哲學、心理學等科目。在現有二十餘所僧伽大學中，則有一千餘名僧侶在修習課業。在整頓僧侶教育體系的同時，亦於靈鷲叢林（通度寺）、德崇叢林（修德寺）、古佛叢林（白羊寺）等寺院設置叢林，與既有的海印叢林、曹溪叢林形成五大叢林。另一方面，自西元一九八一年起，在培養守戒精神與促使僧風一新的同時，為了謀求僧侶儀式及儀禮制度統一化，迄今在寺院個別針對沙彌（尼）及比丘（尼）施行授戒，以整體宗團為單位而集中於同一地點，並實施單一戒壇授戒山林。此外，自西元一九八二年起為了振興修行風氣，將鳳巖寺指定為特別修道院，又將自殖民統治解放後立即組成的鳳巖寺結社予以重現，並做為模範道場而進行營運。如前所述，藉由確立教育及修行體制，可促使僧侶素養及意識型態更為提昇。

西元一九八〇年代之後，以在首爾等都市開設的都心布教堂與市民禪院為中心的大眾弘法行動大為活絡化，通度寺、松廣寺、修德寺等主要寺院不僅在首爾開設前述的宗教設施，對佛教抱持關心的僧侶及在家眾所設立的許多布教堂或市民禪院，則是在以首爾為首的都市地區進行弘法活動。都心布教堂是為了適合在都市地區傳法，故而開創週日法會或佛教教養大學般的弘法形式，可確保許多信徒能定期參加法會。這種弘法方式亦推廣至都市周邊的寺院，在目前首爾等大都市地區，陸續出現已登錄超過十萬名信徒的大型布教堂。這種類型的布教堂主導佛教在都市中的弘法活動，而佛教發展在與基督教相較之下顯得乏力，布教堂成為代表佛教界的機構而獲得地位提昇。藉由都市地區的弘法行動逐漸活絡化，在家眾參與寺院營運的情形亦隨之擴大。

透過僧侶教育與大眾弘法逐漸活絡化，更能加深對於恢復佛教界的思想意識型態所付出的努力，如此情況是以看話禪旋風自西元一九八〇年代之後開始席捲的形式來顯現。看話禪是在少數禪僧之間流傳的修行法門，透過李性徹自西元一九八〇年代歷任曹溪宗宗正，並被大眾崇奉為活佛所傳布的教化，而在整個佛教界內廣泛流布，並被定位為佛教界的代表修行法。李性徹在殖民統治解放之後，隨即主導鳳巖寺結社，並於西元一九六七年就任海印寺住持之後，致力於確立看話禪之地位，將看話禪視為正統的僧伽修行法門。自西元一九八〇年代之後，則以《韓門正路》、《韓國佛教法脈》、《百日法門》等以大眾為訴求的著述，促使其個人思想在佛教內、外兩界廣泛傳布。李性徹主張僅以參究公案即能獲得直證的頓悟頓修之看話禪修行，才是正統的修行法門，除了參禪之外，其餘修行法門皆非正理。此外，李性徹以參修看話禪法及確立韓國佛教的太古普愚才是韓國佛教的正統法脈，實行頓悟漸修的普照知訥不啻是沒有正確理解看話禪的旁系祖師，不斷與主張普照的禪思想是為有用的僧侶及學者屢次發起「頓漸論爭」。自李性徹的問題提起之後，看話禪修行在佛教界蔚為風潮，針對看話禪的理論檢證，或從看話禪的觀點來試圖讓佛教思想予以體系化的研究十分活絡。曹溪宗基於宗團的立場，致力將看話禪做為佛教界的正統修行法來予以體系化，在個別寺院中，亦有針對一般人而積極介紹或宣傳看話禪。然而部分佛教界人士提出批判，認為看話禪是在特殊環境中的少數修行者所行持的法門，並提出取代方案，提倡在日常生活中可輕鬆實踐的具體修行法，諸如南傳佛教的毘婆舍那（冥想），或藏傳佛教的冥想等方式。此外，至今仍廣泛推行傳統佛教信仰的念佛及誦咒、祈求等方式。

專欄五

角筆經典

小林芳規（廣島大學名譽教授）

促使重新考證日語訓點起源說的角筆訓點

日本於九世紀初將國都遷至平安京後，在奈良古寺內仍有因應南都六宗的各宗信仰內容來講述必要修習之經典，而此六宗即是國家佛教之代表，分別為三論、成實、法相、俱舍、華嚴、律宗。至於講述內容，則是將日語訓讀經文的字跡，以白書（編案：以貝粉調製的白墨書寫）或朱書（編案：以朱砂所製的朱墨書寫）直接書寫於經卷。這些白書或朱書是屬於假名或乎古止點（編案：為顯示漢文訓讀讀法而使用的符號）、返點（編案：為顯示漢文訓讀的語順而使用的符號）等符號，稱之為訓點。《成實論》之中，出現於天長五年（八二八）以白書撰寫的訓點，是目前所知年份最早的紀錄，其次則是《百論釋論》於承和八年（八四一）以白書及朱書所書寫的訓點。

至今在日本以毛筆書寫白書、朱書訓點的文獻（編案：有「訓點資料」之稱，並稱為「白點」、「朱點」），被視為日本語史的專門研究對象。有說法指出現存最早的白點、朱點的訓點資料是始於九世紀初，故而日語訓點表記是始於九世紀初。因東大寺等南都古宗僧侶使用白點、朱點，故有說法指出日語訓點是由南都僧侶所創。訓點的要素就在於片假名及乎古止點，故有一說指出兩者皆由南都僧侶所創。

然而，在經卷中書寫訓點的歷史，可回溯至八世紀的奈良時代就已進行。當時並不使用白點、朱點，而是以角筆在紙面刮凹痕跡的方式來書寫假名或符號。

角筆是以象牙或硬木、竹子所製，為筷狀的古老筆記用具，一端削成筆尖狀，將此端刮在和紙表面形成凹痕，藉此書寫文字或繪畫。角筆不同於毛筆，並無著色，至今遭到忽略。在鉛筆成為日常文具為止，角筆與在明治時代以前的主要用具毛筆一併使用。在聆聽老師講義等時刻，可彌補毛筆必須不斷沾墨的不便，或不會沾汙珍貴紙張，在書寫訓點時成為恰到好處的筆記用具。以角筆書寫訓點的經卷，稱之為角筆經典。

若以八世紀的角筆經典為例，據傳為神護景雲二年（七六八）書寫的《大方廣佛華嚴經》卷四十一（東大寺圖書館藏）之中，有如下的角筆標記方式：

莊嚴佛子菩薩摩訶薩「伊」（角）住「世リ」（角）此三昧「尒」（角）

如其所示般，以角筆書寫「伊」「世」「尒」的真假名（編案：以漢字音來標記日本的國語字音），以及「リ」（「利」的偏旁）所省畫假名（編案：省略漢字筆畫的假名），其訓讀為「菩薩摩訶薩イ此（ノ）三昧ニ住セリ」。「訶薩」二字是以角筆繪以長縱線，亦使用將此二字視為熟語（編案：由兩字以上的漢字所組成的詞彙）來理解的「合符」（編案：連結兩個漢字為同一語彙的長線符號，其形如平假名「く」字的反向符號），亦有角筆的節博士（編案：在佛教儀式中僧侶所唱誦的聲明歌詞旁標記高低或長短旋律的樂譜符號）。

與此類型相同的角筆書寫之例，則有光明皇后（七〇一—六〇）蓋有私印的《判比量論》（大谷大學藏）：

今於此中「ㄋ」（角）直就所詮而立比量證□□識（第八）（第九節）

法處所攝不待根「ㄆリ」（角）故（第十節）

角筆的「ㄋ」（「良」之草書）・「ㄆ」（「火」之草書）與「リ」（「利」之偏旁），分別表現朝鮮語的「아」（相當於日語助詞「に」），以及「블」（是以「根」的訓讀字來表現，「블」為火之意，故「根」分別是以同樣為訓讀字的「火」來表示朝鮮語的終聲「ㅂ」，並由「利」的偏旁來表示朝鮮語的子音「ㄹ」）。《判比量論》是新羅僧元曉（六一七—八六）於西元六七一年所撰的著作，角筆訓點則是在光明皇后蓋有私印之前所加，或許是書於八世紀前期，可能是由留學新羅的大安寺僧審祥請歸。此外，亦採

用以角筆書寫的縱線合符或節博士。這些符號在九世紀的南都僧所用的白點、朱點之中完全不曾使用，而與奈良時代的《大方廣佛華嚴經》卷四十一等角筆經典所使用的符號相同，這應是受到新羅的角筆經典所影響。有關使用假名方面，尤其是片假名的起源可能深受其影響。

新羅的角筆經典，亦可見於東大寺所傳的《華嚴經》之中。

東亞的角筆經典

有關乎古止點，至今仍有說法指出是日本的固有用法。然而，根據韓國於西元二〇〇〇年七月的調查，在十一世紀刊行的初雕高麗版《瑜伽師地論》之中已發現曾使用角筆，將高麗時代的乎古止點（韓國稱之為「點吐」）與假名（「字吐」）一起書寫的情況。其次在十、十一世紀刊行的《大方廣佛華嚴經》或《妙法蓮華經》之中，亦採用其他系統的點吐。可知朝鮮半島的角筆經典依然現存，並曾使用乎古止點。不僅如此，新羅於八世紀已使用點吐（《華嚴文義要決》），初雕高麗版《華嚴經》的點吐原型，應對日本乎古止點的形成有所影響。

中國亦有角筆經典的事實，是從五至十世紀的各時期敦煌文獻經卷中發現角筆加點的存在而方為人知。其加點包括漢字注、合符、節博士、句點等部分，近年則經由《宋版一切經》的調查，得知亦使用類似日本乎古止點的單點、複點（具有顯示文法功能之點）。單點、複點的形式，與朝鮮半島的點吐極為相似，卻不具有點吐所使用的助詞或助動詞的複雜符號或返點，用法十分單純，並且是以沒有必要使用助詞或助動詞的語言為基礎。若一併考量到甚至是與合符或節博士一致的情況，敦煌文獻的角筆加點可能與韓國的點吐具有互為影響的關係。這種表示古態的文法功能之點，亦開始在唐朝的書寫經典中陸續發現。

為了解讀經典文本，將在注解漢字或解讀所需的各種符號直接書寫於經卷中，此為東亞古代學術共同採用的方法，並曾以中國為首、且在朝鮮半島及古代日本進行。這種現象在藉由近年發現角筆經典後，有更深一層的闡明。

自從發現許多是僅以角筆刻出凹痕形成加點，故而遭到忽略的情況之後，由此可知在東亞漢字文化圈中，各國讀解的語言皆異，卻出現在經典中直接以角筆加點的共通方法。此外，或可針對同一部經典的讀解方式來進行比較，抑或考量其交流所造成的影響及關係。

文獻介紹

吉田金彥等編，《訓点語辞典》，東京堂出版，二〇〇一年。

小林芳規，《角筆文献の国語学的研究》（研究篇　影印資料篇二冊），汲古書院，一九八七年。
小林芳規，《角筆のみちびく世界》，中公新書，一九八九年。
小林芳規，《図説　日本の漢字》，大修館書店，一九九八年。
小林芳規，《角筆文献研究導論　上卷　東アジア篇》，汲古書院，二〇〇四年。
小林芳規，《角筆文献研究導論　中卷　日本　國內篇（上）》，汲古書院，二〇〇四年。
小林芳規，《角筆文献研究導論　下卷　日本　國內篇（下）》，汲古書院，二〇〇四年。
小林芳規，《角筆文献研究導論　別卷　資料篇》，汲古書院，二〇〇五年。

第六章

朝鮮半島的佛教美術

朴亨國

武藏野美術大學教授

第一節　佛教傳入與初期造型

一、在朝鮮半島傳播的佛教美術

佛教是在三國時代傳入朝鮮半島，並依序傳入高句麗、百濟、新羅三國。不僅隨之受到中國佛教美術所影響，彼此亦互為影響，逐漸發展各國獨特的佛教美術。新羅於七世紀後期統一半島之後，出現了有史以來，高句麗、百濟、新羅式的佛教美術最完美的融合。此外，藉由與中國及日本的頻繁交流，在統一新羅是以多元融合為目標的佛教思想之下，更為盛行建寺及造佛。然而，自十三世紀之後，因蒙古入侵所造成的不安及國勢衰退，加上儒教與道教開始正式受到崇信，招致佛教美術在造型上逐漸式微。

有關伽藍配置或佛堂的建築樣式方面，大約與中國的發展過程一致。但在佛塔方面，則形成獨特的風格變化。首先，在三國時代是受到中國影響而建造木塔，尤其是高句麗流行造立八角形的七層木塔。至七世紀時，石塔則隨著木塔開始興建。百濟首先模仿木塔建造石塔，在新羅亦有結合木塔與磚塔形式的獨特石塔。新羅式石塔在統一新羅時代依舊延續建造，至高麗時代後期，亦建立中國遼代、元代形式的多角多層石塔。

有關佛教雕刻方面，三國時代是以金銅佛或塑像為主流。尤其是與中國邊境接壤的高句麗，在因應中國佛教式樣或圖像的變化之下逐漸發展。百濟雖受中國影響，但在早期就已採用花崗岩製作石佛，呈現百濟式的石佛。在三國之中最晚傳入佛教的新羅，大量汲取中國及高句麗、百濟的佛教美術，在新羅時代末期產生自國特有的金銅佛及石佛型態，尤其是以半跏思惟像為代表。到了統一新羅時代，隨著金銅佛的發展，以花崗岩建造石佛（摩崖、一體雕刻成形的造像）步入全盛期。其中在統一新羅，又以慶州石窟庵的本尊成為屈指可數的優秀作品。但至九世紀之後的高麗時代初期為止，無論是圖像或樣式上，被視為追隨石窟庵本尊風格而造立的石佛大肆發展，因無法恣意創造佛像而招致佛像造型發展的式微。另一方面，基於民間信仰所建造的巨大石佛群，則被認為是具有風格獨特的樣式發展及雕刻方式。在高麗時代末期，僅有建造些微受到元朝影響的金銅佛。

在佛教繪畫方面，主要是以繪於祭祀佛像的佛殿或堂閣壁上用以裝飾的壁畫為開端，區分為安置在本尊後方壁上禮拜用的「後佛幀畫」、在野外舉行法會之際做為代表本尊之用的「掛佛畫」、描繪佛教尊像的「幀畫」、描繪高僧肖像的「影幀」、描寫經典內容的「經變相圖」或「寫經變相圖」等。目前最早的佛畫，是在五世紀前期位於現今中國吉林省集安市的長川一號墓前室之內所描繪的佛坐像，此佛結定印，在其台座左、右兩側皆置獅子，採用的圖像與所謂的中國古式金銅佛形式相同。高麗時代造立佛像的風氣不振，取而代之則是盛行佛畫製作，並以描繪阿彌陀如來系統、觀音菩薩、地藏菩薩、彌勒佛等尊像為主流。在以朱色及綠色為基調的透明色彩之上，施以金泥描繪的纖細紋飾，於平穩畫風中亦顯燦華，確立佛畫獨特的式樣。

自佛教傳入後，製造許多具有佛儀用途的各式佛具或佛器、做為工藝品之用的佛塔等，其中的舍利容器或梵鐘、淨瓶等器物，被認為是朝鮮半島的特有型態，不僅有細緻的裝飾圖紋，亦顯示工藝技術上的巧奪天工。

佛教美術產生於印度，三國時代傳播於朝鮮半島，並在此獨自發展成當地所接受的形式及風格變遷，各時代皆有匠心獨具、傾注心血所製作的優良作品，並在各地留下許多佳作。原本佛教美術自古以來，即是經由互動交流的亞洲世界場域來逐漸發展及推廣，在此區域保有不同的民族、語言、風俗、宗教觀等性質。本章將探討位於亞洲東端的朝鮮半島，並透過不同民族或宗教的造型風格所產生的佛教美術，如何在此最終達成區域或歷史方面的變化，並以包括佛像等在內的雕刻，以及石塔等石雕美術、佛畫等佛教繪畫及梵鐘等金屬工藝為中心來做考察。

二、高句麗

根據《三國史記》等著作所載，小獸林王二年（三七二）六月，前秦王苻堅遣使者入國，不僅派遣僧人順道，亦致贈佛像及經文，此為佛教公傳高句麗之始。更於兩年後，僧人阿道亦赴高句麗。翌年小獸林王五年（三七五）二月，創建肖門寺（以省門為寺，後為興國寺）與伊弗蘭寺（後為興福寺），並由順道、阿道分別出任住持。這些事蹟堪稱是華北佛教以官方管道正式傳入，從《梁高僧傳》、《海東高僧傳》所記載的東晉高僧道林（三一四—六六）曾致函於高句麗人釋亡名一事來看，可知佛教更早就已經由民間管道，自華北及江南傳入高句麗，並獲得當地人士信仰，亦有沙門輩出。此外，廣開土王於西元三九二年在平壤創建九座寺院，兩年後，北魏僧人曇始攜來經律數十部，並在遼東地方從事教化。不僅是北魏，高句麗亦遣使入南梁，由此可推測曾吸取南、北兩朝的佛教文化。

根據文獻紀錄，高句麗最初傳入的佛像是由順道請來，順道於西元三七二年攜入高句麗的佛像，因無記載而無法得知是何種形象，但可知三年後創建肖門寺。建寺必然需要安奉佛像，換言之，隨著佛教傳入而建寺，這意味著亦有佛像傳入，初期可能是安奉佛教傳播國所傳入的佛像。一旦進入持續建寺的時期，各國必然亦開始造立佛像。故而包括高句麗在內的三國開始製作佛像的時間點，應與各國建寺的最初時期相隔不遠。

目前可得知初期的高句麗佛像型態的現存之例，是在高句麗國內城（今集安市）的長川一號墓（五世紀前期）前室中，繪有佛坐像及菩薩立像、飛天、供養者像、蓮花、蓮花化生等壁畫。其中，佛坐像結定印，在台座左、右兩側置有獅子等，以及西元一九五九年於首爾的纛島所發現的結定印小型金銅佛坐像（中國，四世紀末至五世紀初，國立中央博物館藏）等，與在中國五胡十六國時期大量製造的古式金銅佛型態相同，堪稱是呈現出初期傳入三國的佛像型態，並顯示可能是在初傳期佛像的模仿時期所創作的例子。此外與該像同一型態的金銅佛於西元一九八五年自集安出土，成為最初傳入朝鮮半島的佛像型態，並以在半島製作的初期佛像型態而備受關注。

延嘉七年銘金銅佛立像（出處：韓國國立中央博物館 National Museum of Korea）

在曾屬於新羅領土的慶尚南道宜寧郡出土的延嘉七年（五三九）銘金銅佛立像，據其光背銘文所示，可知是在平壤東寺鑄造的千尊佛之中，編號為第二十九號的因現義佛。該像具有六世紀前期的北魏造像形式，此例堪稱是顯示高句麗與中國佛像幾乎同時在形式上產生變化，以及高句麗在新羅佛教中扮演了重要角色。

癸未年（五六三）銘金銅三尊佛（首爾，澗松美術館藏）為一光三尊佛的形式，不僅是與平壤市平川里出土的永康七年（五五一）銘金銅佛的光背（朝鮮中央歷史博物館藏）相似，更與中國山東省諸城市出土的東魏金銅一光三尊佛（六世紀前期，諸城縣博物館藏）相似之處甚多。在考量百濟與東魏（編案：此僅指今山東省一帶）之間的交流關係之際，成為備受矚目之例。

平壤市元五里廢寺出土的泥塑佛與菩薩群像（六世紀），分為同樣形式的菩薩立像與結定印的佛坐像兩大系統，在造型方面整體添加圓潤感，保持強烈的左、右對稱性。

平壤市土城里出土的陶製佛坐像碎片（六世紀，國立中央博物館藏），有許多特徵類似於中國南京市棲霞寺石佛龕的佛坐像台座（南齊，五世紀末），或忠清南道青陽郡出土的陶製佛坐像台座（百濟，七世紀前期，國立公州博物館藏）等作品，顯示出與中國南朝（江南）或百濟彼此之間產生影響的互動關係。

平壤市平川里出土的金銅半跏思惟菩薩像（六世紀後期，首爾金東鉉舊藏，三星美術館 LEEUM 藏），從寶冠型態或半跏姿勢、衣紋處理等，多處可覺察到北齊是受東魏的影響。

如前所述，不僅可知高句麗的佛像式樣或圖像變化，與中國的北魏、東魏、北齊的佛像變化幾乎同時進行，在考量高句麗與中國南朝或新羅、百濟的關係之際，亦是十分重要的課題。

三、百濟

根據《三國史記》等著作所述，枕流王元年（三八四）九月，胡僧摩羅難陀自東晉而來，國王迎於宮中，以示禮敬。翌年於漢山（今京畿道）創建佛寺，剃度十名僧侶。此後相關紀錄幾乎不明，聖王四年（五二六），自印度求法返國的謙益與梵僧同行，並攜歸梵本《五分律》。聖王十九年（五四一），南梁致贈《涅槃經》注釋書。從以上數點可知，百濟深受中國南朝佛教所影響，並可推測曾於六世紀與印度直接交流。

在百濟方面，西元三八五年於漢山建立佛寺，佛像大致在此時開始製作，但目前仍無法確認漢山期與公州期的佛像。現存最早之例，是遷都扶餘（五三八）之後隨即製作的忠清南道扶餘郡定林寺遺址出土群像，或忠清南道瑞山市普願寺遺址出土的金銅佛立像等。雖被認為具有中國北魏末期至東魏佛像式樣的特徵，但更具有渾厚感，並呈現優雅風格。

中國南朝傳入並受其影響的扶餘郡軍守里出土的蠟石造佛坐像（六世紀中、後期），以及被認為是受到北齊影響的金銅菩薩立像、扶餘郡新里出土的四尊金銅佛（皆為六世紀後期，國立扶餘博物館藏）等，以及北魏至隋朝，尤其是應受到山東半島所影響的忠清南道禮山郡花田里四面石佛（六世紀後期至末期）、忠清南道泰安郡的泰安摩崖佛（六世紀末至七世紀初），忠清南道瑞山市的瑞山摩崖佛（七世紀初）等是屬於百濟佛像形式的完成期，以比例勻稱、風格洗鍊的構成形式等特色，將百濟獨特的美感予以造型化。此外，從木塔轉變為石塔的百濟，早已採用花崗岩製作的石佛，亦是百濟佛教雕刻史上的里程碑。至於一體成形的石雕作品之例，則可舉出全羅北道益山市蓮洞里石造佛坐像（七世紀前期）。尤其是位於沿著連結中國山東半島與百濟國都街道上的花田里、泰安、瑞山石佛，是以六世紀前期至七世紀前期在山東半島流行的信仰為典範所造立的尊像，當時是根據最新式的圖像而創造的作品。

泰安摩崖佛的形式十分特殊，是由中央的菩薩立像，以及兩側配置的如來立像所構成。若從中央的菩薩立像是由左、右如來所簇擁，以及若從左、右兩側斜眺菩薩之際則被如來遮蔽，再加上中央菩薩的台座蓮瓣與左、右如來的形式相異等特徵來考量，皆顯示曾將左、右兩側蓮瓣予以破壞並淺雕為菩薩立像。由以上幾項特徵來考量，自然令人聯想到中央的菩薩立像是在左、右如來立像完成後追加雕刻而成。換言之，極有可能是利用左、右如來立像的佛龕重疊部分來雕刻菩薩立像。相較於瑞山摩崖佛的右脇侍菩薩，其表現顯得更為僵硬，追加雕刻的時期亦略遲於瑞山摩崖佛。此外，左、右如來立像的右手，是從誕生佛或佛傳圖中亦可獲得確認的古式說法印，此為東亞地區在六、七世紀廣泛運用的手印。在菩薩立像左側的如來立像，其左手結有手印，其形式為手捧壺狀容器，拇指按於壺蓋上，與藥師如來的持藥壺印顯然有別。此外，在朝鮮半島尚無法確認將壺狀容器視為藥壺使用的方式，在日本則是自平安時代開始出現。此手印的性質不明，可能是從當時手持舍利容器或香爐的菩薩或羅漢圖像借用而來。此外，從自印度傳承的將右手視為結定印手臂的傳統來看，菩薩立像左側的如來菩薩是以結古式說法印為主，持壺的左手則是持有象徵佛性之物，由此思考方式來看，亦可考量是藉由持著釋迦佛舍利來顯示彌勒如來的後繼者身分。

瑞山摩崖佛在中央安置結有古式說法印的如來立像，左側是半跏思惟菩薩像，右側則是菩薩立像。就圖像整體來說，是將山東半島流行的一光三尊式的三尊佛之中的左脇侍，採取新造型的半跏思惟菩薩像之形式。首先，在菩薩立像的手印方面則有「捧寶珠印」的研究，但有別於日本的造像創作之例，在中國或朝鮮半島皆沒有可明顯確認是寶珠之例，該像則是採取以雙手完全遮掩寶珠般的形式予以護持。畢竟是護持舍利容器或香壺，在中國北朝是由羅漢所持，南朝則由菩薩所持，如此潮流應是經由山東半島傳入百濟。

在六世紀，做為三尊佛之中兩脇侍的菩薩像，除了沒有特定位格的脇侍菩薩之外，僅有與位處主尊位格的觀音菩薩與彌勒菩薩而已。換言之，應是以釋迦、彌勒、觀音的組合為基礎。如同瑞山摩崖佛的右脇侍菩薩，或泰安摩崖佛的菩薩立像般，是以雙手護持舍利容器或香壺的菩薩或半跏思惟菩薩像，此後分別在日本發展為觀音菩薩與彌勒菩薩。當時應是採用最新形象而成為「代用」。換言之，瑞山摩崖佛是以釋迦為中心，左、右分別為觀音菩薩與彌勒菩薩，泰安摩崖佛則是除釋迦之外另添加彌勒菩薩，如同巴米揚大佛般是由二佛構成之後，再追加觀音菩薩而成。

此外，以忠清南道燕岐郡碑岩寺為中心所建造的癸酉年銘全氏阿彌陀佛三尊像（六七三）等碑像，是在長方形的四個碑面是以浮雕表現佛菩薩像，亦是屬於三國之外地區所沒有的特殊形式。從銘文可確認是在百濟滅亡不久後的七世紀後期，由百濟遺民發願所建造。這些以百濟佛教思想為基礎所建造的碑像，或許是在戰亂後立即建造，故以阿彌陀如來為主尊的作品為多。此外，百濟碑像具有以下幾項值得矚目的特點：1.亡者是以前往極樂世界的姿態來呈現，並非此

癸酉年銘全氏阿彌陀佛三尊像碑像（出處：韓國國立中央博物館National Museum of Korea）

後所見的孩童形象，而是以生前姿態，呈現合掌或手持柄香爐或花卉供養的形象。2.在探討朝鮮半島的殿閣形容器之際，乘載亡者的殿閣形舍利容器則成為重要課題。3.有關究竟是由何者引導亡者前往極樂世界方面，癸酉年銘全氏阿彌陀三尊佛碑像是由飛天接引亡者，己丑年銘阿彌陀三尊佛碑像的兩脇侍並非由觀音菩薩與勢至菩薩接引，而是由立於兩菩薩身旁的菩薩將亡者引度至上方。有關百濟時代的佛教信仰，目前仍有許多未明之處，僅憑推測而已，但百濟的往生極樂信仰，有可能是基於阿彌陀來迎信仰確立之前的信仰。

四、新羅

新羅是在三國之中最晚傳入佛教的國家。據《三國史記》所記載，據傳在訥祇王時期（四一七—五八），僧侶墨胡子自高句麗前往新羅的一善郡（今善山）之際，毛禮於自宅設置庵室而供其居宿。此外，炤知王時期（四七九—五〇〇），阿道曾訪毛禮之處。此二例雖未明之處甚多，令人質疑，但從其內容應可顯示在新羅佛教透過官方管道傳入之前，就已經由高句麗傳入。新羅佛教透過官方傳入的時間，是在法興王十四年（五二七）。據傳當時的君王曾詢問臣下是否應信奉佛教，眾臣皆表示反對，唯有異次頓一人賭命主張應奉佛法，遂遭斬首。當時從異次頓頸間冒出白血，反對派的群臣在受到奇蹟感召下，毅然決心奉佛。這則傳說反映出法興王時期的奉佛與反佛二派立場彼此對立，亦暗示佛教已滲透新羅國內。此外，在兩派對立之際，反對派指稱「奉佛之輩剃髮，身著異服」，由此可推知已有出家僧侶存在。然而從佛教透過官方傳入之後不久，永興寺（五三四）、興輪寺（五四四）、皇龍寺（五六六）等繼續創建大型寺剎，由此可推測佛教曾迅速擴展。真興王時期（五四〇—七六）在興輪寺迎接南梁使者，亦從南陳獲贈經論一千七百餘卷，由此可知與中國的直接交流十分盛行。

新羅雖是三國之中最晚透過官方管道傳入佛教，此後卻急遽發展。初期深受高句麗、百濟所影響，約自六世紀後期起，達成了新羅獨特的佛像形式。

慶州市皇龍寺遺址出土的金銅佛立像（六世紀中期，東國大學博物館藏），此例保留了延嘉七年（五三九）銘金銅造佛立像等高句麗佛像形式的遺風。此像是自北魏傳至高句麗，再經由高句麗傳入新羅的佛像創作之例，目前雖已佚失，但從文獻上可推測是屬於慶州市興輪寺（五四四年竣工）的佛像型態，而興輪寺佛像則是在新羅初期正式製作的佛像之例。西元五七四年鑄造的皇龍寺金堂金銅釋迦佛立像，是三國時期最初的金銅丈六佛，可知已在六世紀後期發展至超越高句麗或百濟的水準。此外，新羅曾於西元五七九年向日本致贈佛像。

至七世紀前期，從曾受到北齊至隋初風格的影響所呈現抽象表現主義的佛像軀體形式，轉變為隋末至初唐的半寫實主義的佛像製作。慶州斷石山神仙寺摩崖佛群像（七世紀前期），或南山三花嶺出土的彌勒三尊石佛（七世紀中期，國立慶州博物館藏）、南山禪房寺三尊佛像（七世紀末，拜里三體石佛）即是當時的代表之作。此外，神仙寺摩崖佛像在天然石室壁上以浮雕表現彌勒佛立像及半跏思惟像等造像，則成為最初的石窟寺院而備受矚目。

在金銅佛方面，慶尚北道龜尾市善山邑出土的兩尊金銅菩薩立像（國立大丘博物館藏）即為代表之例。據推測在所謂的執寶珠（持寶珠）菩薩立像（七世紀前期）方面，新羅與百濟的造像有關，至於觀音菩薩立像（七世紀前期至中期）方面，新羅則與隋末至初唐之際的造像有關。並可窺知至新羅時代末期，曾積極汲取高句麗或百濟、中國的佛教藝術，促使新佛像形式產生的過程。此外，在新羅最流行的式樣之一，就是右手持有圓形寶珠狀之物的金銅佛立像，雖有造像為藥師佛之說，卻沒有足以證明的資料或作品，故難以認定為藥師佛。

五、半跏思惟菩薩像

自六世紀後期至七世紀後期的百年之間，在朝鮮半島無論是金銅或石製、摩崖的形式，皆集中建造半跏思惟菩薩像。其尊名則有三說，亦即釋迦太子、彌勒菩薩、觀音菩薩。此外，在第二次世界大戰之後所提出的彌勒說則一貫成為定論，此說是由彌勒菩薩與受到國族意識型態備受讚揚的新羅青年組織花郎信仰互為結合，但皆是缺乏依據。此外，在忠清南道燕岐郡蓮花寺戊寅年銘碑像（六七八）的銘文上則有「一切眾生敬造阿彌陀彌」，最後一字被認為是彌勒的「彌」，並被解釋為「一切眾生敬造阿彌陀佛與彌勒菩薩二尊」。雖有說法認為正面的佛坐像是阿彌陀佛，背面的半跏思惟像是彌勒菩薩，但有對此解釋表示質疑的看法，朝鮮半島的半跏思惟菩薩像尊名如今仍未確定。在這些半跏思惟菩薩像之中，應有被視為彌勒菩薩的造像，但難以將所有作品皆視為彌勒菩薩。此外，在半跏思惟菩薩像方面，據傳為平壤市平川里出土的金銅半跏思惟菩薩像（六世紀後期），或在忠清南道瑞山摩崖佛之中，位於如來左側的半跏思惟菩薩像（七世紀初）等例，可明確得知亦在高句麗或百濟製作，並成為新羅最流行的形式。

首先，新羅的半跏思惟菩薩像之代表作，是國立中央博物館所藏之國寶七十八號與八十三號的兩尊金銅像，分別採取東魏（六世紀後期）與北齊至隋朝的式樣（七世紀初），有別於一般中國的半跏思惟菩薩像是以交疊雙足的彌勒菩薩為主尊，兩側配置脇侍，或以僧者做為脇侍的三尊形式。新羅的菩薩像則是被定位為僅由單獨尊像即可完整成為獨立敬拜的對象。新羅半跏思惟菩薩像的典型之例國寶八十三號像（七世紀初），在京都廣隆寺木造半跏思惟菩薩像（寶冠彌勒，七世紀前期）的研究中，成為不可或缺的作品之例而備受矚目。新羅的半跏思惟菩薩像製作，一直延續至三國統一不久之後。慶尚北道奉化郡

半跏思惟菩薩像八十三號（左）與七十八號（右）（出處：韓國國立中央博物館 National Museum of Korea）

北枝里出土的石造半跏思惟菩薩像（七世紀中期，目前殘存像高為一六〇公分，慶北大學博物館藏），復原後的高度高達二五〇公分（可能為丈六之身）的巨像，此後大型造像急遽消失，至於造像中斷的理由則不明。

此外，新羅系統的渡來人秦河勝所創建的廣隆寺的木造半跏思惟菩薩像，在《廣隆寺資財交替實錄帳》（八九〇）之中，與該寺所藏的寶髻彌勒皆記載為「彌勒菩薩」，由此可知當時即被信奉為彌勒菩薩。至於是否從最初就被信奉為彌勒菩薩，則實情尚未明確。此外，此像究竟是否為推古十一年（六〇三）由聖德太子賜予秦河勝的佛像，或於推古三十一年（六二三）自新羅請來的佛像，則因史料錯綜複雜或內容不明之處甚多，故而無法獲得確證。此像別無他例，是由整塊赤松雕造。除了赤松材質之外，在腰帶部分採用楠木。其造型與前述汲取東魏和北齊至隋朝式樣的兩尊金銅半跏思惟菩薩像（國寶七十八號、國寶八十三號）相似點甚多，故有說法指出半跏思惟像是從新羅請來的佛像。或有認同其製作方式與奈良法隆寺的救世觀音相同，亦即並非以塗漆方式，推測是使用鉛白的白色顏料做為基底，並在其上直接貼以金箔的技法。或隨著時代遷移，與神奈川縣的伊豆山神社的木造男神立像（十一世紀初）同樣採取木裏法（編案：以接近木芯的部分做為表面進行雕刻的技法）來使用材料。若從構造或技法層面來考量，應是來自新羅的渡來系佛師（編案：製作佛像或佛畫的藝匠）或其子孫在日本製作，如此想法則較為合理。此外，目前廣隆寺的半跏思惟菩薩像所呈現的狀況，是在西元一九〇四年修理之際，祛除其像容及上半身表面翹起的薄乾漆，再將面龐部分削除，並在受損之處以木屎漆（編案：以木粉等物與漆調和而成，用以修補漆器或乾漆佛像等造像的裂縫）予以填補，故而喪失最初作品的嚴峻表情。

六、神像——崇山信仰及其造型

朝鮮半島的神像可分為始祖神與自然神。首先，最初是在高句麗出現始祖神像，如同《北史》、《三國史記》中所見的「夫餘神，刻木作婦人像」，此項紀錄是將創建高句麗的東明聖王高朱蒙之母，亦即河伯之女柳花夫人奉祀為夫餘神，而該像是在西元六五九年編纂《北史》之前的造像。此外，《三國史記》寶藏王五年（六四六）條則記有「東明王母塑像」，故可確認夫餘神亦被立為塑像。此外，亦有記載在百濟或新羅將柳花夫人祭祀為始祖及國母。在新羅始祖朴赫居世的出生地奈乙，亦即從慶州市南山的蘿井地區發掘出奈乙神宮遺址，就此闡明始祖神之存在。現存最著名的始祖神像，是以創建高麗的王建為對象所建造的青銅高麗太祖像（約九四三），其形貌是以裸身穿著布衣來呈現，具有現人神（編案：以人身具現為神）的特性。

自然神的造像則與新羅的山岳崇拜具有密切關聯。新羅在環繞慶州的群山中設置三山與四靈地，成為慶州的守護神。其中，在舉行國家大祀的三山之中，可推測最重要的狼山（奈歷山）是在七世紀被奉祀為與佛教信仰密切相關的神山（神遊林、七處伽藍之墟、兜率天）。此外，在議論重大國事的四靈地之一，亦是鎮守新羅王室之靈山的南山，則擔任為新羅王室祈福之寺的角色。在文獻紀錄中，此地為憲康王時期（八七五—八八六）祭祀南山神的場所，並雕刻曾在離宮鮑石亭舞蹈的南山神。至於相關記載可見於《三國遺事》的處容郎望海寺條。目前可確認的製作神像之例，則有南山神與狼山神。

首先，現存最早的神像是南山佛谷的龕室女神坐像（七世紀前期），早於南山諸尊佛像的建造時期。此像是挖空南側的自然岩石，設置虹霓形（拱形）龕室，並在其中刻造浮雕。女神坐像身著唐服，頭頂結髻，分垂於正面左、右側及後方，雙手拱於腹前，雙足跏趺坐於鋪布的方形台座上，右足露出，並無光背或白毫相、三道相（編案：於佛菩薩頸項刻三道紋）。衣紋是以近似線條的形式雕刻，幾乎是採用同樣間隔的寬度來表現，這是刻意避免以立體方式來呈現。整體上其構圖包括台座在內，是呈現近似安定的正三角形，包含頭部在內的神像全身及龕室內壁皆塗以朱色。

其次，慶州市狼山摩崖女神三尊坐像（八世紀後期）亦是在挖空自然岩石中的龕內予以呈現，其髮頂結有寬髻，分垂於正面左、右側及後方。至於垂在雙肩的左、右側垂髮，在肩上形成環狀髮型，並未表現三道相。將布料裁剪為長方形並縫製成田相（編案：袈裟橫豎裁剪而不縫綴，形似田畔）袈裟，其形式為通肩式（編案：雙肩皆為袈裟披覆之形式），雙足跏趺而坐。除頭部之外，體軀皆遮於袈裟內，手足未露，背後則以雙線表現二重圓光。

京都松尾大社內的市杵島姬命像（約九世紀中期）據傳是日本最早的女神像之一，從該像是屬於前出的佛谷像系統，可知新羅女神像極有可能與日本女神像的形成有所關聯。此外，兩像皆受到佛像所影響，尤其是是呈現皈依佛教的姿態，山神極有可能是受到佛像所影響而造型化為女神。換言之，山神的形貌從國學穩定發展的統一新羅時代後期開始轉為男神形象，自中世之後，一般則以老虎相伴的老仙姿態呈現。

第二節　佛教雕刻——統一新羅之後

一、統一新羅的石佛

統一新羅自七世紀後期完成統合三國之後，攝取了合併後的高句麗及百濟的佛教藝術，在此同時，又與中國（唐）或日本（奈良、平安）頻繁交流，並在各地營建寺院，就此展現出透過新思想來建造佛教國家的意圖。

在佛像方面，有別於日本自奈良時代末期開始以木造佛為主流，統一新羅雖建造許多金銅佛，卻以天然花崗岩石佛（摩崖、一體成形的石雕）居於最要。西元七一九年所造的慶州市甘山寺的石造阿彌陀佛立像、石造彌勒菩薩立像，是間接受到印度笈多王朝式樣所影響而製作，以此兩尊造像為首，在統一新羅時代製作位階及形式十分多元化的石佛。其中石佛的兩大潮流，分別為結觸地印的阿彌陀佛像，以及結智拳印的毘盧遮那佛像。兩者在導入之際，皆被當成新羅華嚴宗的本尊形象。

初期的阿彌陀佛結觸地印像，其例有慶尚北道榮州市浮石寺塑造阿彌陀佛坐像（六七六年，現存為高麗時代初期的修補之像）、慶尚北道軍威郡軍威石窟的石造阿彌陀三尊佛

甘山寺阿彌陀佛立像（左）與彌勒菩薩立像（右）（出處：韓國國立中央博物館 National Museum of Korea）

坐像（七世紀末）、慶州市南山七佛庵摩崖阿彌陀三尊佛（八世紀前期），歷經這些作品後，才達到堪稱是佛藝雕刻之精粹的慶州市石窟庵本尊。

浮石寺無量壽殿內朝東側安置的塑造阿彌陀佛坐像，是義湘在教學方面研究《六十華嚴》，以及在信仰方面透過觀音為媒介的阿彌陀淨土信仰，來試圖將阿彌陀淨土信仰與華嚴教學互為融合。此尊坐像成為新羅華嚴宗初期本尊的形式，是義湘直接受其師智儼所影響而建造，智儼曾試圖藉由阿彌陀佛來呈現華嚴一乘思想。從現存造像之中，可發現許多部分是在高麗時代初期所修補，此像良好保存當時形貌。軍威石窟阿彌陀三尊佛是完整保留的初期阿彌陀佛結觸地印像之例，其左、右側的脇侍配置分別是觀音、勢至菩薩立像。七佛庵阿彌陀三尊佛是屬於比較淺刻的浮雕，肩膀寬厚，身軀壯偉，手臂甚至長垂至蓮花座所結的觸地印，扇形衣紋鋪展於結跏趺坐的雙足之間等，可知曾試圖致力於忠實呈現中國傳入的新形象。石窟庵主尊是造型優美的作品，在統一新羅的阿彌陀佛坐像之中屬於最為普及的形式，其風采堂堂的姿勢，寬肩、胴體的厚實感，胸部或雙腕，尤其是雙足間呈現自然簡約的扇形衣紋。若就此後成為許多佛坐像形式的基礎來看，石窟庵主尊是十分重要的造像。此外，日本至平安時代就幾乎沒有結觸地印的佛坐像，其理由之一應是並無接受以《六十華嚴》與阿彌陀淨土信仰為基礎的佛教思想所致。

另一方面，自八世紀中葉開始造立的毘盧遮那佛結智拳印之像，至九世紀後取代阿彌陀佛而成為新羅華嚴宗主尊，並成為統一新羅的佛像雕刻主流。這些統一新羅的毘盧遮那佛，是採取中期密教的金剛界大日如來的智拳印形象，日本的金剛界大日如來則多為頭戴寶冠，身披條帛，以首飾或腕釧等裝飾的菩薩形象。相對於此，統一新羅的毘盧遮那佛多採螺髮形式，身著法衣，並無嚴飾的如來形姿。同樣是採取金剛界大日如來形象，在朝鮮半島與日本是根據其所接受造像的基礎環境（信仰或思想背景）之差異，而出現不同流行式樣。最早之例是慶尚南道山清郡石南巖寺的石造毘盧遮那佛坐像（約七六六），尤其是九世紀之後盛行造立其像。石南巖寺的佛像是由台座中台石的圓孔裡取出舍利壺，據其銘文所載：「七六六年法勝、法緣二僧為已故豆溫哀郎，作石造毘盧遮那佛像，與無垢淨光陀羅尼同奉於石南巖寺觀音巖。」由此可知是韓國現存最早的石造毘盧遮那佛像。

大邱廣域市桐華寺毘盧庵石造毘盧遮那佛坐像（約八六三），是統一新羅後期的毘盧遮那佛像的典型之例，其形象或形式與統一新羅後期的造像有共通之處。有關細部方面，在結智拳印的上側手部小指伸長的表現，或形似圍裙般的下半身法衣形式、光背頂端的三尊化佛，以及頭光、身光上的化佛表現。進而在台座的七頭獅子或突起的下請座（編案：承載蓮瓣狀請花雕飾的底座）等方面，皆是前朝或當代其他地區中十分罕見的、完全採取新形象的作品。這些新式樣，以統一新羅後期的慶尚北道中、北部地區的毘盧遮那佛像為代表。國立中央博物館所藏石造毘盧遮那佛坐像（九世紀中期），從佛手印或七獅子蓮花座的形式之中，可發現與桐華寺毘盧庵的造像是屬於同一形式，從佛身比例或面容表現、法衣形式來看，亦可發現是受到石窟庵的主尊所影響。

此外，慶州市菩提寺的石造阿彌陀佛坐像（八世紀後期）亦結觸地印，但在光背後方的佛像形象，則是以線刻來表現藥師如來，其左手置於腹前，掌中捧有圓形持物。故可推測此像是以追求死後往生的阿彌陀佛為主尊，而在其思想背景之中，亦有尊崇具有現世利益功能的藥師如來。這種情況，同樣可從慶州市掘佛寺遺址的四面佛像（約八世紀中期），亦在西面配置阿彌陀三尊佛，東面配置藥師如來坐像，以及在石塔四佛之中，在東、西面向以多為配置阿彌陀佛與藥師如來的例子來予以推測。此外，具有同樣形象的日本善通寺所藏金銅錫杖頭，亦非唐朝之物，而是極有可能是在九世紀的統一新羅所製造。

自九世紀後期之後的統一新羅石佛，是秉承了前述的石窟庵主尊或桐華寺毘盧庵佛像的形式及造型表現上的特徵，卻逐漸趨於形式化，其造型特性亦逐漸褪失。

二、統一新羅的塑像、金銅佛、鐵佛

慶州市的四天王寺已成為猶如三國統一紀念碑般的象徵，在其金堂或木塔基壇的側面，則配置塑造彩釉八部神將像（約六七九），此為知名佛師釋良志的名作之一。釋良志在當時塑造許多佛像，其雕工精巧，渾然有力，雖受唐風所影響，卻更為發展其樣式，八部神將像是呈現統一新羅的佛教雕刻之例。在同一時期的作品例子中，同樣被視為釋良志所作的慶州市錫杖寺遺址出土的塑造四天王像殘片（七世紀後期至末期，東國大學博物館藏），或慶州市感恩寺遺址三層石塔出土的舍利容器上所裝飾的金銅四天王立像（約六八二）、慶州市皇福寺遺址出土的金製如來坐像（七世紀末）、慶州市雁鴨池出土的阿彌陀三尊佛及菩薩坐像等金銅板佛（八世紀初）等。

慶州市佛國寺的金銅毘盧遮那佛坐像（八世紀末）與金銅阿彌陀佛坐像（八世紀末至九世紀初）、慶州市栢栗寺的金銅藥師佛立像（八世紀末至九世紀初，國立慶州博物館

皇福寺遺址出土金製阿彌陀佛坐像（出處：韓國國立中央博物館 National Museum of Korea）

藏），這些所謂的新羅三大金銅佛，為統一新羅金銅佛的黃金期增添了繽紛色彩。此外，佛國寺金銅毘盧遮那佛坐像在亞洲各地現存的結左拳印毘盧遮那佛之中，成為製作年代最早的造像，在探討韓國左拳印形象的傳播或變遷之際成為重要的例證。

約自八世紀中期起，統一新羅開始鑄造新素材鐵礦的鐵佛，至九世紀達全盛期，此後持續盛行製造至高麗時代初期為止。忠清南道瑞山市普願寺遺址出土的佛坐像（八世紀後期）、全羅北道南原市實相寺藥師殿佛坐像（約八二八年，雙手為後世補造）、全羅南道長興郡寶林寺毘盧遮那佛坐像（八五九）、江原道鐵原郡到彼岸寺毘盧遮那佛坐像（八六五）等為其代表之例。有關韓國鑄造鐵佛的原由眾說紛紜，至今仍未有定論。值得關注的是，在受到華嚴宗所影響的禪寺之中可大量發現鐵佛，但有關諸尊種類或形象方面，並未過於偏離石佛的造像流脈。但至統一新羅末期，其造像的堂堂威勢逐漸褪減，隨著佛像裝飾增加而漸呈平面化，逐漸喪失細膩之感。

三、佛國寺與石窟庵

據《三國遺事》所述，慶尚北道慶州市吐含山的佛國寺與石窟庵，是金大城（七〇〇—七四）分別為前世父母發願所造的石窟庵，以及為現世父母所造的佛國寺，自西元七五一年起費時二十餘年建造而成。實際上，是為了建造金氏王族的祈願寺及護國寺，並由擔任中侍（執行朝廷指令的執事部長官）的金大城監督之下完成的綜合國家寺院。

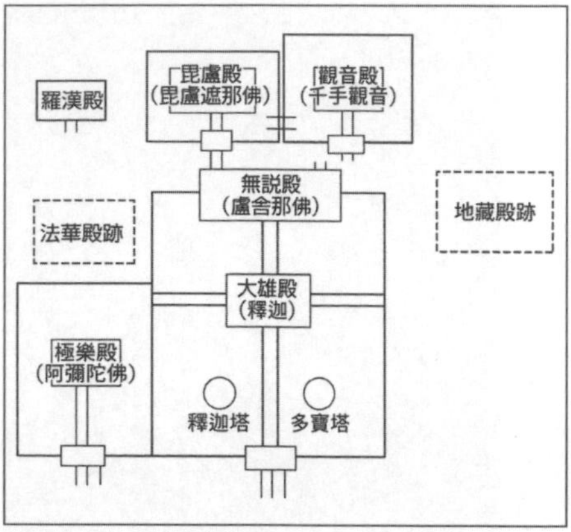

佛國寺伽藍配置圖

佛國寺是以兩大信仰，亦即新羅華嚴宗的阿彌陀淨土信仰與華嚴信仰為基礎。根據阿彌陀信仰的部分，是以極樂殿為主殿的西側伽藍，至於源自阿彌陀佛四十八大願所建的四十八級台階的蓮花橋、七寶橋、安養門（一九六〇年重建）則屬於附屬空間。主殿的極樂殿（一九二五年重建）安奉金銅阿彌陀佛坐像（八世紀末至九世紀初），前庭豎立石燈及奉爐台（皆九世紀前期）。根據華嚴信仰的東側伽藍，有象徵三十三天的三十三級台階之橋，亦即進入了青雲橋、白雲橋，以及出自佛光觀「紫光金身」的典故而取名的紫霞門（一七八一年重修）的空間。不僅有新羅石塔完美形式之稱的釋迦塔（八世紀後期），尚有四角、八角及圓形彼此明顯調和的多寶塔（八世紀後期），以及附有配置石燈及奉爐台（八世紀後期）的大雄殿（一六九五年重建），是將釋迦佛坐像奉為主尊。其後方的無說殿，是試圖根據《八十華嚴》中的盧舍那佛無所說而建造的講堂。進而在無說殿後方的兩座階梯中，通往西側的是以結左拳印的金銅毘盧遮那佛坐像（八世紀末）為主尊的毘盧殿

佛國寺多寶塔，為韓國歷史文物的重要象徵之一。（出處：達志影像）

（一九七三年重建），通往東側則是觀音殿，分別是透過以《八十華嚴》與義湘為首的新羅華嚴僧所信奉的觀音菩薩為媒介的阿彌陀淨土信仰為基礎。換言之，佛國寺的伽藍配置，是由阿彌陀淨土信仰（以阿彌陀極樂信仰與觀音菩薩為媒介的阿彌陀淨土信仰），以及由釋迦、盧舍那、毘盧遮那所組成的毘盧遮那三身思想，這可能是與石窟庵系出同一思想。此外，西側伽藍較東側伽藍的設置更為低矮，這是基於義湘及其師智儼的臨終之言：「今當暫往淨方，後遊蓮華藏世界。」換言之，是基於「今當暫往彌陀淨土，後應遊於盧舍那佛的蓮華藏世界」的華嚴一乘思想。此外，佛國寺的觀音主尊形象不明，該寺卻於景明王六年（九二二）奉王妃之命，安奉栴檀香木所造的觀音菩薩像，以及從此像位於本堂後方此點來看，應可推斷是與石窟庵的十一面觀音相互對應。此外，義湘的弟子表訓曾在營建石窟庵之際擔任核心角色，並成為首任住持，以及神琳根據《八十華嚴》而規定新羅華嚴宗的主尊為結智拳印的毘盧遮那佛，此二僧皆曾駐錫佛國寺的無說殿。此外，由毘盧遮那佛與乘象普賢、騎獅文殊所組成的華嚴三聖像亦現存於世。再加上佛國寺的正式名稱為「華嚴佛國寺」，從上述幾項特徵，可窺知主要是以華嚴思想為基礎。換言之，佛國寺是以華嚴思想為根柢，同時蘊涵阿彌陀淨土信仰，並以平面式的伽藍予以呈現，堪稱石窟庵就是將同樣思想以立體方式配置於整座石窟之中。

石窟庵是以花崗岩石材構築的人工石窟寺院，是在新羅古都慶州所遺留的大量佛教文化遺產之中最為精良的建築。石窟構造是藉由扉道（編案：穿過門扉的通道）連繫方形前室與圓形主室，自九世紀末至十世紀初增建的前室左、右側皆分別設置四尊護法的八部眾像。扉道入口的左、右側各立一座仁王像（現存造像為增建前室之際追加雕刻的作品，最初造像的殘片收藏於國立慶州博物館），扉道左、右側各立四天王像之中的個別兩尊造像。主室中央及略後方安置蓮花座並安奉主尊，四周立有菩薩、天部、羅漢像。以本尊為中心左右排列諸天的帝釋天與梵天、菩薩眾之普賢菩薩與文殊菩薩，以及各有五尊羅漢（十大祖師）像並列而立。後壁中央有十一面觀音菩薩立像，佇立之姿十分優美。周圍壁面所刻的諸像上部各有五座半球狀龕室，供奉舉行維摩會的維摩居士及文殊菩薩、中期密教的八大菩薩坐像（其中兩尊已佚）。石窟庵在整體上是

石窟庵主尊造型優美，成為許多佛坐像形式的基礎。（出處：達志影像）

以三十九尊諸像環繞著主尊，呈現莊嚴的佛陀世界，亦即示現了佛國淨土。

這些石窟庵的諸尊性格及構成，並非遵循單一經典儀軌或思想，而是堪稱配合許多經典儀軌或思想的綜合體。首先在主尊方面，過去被視為是釋迦佛，確有看法認為結觸地印的釋迦佛在東亞地區並不流行，以及從主室諸像的配置或室內背景的信仰內容來看，應有重新考量之餘地。在新羅，穿著偏袒右肩式的法衣與伏下右手結成觸地印的佛像形式，是以阿彌陀佛坐像為最普及。在新羅統一時期的八世紀當時，阿彌陀淨土信仰風靡一時，以及金大城為了「（金氏王族的）前世父母」而發願一事，當然其背景因素蘊涵了欣求往生極樂淨土的阿彌陀信仰。然而，營建石窟庵的僧侶表訓是新羅華嚴宗祖師義湘的弟子，當時的新羅華嚴宗是依據《八十華嚴》的毘盧遮那信仰為基礎，同時在官方立場是為了傳播信仰而主張阿彌陀淨土信仰。石窟庵主尊的內在性格是身為釋迦本身的毘盧遮那佛，外在性格則是配合當時最流行的阿彌陀淨土信仰的阿彌陀佛，如此想法十分妥切。換言之，主尊並非僅具單獨性格之佛，而是具有華嚴思想的複合性及多層次性格。

四、高麗、朝鮮的佛教雕刻

自九世紀末至十世紀前期的朝鮮半島，是統一新羅的國勢逐漸衰微，加上後三國面臨分裂等因素所形成的混亂期。當時最具代表性的佛像之例，多由促使後三國形成的地方豪族所造立，並在他們的強烈意願驅使下所選定的某些特定地區建造而成。在新羅地區有如同慶州市南山三陵溪摩崖佛坐像、慶尚北道清道郡雲門寺的石佛坐像與四天王像等例子，多為傳承統一新羅的傳統式樣。

後百濟則遺留兩大系統的造像之例，亦即重興百濟佛的作品，以及繼承統一新羅傳統的作品。前者系統如燕岐地方的石佛碑像，皆屬百濟佛的重興之作。後者的系統為南原市萬福寺遺址的石造如來立像（十一世紀中、後期）等。

廣州市下司倉里出土鐵造佛坐像（出處：韓國國立中央博物館 National Museum of Korea）

高麗的前身，亦即在後高句麗的地區中，或以京畿道廣州或江原道原州、江陵為中心，形成積極組成新結構的造像形式，並遺留許多優秀作品。如江陵市寒松寺遺址出土的石造文殊、普賢菩薩坐像（十世紀前期），廣州市下司倉里出土的鐵造佛坐像（十世紀前期）等即為代表之作。從這些試圖創造的造型中，可窺知在九世紀後期繼承統一新羅的式樣，此後成為十世紀後期的高麗佛式樣之先驅。尤其是毘盧遮那三尊佛的兩脇侍菩薩（江陵市寒松寺遺址出土像），是採取統一新羅時代後期的式樣來造立文殊菩薩像（江陵市立博物館藏），以及採取宋朝的新式樣來造立普賢菩薩像（國立春川博物館藏）等，皆是將高麗時代前期的造型觀予以完美呈現之作。

至十世紀中葉，政局混亂的情況漸趨平靜，在高麗的國都開城建立十座寺院，佛教刻造方面，全國亦始現復甦之象。加上風水說亦有推波助瀾之效，佛教信仰甚至廣布至全國山林。這種趨勢是繼前朝之後，促使摩崖佛或石佛成為流行風潮，國內最大的石佛，亦即忠清南道論山市灌燭寺石造菩薩立像（約九六八年，總高度為一八一二

灌燭寺石造菩薩立像（出處：達志影像）

公分），或扶餘郡大鳥寺石造菩薩立像（十世紀末，總高度為一〇〇〇公分）等，這些與風水及土俗信仰互為結合、現今俗稱為彌勒佛的各地巨大石佛，幾乎皆在高麗時代建造而成。菩薩立像的形象是以日傘及天蓋為樣本、頭頂覆有寶蓋、手持蓮花的造型為多，在形象方面是屬於觀音菩薩。換言之，包括灌燭寺的菩薩立像等造像在內，是以忠清道為中心（後三國統一戰爭的終止地）而向全國傳布的巨大菩薩立像，其造像應是以阿彌陀佛代理人的身分，救度在該戰爭中犧牲的軍民得以往生極樂的觀音菩薩形象，以及成為救濟諸難的觀音菩薩形象。在巨大佛像之中亦有佛三尊像，因具有脇侍身分附加成為化佛的觀音菩薩，故被認為造立的是阿彌陀三尊像。至於單一菩薩像極有可能與阿彌陀三尊像具備同一性質。另一方面，自十一世紀開始隨著釋迦信仰復甦，以及對未來佛彌勒的信仰滲透高麗，逐漸將野外的巨大佛像視為彌勒如來或彌勒菩薩而形成信仰。

在高麗的木雕像之中，現存最早的是海印寺木造希朗大師坐像（約十世紀中期）的肖像雕刻，以及保存了西元一二八〇年改金墨書銘的忠清南道瑞山市開心寺木造阿彌陀如來坐像（十世紀末至十一世紀初）等。此外，在金銅佛方面，則有忠清南道唐津郡靈塔寺金銅毘盧遮那佛三尊像（十世紀後期），或日本的濱松美術館所藏的金銅誕生佛（十世紀後期），忠清南道青陽郡長谷寺金銅藥師佛坐像（一三四六）等。金銅佛與木雕像的現存之例甚少，無法成為造型上的核心題材。

在高麗祖師像方面，與希朗大師坐像同樣備受矚目的，是位於首爾的僧伽寺石造僧伽大師坐像（一〇二四）。其光背裏側刻有銘文，是由智光於太平四年（一〇二四）發願，並由光儒等人刻造，在做為高麗時代肖像雕刻的基礎作品上顯得十分重要。

然而，高麗的佛教雕刻在氣魄表現或規模方面值得觀賞的作品甚多，至後期則極其衰退不振。招致造像規模縮小及雕工拙劣的因素，應是由於蒙古入侵導致局勢不安及國力耗損所致。但至高麗時代末期，仍遺留些許受到元朝佛教影響的密教系金銅佛。

高麗時代末期的雕像潮流就此延續至朝鮮時代，當時的佛像各別值得記錄的造像極為稀少。然而，材質或形象多元化則是應受矚目的課題。有別於以石佛或金銅佛成為主流的高麗時代，慶尚北道榮州市黑石寺木造阿彌陀佛坐像（一四五八）、江原道平昌郡上院寺木造文殊菩薩坐像（一四六六）等的木雕像，以及慶州市祈林寺的塑造毘盧遮那三身佛（十六至十七世紀）、忠清南道扶餘郡無量寺極樂殿的塑造阿彌陀三尊佛坐像（一六三三）等塑像，傳金剛山出土的金銅菩薩坐像（約一四〇〇，國立春川博物館藏）、京畿道南楊州市水鐘寺八角五層石塔出土的金銅佛諸像（一四九三、約一六二八）等金銅佛，以及日本的大倉集古館所藏的觀音菩薩坐像（十四世紀前期至中期）、慶尚北道盈德郡莊陸寺觀音菩薩坐像（一三九五）、慶州市祈林寺脫活乾漆造菩薩半跏像（約一五〇一）等乾漆像，木造或塑像至十七世紀後則成為主流。

此外，有關朝鮮半島乾漆佛的最早文獻紀錄，則是西元一〇七八年，曾自宋土傳入夾紵佛至興王寺。就其現存之例來看，從除了使用麻之外亦採用紙張，並在造像內部使用芯木或木組（編案：以木材凹凸相接合的技法）此點來看，可確認其乾漆像與日本的脫活乾漆像的材質或製作技法有許多相異之處。

第三節 佛教繪畫

一、佛畫

在三國之中最初發展的佛教繪畫（佛畫），是高句麗的古墳壁畫。約有一百座繪有壁畫的高句麗古墳，其分布地區是在平壤遷都（四二七）之前的舊都城國內城故地，亦即是以中國的通溝地方（集安市）為中心的鴨綠江流域，及現今北朝鮮的平壤為中心的大同江流域。歸化高句麗的前燕將軍冬壽（三五七年歿）的黃海南道安岳三號墓等，是受到中國系統的古墳壁畫所影響，約自四世紀起開始繪製。高句麗古墳壁畫的主題，是祈求亡者冥福，祈願淨土永生與現世重生，在此同時，亦試圖描繪亡者生前的日常生活及遺留墓誌。故為墓主在墓室中設定小宇宙，並以日月星宿為代表來表現宇宙諸相，遺留內容多元的壁畫，例如掌控時空的四神圖或蓮花紋等裝飾紋、神話傳說、生活紀錄繪畫、墓主肖像畫等。其中，包含三國時代的現存最早佛教繪畫，亦即中國吉林省集安市長川一號墓的佛像禮拜圖（五世紀前期）。百濟位於朝鮮半島西南部的農業地區，自四世紀以來，經由海路而與中國華南文物有所接觸，不僅受到中國華南繪畫的潛移默化，亦深受高句麗系統的古

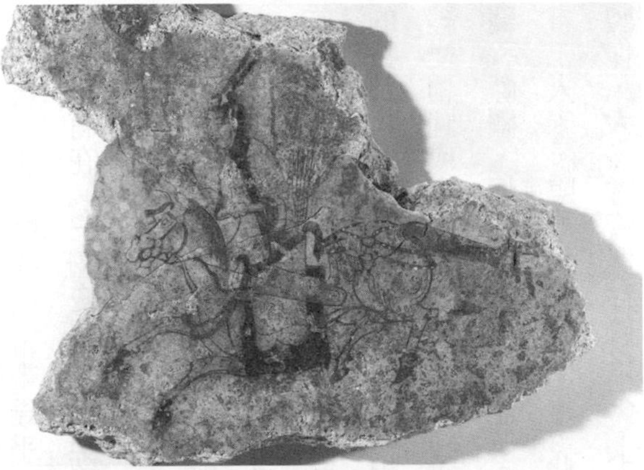

高句麗古墳壁畫騎馬人物圖壁畫殘片（出處：韓國國立中央博物館 National Museum of Korea）

墳文化所影響。在約建於六世紀的忠清南道公州市宋山里磚築古墳之中，繪有剛健有力、造型流暢華麗的四神圖及星宿。在約建於七世紀的忠清南道扶餘郡陵山里石室古墳之中，則遺留蓮花流雲紋及四神圖。新羅亦深受高句麗系統的古墳文化所影響，例如慶尚北道高靈郡壁畫古墳的蓮花圖、慶尚北道榮州市乙卯年銘古墳的蓮花圖或人物圖等，皆為六世紀左右的高句麗古墳壁畫系列的作品。

除古墳壁畫之外，有關三國時代的繪畫方面，現存作品十分稀少，唯有依賴文獻紀錄而已。首先在《日本書紀》等日本文獻中，曾記載曇徵或黃文、山背等高句麗系統的畫師，以及經由推定為百濟畫師的白加、阿佐太子、河成、因斯羅我、常良等人之名，顯示當時的繪畫水準。此外，在《三國史記》等著作中所見的率居，曾描繪慶尚北道慶州市皇龍寺金堂的古松、慶州市芬皇寺的觀音菩薩、慶尚南道晉州市斷俗寺的維摩像等作品，其繪作有神畫之稱。至於現存繪畫資料方面，則有在武寧王陵中發現的繪有精緻蓮花及朱雀的木枕與墊足台等數件作品。從扶餘的窺岩面廢寺遺址中所發現的七世紀前期百濟山景紋磚，可推測為當時山水畫形式的重要資料。此外，西元一九七三年在慶州市一五五號墓中所發掘到的繪畫，亦即在白樺樹皮上描繪的天馬圖及騎馬人物圖、神禽圖等作品，亦成為古墳壁畫之外的繪畫資料。

統一新羅時代的繪畫幾乎不曾留存，除了後述的《新羅華嚴經變相圖》等變相圖之外，僅有在《三國史記》中遺留紀錄，提示曾有司掌繪畫的官署「典彩」存在之事實，以及唐德宗時期（七七九—八〇五）在中土活躍的金忠義，或新羅景明王時期（九一七—九二三）的畫僧靖和、弘繼等人所遺留的佛畫傑作。

自高麗時代之後的佛教繪畫，是以主要繪於祭祀佛像的殿閣壁面做為裝飾的壁畫為首，進而可分為在本尊後壁安置禮敬用途的後佛幀畫、在戶外舉行法會之際取代本尊高掛的掛佛畫、描繪諸佛菩薩像的幀畫、描繪高僧肖像的影幀、將經典內容予以縮簡及描寫的經變相圖或寫經變相圖等。高麗時代的佛畫是以阿彌陀系統的佛畫，以及觀音菩薩圖、地藏菩薩圖、彌勒佛畫等為主流。根據文獻紀錄所載，高麗自十一世紀後期曾派遣崔思諒及畫工入宋，臨摹相國寺壁畫，此後重現於開城興王寺，現存作品幾乎是在高麗時代後期所製作，大多數皆保存於日本。尤其是高麗時代後期的貴族或豪族多信奉淨土宗，包括《觀無量壽經變相圖》在內的一百餘幅阿彌陀系佛畫仍現存至今。其代表作是由島津家傳入且記載最早銘文的《阿彌陀如來立像》（一二八六，絹本金泥彩色，日本銀行藏）為首，以及東京的根津美術館所藏《阿彌陀如來坐像》（一三〇六，絹本彩色）、佐賀的鏡神社所藏號稱最大規模的《楊柳觀音菩薩半跏像》（一三一〇，絹本彩色）、奈良的松尾寺所藏《阿彌陀八大菩薩像》（一三二〇，絹本彩色）、和歌山的親王院所藏《彌勒下生經變相圖》（一三五〇，絹本彩色）等。分別在首爾的國立中央博物館與奈良的大和文華館等處所藏的《五百羅漢圖》（一二三五—三六，絹本淡彩），是五百幅之中現存的十一幅作品，其創作目的與刊行《高麗大藏經》同樣，皆是為了擊退蒙古及祈求國泰民安所描繪。這些高麗佛畫多以朱色及綠色為基礎色，並施以金泥所繪的細緻丸紋，胸前有右旋卍字，掌心繪有千輻輪紋。如此表現方式是以高麗佛教的根柢，亦即華嚴思想為基礎來表現超越人體特徵的佛。此外，單一造像則是在對角線構圖上，以四分之三的側面視圖來表現，至於說法圖的情況，則以上、下兩層構圖為多，在畫面上層是以正面視圖來表現及強調本尊，下層則配置脇侍菩薩。若從畫幅來推測，這些佛畫應是多置於佛堂及願堂之中。

朝鮮時代的佛畫品質多劣於高麗佛畫，原因與抑佛崇儒政策有關，其規模多為三×二公尺以上。首先，前期作品是從朝鮮時代最初至西元一五九二年為止，其現存作品與高麗佛畫同樣在國內已是十分罕見。京畿道水鐘寺金銅佛龕的佛刻畫（一四五九—九三，國立中央博物館藏），或文定王后發願建造的京畿道楊州市檜巖寺《藥師如來三尊圖》（約一五六五，國立中央博物館藏）等，其特徵在於以主尊為中心的眾多脇侍菩薩或眷屬，所形成的中心構圖或圓形構圖等方式來表現群像的形式。自西元一五九二年的壬辰倭亂（文祿之役）之後，至英祖、正祖時期（一七二四－一八〇〇）迎向佛教文化復興期，多數寺院進行修復或改建，再度安奉許多佛畫。又如忠清南道錦山郡寶石寺的《甘露王圖》（一六四九）、京畿道廣州郡中部面國清寺所傳《甘露幀》（一七五五，法國吉美國立亞洲藝術博物館藏）等，這些佛教儀禮之用的宗教畫多採用風俗畫做為素材。或慶尚北道榮州市浮石寺的掛佛畫（一六八四）等在野外法會所用的禮佛畫、大邱廣域市桐華寺《阿彌陀極樂往生圖》（一七〇三）等，盛行製作與大眾息息相關的佛畫，迄今仍遺留許多

檜巖寺《藥師如來三尊圖》（出處：韓國國立中央博物館 National Museum of Korea）

浮石寺掛佛畫（出處：韓國國立中央博物館 National Museum of Korea）

作品。此外至朝鮮時代後期，在一座殿閣的中央壁面上流行掛置三佛會圖，亦即以釋迦的靈山會上圖為中心，在其左、右兩側則配置藥師佛會上圖與阿彌陀極樂會上圖。

寺院壁畫與寫經亦屬於佛教繪畫領域。寺院壁畫是根據材質而分為土壁畫、石壁畫、板壁畫，朝鮮半島的寺院多是建有土壁的木造建築，土壁畫十分普遍。其代表作為浮石寺祖師堂（高麗時代末期）繪有梵天、帝釋天、四天王共六幅作品，或在全羅南道康津郡無為寺極樂殿（一四三〇）做為後佛幀的《阿彌陀三尊佛圖》、《白衣觀音圖》（一四七六），以及《阿彌陀來迎圖》、《釋迦如來說法圖》、《海水觀音坐像圖》、《奏樂天人圖》等，總計二十九幅內壁畫（十五世紀後期）、忠清南道禮山郡修德寺大雄殿（一三〇八年建造，一六八八年重修）的《奏樂供養飛天圖》、《水花圖》、《野花圖》、《金龍圖》、《五仙圖》等。

二、寫經

所謂寫經，原本是指弘揚佛教真理而書寫經典，在印刷技術發達之後，其實用層面降低，逐漸強調具有寫經功德的信仰層面。在整個統一新羅時代與高麗時代，皆流行在最高級的紺紙等色紙上書寫金、銀泥文字的豪華裝飾經。大部分的寫經，是將寫經變相圖置於卷首，變相圖則是將經典內容予以縮簡及描繪而成。發願記留存甚多，是研究佛畫式樣及編年不可或缺的資料。其代表作品《新羅華嚴經變相圖》（七五四—五五，三星美術館 LEEUM 藏）是追溯年代最為久遠的優秀之作，《紺紙金字大寶積經》（一〇〇六，京都國立博物館藏）、《紺紙銀字不空羂索神變真言經》（一二七五，三星美術館 LEEUM 藏）等，留存許多自高麗時代之後發展的作品。

第四節　密教美術

現存的密教系統造像

有關密教初傳朝鮮半島的異論甚多，一般據傳是由新羅的明朗法師（六三二年返國）傳入。宗教傳來不僅在於教理或信仰，更意味著伴隨繪畫形象及造像的傳入。從現存密教系統在造像方面十分豐富及文獻紀錄的探討來看，應可肯定密教是在七世紀傳入朝鮮半島。

現存的密教系統造像之例，首先是結智拳印的毘盧遮那佛，其形象取自於中期密教的金剛界大日如來。若觀韓國現存的初期毘盧遮那佛像，例如以三星美術館 LEEUM 所藏《新羅華嚴經變相圖》的中尊（七五五年完成）般的菩薩形象為首，關野貞舊藏的金銅毘盧遮那佛座像（約八世紀中期，今所藏不明）般的寶冠如來形象、慶尚南道山清郡內院寺的石南巖寺石造毘盧遮那佛坐像（約七六六）般的如來形象，以上三種形式完全留存，皆傳至後世。由此可知這些如來像是接受八世紀的金剛界大日如來所具備的三種形式，但自九世紀之後是以如來形式為主流。其中如新羅華嚴宗的主尊形象出現變化等，是在接受過程中所產生的信仰變化成為最大要因。中期密教確實傳入朝鮮半島，卻無法確認純粹的中期密教寺院是否存在。此外，即使是從文獻紀錄或現存作品來考量，結智拳印的毘盧遮那佛像在朝鮮半島主要是成為華嚴宗寺院的主尊，甚至可知是初期禪寺本尊就此承襲華嚴宗本尊並予以奉祀。換言之，在朝鮮半島的中期密教無法獨自發展宗派，況且其信仰並未流行，據推測或許唯有密教形象是被當時最盛行的華嚴宗所接納。

其次是結有密教妙觀察智印（彌陀定印）的阿彌陀如來，以及結智吉祥印的藥師如來。慶尚北道榮州市毘盧寺的石造阿彌陀如來坐像（九世紀後期），或全羅北道完州郡出土的石造藥師如來坐像（十世紀前期，全州大學博物館藏）等，其造像雖屬少數，卻被認為是結有密教系統手印的如來像。

在菩薩方面，首先有十一面觀音與千手觀音般在形象上有所變化的觀音。有關十一面觀音方面，是以慶尚北道慶州市石窟庵的十一面觀音立像（約七五一）為始，慶州市狼山出土的石造十一面觀音立像（八世紀後期，國立慶州博物館藏）、長崎縣多久頭魂神社所藏的銅造十一面觀音菩薩坐像（十四至十五世紀）等。此外，有關千手觀音方面，在慶州市掘佛寺遺址的四面石上所線刻的十一面六臂觀音菩薩立像（約八世紀中期），或慶尚北道星州郡東方寺的鐵造千手觀音菩薩坐像（十四至十五世紀，法國吉美國立亞洲藝術博物館藏）、湖巖美術館所藏《千手觀音菩薩圖》（十四世紀，絹本彩色）、京畿道興天寺的金銅千手觀音菩薩坐像（朝鮮）等。除前述的現存之例以外，根據文獻紀錄，可確認慶州市栢栗寺大悲像（統一新羅，《三國遺事》卷三）、江原道長安寺禪室的觀音大士千手千眼像（高麗，《稼亭集》卷六）等。除了形象有所變化的觀音之外，現存作品則有以東京國立博物館所藏的金銅四臂菩薩立像（渤海，約八世紀中期）為首，國立中央博物館所藏的大理石造多羅菩薩（高麗）、準提觀音鏡像（高麗）、在江原道平昌郡月精寺的八角九重石塔內所發現的金銅六臂觀音菩薩坐像（朝鮮初期）、慶尚南道陝川郡海印寺所藏《準提觀音圖》（朝鮮）等。

其次，在高麗時代製作許多持有梵經及劍、並以孔雀為坐騎的文殊菩薩像，以東京國立博物館所藏的金銅像（十一世紀）為首，黃海北道平山郡出土的青銅梵鐘（十三世紀，國立中央博物館藏）、國立中央博物館所藏的在青銅鏡板上的線刻之像（十三至十四世紀）等。

此外，尚可確認的是將最具代表性的菩薩組合而成的密教八大菩薩。在明確記載尊像名稱的作品方面，例如西元一四四八年安奉於宮內的釋迦、阿彌陀、八大菩薩（娑婆教主釋迦如來、極樂導師阿彌陀佛、文殊菩薩、普賢菩薩、觀世音菩薩、大勢至菩薩、金剛藏菩薩、除蓋障菩薩、地藏菩薩、彌勒菩薩、聖后所現二佛八菩薩），這些佛菩薩皆記載於李能和《朝鮮佛教通史》上篇。此外，若從文獻紀錄來推測，五台山曾約在八世紀後期奉祀八大菩薩。進而值得關注的是慶州石窟庵龕室內的八大菩薩（八世紀後期），是屬於善無畏系統形象的密教八大菩薩。至於其他作品方面，在高麗時代亦曾大量製作以阿彌陀佛為主尊的阿彌陀八大菩薩圖。

從統一新羅時代，即可確認曾有創作密教既有的尊神明王。首先，位於慶州邑城東門遺址的石塔上，在第一層的塔身部分刻有八大明王像浮雕（八世紀後期，國立慶州博物館、東國大學慶州校區博物館分藏）是屬於善無畏系統的八大明王，是由曾師事善無畏的不可思議等人約於西元七四〇年返國，透過他們將金剛界大日如來的智拳印形象，以及八大菩薩等中期密教系統的形象傳入新羅。這項事實可從西元七五五年完成的《新羅華嚴經變相圖》（三星美術館 LEEUM 藏）、慶州石窟庵（八世紀中期至後期）等造像之中獲得確認，透過這些作品，可知一併採納八大明王的形象。此外，亦有許多為五大明王個別配置的金剛鈴，其中優秀的作品如東京國立博物館所藏的金銅五鈷五大明王鈴（九世紀）、湖林美術館所藏的金銅五鈷五大明王鈴（十世紀）等。除金剛鈴之外，以國立中央博物館所藏的五鈷杵（高麗，十四世紀）為首的金剛杵等密教法器亦在高麗時代後期盛行鑄造，現存之例甚多。

此外，高麗時代亦有豎立佛頂尊勝陀羅尼經幢，平安北道龍川郡城東洞陀羅尼石幢（一〇二七）、黃海南道海州市陀羅尼石幢（高麗）等依然現存於世。此外，江原道的五台山或慶州佛國寺、石窟庵等，從伽藍配置方面亦可窺知其具有密教要素。

密教系統的作品為數雖少，但從仍有現存的情況來看，明顯可知密教曾傳入朝鮮半島。這些作品顯然有別於自八世紀中期開始發展的統一新羅時代作品，或是受到十三世紀的元代所影響的高麗時代後期以來的作品。

第五節 石藝美術——石塔、浮屠、石燈、幢竿支柱

一、石塔

石塔與石佛都是朝鮮半島最具代表性的石藝美術，約於西元六〇〇年起持續建造至朝鮮時代。在佛教傳入朝鮮半島初期所建造的佛塔，是與中國同樣的木塔形式，高句麗的平城（今平壤）清岩里廢寺（傳金剛寺），或百濟的扶餘郡軍守里廢寺、新羅的慶州市皇龍寺的九層木塔（六四三）等，這些作品雖可從文獻上獲得確認，如今卻已無跡可循。

首先，在高句麗是以《三國遺事》記載的遼東育王塔為首，從平城的高麗靈塔寺、清岩里廢寺、元五里廢寺、上五里廢寺、定陵寺等處所遺留的八角形木塔遺址之中，推測曾建造多座八角七層木塔，今日皆蕩然無存。

百濟在中國的《北史》〈百濟傳〉中記載「寺塔甚多」，據推測寺院與塔極多。此外在扶餘郡軍守里廢寺的地點，可確認方形木塔的遺址。西元一九九三年，從扶餘郡陵山里廢寺的木塔遺址中出土的百濟昌王十三年（五六七）銘石造舍利龕等文物之中，可知初期曾建造與高句麗同樣形式的木塔，如今皆無現存。目前現存的最早之例，是將木塔型態以

石材重現的全羅北道益山市彌勒寺遺址石塔（約六三九），以及脫離仿效木塔並使石材定型化的扶餘郡定林寺遺址五層石塔（七世紀初）。這些佛塔的基本形式是在基壇上設置塔身，頂部設有相輪，其原型則為木塔。百濟的佛塔形式，對於統一新羅式的石塔形成亦造成影響。

百濟佛塔是採用直接摹寫木塔的型態來建造石塔，相對之下，新羅佛塔則更受到仿木塔的磚塔形式所影響，形成此後的石塔基本型態。首先，慶尚北道慶州市芬皇寺的模磚石塔（約六三四，一九一五年改建），是將安山岩仿效磚瓦般堆積之塔，亦是從磚塔演變成石塔的過渡期所形成的創思。現為三層形式，但從基壇規模來看，推測當初應是七層或九層結構。四個方向的門分別刻有仁王浮雕像，基壇四面配置守護神獸的獅子，此點在考量日後建造浮雕磚塔或石塔之際成為珍貴資料。其次在慶尚北道義城塔里的五層石塔（七世紀中期至後期），是以較模磚石塔形式更接近石塔的例子而備受關注。

至統一新羅時代，屬於木塔系統的百濟與磚塔系統的新羅，此兩種形式相互結合的統一新羅石塔就此完成。首先，慶尚北道慶州市感恩寺，是從一塔一堂式轉變為雙塔一堂式的最初寺院，在其遺址內留存的東、西三層石塔（約六八二，東塔亦有可能建於八世紀）形式優美，是現存石塔中規模最大的建築之一，故而備受矚目。在此同時，與慶州市高仙寺遺址的三層石塔（約六八六，國立慶州博物館藏）同樣成為朝鮮半島的基本石塔形式之出發點，亦是最原始的樣式。慶州羅原里五層石塔（八世紀前期），慶州獐項里寺遺址的東、西五層石塔（八世紀後期）等，是統一新羅式的典型石塔之例，顯示出統一三國的高昂志向。自八世紀前期之後，石塔的細部表現逐漸簡略化及形式化，整體規模縮小，其中最值得關注的是慶州市佛國寺的釋迦塔與多寶塔。釋迦塔（八世紀後期）在簡潔形式中顯得強而有力，堪稱是達到韓國石塔的完美形式。多寶塔（八世紀後期）〔下層〕為四角形基壇、塔身，與〔上層〕八角形的塔身、圓形相輪互為調和，堪稱是將新羅人的造型感臻於極致。多

佛國寺釋迦塔，為韓國國寶第二十一號。（出處：達志影像）

寶塔的塔形與佛國土內的佛塔互為相應，華麗及莊嚴兼具。慶州市淨惠寺遺址的十三層石塔（八世紀後期），約自八世紀中期開始流行在天然岩石上設置單層基壇，並在其上擴大底層規模，第二層以上則是逐漸堆疊低矮塔身及寺宇，彷彿在底層上建造相輪般，顯示曾受中國的密檐式（編案：底層塔身最高，餘層塔檐密疊相接，一般不做登臨之用）磚塔所影響。

在統一新羅時代，以芬皇寺模磚石塔為本源的浮雕塔亦值得矚目。與芬皇寺模磚石塔同樣，在底層塔身門扉的左、右側各建石塔做為仁王的表現之例，則有以慶州市獐項里寺遺址東、西五層石塔為首，以及安東市造塔洞的五層磚塔（八世紀後期）、慶州市西岳里三層石塔（九世紀前期）等。

隨著時代遷移，統一新羅的石塔基壇及塔身逐漸變窄，在形式上予人一種輕快的印象。上層基壇刻造保有木造建築遺痕的撐柱（編案：上、下基壇之間位於中央做為支撐之用的石柱），並藉此設置區塊，隨著式樣產生變化，區塊數量或面積亦有變化。從在某種程度上略有寬度的十二區塊，轉變為自八世紀中期開始出現幅度寬廣的八區塊。至九世紀後期，則八區塊的寬度亦變窄。

除仁王造像之外，慶州市遠願寺遺址的東、西三層石塔（八世紀中期至後期）則出現其他尊像的石塔。底層塔身刻有四天王立像，上層基壇則有獸首人身的十二支坐像守護石塔。其次是具有幅度較寬的八區塊上層基壇的浮雕塔，例如以慶州市昌林寺遺址的三層石塔（八世紀後期）為首，如同江原道襄陽郡禪林院遺址的三層石塔（九世紀初，億聖寺塔）、慶州市南山里西三層石塔（九世紀前期）、永川市新月洞三層石塔（九世紀後期）等，是屬於上層基壇刻有八部眾坐像的石塔，或江原道襄陽郡陳田寺遺址的三層石塔（八世紀後期）一般，底層塔身刻有四佛坐像，上層基壇建有刻造八部眾坐像的石塔等結構，顯現出上層基壇有刻造八部眾坐像之傾向。至於具有寬度較窄的八區塊上層基壇浮雕塔，則是在全羅南道光陽市中興寺的三層石塔（九世紀後期），其底層塔身刻有四佛坐像，上層基壇則刻有四天王立像、仁王、供養菩薩。另有如同慶尚北道英陽郡的縣一洞三層石塔（九世紀後期），以及化川洞三層石塔（九世紀後期）、全羅南道求禮郡華嚴寺西五層石塔（九世紀後期）一般，在底層塔身刻有四天王立像，上層基壇刻有八部神將立像，以及慶尚北道醴泉郡東本洞的三層石塔（九世紀後期）一般，在上層基壇刻有四天王立像等，寬度變窄的上層基壇具有刻造八部神將立像或四天王立像之傾向。

其他亦有刻造供養菩薩或守護天的石塔，尤其值得矚目的是全羅北道南原市實相寺百丈庵的三層石塔（九世紀後期），在底層四面刻有帝釋天與具有眷屬隨侍的四天王浮雕。至高麗時代，浮雕塔逐漸減少，慶尚北道醴泉郡開心寺遺址的五層石塔（一〇一〇），或慶尚南道咸陽郡昇安寺遺址的三層石塔（十二世紀）等，其例幾乎皆是武將形象的守護神將。

對新羅佛塔造成影響的磚塔，主要集中於新羅地區的慶尚北道，塔身部分則是現存統一新羅時代的磚塔，現存之例是以安東市新世洞的七層磚塔（八世紀後期）為首，另有安東市東部洞五層磚塔（八世紀後期）、驪州市神勒寺多層磚塔（八世紀後期創建，一七二六年重修）、安東市造塔洞五層磚塔（八世紀後期）、漆谷郡松林寺五層磚塔（八世紀後期）等。其中，尤以松林寺的五層磚塔保存最完整，其金銅製相輪是統一新羅時代的唯一現存之物。此外，亦有建成新羅系統的模磚石塔形式，現存的是以慶州市西岳里三層石塔為首，另有慶州市南山里東三層石塔（九世紀前期）、慶尚北道善山郡竹杖洞五層石塔（九世紀前期）、善山郡洛山洞三層石塔（九世紀前期）等。磚塔與模磚石塔一直延續至高麗時代，現存的有義城郡冰山寺遺址的五層石塔（十世紀）、慶尚北道英陽郡鳳甘模磚五層石塔（十一世紀）、全羅南道康津郡月南寺遺址的模磚三層石塔（十二世紀）、江原道旌善郡淨岩寺水瑪瑙塔（十四世紀）等。

高麗時代的石塔沿襲統一新羅的型態，自九世紀起因地方逐漸分化，建造出添加地方特質、形式十分多元的石塔。首先是在三國時代的故地建造象徵精神回歸的石塔，另有舊高句麗地區的平壤市永明寺六角五層石塔（十世紀），其外型是沿襲高句麗木塔的八角形石塔。此外，尚有江原道平昌郡月精寺的八角九層石塔（十一世紀初）、平安南道大同郡廣法寺的八角五層石塔（十一世紀）、平安北道香山郡普賢寺的八角十三層石塔（一〇二四）等。舊百濟地區則有益山彌勒寺遺址的石塔，以及沿襲扶餘郡定林寺遺址五層石塔形式的益山市王宮里五層石塔（十世紀初）、扶餘郡無量寺五層石塔（十世紀前期）、忠清南道瑞川市庇仁五層石塔（十二世紀）等。舊新羅地區則有京畿道河南市春宮里三層石塔（十世紀）、慶尚北道醴泉郡開心寺遺址的五層石塔（一〇一〇）等。

其次，高麗的新式石塔具有單層基壇、屋蓋石狹窄、塔身陡斜等特徵。現存之例是以目前位於首爾特別市景福宮內、原址為開城市南溪院的七層石塔（十一世紀），以及弘濟洞五層石塔（約一〇四五）為首，另有忠清北道忠州市中原彌勒里五層石塔（十一世紀）、江原道江陵市神福寺遺址的三層石塔（十一世紀）等。此外，以慶尚南道陝川郡海印寺願堂庵的青石製多層石塔（十世紀）為首，開始採用粘板岩建造的青石塔，亦成為高麗時代的特徵之一。其他尚有全羅北道金提市金山寺的六角多層石塔（約一〇七九）等，遺留許多佛塔建築之例。另一方面，亦針對統一新羅時代的佛國寺多寶塔（八世紀後期）、全羅南道求禮郡華嚴寺的四獅子三層石塔（九世紀後期）等具有特殊形式的石塔進行修復工作。江原道金剛郡金藏庵遺址的四獅子三層石塔（十世紀）、忠清北道提川市獅子頻迅寺遺址的四獅子九層石塔（一〇二二）、江原道洪川郡掛石里的四獅子三層石塔（十三世紀）。除此之外，亦有特殊形式如全羅南道和順郡雲住寺的圓形多層石塔（十三世紀）及卵塔（十三世紀）。

至高麗時代後期，採取中國遼、元時期的佛塔形式，開始建造多角多層塔。京畿道開豐郡的敬天寺十層石塔（一三四八）、首爾特別市鍾路區圓覺寺十層石塔（約一四六七），塔身則有佛、菩薩、天部等佛教尊像或花草、鳥獸等精巧雕刻。此外，受到元代風格所影響，相輪部是以金屬製塔（風磨銅）來呈現的忠清南道公州市麻谷寺五層石塔亦備受矚目（十四世紀）。

敬天寺十層石塔（出處：韓國國立中央博物館 National Museum of Korea）

朝鮮時代的石塔僅有十餘座，並無特別值得說明之處。忠清北道報恩郡法住寺的捌相殿（一六二六年重建），是全羅南道和順郡雙峯寺大雄殿（十七世紀，一九八四年焚毀）毀壞之後，目前韓國唯一僅存的木塔，塔內壁上繪有《釋迦八相圖》等。此外，總共五層之間的塔身明顯逐層遞減，顯示在朝鮮時代發展的獨特工法所產生的多層建築架構法。

二、浮屠

有關浮屠這種放置僧人舍利的墓塔（亦稱僧塔），在《三國遺事》卷四的「圓光西學」之條，記載其人「卒於貞觀間，浮屠在三岐山金谷寺」。此外，在該卷第五的「惠現求靜」之條，記有「道俗敬之，藏于石塔」，由此可知七世紀的高僧舍利（遺骨）供奉於石塔或浮屠之內，但無現存之例，詳情未明。至統一新羅時代後期因受禪宗影響，建有許多供奉高僧舍利的石造浮屠，至現代之前依然持續建造。初期是如同相傳為江原道襄陽郡陳田寺遺址的道義禪師浮屠（九世紀前期至中期）一般，呈現石塔與舍利容器互為融合的形式。此後，道義的弟子廉居和尚（？—八四四）的是據傳為江原道原州市興法寺廉居和尚塔（約八四四，國立中央博物館藏），其所採取的是八角圓堂形，並以澈鑑禪師道允（七九八—八六八）的全羅南道和順郡雙峯寺的澈鑑禪師澄昭塔（約八六八）、全羅南道求禮郡燕谷寺東浮屠（九世紀後期）為絕頂之作，其他特殊形式則有圓球形塔身的忠清北道忠州市淨土寺弘法國師實相塔（一〇一七）、四角平面形的原州市法泉寺遺址的智光國師玄妙塔（約一〇六七，國立中央博物館藏）、塔身刻有佛菩薩的慶州市佛國寺石燈形

興法寺廉居和尚塔（出處：韓國國立中央博物館 National Museum of Korea）

浮屠（十世紀後期）、具有兩座三層石塔之特殊形式的原州市令傳寺普濟尊者舍利塔（一三八八，國立中央博物館藏）等。此後形式逐漸瓦解，約自十四世紀中葉起出現石鐘形狀的塔型，這種形式在朝鮮時代後期開始成為主流。

石鐘形浮屠極有可能是受到全羅北道金堤市金山寺金剛戒壇上的石鐘（約十四世紀中期之後）等供奉佛舍利的金剛戒壇所影響，京畿道驪州市神勒寺普濟尊者石鐘（一三七九）、慶尚北道達城郡龍淵寺石造戒壇（一六一三）等為其代表。

三、石燈

朝鮮半島的石燈因時、因地而形式多樣，例如以下台石、中台石（竿石）、上台石所形成的基台，以及在頂部構成可置入燈火的火舍石、笠石。早期的石燈之例，則有全羅北道益山市彌勒寺遺址出土的火舍石及下台石（七世紀初至前期），火舍石為八角形，四面設有火窗口，忠清北道報恩郡法住寺大雄寶殿前的石燈（八世紀後期）、慶尚北道榮州市浮石寺無量壽殿前的石燈（九世紀）等，顯示統一新羅之後的石燈原型，可追溯至三國時代。此外，其典型形式則有全羅南道潭陽郡開仙寺遺址出土的石燈（八六八年銘），是統一新羅時代具有銘文的唯一現存之例。

另一方面，統一新羅時代的舊百濟地區所流行的鼓腹形石燈是以八角形為基本形式，此點與一般石燈同樣，但竿石為圓形及中央具有粗大邊緣此點，以及八角形火舍石的八個面向設有火窗口則為其特徵。鼓腹形石燈的代表作是為了點燈而設置階梯形石階，例如現存的全羅北道南原市實相寺普光殿前的石燈（九世紀中期）、全羅南道求禮郡華嚴寺覺皇殿前的石燈（九世紀後期）等。此外，亦有如法住寺大雄寶殿前的石燈、浮石寺無量壽殿前的石燈一般，在火舍石四方刻有四天王或供養菩薩等的浮雕。進而有一種藉由二獅形式取代竿石的雙獅子石燈，例如法住寺雙獅子石燈（九世紀初）、全羅南道光陽市中興山城雙獅子石燈（九世紀前期，國立光州博物館藏）等統一新羅的作品，或京畿道驪州市高達寺遺址的雙獅子石燈（十世紀，國立中央博物館藏）等高麗文物亦有現存。如同高麗時代的忠清南道論山市灌燭寺石燈（約一〇〇六）、黃海北道開豐郡玄化寺石燈（約一〇二

高達寺雙獅子石燈（出處：韓國國立中央博物館 National Museum of Korea）

〇，國立中央博物館藏）般，是以方形火舍石與圓筒形竿石為基礎的石燈逐漸增多。另一方面，亦有浮屠形式的驪州市神勒寺普濟尊者石鐘前的石燈（一三七九）等特殊形式。至朝鮮時代，以八角形與正方形的折衷形式為主流，全羅南道務安郡法泉寺牧牛庵石燈（一六八一）等亦有現存，但逐漸增加製作可置於陵墓前的長明燈。

四、幢竿支柱

朝鮮半島的幢竿支柱是從兩側支撐做為佛法標記的幡，或在野外舉行法會之際，用以支撐附有幡旗的竿子，幡旗上則有高懸的掛佛等圖像，藉此替代主尊之用。幢竿支柱一般採用石材，而幢竿僅現存數例，分別是忠清南道公州市甲寺的鐵幢竿（九世紀後期，總高度為一五四三公分）、忠清北道清州市龍頭寺鐵幢竿（九六二）、忠清北道報恩郡法住寺鐵幢竿（一〇〇七年創建，幢竿為一九〇七年重建）、京畿道安城市七長寺鐵幢竿（十一世紀前期）、全羅南道羅州市東漸門外石幢竿（十二至十三世紀）、全羅南道潭陽邑內里石幢竿（十二至十三世紀）等。

有關支柱方面，統一新羅時代的幢竿支柱則有慶尚北道榮州市浮石寺（八世紀）、宿水寺遺址（八世紀）、慶尚北道慶州市三郎寺遺址（九世紀）、京畿道安陽市中初寺遺址（八二七），以及甚至連基壇部亦完整保存的全羅北道金堤市金山寺（八世紀後期）等，高麗時代的幢竿支柱不斷簡化，柱頭呈圓弧形，目前遺存有忠清南道瑞山市普願寺遺址（十世紀後期）、江原道春川市槿花洞（十一至十二世紀）等。至朝鮮時代則不建造大型幢竿或支柱，而是縮小規模，多數並無紋飾。此外，亦有現存三星美術館 LEEUM 所藏的龍頭寶幢竿（十世紀後期）等堂內之用的幢竿。

第六節　梵鐘與舍利容器

一、梵鐘

朝鮮半島的梵鐘，三國時代的文物已無現存。梵鐘的成立時期並不明確，但其基本型態起源於中國的古銅器甬鐘，其鐘身並無袈裟襷紋（編案：銅鐸紋飾之一，以兩條帶縱橫交錯而形成格紋，形似僧侶袈裟），具有不同於中國或日本的特徵。

有關統一新羅的梵鐘特徵，首先是懸吊梵鐘的鐘紐並非中國式的雙頭龍，而是單頭龍從鐘上湧出前半身，頭部及前爪強勁伸張，在龍的身旁裝置可助鐘聲餘韻繚繞的穿音甬筒（音筒）。此外，鐘身上、下側有帶狀紋飾，上側帶狀紋飾之下的四面設有正方形的乳廓（編案：框繞在鐘面上的乳狀突起裝飾之外的帶狀紋飾），鐘身下側在前、後配置蓮花紋的撞座（撞鐘的撞擊點）。其餘空間則配置飛天或奏樂天人像、供養像等。在統一新羅時代，具有此項特徵的代表鐘類是現存最早的梵鐘，亦即江原道平昌郡五台山上院寺鐘（七二五），或現存最大的慶尚北道慶州市奉德寺聖德大王神鐘（七七一，國立慶州博物館藏）、江原道襄陽郡禪林院梵鐘（八〇四，僅存殘片，國立春川博物館藏）、日本福井縣常宮神社所藏慶尚南道晉州市蓮池寺梵鐘（八三三）、國立清州博物館所藏的清州出土梵鐘（十世紀初）等。

高麗的梵鐘是以初期具有代表性的巨鐘，亦即以忠清南道天安市聖居山天興寺梵鐘（一〇一〇，國立中央博物館藏）為首，京畿道華城市龍珠寺梵鐘（高麗初期）、為祈求高麗文宗長壽而建造的京畿道驪州郡出土的清寧四年銘梵鐘（一〇五八，國立中央博物館藏）等，誠如這些作品所見般，雖繼承統一新羅的梵鐘形式，卻出現鐘口略顯變寬等變化。自全羅北道扶安郡來蘇寺所藏的青林寺梵鐘（一二二二）開始，在上層紋飾帶之上以豎立的蓮瓣紋飾來表現，乳廓和撞座的形式多樣化，撞座則配置於四方。此外，梵鐘以佛菩薩取代飛天做為裝飾，在細部的式樣雕琢上，亦呈現多元變化。進而因應需求增加，例如國立中央博物館所藏的正隆二年（一一五七）銘梵鐘等小型鐘的製作亦逐漸增加。至高麗時代末期，在歷經整個元代後，中國的梵鐘形式添入統一新羅的梵鐘形式之中，例如採用造

天興寺梵鐘（出處：韓國國立中央博物館 National Museum of Korea）

型單純的紋飾等，促使朝鮮半島的梵鐘形式出現豐富變化。如此傾向，是由京畿道南楊州市奉先寺於成化五年（一四六九）銘梵鐘等朝鮮時代的梵鐘所繼承。

二、舍利容器

舍利容器收藏於塔內，一般是將佛舍利（真身舍利）裝入玻璃製或水晶製瓶中，再依序逐層裝入金、銀、銅等材質所製成的舍利盒或舍利函內予以保護，進而裝入土製或石製的外函之內。朝鮮半島是約自六世紀中葉開始收藏舍利，推測應曾使用舍利容器。至於安置場所方面，若是木塔置於心礎石函（編案：埋藏於塔心礎石內的舍利函）內，若是石塔或磚塔，則是收藏於塔身中。

高句麗時代的舍利容器因尚未提出報告，情況依舊不明。有關百濟時代的舍利容器，可確認的是在忠清南道扶餘郡陵山里寺遺址的木塔遺址內，發現心礎石的上側石面內所埋藏的昌王銘石造舍利龕（約五六七）、扶餘郡王興寺遺址的木塔遺址內出土的舍利具（六世紀末）、益山市帝釋寺遺址的木塔遺址內出土的舍利具（七世紀初）等。在新羅方面，可確認的是慶州市芬皇寺模磚石塔出土的舍利具（六三四）、慶州市皇龍寺遺址的九層木塔遺址內出土的舍利具（六四五、八七二，高麗）等。

至統一新羅時代，除現存文物之外，從慶州市金丈里發現的石造舍利供養像（八至

皇福寺遺址三層石塔內舍利容器（出處：韓國國立中央博物館 National Museum of Korea）

感恩寺遺址石塔內殿閣形舍利容器（出處：韓國國立中央博物館 National Museum of Korea）

九世紀）、慶州市雁鴨池出土的金銅舍利奉迎像（統一新羅）等，可推知一般在其像內安置舍利容器。此外，統一新羅時代的舍利瓶是以綠色玻璃製品為主流，裝置舍利瓶的外層容器，則是如同慶州市九黃洞所傳皇福寺遺址的三層石塔內埋藏的舍利容器（六九二、約七〇六）一般，是由各種材質製成的舍利盒或舍利函以數層組裝而成。另有從慶州市感恩寺遺址的西三層石塔（約六八二），或慶尚北道漆谷郡松林寺的五層磚塔（八世紀後期）之內所發現的形式，是將舍利安置於殿閣形舍利容器內。其中，殿閣形是統一新羅的獨創形式，不僅有細緻紋飾，更顯示當時的金屬工藝技術之精巧。

至高麗時代，舍利容器經簡化後縮小規模，舍利瓶從玻璃製轉為水晶製，外層容器

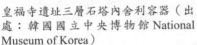

成為高八角堂形式，並延續至朝鮮時代。朝鮮時代則反映時代變遷，分別採用內盒為銀盒，外盒為白瓷的材質。

除佛舍利之外，亦有將做為寶舍利的佛像或小塔，與做為法舍利的經軌一併供奉的情況。三國時代是以百濟的帝釋寺木塔之內供奉的《金剛般若經》而為人所知。統一新羅時代流行供奉《無垢淨光大陀羅尼經》，高麗時代則可確認曾流行供奉《全身舍利經》，《妙法蓮華經》、《華嚴經》、《金剛經》等。

羅原里五層石塔內發現的三座金銅製九層小塔舍利具（出處：韓國國立中央博物館 National Museum of Korea）

第七節　渤海的佛教美術

一、渤海的佛教信仰

高句麗在遭受唐朝及新羅滅國後，自西元六九八年至九二六年，由其遺民與靺鞨等民族形成渤海區域，在昔日的俄羅斯濱海邊疆區與現今的中國黑龍江省、吉林省、北朝鮮北部地區興隆發展，自唐朝起成為素有「海東盛國」之稱的大國。

西元七〇五年，高王大祚榮之次子大門藝入侍於唐，西元七一三年受冊封為渤海郡王。高王在建國初期為了牽制新羅，試圖與唐朝維持親善關係。從西元七一三年派遣王子入唐，請求「入寺禮佛」，以及從梧梅里寺遺址（北韓咸鏡北道）的渤海地層內出土的高句麗金銅板（五四六年銘）等事蹟，可推測渤海不僅繼承高句麗，亦採取吸收唐文化的立場。

然而，武王大武藝於西元七一九年即位後，採用獨自的元號，鮮明強調獨立色彩，與唐朝、新羅、黑水靺鞨引發軍事行動，故採取在後方支援的對策，自西元七二七年起遣渤海使渡日。並於同年在致日本的國書中，記述「復高麗之舊居，有扶餘之遺俗（高麗為高句麗之正式國名）」，在文化上繼承高句麗的趨勢十分強烈。

文王大欽茂（七三七—九三在位）更改武王的對立政策，屢次派遣使節或歸化漢籍等，加強對唐朝的親善政策。文王積極推展傳入唐朝文化，留學生及留學僧逐漸增多。約於西元七四九年，自故國遷都至中京顯德府（吉林省和龍縣），此後約於西元七五六年，再自中京遷都至上京龍泉府（黑龍江省寧安市渤海鎮東京城），西元七七四年推動維新，將元號大興改為寶曆。西元七八五年，自上京遷都至東京龍原府（吉林省琿春市八連城）之後，亦與新羅締結親善關係，自西元七九〇年起與新羅交換使節。西元七九三年，將國都自東京復遷上京。自八世紀末之後，與唐朝、新羅、日本維持友好關係，積極推展文化交流。此外，文王於晚年尊號為「大興寶曆孝感金輪聖法大王」，是仿效彌勒化身的武后尊號「慈氏越古金輪聖神皇帝」，與為求闡明儒教君子之道而撰述《御注孝經》與推行「開元之治」的玄宗之尊號「乾元大聖光天文武孝感皇帝」，並以儒、佛二教為基礎推行政治。並可確認文王試圖求取國內安定，並積極吸收唐朝文化的態度。至於文化政策方面，在與新羅締結親善關係的八世紀末前、後期，皆有可能出現重大轉變。換言之，渤海應是消除曾經為了與新羅抗衡而誇示的高句麗特色，並將自國與唐朝、新羅發展同一文化為目標。

有關渤海佛教的文獻記述近乎皆無，可確認的是僧侶極為稀少，根據贊寧撰《宋高僧傳》〈唐洛陽同德寺釋無名傳〉等記載，例如南宗禪僧神會的弟子釋無名（七二二—九四），以及曾於西元八一四年以渤海使錄事身分渡日並遺有〈七日禁中陪宴詩〉的釋仁貞（？—八一五）、曾於西元八二六年創建龍崗城海城寺與金剛谷改心寺（北韓咸鏡北道）的大圓、靈境寺靈仙的法孫釋貞素、唐朝高彥休所撰《闕史》之中記載西元八五八年入唐並駐錫長安西明寺，且能通鳥獸之言的薩多羅、西元九二七年逃亡高麗的載雄等人。

釋無名或許為洛陽人氏，其父祖曾任西京鴨綠府（吉林省臨江市）的官僚，故與渤海有所交流。其人初依北宗，究竟南宗，游方各地名山之後，示寂於五台山佛光寺，其對華嚴四祖澄觀（七三八—八三九）亦給予影響，融通華嚴與禪法。此外，在〈釋無名傳〉末尾則書有「或云名著疏解彌陀經焉」，顯示與阿彌陀淨土信仰亦有關聯。

釋貞素是靈仙的法孫，與其師應公皆因生平未詳，故而僅能透過靈仙來推測其人。靈仙（七五九—八二七？）約於西元七七四年在奈良的興福寺出家，曾向賢憬修習法相（唯識學），後於夢中見大日如來，為修其教法，西元八〇四年以留學僧身分入唐，與空海同向譯經僧般若三藏學習梵語。西元八一〇年，於長安醴泉寺隨般若三藏翻譯《大乘本生心地觀經》，並出任筆受及譯語之職，依此功績而成為內供奉。此外，靈仙亦修習以密教的太元帥明王為主尊的太元帥法。西元八一五年，於停點普通院菩薩堂前目睹《華嚴經》中的一萬菩薩示現。又於五年後抵達五台山，靈仙在與不空系密教寺院的金閣寺堅固菩薩院、鐵勒蘭若、七佛教誡院（與律典成立有關，並以過去七佛信仰為基礎）之內學習，曾剝手皮來繪佛畫像做為供養，亦修不淨觀等法門，卻在靈境寺浴室院遭毒害身亡。釋貞素曾將嵯峨、淳和天皇所託的一百兩黃金交於靈仙，靈仙則託交佛舍利及新經典，貞素乘坐渤海使船渡日，並曾於七佛教誡院留有〈哭靈仙上人詩〉等，可明確得知其深受靈仙所影響。此外，根據西元八三九年返國的真言宗僧圓行（七九九—八五二）所撰的《靈巖寺和尚請來法門道具等目錄》之中，記載「佛舍利二千七百餘粒靈仙大德弟子付授」與「一具靈仙大德弟子付授」。西元八四七年返國的天台僧圓仁所撰《入唐新求聖教目錄》之中，則包含「大唐代州五台山大華嚴寺般若院比丘貞素所習天台智者大師教迹等目錄一卷」。此外，與空海交情甚篤的渤海使王孝廉（？—八一五），或空海的《最勝王經開題》（九世紀前期）的附錄〈最勝王經祕密伽陀〉之中，記載靈仙的弟子應公曾於西元八一三年請空海的弟子真圓講述《金光明經》。貞素可能透過靈仙或應公修習法相（唯識學）、本緣思想、天台、華嚴、不空系統的密教等教法，尤其是佛舍利信仰與華嚴密教盛行的五台山信仰，應該予以關注。

如前所述，至九世紀前期為止，渤海佛教極有可能是信奉統一新羅的各種信仰，例如華嚴、禪、法相（唯識）、天台、淨土、密教等各宗派，尤其在地緣關係十分近便，應與當時備受重視的山西省五台山有密切關聯。雖僅止於推測，但在渤海後期亦有五台山信仰，尤其極有可能流行華嚴密教，此亦從承襲渤海佛教的遼、金佛教更為凸顯此事，經由渤海使李居正於西元八六〇年請歸《尊勝咒諸家集》、《佛頂尊勝陀羅尼記》，可推測應為東寺或石山寺所藏。此外，透過西元九二七年逃亡至高麗的載雄等人，促使了渤海佛教、尤其是具有濃厚高句麗色彩的佛教，以及五台山的舍利信仰與華嚴密教亦對高麗造成影響。

二、佛教美術

在渤海佛教美術方面，僅有從五京發掘出約有四十七處的寺院遺址出土文物。尤其是集中於上京及中京、東京，其他尚未進行發掘，故難以一窺全貌。但寺院是以五京為中心而建造，渤海佛教極有可能與統治階級維持密切關聯，至於是否普及至靺鞨人等非統治階級，則是情況未明。在此僅止於介紹主要作品，期盼今後能有發掘及研究成果。

首先，渤海為了與新羅抗衡，故而誇示其建造具有濃厚高句麗色彩的前期佛像（六九八—七九三），例如東京龍原府出土的石造二佛並坐像（八世紀前期，東京大學藏）。但從高句麗遺留文物之中，無法確認有二佛並坐像，或二佛並坐像信仰在八世紀前期並未在東北亞流行，以及況且集中在東京地區出土等。雖留下許多令人質疑之處，卻充分承襲高句麗的式樣。渤海的前期佛像與瓦當圖案的情況同樣，可認定懷有強烈意欲，試圖沿襲高句麗的形式。

其次是後期佛像被大量挖掘，這些文物是以與唐朝、新羅發展同樣文化為目標，造型十分豐富多元。首先，塑造佛像（九世紀，東京大學、首爾大學等處所藏）是以上京城為中心大量出土，其造像是將雙手合於腹前，或隱藏於袖中呈現拱手姿態，幾乎皆是具有化佛般的特性，例如有如來坐像或觀音菩薩立像、思惟菩薩立像、供養菩薩像等各種菩薩立像。如同日本大和文華館所藏的金銅板佛（渤海，九世紀）般，在本尊上側或左、右側，極有可能是以多層形式來配置化佛像。此外，此金銅板佛與東京國立博物館、北京首都博物館等所藏的青銅製軍荼利明王立像（十世紀）同樣，皆是屬於在中國東北地區多數被認定為殿閣（家屋）形式的造像碑，此應與渤海佛像有密切關聯。

例如右手結刀印般的手印、左手執水瓶而具有特殊形象的金銅菩薩像（九世紀，上京出土，東京大學藏），以及金銅四臂菩薩立像（約八世紀中期，東京國立博物館藏）、金銅六臂菩薩立像（九世紀，上京出土，渤海文物展示館藏）、結彌陀定印的塑造如來坐像（九世紀，上京出土，首爾大學藏）等，這些佛像與前述的作品同樣顯示出渤海信奉密教、尤其是信奉五台山系統的華嚴密教。此外，亦顯示朝鮮半島至高麗時代前期，是以五台山為中心所發展的舍利信仰或華嚴密教亦有密切關聯。

上京龍泉府出土的金製如來立像（九世紀，像高為五十公分），其形象特異，右手結施無畏印，左手持水瓶。此造像是以《渤海國志長編》的紀錄做為後盾，據傳是在西元八一四年，由渤海的遣唐使高禮進自渤海採金銀礦所鑄造的「金銀佛像各一」並獻貢於唐朝。

上京的興隆寺歷代流傳的石造如來坐像與八角形石燈，幾乎是唯一僅存的文物。此像幾乎喪失原貌，石燈則是可與全羅南道潭陽郡開仙寺遺址的八角形石燈（八六八）相互比較的作品。

至於佛塔方面，現存則有方形七層磚塔的靈光塔。然而大部分的佛塔如今僅存遺址，其例有貞孝公主陵寺塔遺址、馬滴達塔遺址、高產村寺遺址的八角形塔遺址等。研究者認為這些佛塔與在上京等地出土的舍利容器一樣，皆與八、九世紀的唐朝有密切關聯。

如前所述，渤海的佛教文化自八世紀之後，受到唐朝、尤其是受到五台山佛教極為強烈的影響。另一方面則是自古傳承高句麗佛教，堪稱是構築兩方組合的獨特文化。

第七章

越南佛教

石井公成

駒澤大學教授

第一節　越南佛教成立的軌跡

佛教融合

法雲寺是以越南最古寺院而聞名，其發音為「Chùa Diên Ứng」。「Chùa」是指寺院，是塔的梵文「stūpa」俗語形「thūpa」的諧音。「Diên Ứng」是「法雲」的漢語發音，是漢語古音以越南音韻體系為基礎變化而來。因越南語是將被修飾語置於修飾語之前，名稱雖為法雲寺，卻以「Chùa」為第一字音。換言之，「Chùa Diên Ứng」的名稱，是將印度與中國雙方要素融入越南式的架構中演變而成的結果，並成為越南是介於印、中兩國之間的象徵之例。

越南佛教究竟成立於何時？至十九世紀初，越南方才成為如今日般跨越南北，並由多達五十四個民族互為融合的國度。北部的紅河三角洲地帶，是由屬於南亞語系（澳斯特羅－亞細亞語系）的越族（京族）祖先早已遷居此地。西元前二世紀初，越南在中國為求南方豐饒物資之下而成為其從屬國，自此以來，越南幾乎在千年之間，不斷反覆經歷叛亂與遭受壓制的過程。在佛教方面，越南以漢譯經典推行佛法，但在初期因有來自印度等地的僧侶，傳法活動愈漸顯著，至十世紀方才得以脫離中國而獨立。然而，此後卻持續歷經反抗中國的侵襲，以及引入中華文化的過程。在佛教宗派方面，禪宗自唐朝中期之後成為中國佛教主流，在越南亦占居主流。另一方面，印度或東南亞佛教亦斷斷續續給予影響。在中國，禪宗與淨土教不斷融合，密教漸被盛行採用在儀禮方面，儒、釋、道三教不斷揉雜相融，如此傾向亦導入越南。明成祖（一四〇二—一四二四在位）於十五世紀初征服越南後，徹底執行漢化政策，禁止越南習俗發展而推廣儒教。除此之外，又將佛僧及道士遣入越南，對當地影響極深。原本沒有宗派對立且互為融合的越南，除了固有民間信仰之外，更形成各教各派之間的融合。此後，越南與來自中國的僧侶或移民共同將各時代的儒、釋、道三教予以引入，互為融合。

中越東岸是以會說占族先祖所講的澳斯特羅－亞細亞語（馬來－玻里尼西亞）的馬來系民族為中心，由以印度文化為基礎的沿岸都市勢力組成的聯合國家所形成。中國稱之為林邑，自十世紀之後則稱為占城（占婆城之略稱）的占婆國，四世紀時藉由推廣東、西貿易而擁有強盛國勢，對中國屢有進貢。占婆的統治者以梵文為王名，藉由祭祀印度教的諸神而獲得權威。此外亦傳入佛教，自九世紀末至十世紀初建造規模雄偉的石寺，其寺是以佛教與印度教融合的印度系大乘佛教為基礎。至十五世紀初，亦有君主信奉印度佛教，但仍以印度教為主流。占婆自早期就屢次侵略鄰國，同時亦飽受他國侵略。至十二世紀，雖曾一時占領柬埔寨，形成大興其勢的時期，國勢卻漸顯疲弊，十五世紀時遭北方國家驅逐，成為中南部的小邦，此後遭致併吞。

目前的南越，亦即從湄公河下游的三角洲至柬埔寨南部，是以柬埔寨為主流的高棉系民族在此活動，其構築的王朝深受印度教所影響。中國稱此國為扶南，是以進行東、西貿易中繼點的外港澳蓋為窗口，發展繁榮，佛教似乎亦能隆盛發展。印度與斯里蘭卡的多元佛教系統傳入後，大乘系統在六世紀亦十分盛行。扶南向中、印兩國朝貢，其國僧侶往往取道北越而往中土。扶南於七世紀初遭到北方的從屬國真臘所滅，此後分裂為以海岸與南部為據點的陸真臘，以及位於湄公河三角洲中游地區的水真臘之後，持續發展成統一時代與以城市為基礎的地方政權混亂成立的時代。至吳哥王朝則成為東南亞的首要強國，其統治領域包括西側是從湄南河流域、東側至占婆為止的諸國，有時雖出現君主是尊奉觀音菩薩的大乘佛教信徒，吳哥王朝的信仰主流卻是印度教。然而，斯里蘭卡的上座部佛教約自十三世紀起位居優勢，柬埔寨不久即被東側的越南與西側的暹羅所壓制，成為兩國的臣屬國。現今南越的所屬區域，在十八世紀初是隸屬於阮氏在南進發展下所建立的廣南國。

越南的北、中、南部三地之間，彼此反覆進行侵略與反擊，另一方面，卻在遷移、俘虜、殖民、政治聯姻或其他因素不斷交流及混血之下，彼此互為影響。而此抗爭不僅是與中國、柬埔寨、爪哇、寮國等勢力有關，此後暹羅族更屢次侵略中越及南越，其中，統合南、北地方並成為今日越南前身的國家，則是以不斷強化儒教色彩來擴大勢力的漢字文化做為基礎。

西元一八〇二年，阮福映統一南北，兩年後清朝封其國號為越南，並向南越的越族人移植漢語佛教，清朝促使佛教傳入並移民當地。然而，援助阮福映的法軍自十九世紀中葉之後開始侵略越南，至十九世紀後期，越南甚至被法屬印度支那總督府所統治。結果導致天主教逐漸普及，傳教士學習日本天主教徒所使用的日語羅馬字表記法，以其取代漢字，並強制使用經傳教士處理後的羅馬字表記方式。此後在第二次世界大戰之際，越南雖在日軍進駐下脫離法國而獨立，戰後法國卻重新恢復統治。越南在歷經脫離法國的獨立戰爭，進而分裂為南、北方的激烈越戰之後，北越於西元一九七六年統一南北，成立今日的越南社會主義共和國。佛教雖處於社會主義政權的監督之下，卻逐漸復興，近年在推行自由主義政策之下，盛行發展更為多元化的活動。目前越南是以漢譯佛教為基礎的大乘佛教為主流，但南部的高棉系少數民族則是信奉柬埔寨的上座部佛教，至於受到佛教影響的新興宗教亦十分盛行。除此之外，試圖將上座部的教義與大乘佛教予以融合的乞士派亦逐漸伸張勢力。

由前述的歷史可獲得理解般，若以現今越南的國境為前提，則將無法目睹在此區域內共同發展的「越南佛教」，在傳統上是如何存在及產生變化。此外，有關中部或南部方面，除了僅存的少數碑文之外，文獻資料甚少，不得不仰賴北越或中國的漢文史料，但北越因遭逢戰亂及明朝施壓，實際上幾乎沒有完整遺留十三世紀之前的佛教相關文獻。

第二節　越南的初期佛教

一、北屬時期的佛教

中國引發的同化與叛亂

自西元前一千年以來，橫跨今日華南、北越、東北泰的區域開始普遍使用金屬工具來發展稻作文化。在越南地區，稻作文化是在紅河中游的台地發展，自西元前四世紀至西元元年前後，以銅鼓而廣為人知的東山文化甚至擴展至紅河及清化省（Tỉnh Thanh Hóa）等三角洲地帶。此地區是由稱之為貉王、貉侯、貉將的諸位王侯將領進行統治，秦始皇（前二二一—二一〇在位）統一華夏之後，秦國甚至出兵遠征華南，西元前二一四年設置三郡，亦即桂林郡、南海郡（廣州）、象郡（北越）。秦國於八年後覆亡，滯留於南海郡的武將趙佗掌控廣州南部至紅河下游，建立南越國。趙佗對於紅河三角洲的交趾與南方的九真是採取由當地首長統治的方式，並派遣總督進行監督。中國在漢朝興盛之後，漢武帝（前一四一—八七在位）於西元前一一一年征服南越，取名為交趾部，並分為九郡，遣漢人統治當地。在此過程中，越南成為交趾（紅河三角洲中游）、九真（紅河三角洲南部）、日南（中北越）。

西元四〇年，交趾土豪對漢朝心懷不滿，貉將之女徵氏姊妹率領土豪發起叛亂，後被東漢將軍馬援鎮壓，從此逐漸中國化。甚至在派遣赴任的漢人官僚之中，亦有眾多官員逐漸在地化，成為有力氏族。東漢於建安八年（二〇三）更改交趾部，將廣東省至北越稱為交州，至東吳時期則將北部稱為廣州，南部稱為交州。紅河以南生產香料、珍珠、礦物、犀角等物產，故從中國派遣的官員多榨取物資，招致居民反彈，有時更遭殺害。此後，越南在遭受中國同化與叛亂反覆進行之下，直至十世紀脫離中國獨立為止，約有一千年期間稱之為北屬期。

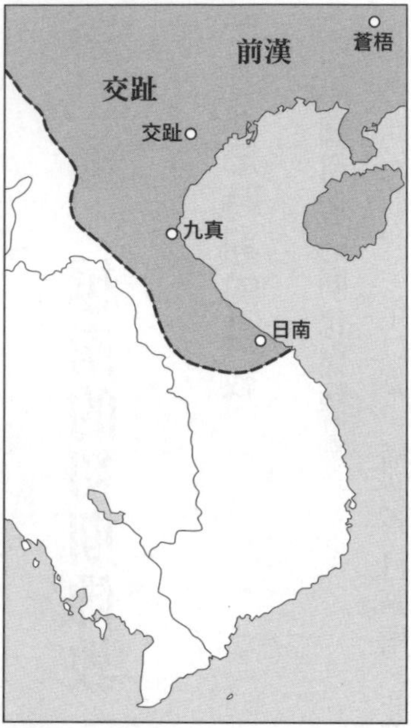

約西元前二世紀的越南

越南受到漢朝統治之下，逐漸擴展漢文學術。西元一七八年，李進因具有在漢地留學的經驗，是首位被朝廷任命的越南籍刺史。在越南與中國的傳統發展中，當時促使佛教初傳越南的人物則是牟子。牟子是從東漢至孫吳初期，亦即自二世紀中葉至三世紀中葉從事活動，並撰有《理惑論》。據傳牟子曾居於華南蒼梧，約於西元一八四年與母親為避戰亂而至交趾，當地在交趾郡太守士燮（一三七—二二六）的統治下得以維持和平。士燮繼承父志，其父為山東人氏，曾任日南郡太守，士燮不僅保有權勢，更能維持近乎完全獨立的政權。又因熱衷於學問及保護學者，似乎曾有許多學者自中國亡命至交趾。

《理惑論》是從儒教的立場，來批判推行不老長生之術的道家立場，並述說佛教的理念正確，另一方面，則批判當時僧侶的墮落行徑。據《理惑論》序文所述，牟子於二十六歲歸返蒼梧，此後是否重回交趾則真相未明，但牟子在滯居交趾之際，似乎是以研究儒教為主流。此外，在《理惑論》之中有關太子須大拏的記述，研究者認為極有可能是以康僧會（？—二八〇）的譯經為基礎。康僧會在交趾活躍發展後，於赤烏十年（二四七）入吳都建業（今南京），故牟子是越南最初的弘傳佛法者這項說法，很難令人信服。若從當時華南地區尚未流傳佛教的情況來看，毋寧說反而有可能是牟子在交趾習佛後返回中土，此後志求佛道。牟子僅是一時返回蒼梧，平時長居交趾，卻並非是在越南初傳佛教，而是來自印度或東南亞的僧侶在牟子之前就已在越南活動，且由漢語推行佛教的情況亦早已存在。

渡來僧

促使推測出前述說法的背景因素，是與伽羅闍梨有關的各種民間傳承。根據其中一項傳承，來自梵土的僧人伽羅闍梨前往羸㜏（河內西北部），就在居於榕樹下的小屋時，某次跨過一名正在睡眠中的十二歲女孩蠻娘之後，女孩因此而懷孕生子。僧侶將孩子置於榕樹內，並將錫杖交予女孩，告知其在日後若遇乾旱時，可豎立錫杖來祈求之後，就此返回梵土。此後遇到乾旱之際，女孩依照僧人之言豎起錫杖，水則湧現而出。此外，又因榕樹乾枯而落入河中，漂流至正在洗衣的女孩之處，村民便遵照神諭，將榕樹劈斷後雕成四尊神像，就在第一尊完成時出現五色雲，第二尊完成時開始下雨，第三尊完成時雷鳴大作，第四尊完成時發出神奇光輝。這些神像依序取名為法雲、法雨、法雷、法電，分別奉祀於羸㜏的四座寺院，其中安奉法雲像的寺院稱為法雲寺。現今法雲寺安奉的神像是後世建造的法雲像，與做為侍女及侍從的兩名脇侍並稱為越南雕像之傑作。然而，伽羅闍梨在梵文中是指「黑師」之意，應非固有名詞。倘若考量到新羅亦有稱為「墨胡子（黝黑的西方異邦人）」的僧侶是藉由神異功能來醫疾，並就此被視為佛教初傳，越南在佛教初傳期的傳承中，亦有皮膚黝黑的外國僧侶來至當地發揮神異功能，或就此建造寺院之類的傳說。至於並非藉由佛，而是透過神諭來告示此點，令人聯想到佛教發展的初期情況。牟子之所以被視為佛教初傳的人物，或許是與越南向中國尋求奠定自國文化基礎的時間十分長久，以及士燮有別於其他中國太守，因能施行善政，故在越南被譽為士王之事亦有關聯。

康僧會是確實曾在交趾居留的外國僧侶。據傳康僧會的先祖為薩馬爾罕人氏，該地在西域是以從事東、西貿易為據點而知名，其先祖世居印度，至其父輩因從事買賣生意而遷居交趾。據其在《安般守意經》自序中記載，康僧會在十餘歲時痛失雙親，雖出家習佛，卻遭逢師父離世，所幸遇到南陽的韓林、穎川的皮業、會稽的陳惠，均受其教，此段記載應指他曾於交趾師事諸師。除了佛、儒二教之外，康僧會亦廣泛修習天文及其他方術，西元二四七年入華，始在吳都建業傳法。在建業已有出身月支（氏）的優婆塞支謙從事弘教，在康僧會傳法之初，民眾初睹僧人，對其奇裝異服及舉止表現大感震驚，故而投訴官吏。然而，吳王孫權（二二二—五二在位）卻為康僧會一心焚香禮佛不斷，遂使舍利出現的神異功能感銘不已，故為其建造吳國首座佛寺建初寺。康僧會在建初寺不僅譯出《阿難念彌經》、《鏡面王經》、《察微王經》、《梵皇王經》，更翻譯初期大乘的般若經典《小品般若經》、依六度波羅蜜將釋尊本生故事個別分類集成的《六度集經》、做為教導訓戒之用的譬喻故事集《雜譬喻經》等，並為禪經《安般守意經》等經典進行注釋（《出三藏記集》卷十三）。其中，《阿難念彌經》、《鏡面王經》、《察微王經》、《梵皇王經》是屬於《六度集經》的部分內容。或許康僧會在交趾時期就已譯出這些經典，返回中土後，則將剩餘部分翻譯並編輯為《六度集經》。據傳康僧會亦曾創作梵唄。此外，近年因過於強調越南佛教的獨特性，部分研究者主張康僧會才是中國禪宗之祖，但康僧會介紹的是傳統禪觀，並非所謂的禪宗。

支疆梁接為中亞的月支國人氏，於東吳五鳳二年（二五五）至太平元年（二五六），曾於交州翻譯《十二遊經》、《法華三昧經》。《十二遊經》據傳是西晉泰始二年（二六六），由月氏僧侶疆良婁至在華南的番禺（廣州）譯出。如同康僧會的「康」顯示其為康居（薩馬爾罕）出身般，支疆梁接的「支」是指其為西域的月支國人氏，故而支疆梁接與疆良婁至極有可能是同一人物。在此情況下，這些異國僧侶不是將越南漢譯的經典在中國弘揚，就是在中國重譯流布，康僧會的情況亦是如此。有說法指出，《法華三昧經》是無畏三藏於西元二八五年在交州所譯。其經文中有稱為利行的女子在說法時，舍利弗因感到驚訝，故而進行問答。就此點來看，是與描述天女與佛弟子之間進行問答的大乘經典《維摩經》有相似之處。《法華三昧經》在交州譯出，堪稱是當時已有必要說明女人可成佛，亦即顯示了上層階級的婦女信徒漸多的情況。直至後世為止，越南女性與佛教產生了緊密連結。

如前所述，雖說是來自梵土的僧侶，卻擁有擔任東、西貿易要角的中亞民族之血統，他們的積極活動令人矚目。這種情況與中國佛教初期發展相同，皆是由仰賴佛教並從事危險貿易之旅的西域商人及其混血子弟們，或與這些商人同行並利用貿易途徑旅行的僧人來從事佛教弘化工作。

其次是明顯曾在越南滯居的外國僧侶，摩羅耆域即為此例。耆域亦表記為「耆城」，據推測其原語為「Marajivaka」，故而耆域是正確表記。耆域是從印度取道扶南而入交州，行經中國廣州之後，於四世紀初抵達洛陽。當耆域遠赴洛陽的途中，在河畔因粗衣裝扮而遭到船家輕視，就在拒載之際，耆域已在神不知、鬼不覺之中渡河，並在路旁馴服兩頭老虎隨行。因此事為開端，從此發生各種神異事蹟。例如若有人請託耆域說法，號召大批人潮聚集，他倒是靜坐默不作聲，好不容易開了金口，卻說道「諸惡莫作，眾善奉行」，講著人人皆知的教訓。原本盼能獲得特別開示的人遂吐露不滿：「小兒也懂此理。」耆域卻開導道：「知而不行，一無所用。」耆域的教化方式是以出人意表的方法來促使自覺及實修，與後世禪宗亦有相通之處。在此同時，另有傳說指出耆域具有可無處不現身的神異功能，此點亦成為菩提達摩傳記的範本。

此外，康僧會在中國亦展現神異功能，並使君主信仰其道。有關重視僧侶具有神異功能一事，越南亦是如此。在越南，這種神異功能猶如耆域在中國的例子般，伏虎是備受重視的奇蹟。迄今為止，老虎在越南是最令人敬畏的動物。朝鮮半島亦具有類似傳統，有關初期弘傳期的佛僧事蹟中，即有數則是有關以德伏虎的軼事。至於在越南，有關僧侶道禪在五世紀末期活躍的事蹟中，據傳其曾居於「多虎害」的交趾仙洲山寺，但在林中修行時虎害因此而減少，此事顯示越南民眾對高僧懷有何種期待。這項伏虎的傳統一直延續至十五世紀，在《南翁夢錄》中記述一則有關尼僧欲在山中捨身，老虎卻不敢趨近的故事。實際上可在諸國中發現相同的模式，亦即若在山林中建寺且常有眾人出入的情況下，虎害將逐漸減少，並能拓增田地，部分農作物可用以布施寺院。越南的老虎形象與朝鮮的情況同樣，不僅是猶如地母神般的女神，亦是山神，更被視為佛教守護神而受崇敬。清化省崇嚴寺的紹慶三年（一三七二）立碑上，亦刻有祈求「山神」賜予「庇護」。

道禪聽聞中國南齊的文宣王護佛，致力於傳揚禪宗及律宗，故於永明年間（四八三—九三）初期赴齊都建康，住鍾山的雲居下寺。據傳道禪是以弘揚《十誦律》的權威而著稱，受戒者竟逾千人，其人卻能堅守儉樸度日，將餘物施予貧民病者。或許道禪的嚴謹態度是自寄居交趾以來，當時在越南是以修持禪定及恪遵戒律而為人所知。《十誦律》是指自西元四〇四至四〇九年之間，由弗若多羅、鳩摩羅什共同譯出的漢譯佛教戒律典籍。

幾乎在同一時期，從交趾赴中國且備受尊崇的僧侶慧勝，亦是同樣致力於修行。慧勝寄居仙州山寺，卻遁棲修行於山林溪谷，日誦一遍《法華經》，清儉度日。此部《法華經》應是漢譯本。然而，慧勝追隨外國禪師達摩提婆修行各種觀行，據傳一旦修持禪觀，則是鎮日未出定。身兼華南及交趾地區的官吏劉績至彭城赴任之際，聽聞慧勝的風評，故請其同返中國，並使慧勝住牛頭山的幽栖寺。慧勝舉止如愚夫，以乞討度日，但識其才學者及習禪者對其十分尊崇。永明五年（四八七），慧勝徙居鍾山的延賢精舍，後於天監年間（五〇二—一九）示寂。慧勝雖以漢譯的大乘佛教為基礎，卻向外國禪師修習各種觀行，勤修禪定。在中國亦常示如愚，乞討依舊，此點應是秉承梵土修行僧之傳統。所謂諸觀行是指觀身不淨，以及觀受是苦、觀心無常、觀法無我的四念處等，應是屬於傳統觀法。換言之，無論是道禪或慧勝，這些僧侶皆渡往中土活動，或在越南譯經，或以漢僧攜來的漢譯經典為基礎，甚至如同梵僧般持守戒律，致力於修行印度式的禪觀。

另一方面，亦有許多僧侶試圖從中國取道交州而遠渡印度，有相當豐富的

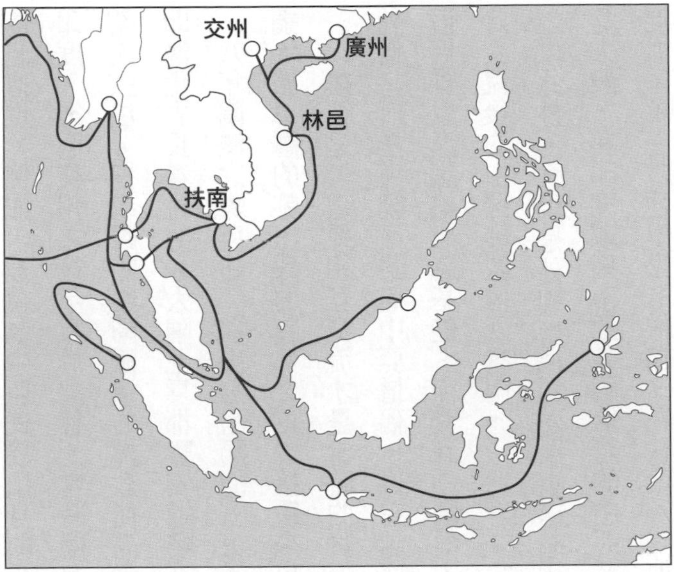

三、四世紀的東南亞各地區聯絡網

傳記傳世。例如，被視為中亞民族出身的于法蘭在四世紀中葉之後，懷著必死覺悟而欲赴印度，卻至交州之後示寂於象林。當時應有許多僧侶未曾考慮遠渡梵土，而是為了躲避戰亂或弘法，抑或跟隨中國派遣的佛教徒高等官僚來至交州。現存最早的越南佛教碑文，亦即清化省長春村的〈大隋九真郡寶安道場之碑〉，是由九真郡的首長黎玉（谷）於西元六一八年隋滅之際所建。在出身洛陽的官吏元仁器所撰述的碑文之中，不僅頌揚釋尊，並強調治績卓越的黎玉致力護佛，更曾接觸來自江南的高僧所修習的悟道方式及佛學素養。

換言之，這種相互交流才是當時的實際情況。在中國佛教發展初期，弘傳佛教者並非梵僧，而是通曉漢語的中亞僧侶。但在越南則是除了前往當地的外國僧侶之外，尚有越南僧侶雖以漢譯經典為基礎，卻受到外國僧人影響，前往中國並在當地造成影響後，又將彼此交流後的中國佛教傳回越南。

此外，雖說是外國僧侶，卻不限於印度或斯里蘭卡的僧人。如同康僧會或支疆梁接等人般，在印度或東南亞各國培育的中亞系出家僧，或包含印度商人在內的東南亞諸國的混血子弟在當地出家的僧侶、在扶南及其他東南亞各民族的僧侶，他們若能通曉梵文，則在越南被稱為「天竺僧」，這應是被視為廣義的梵僧。中世之前，東南亞有許多都市國家透過貿易繁榮而促使佛教興盛，其中如同橫跨蘇門答臘島與馬來半島而鼎盛發展的三佛齊般，甚至有些國家是擁有教學興盛的佛寺或精湛卓越的佛教美術，足以匹敵印度佛教的規模及水準，故無法以今日常識妄下判斷。

禪宗各派傳入

南梁的佛教發展在中國南朝之中最為興盛，卻因交州刺史倒行逆施，遂由已在地化的漢人後裔李賁於西元五四一年發起叛亂，驅逐刺史。李賁同時將趁混亂之際進攻的林邑予以擊退，後於西元五四四年建立萬春國，自稱南越帝，定都龍編。然而萬春遭到南梁遠征軍攻滅，殘存勢力亦被隋文帝（五八一—六〇四在位）於西元六〇二年平定。隋軍甚至近逼至林邑國都，不僅搶奪財寶，更掠奪佛典，而林邑在此之前曾屢次侵略交趾。

在此時期，佛教已於北越廣為傳揚。隋文帝時期促使興佛，獨孤皇后與文帝同樣篤信佛教，多造寺塔，亦於交州建寺，派遣高僧駐錫。就在訪詢當時身為五大德之一的曇遷之際，他表示交州佛教與中國同樣興盛，毋須遣僧。換言之，佛教經由絲路傳入中土，在尚未傳至江南之際，就已傳入與印度早有交流的交州，並建造二十餘座寺院，多達五百人以上的僧侶得度，更譯出十五部經典。至今摩羅耆域、康僧會、支疆梁接、牟博（牟子）等人在交州傳法十分活躍。當時毘尼多流支的教法，亦即禪宗三祖僧璨所傳揚的宗旨是由法賢所繼承，法賢於眾善寺向三百餘名弟子說法，故而曇遷表示並無遣僧教化之必要。毘尼多流支的法系，稱之為毘尼多流支派。

上述的佚事，是記載於越南最具代表性的禪宗史書《禪苑集英》之中，據傳李朝的符聖感靈仁皇太后在訪問都城的國寺之際，曾向高僧德宿們詢問佛教傳入越南之事，此時由無言通派的第八世禪師通辨（？—一一三四）答覆其問。根據書中有關毘尼多流支與法賢之條所述，南印出身的毘尼多流支遠渡中土之時，與為了躲避北周武帝廢佛法難而隱棲司空山的僧璨會面，並因此而悟道。當時僧璨隨即命其往南，毘尼多流支就此前往廣州，在制旨寺翻譯《象頭精舍經》與《業報差別經》，後於北周的大象二年（五八〇）三月至交州的法雲寺，在此譯出《總持經》，並向法賢傳法之後，於隋開皇十四年（五九四）示寂。據傳法賢會下甚至常有多達三百餘名僧人聚集，足以見得「南方禪宗」之興盛如此，而其示寂時間為唐武德九年（六二六）。

佛教在交州早已盛行並實修禪觀一事應屬事實，但有關毘尼多流支方面，最近則有研究者認為自禪宗成為越南佛教主流之後，其人事蹟是將《景德傳燈錄》等中國禪宗史書中的傳記予以改寫而成的傳說。如今被視為禪宗三祖的僧璨，是在歷代祖師之中生平最不明確的人物。至於被視為是毘尼多流支所譯的經典，亦與禪宗呈現截然不同的內容。毘尼多流支對法賢的言述，可見於在後世被視為是由僧璨所撰的文獻中。在《禪苑集英》中，法賢法嗣的第二、三、五、六、七世皆不明，即使是第四世清辨（？—六八六），在傳記中有關禪宗的記述方面，亦僅是更改中國禪宗史書的內容而已。有關毘尼多流支其人，因在中國史料中記載為北印出身，並於隋開皇二年（五八二）於國都大興善寺翻譯諸經，故而或許是一名經由交州至中國譯經的梵僧，此後被定位在中國禪宗的系譜中，更被當作是唐朝移植越南之後興盛發展的禪宗支派開祖。有關毘尼多流支其人，僅有傳說是從南印取道扶南而入交州，後於隋開皇十二年（五九二）示寂，亦有傳承顯示此人並未入華，故有可能是蓄意將他與另一位在交州活動的同名扶南僧侶視為同一人物。然而，兩部著作皆被視為南印人氏所作，這應是為了配合該地出身的菩提達摩而予以更改所致。

唐高宗（六四九—八三在位）於調露元年（六七九）在龍編設置安南都護府，進行強化管理。越南在此時期與中國交流極為繁盛，或有自越南渡唐考取科舉，亦有晉陞高官者。此外，越南僧侶中亦有赴唐傳法十分活躍之例，或多有赴唐留學後返國致力於弘教者。在越南語的詞彙中，絕大多數是以漢語為語源，由此可知是多以唐朝漢字發音為基礎，更包含了頗多誦經之用的漢音在配合越南語的音韻體系下而產生變化的詞彙。從當時至唐朝後期，無疑是將中國數種系統的佛教大量導入越南。至於毘尼多流支派，則有第八世禪師定空（七三〇—八〇八）活躍於八世紀後期至九世紀初期，其弟子羅貴於北寧的六祖寺西側造塔，並記載其師遺命。此外，定空的法孫通善於六祖寺內安置確立中國南宗禪的六祖惠能金像，由此可見在通善存世當時，亦即在惠能示寂百年後，惠能法系的南宗禪已導入越南。

毘尼多流支派傳存至十三世紀初期，在活躍於十世紀中葉的第十四世（共有四人）禪師之中，有親愛寺的摩訶摩耶禪師為占婆苗裔，其父善書貝葉（梵文經典），摩訶摩耶亦通曉漢、梵文，在其寺繼承父職。然而就在宣講貝葉經典之際，遭到護法神斥責其無法通達法理，遂致失明。摩訶摩耶本欲自盡，卻遇一名禪師指示，持誦三年〈大悲心咒〉之後得以恢復視力，更修得三昧，在體證並獲得神通後施展其力，使得原本信奉鬼神的村民大為驚服，紛紛皈依佛教。換言之，即使是在導入與弘揚中國禪法的時期，在北越仍透過來自占婆的遷徙者而繼續接受印度佛教的影響，這些僧侶實踐了富含密教色彩的中國佛教，並以禪師身分獲得尊崇。

越南禪宗的第二流派是無言通派。無言通（？—八二六）為廣州人氏，為人木訥寡言卻博通事理，故得其名。無言通曾受某位禪師指引而改習禪宗，雖欲參謁南宗禪之集大成者馬祖道一，卻因馬祖已示寂，故而師事其弟子百丈懷海，後於廣州和安寺指導年少時期的仰山慧寂。唐元和十五年（八二〇）之秋抵達建初寺，卻一逕面壁坐禪，全然噤口不語。唯有弟子感誠師從並傳承法嗣，無言通於寶曆二年（八二六）示寂。據通辨所述，唐朝的權德輿曾言：「章敬懷暉禪師傳馬祖心印於吳越，無言通開百丈宗旨於交州。」江西的馬祖道一為中國禪宗之集大成者，其禪風是由弟子章敬懷暉弘傳於江南，而師從馬祖弟子百丈懷海的無言通，則將百丈法旨盛傳於交州。

以上是越南的禪宗傳承，據中國史料所述，某位與無言通經歷十分相似的禪僧，自幼即沉默寡言，故被稱為不語通。此人於婺州雙林寺出家後，在當地的和安寺活動之際，曾受某位禪僧指引而改習禪宗。雖曾至馬祖道一之處，卻因馬祖已逝而改師其弟子百丈懷海，寄居六祖惠能昔日所住的韶州南華寺，並於該年（八二三）為時年十七的仰山慧寂剃度。在中國的任何史料中，皆未曾傳述不語通在日後前往越南。無論從年代或寺名來看，皆可發現這些說法是出於傳承上的差異或誤寫所致，但從無言通與感誠之間的對白，可知是將其擬照禪宗初祖菩提達摩與二祖惠可來予以描寫。無言通的言論中，更多是以南嶽懷讓的言論為基礎，足以見得與史實不符。

在中國的南宗禪之中，馬祖道一的法系為：

六祖惠能——南嶽懷讓——馬祖道一
- 章敬懷暉
- 西堂智藏
- 百丈懷海
  - 黃檗希運——臨濟義玄（臨濟宗）
  - 潙山靈祐——仰山慧寂（潙仰宗）

從百丈懷海至黃檗希運，再至臨濟義玄，成為日後中國禪宗主流的臨濟宗系譜，百丈的弟子無言通，亦即比臨濟義玄更早、曾教導潙仰宗初祖仰山慧寂的中國禪僧曾前往越南，並以古久的嗣法傳承而感到自詡。在八世紀的中國，許多禪僧是以出自五祖弘忍或六祖惠能的正統法脈而感到自豪，在此情況下，後進的牛頭宗則聲稱是秉承更早的四祖道信法脈。越南的毘尼多流支派被視為繼承禪宗三祖的法系，這是為了表現比牛頭宗傳承更為悠久所致。

如前所述般，越南禪宗的各派發展系譜皆令人質疑。然而，中國唐朝與越南的交流之興盛，若從朝鮮、日本及其他中國邊境諸國競相引入唐朝佛教的情況來看，唐朝佛教無疑是以滔滔之勢流入越南。自八世紀中葉之後，禪宗既然成為唐朝佛教的主流，亦應早已傳入越南。或許自七世紀末至八世紀中葉興盛發展的北宗禪系統，甚至是以六祖惠能為創始者的南宗禪之中，亦有與臨濟宗無關，卻在當時十分盛行的禪宗法系先行傳入越南，後世則將其系譜予以更改。

有關毘尼多流支派與無言通派方面，記錄通辨言行的《照對錄》，或以此書為基礎、約於十四世紀編纂的禪宗史籍《禪苑集英》為主要資料，但其實際情況未明。勉強而言，無言通派盛行採用《圓覺經》，此經是深受禪宗與華嚴宗所影響的中國撰造偽經，甚至有許多僧侶為其作注，至於採用《法華經》、《華嚴經》等經典的僧侶亦漸受矚目。此外，許多僧侶強調花草山川即為真理的特點，並對陀羅尼十分重視。然而，毘尼多流支派亦重視自然，在顯示悟境的偈文中盛行吟詠花草或自然，進而使用陀羅尼，致使兩派的禪風差異並不明確，在兩派的發展系譜中，亦包括應非禪僧身分的僧侶在內。故而兩派在實際成立派別上究竟達到何種程度的整合性，則情況尚未明確。此後越南佛教在教理方面，幾乎沒有顯著進展，如同吟詠自然的禪僧所作的詩偈般，可發現多屬於蘊涵纖細情感或情緒表現的作品。

與各國僧侶交流

在唐朝，許多越南僧侶遠渡諸國，其中又以印度或錫蘭為首要之地。例如根據義淨《大唐西域求法高僧傳》所述，木叉提婆遠赴釋尊悟道的聖地菩提伽耶，年僅二十四、五歲即早逝於該地。窺沖與漢僧明遠同赴師子國（斯里蘭卡），在西印與漢僧元照相遇，同巡禮佛跡，約以三十之齡歿於王舍城。此外，則有慧琰隨師前往僧訶羅國。智行取梵名為般若提婆，愛州（今清化省）人氏，曾遠渡梵土並前往弶伽河北側，年約五十歲示寂。同為愛州出身的大乘燈，與義淨交情甚篤，幼時與雙親前往今泰國南部孟族所建立的佛教國家墮羅鉢底國，並於當地出家，此後跟隨該國遣唐使遠赴中國，於長安玄奘三藏會下受戒，勤勵修學。大乘燈對梵土懷有深厚情感，取道師子國而前往南印。大乘燈在歷經海盜船襲擊等苦難之後入東印，修習梵文十二載，在當地遇到同門義淨，與商人一行巡禮印度中部。又與漢僧無行禪師一同訪遊釋尊涅槃地俱尸國，並留於該地，感嘆日漸身衰而無法入華弘法，在不斷祈求往生兜率天之中，以六十餘歲示寂。偕同漢僧旅行的越南僧侶之所以漸受矚目，是基於巡遊梵土的漢僧義淨可能利用中國僧侶的聯絡網來蒐集訊息所致，實際上，越南僧侶在赴梵土旅行之際，多與同屬於漢譯佛教圈的漢僧一同行動。此外，窺沖與元照遊訪佛跡之時，新羅僧玄恪似乎相偕同行。

前往交州的漢僧之中，在當地離世的僧侶不在少數。例如，薩馬爾罕出身的僧伽跋摩曾於少壯時期入華，後奉皇帝敕命，與使節同往印度，至菩提伽耶舉行七日七夜的盛大法會。返唐後，又奉敕命遠赴交趾採藥，當時目睹為饑荒所苦的百姓，常在致力救濟之時淌淚不止，故有常啼菩薩之稱，此後於越南罹病而逝。

此外在越南僧侶之中，亦有至他國出家之例。運期與漢僧曇潤同赴訶陵國（今爪哇），受戒於當地學僧若那跋陀羅（智賢）。益州成都出身的漢僧會寧則至訶陵，獲得若那跋陀羅的協助，翻譯《阿含經》之中與釋尊有關的經文，並命運期將譯經呈於唐帝。運期自唐朝返回交趾後蒐集餽贈之物，再度前往訶陵，並贈禮於會寧及若那跋陀羅。運期廣遊南海諸國，雖通曉爪哇語及梵語，但據傳在撰寫《大唐西域求法高僧傳》當時，早已還俗並居於三佛齊。三佛齊在當時是印度佛教在東南亞的最大據點。

北越僧侶雖屬於漢譯佛教文化圈，卻志求印度佛教，曾與東南亞或東亞諸國各系統的僧侶不斷進行交流。當時盛行的東、西貿易途徑，亦是佛教交流的途徑。此外，北屬時期的越南與隸屬印度文化圈的林邑互為接壤，甚至出現軍事對立時期，此亦對北越造成影響。

二、林邑、占婆的佛教

青銅器文化於西元前幾世紀在中越地區興盛後，自西元前後開始廣泛發展出使用鐵器的沙黃文化。占族祖先在此地區早已與各山地民族進行交易，藉由取得沉香、肉桂、黑胡椒、象牙、犀角等南方特產品，而盛行從事沿海貿易。尤其是以漢武帝所設的日南郡為發展中心，印度使者於西元一五九年、一六一年造訪此地。此外，大秦王安敦（羅馬皇帝安東尼烏斯）的使者於西元一六六年亦曾來訪。位於日南郡南端的象林屢起叛亂，西元一九二年，身為地方官吏的區連（區逵）殺害縣令之後自立為王，此後中國在將近六百年期間，以中越地區為中心的王國稱為林邑。

士燮於西元二六六年歿後，孫吳的呂岱將廣州自交州分離而出，自身成為交州刺史，將反抗其勢的士燮一族予以處決，並享有平定交州、廣州的功績。此後，呂岱致力於討伐及平定南方，促使扶南、林邑、堂明的諸王紛紛前來獻貢。呂岱以此功績而受任為鎮南將軍。然而，林邑似是由數個灣岸都市國家所組成，形成關係鬆緩的聯邦體制，是由在當時各地君主之中勢力最為強大者，以林邑王的名義向中國朝貢。在此時期，可見中國對林邑所造成的影響。其中，范文（三三六—四九在位）曾合併小國，壯大王國勢力。

除北越之外，東南亞各國幾乎皆將如同碑文所示般，是以南印系統的婆羅米文來表記的梵文做為公用語。就碑文所知，林邑是由四個城邦所組成，從北而南分別是阿摩羅波胝、毘闍耶、古笪羅、賓童龍。如同所有皆是源自梵文的地名所示般，林邑深受印度文化所影響。有關位於現今廣南省與廣義省的阿摩羅波胝，在南印的安德拉地方亦有同名都市，是從百乘王朝（西元前一至三世紀）的後期開始興隆發展。東海岸港口附近的阿摩羅波胝，曾與羅馬從事貿易而發展繁盛，並從印度輸出辛香料、棉織品、象牙、寶石等，從羅馬則大量傳入金幣或其他用品。在佛教部派方面是屬於上座部的大眾部系統，以刻有阿育王法敕的阿摩羅波胝大塔為中心，並分裂為數宗派。據碑文所述，比丘尼及女信徒積極活動的情況十分令人矚目。此外，斯里蘭卡的上座部亦在安德拉地方從事活動。在廣南地區發現的青銅佛像，經由認定大約是製作於西元五世紀，其形式為阿摩羅波胝式樣，由此看來，林邑的阿摩羅波胝，應是由與南印的同名都市相關者為其所取的地名。至四世紀末，在中國則有稱其名為范胡達的君主，在統治地的區粟（今順化）附近建造以古代占文及梵文所刻寫的石碑。據碑文所述，曾有名為范胡達（Bhadravarman）的君王在達南近郊的聖地美山建造神殿，並祭祀印度教的神明。在美山遺跡所遺留的印度教寺院或塔堂遺跡，是受到在印度風格中增添的爪哇式樣所影響，與鄰接的孟—高棉語族的建築物亦有

聖地美山印度教寺院遺跡（出處：達志影像）

相似之處，卻逐漸呈現其獨有風格。

林邑雖頻向中國朝貢，卻屢次侵略宋朝管轄的越北地區，故由交州刺使檀和之於西元四四六年攻陷茶蕎。在此時期，包括許多寺院在內的建築物皆遭焚毀，黃金雕像被大量掠奪。由此史料可知，不僅是印度教，佛教亦曾在此地發展。隋朝於西元六〇五年平定林邑之際，俘虜國王范梵志，並在國都搶奪梵文佛典「五百六十四夾」。所謂「夾」是指計算單位，用以估算某特定份量的梵文貝葉經典，據傳多達一千三百五十餘部。若是漢譯版，則多達二千二百卷。從中國北齊（五五〇—七七）時期的山東半島沿岸遺跡之中，曾發現笈多式、阿摩羅波胝式，或受到東南亞式樣（將前述兩種式樣略做改變而成）所影響而建造的佛像。這或許是經由林邑，再以海路傳入，其影響力極有可能遠抵鄰接的交州。此外，七世紀之前的林邑堂塔幾乎皆為木造，故已付之一炬。

義淨於西元六七一年自唐土出發，歷時二十五載巡禮諸國，在其著作《南海寄歸內法傳》之中，描述中國南方有「占波」，亦即「臨邑國」，極為重視佛教，信奉正量部，亦略奉說一切有部。在此時期，上座部佛教似乎十分盛行。

在七世紀之後的碑文中，林邑被稱為占婆補羅。此外，林邑與日本亦有關聯，身為遣唐使的平群廣成在漂流至林邑之後曾晉見國王，並於西元七三五年自林邑脫困而渡唐。翌年，林邑僧佛哲（佛徹）與梵僧菩提僊那、漢僧道璿等人一同自唐土抵達大宰府，住大安寺。佛哲曾在東大寺大佛開眼之際演奏林邑樂，並將此樂曲傳授於樂人。東南亞的寺院擁有歌手及舞者、樂隊，據傳越南李朝的君主愛好占婆音樂。此外，相傳佛哲曾攜來密乘經典及梵文書籍，由此可知當時密教已傳入林邑。

至八世紀中葉，林邑更名為環王，後稱占婆。因陀羅跋摩二世於西元八五四年即位後，將僧伽補羅（獅子城）改名為因陀羅補羅（因陀羅神之都）。西元八七五年在茶蕎南側的單陽（桐楊）建造宏偉的石寺，寺內供奉君王的守護神，其造像為觀音形象，亦即祭祀觀音菩薩（Lakṣmindra Lokeśvara）。此菩薩是具有強烈印度教色彩的密教系觀音，與王合為一體，該寺是在十世紀初建造而成。單陽遺跡是由三座寺院構成，幾經戰亂後，尤其是在第一次印度支那戰爭時遭到破壞，寺內僅留下由磚瓦及砂岩所建造的部分牆壁或造像、石柱等物。這種宏偉的寺院是為了國王及其雙親、先祖等族裔所建造，而高官與地方有力人士所建的寺院，目的是向君王效忠。

在此地區，亦留下屬於南印阿摩羅波胝式的青銅佛立像，據推測大約建於九世紀左右，除了推定是在印度製作之外，亦可發現密教所造成的影響。當時在八至九世紀的婆羅浮屠遺跡（位於爪哇中部）之中，可發現大乘佛教已相當密教化。

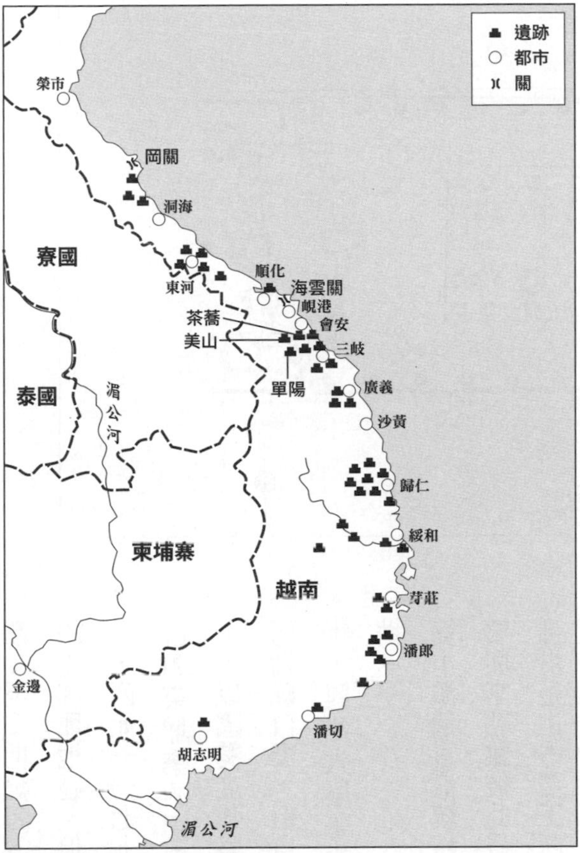

占婆遺跡

自九世紀後期，占婆將中部的因陀羅補羅立為國

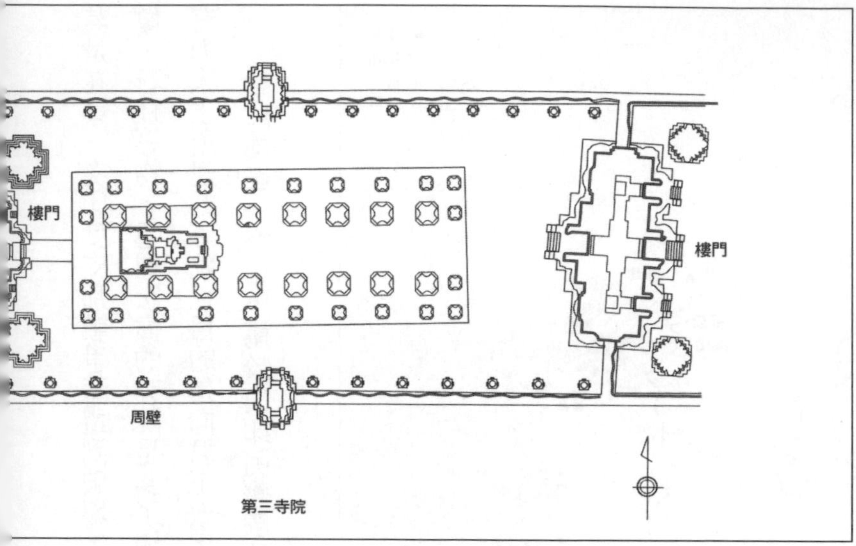

都，至十世紀因遭受北方壓力，遷移至南方的毘闍耶地區。但至十二世紀又再度拓展勢力，西元一一七七年，占婆水軍溯河而上，占領柬埔寨的國都耶輸陀羅補羅並殺害國王，以國勢之強盛足以占領柬埔寨長達四年而備感自豪。但自西元一二〇三至一二二〇年，興建大吳哥的柬埔寨國王闍耶跋摩七世（一一八一——一二一八）以軍勢占領占婆，派遣官僚統轄當地，持續引發抗爭。占婆與李朝雖彼此侵攻，但據傳李朝的平山寺佛塔是由占婆工匠所建造，兩國似有進行文化交流。

十五世紀初，鄭和在達成遠抵阿拉伯的大航海遠征記中，將占婆王稱為「吉祥大王」，其出身於南印朱羅，信奉佛教，頭戴金冠，裸足而行，外出時乘象，使用以兩頭

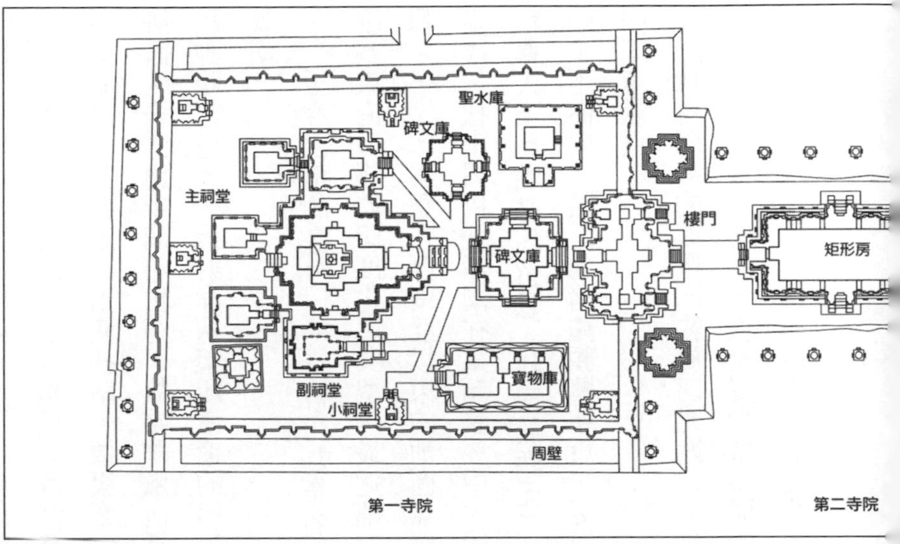

單陽遺跡配置圖

黃牛牽曳的小車行動。國王即位歷經三十年後退位，並有出家之習。

占婆自十五至十七世紀步入衰退期，占族逐漸伊斯蘭化，國王亦改奉其教。占婆歷經國內的南北之爭，以及與高棉及北越的抗爭，勢力逐漸削弱。中部的執權者成為少數勢力，南部的執權者則徙居柬埔寨或馬來西亞。現今越南的伊斯蘭教徒幾乎皆是屬於占族，伊斯蘭教則是與占族的傳統宗教及祭祖互為習合，形成獨有特色。

三、扶南佛教

自一世紀末至二世紀，從南越至柬埔寨南部的湄公河下游曾成立都市國家，中國稱之為扶南。有扶南大王之稱的范蔓（范師蔓）建造大船，征服各國，並促使外港的澳蓋成為東南亞的貿易核心區。孫權在創建吳國並稱帝之後，交州太守為了朝貢南方珍稀物產，每年派遣羅馬商人前往孫吳，或許孫權曾向他們打聽南海各國的狀況，故約在三世紀中葉派遣朱應與康泰出使扶南。據康泰《吳時外國傳》所記載，摸趺國的混填於夢中聽聞神諭，告其應乘商船出海，故乘神風而抵扶南，卻遭到名為柳葉的女王欲奪其船。混填舉起神賜之弓，一箭射穿柳葉所派遣的船隻，女王受驚之餘請降，混填遂娶柳葉為妻並統治扶南。

至今混填的身分，一直被認為是名為康迪亞（Koundinya）的印度人，扶南建國則被視為東南亞趨於印度化之典型，最近則有說法指出，混填可能是出身於馬來半島或蘇門答臘。中、印兩國在西南亞以東的地區無疑成為兩大文化中心，卻並非所有文化盡皆起源於兩國，扶南與周邊諸國往來頻繁，中、印兩國的文化影響亦有不少是經由這些區域的聯絡網傳入，此點必須留意。扶南於西元二四三年向孫吳獻贈樂師及當地物產，並以此為開端，不僅向中國南朝諸國頻繁朝貢，更與泰國及馬來半島北部進行交易，更派遣使者遠赴向印度獻貢。

據傳印度的婆羅門約於西元四〇〇年至扶南登基稱王，並導入梵土制度。或許印度文化來自馬來半島南方，但確實從當時開始增強影響力。自此以來，無論是㤭梨陀跋摩，或於西元四八四年至南齊朝貢的闍耶跋摩等人，在印度及東南亞各國是以「跋摩（varman，鎧甲之意）」為名的君主陸續繼位，此名在王名之中十分常見。闍耶跋摩似曾護佛，於南梁天監二年（五〇三）向梁朝致贈梵文經典及珊瑚佛像等物，至西元五一九年則餽贈印度的香木佛像及南方物產。

至於知名的扶南僧侶，則是遠赴南齊獻呈梵文經典，並翻譯部分內容的曼陀羅仙，以及偕同從事漢譯，在曼陀羅仙示寂後仍獨自譯經的僧伽婆羅。曼陀羅仙譯出《文殊師利所說摩訶般若波羅蜜經》、《寶雲經》、《法界體性無分別經》，這些經典是從逆說及否定的立場闡述教理，或述說菩薩在生活中之見聞心得的大乘經典。另一方面，僧伽婆羅譯有《阿育王經》、《孔雀王陀羅尼（咒）經》、《舍利弗陀羅尼經》、《八吉祥經》、《大乘十法經》、《解脫道論》、《大乘寶雲經》，以及闡述般若經典與其內容相近的逆說人乘經典、陀羅尼經典、大乘修行或懺悔法等經典，甚至包含小乘修行論、阿育王系統的史傳等。

由此可知扶南十分盛行蘊涵《般若經》或《維摩經》風格的大乘佛教，在斯里蘭卡的上座部佛教之中，尤其是相當具有寬容性的大乘學派無畏山派，其最受關注的課題，就是由該派學僧譯出優波底沙所撰寫的修道體系著作《解脫道論》。此事不僅能從該書中發現扶南是受到南印及斯里蘭卡所影響，故以鼓或花卉等物質來形成咒法，以及提到東南亞盛行使用檳榔等描述之外，書中亦出現要求禁酒卻准許葷食的記述，由此可推測這部分是在扶南添寫的內容。這種形式的佛教，或許亦傳入林邑及交州。

此後最重要的課題，則是以中國佛教四大譯師而知名的真諦三藏（波羅末陀）曾滯居扶南的事蹟。梁武帝（五〇二—四九在位）於六世紀中葉遣使扶南，求請名僧及大乘經論，屢次向南梁朝貢的扶南則舉薦來自西印的名僧真諦，真諦遂於太清二年（五四八）抵梁都。至南陳時期，據傳扶南僧須菩提為陳帝而譯出《大乘寶雲經》。如此由扶南僧人或滯居當地的外國僧侶，在中國推動豐富多元的傳法活動，此點十分值得關注。透過碑文所示，真諦滯居扶南當時，該國君主律陀羅跋摩信奉佛教。然而，若從當時製作的毘濕奴巨像是在國都近郊的印度聖丘達山寺所發現一事來看，可推知扶南蘊涵濃厚的印度教色彩。西元六二六年的碑文之中不僅禮讚守護佛陀的七龍，亦在吳哥窟以南的暹粒市發現觀音像。有關婆羅門教與上座部佛教、密教的觀音信仰等大乘佛教，似乎與包含拜蛇在內的當地信仰相互連結並延續發展。

當柬埔寨人建立的真臘成為扶南的從屬國，而其勢力在北方逐漸抬頭後，扶南遂移往南方，至七世紀中葉後則被真臘納入版圖。一項有力說法指出，扶南王族曾逃往馬來半島中部的東海岸。在義淨於七世紀末遊歷諸國後所撰寫的《南海寄歸內法傳》之中，描述扶南是在祭祀諸神時代之後，佛教方才興盛，但當時因惡王滅佛，更無僧侶，致使各種宗教逐漸廣傳流布。

至九世紀初，自爪哇歸返的闍耶跋摩二世（八〇二—三四在位）統一柬埔寨南部，創建吳哥王朝（高棉王朝）。吳哥王朝一時侵略並攻擊占婆王國與越南李朝，在西側統治遠達泰國中部的廣大疆域，除了越南之外，幾乎掌握東南亞全區。雖以信奉印度教為主流，卻發現九世紀之前的觀音像，其中包括如同闍耶跋摩七世般信奉佛教，並將自身視為觀音化現的君主，更派遣包括王子在內的一行人遠赴斯里蘭卡。在此時期，吳哥王朝以佛教的慈悲為基礎，在各地沿街為旅者建造休憩所及施藥院。在建築物中雕刻許多化佛，可發現其造像融合了毘濕奴神信仰。在柬埔寨南部，除了結合龍（Nāga）的信仰與佛教之外，亦建有「高棉的微笑」之稱的微笑菩薩像等作品，形成獨特的造型變革。

蘇利耶跋摩二世（約一一一三—五〇在位）時期是全盛期，甚至得以統治占婆，但約自十五世紀開始，當暹羅人逐漸從泰國伸張勢力後，吳哥王朝漸趨衰微，成為泰、越兩國的臣屬國。安南的阮氏勢力於十七世紀壓制占婆之後逐漸南進，至十七世紀末甚至遠及河遷（湄公河三角洲地帶），中國移民逐漸移植當地。柬埔寨亦委託一對廣東籍父子在河遷進行開發及統治，並促使人口移植，從福建及廣東招攬文人或僧侶、道士，故當地成為中國、越南、柬埔寨、爪哇及其他區域的民族熔爐。

第三節　獨立後的越南佛教

一、吳朝、丁朝、黎朝

唐朝以國勢隆盛為豪，但至唐末時期，周圍地區陸續獨立建國。西元九〇七年唐亡後，進入五代十國的紛亂及興亡交替時期。此時越南亦盛行尋求獨立，海防人氏曲承裕進攻設有安南都護府的宋平，自稱安南的靜海節度使，唐朝被迫默許之。曲承裕之孫曲承美則向繼承唐朝的後梁朝貢，其地位雖因此獲得認同，卻遭到在廣州尋求獨立的南漢軍殺害。南漢的大批船隊展開進攻後，吳權則以奇巧戰術破之，卻並未自稱為靜海節度使，而是於西元九三九年自立為王，成為越南史上最初達成脫離中國而獨立的國家，並以西元前三世紀的王城古螺為國都。然而，吳朝無法確立後繼者，包括吳權之子在內的十二名地方豪強形成內亂割據時期，稱之為十二使君時期。其中，身為地方豪強部屬的丁部領完成統一，即位稱王，國號大瞿越，並於北宋開寶二年（九六九）初定元號為太平元年。丁部領雖向宋朝進貢，獲封為交趾郡王，但在另一方面，其朝廷內部的權力鬥爭日益激烈，整體缺乏凝聚力，故於西元九七九年遭到宋朝攻伐，並為此而苦。其中，鎮守地方的將軍黎桓（九八一—一〇〇五在位）於西元九八一年即位，並擊退宋軍。然而，黎桓向宋朝進貢，並獲封為交趾郡王，但在另一方面，則將自身立場區分為在國內為皇帝，在中國為郡王。

吳朝、丁朝、黎朝皆以短暫國祚告終，三朝均崇奉佛教。然而，丁先皇（丁部領）於西元九七一年設置僧官之際，制定文武官階，此亦成為決定佛教的佛僧與道教的道士階位出現何種變更趨勢的一大環節。換言之，丁部領任命無言通派第四世禪師的吳真流（九三三—一〇一一）擔任僧統（其身分為吳朝順帝末裔），並授以「匡越大師」之號，此號具有「匡正越南」之意。此外，亦任命道士張麻尼為僧錄，另一方面，則將崇真威儀之位授予道士鄧玄光。換言之，這是仿效中國自唐朝以來的佛、道二教並重的宗教政策，雖以佛教為主流，道教亦同受保護。

此外，匡越亦擔任軍事與政治諮詢顧問。毘沙門天曾於匡越的夢中現身，告以「吾奉天帝之命鎮守此國，使令弘傳佛教」，故命匡越砍伐山中大樹，依夢境所現之像而雕刻之。當宋兵進攻之際，皇帝丁部領命匡越向此像祈求勝戰，宋軍遂敗北。

此外，據傳宋朝使節來訪之際，丁部領命匡越更換僧服，以官吏身分對應。匡越為帝解說宋使所撰的漢詩，並在送別返國使節之際贈以漢詩，由此可知當時對禪僧所抱持的期待是能具有外交能力。當時毘沙門天成為亞洲各國的共同信仰對象，但在此後的越南，毘沙門天漸被視為與古代君主扶童天王為同一人物，扶童曾因擊敗漢軍而得以升天。

黎朝的開國君主黎桓在宋朝初刊木板雕刻《大藏經》的《開寶藏》後，就已向宋朝請經，並於西元一〇〇五年迅速取得。其取得速度之快，僅次於日本、高麗，且早於女真、西夏。黎朝的第三任君主黎龍鋌亦於西元一〇〇七年遣其弟入宋，獻呈白犀，並請賜儒教九經與佛教《大藏經》，並於兩年後獲授經藏。然而，第二任中宗與第三任君主黎龍鋌皆是暴虐無道，甚至出現虐待僧侶的情況。如此暴君請賜《大藏經》，或許是基於對中國皇朝表示敬意及忠誠的外交禮儀。

二、李朝

推翻黎朝的李朝太祖李公蘊（一〇一〇—一〇二八在位）於西元一〇一〇年稱帝，翌年定都昇龍（今河內），改元順天，確立以稅制為首要的各項制度，在越南奠定最初的長期王朝李朝之基礎。太祖三歲時曾為古法寺僧人的養子，少時在六祖寺師事毘尼多流支派的第十二世萬行禪師，並向其習禪。此外，建初寺的多寶禪師為無言通派五祖，他曾遇見少時的太祖，預言其日後將受天命稱帝，故太祖即位後面臨重要問題之時，經常徵詢其意。太祖因佛緣深厚，即位後不僅向僧侶賜衣，更在國都及各地修造諸多寺院，並在各處修復需要修繕的寺剎。太祖曾再三向宋朝請賜《大藏經》並獲得經藏，西元一〇二三年下令

河內名勝延祐寺，建於一〇四九年李朝，因在池中一根大石柱上建造而得名。（出處：達志影像）

謄寫《大藏經》。太宗（一〇二八—五四在位）繼而於西元一〇三四年，向宋朝致贈馴象，並獲得《大藏經》，此後李朝皇帝亦向宋朝請經並獲授經藏。太宗曾師事無言通派的禪老禪師，建造多所寺院，盛行舉行法會。西元一〇四九年，太宗夢見自身被坐於蓮花台上的觀音菩薩引領升天而去，便徵詢群臣意見，卻被認為此乃不吉之兆，遂在某僧勸薦造寺之下，並命人在石柱上安置觀音蓮花台，該寺即為今日河內名勝的延祐寺。

當太宗向禪老禪師詢及山居生活之時，禪師答云：「翠竹黃花非外境，白雲名月露全真。」此偈是援引雙嶺化禪師之言，而雙嶺化則是沿襲唐朝大珠慧海的著名偈文：「青青翠竹，總是法身。郁郁黃華，無非般若。」此偈可見於《五燈會元》之中，但其真偽令人質疑。在越南，約於此時開始出現許多將禪境寄託於吟詠自然四季或草木的偈文之中。從中國禪法中已可發現此一傾向，在自然豐沛的南國越南則顯得更為強烈明顯，禪僧多以自然為詠題。這些著名偈文亦被視為文學作品而獲得高評，當時僧侶是以詩文為重，對日後越南文學影響甚深。

李朝從初創期即保護佛教，多位皇帝成為禪僧，但不可輕忽的是，道教亦受到保護。太祖下令修復天下寺院之際，亦在各地修繕道教寺院的道觀，更於西元一〇一一年在都城左側建造道觀太清宮，並在右側建造佛寺萬歲寺。換言之，李朝仿效唐宋時期尊崇佛、道二教，使其守護國都。道教的支派天師道已於五世紀傳入交州，唐朝亦有多達二十一座道觀存在。其中，則有如通聖觀、開元觀、守國觀等，是由派遣至當地的漢人官僚所建立的道觀。太祖於西元一〇一八年向宋朝請賜《大藏經》之時，亦請求道教經典集成的《道藏》。太宗於西元一〇三一年授予道士階位，同樣顧慮道教的處境。

繼而至第七任君主高宗（一一七五—一二一〇在位）於廣祐四年（一〇八八）設置道觀景靈宮。神宗（一一二七—三七在位）則在降服真臘的天順元年（一一二八），為表戰勝之謝忱，故而巡拜太清宮、景靈宮及都內佛寺。宮內則受北宋所影響，毋寧說是將道教的地位更立於佛教之上。當時來自中國的移民甚多，卻有如越南道士陶天活一般曾入華，甚至活躍於長安，受到朝廷及民間尊崇。如同〈白鶴通聖觀鐘銘〉的銘文所示，中國的道士許宗道於西元一二七六年至李朝，整頓道教儀禮，結果促使盛行使用符水做為治病儀禮，並舉行祈禱儀式的齋醮及科儀，對民間信仰亦造成影響。

李朝不僅對佛、道二教並重且予以保護，更由此時開始強化崇儒。第三任君主聖宗（一〇五四—七二在位），曾建造祭祀孔子與周公的文廟。第四任君主仁宗（一〇七二—一一二七在位）於大寧四年（一〇七五）初行儒式科舉，繼而設置國子監（相當於國立大學），仿效宋朝整頓職官制度，致力於培植文官。國恩寺的圓通國師（一〇八〇—一一五一）是身為毘尼多流支派的第十八世禪師，於會豐六年（一〇九七）參加三教試並獲得甲科及第，毘尼多流支禪派第十三世禪岩禪師（一〇九三—一一六三），亦於會豐年間所舉行的《法華經》、《般若經》考試中，取得甲科及第。換言之，朝廷是針對儒、釋、道三教舉行國家考試，合格者分為甲、乙兩科。受任為僧錄及僧統等僧職的圓通，在政治層面上是擔任皇帝顧問，其所奏呈的忠言幾乎皆出於儒教之語，由此可知儒教化之傾向是從當時開始變強。在西元一一〇九年的天福寺〈洪鐘銘〉之中，亦顯示在讀誦《法華經》與了悟本心的禪修過程中，融合了儒教的國家觀與道教的世界觀。

然而，聖宗最重視的畢竟仍是佛教，甚至有「越南阿育王」之稱。據傳西元一〇六九年在進攻占城之際，隨師至當地的草堂淪為俘虜，被擄至國都昇龍，並成為一名高僧的奴僕。此高僧擔任僧錄之職，某次在寫語錄之際臨時外出，草堂便為其修改文章。就在此時被返回的僧錄撞見大吃一驚，將此事向聖宗奏呈後，草堂就此被尊為國師。草堂在開國寺積極弘法，教化僧俗，聖宗、般若、遇赦三人則成為草堂派第一世。吳益是繼承聖宗法脈的第二世後繼者之一，並出任參政之要職。第三世是由英宗（一一三七—一一七五）命其擔任教育皇帝之職的杜武，第五世則是包含高宗在內。如同前述情況般，草堂派是在皇族與高官之間擴展。草堂是被視為將雪竇重顯（九八〇—一〇五三）法系的禪法引入越南的初傳者，但欠缺更為可靠的資料，草堂派法系的發展未能明確。雪竇活躍於中國江南，大興雲門宗，真宗皇帝（九九七—一〇二二）甚至賜其號為明覺大師。雪竇法系傳入越南並不足以為奇，卻未留下任何具體證據。

如前所示，李朝禪宗的特徵與皇帝有密切關聯，其中蘊涵各種要素。當時中國禪宗已歷經自由、豁達的唐朝隆盛期，逐漸成為親近國家、祈求皇帝長壽或祈雨，供養皇祖，並倡說儒、道一致。在越南不僅有此傾向，更透過占婆等國家，不斷添入印度要素。

例如，無言通派第八世的悟印禪師（一〇二〇—八八）在出生後立即被丟棄於樹林中，後由占婆人譚氏收養，在修習儒學及博通漢、梵二語之後出家。悟印倡說佛、法、禪師歸一，據傳在其示寂後，弟子甚至「心喪三年」，可知儒教的影響力之深。所謂佛、法、禪師歸一，是將三寶的佛寶、法寶、僧寶之中以禪師替換僧寶，並主張代表經典的

「法」，與以不拘泥於經典的「不立文字」做為標竿的禪僧之間並未有所矛盾，而此說法反映出當時禪僧在讀誦及研究經典的狀況。

悟印常誦的經典為《法華經》、《圓覺經》、《大悲心陀羅尼》、《金剛般若經》、《華嚴經》等，皆是以中國禪宗所喜好的經典為主。在宗派、學派方面形成的差異雖不明確，卻特別常援用中國禪宗系統的偽經《圓覺經》。

無言通派的第七世禪師圓照（九九九－一〇九〇）為皇族出身，時常讀誦《圓覺經》，並在實修其觀法時獲得文殊菩薩的指示而證悟，此後撰有《讚圓覺經》。其人受皇帝尊崇，善於文章，當仁宗將《藥師如來十二願文》託於使節獻呈於宋哲宗之際，據傳在相國寺位居上席的圓照法師見此願文，合掌道：「南方有肉身菩薩。」圓照除了其他著作《十二菩薩行修證道場》、《參徒顯決》十分盛行之外，其語錄亦對後世有所影響。

有關善於文章的著名禪僧，尚有無言通派第八世禪師之一的滿覺（一〇五二－一〇九六）。滿覺原為通曉儒學的官僚，曾奉侍年輕時期的仁宗，自出家為僧後，就在罹患重病之際，以偈告疾示眾：「春去百花落，春到百花開，事逐眼前過，老從頭上來，莫謂春殘花落盡，庭前昨日一枝梅。」換言之，其意為「如同春花綻放又散落般，事物在眼前逐一而過，猶如察覺白髮般，任誰皆會老去。然而不說晚春之花已落盡，昨夜庭前綻一枝梅（花於闇中生香）」。此為訓戒對於事物遷移的現象應不為其所動搖，是觀其不生不滅的生動真理。此首遺偈是以佛教義理與唐詩涵養為基礎，在文學作品上博得極高盛譽。

在此時期，自十世紀末至十一世紀以來，中國禪宗盛行採用的《千手千眼觀自在菩薩廣大圓滿無礙大悲心陀羅尼經》中所述的《大悲心陀羅尼》在李朝十分流行，密教儀禮或咒術亦十分普及，卻毫無導入《大日經》、《金剛頂經》等真正的密乘經典及進行研究的跡象。徐道行（？—一一一七）身為毘尼多流支派第十二世禪師之一，欲習法術以報弒父之仇，原以印度為目標，卻在抵達金齒蠻（緬甸北部）後返國，隱居於佛迹山洞窟內，不斷持誦《大悲心陀羅尼》。徐道行在獲得法力後，馴服山中蛇類及野獸，自達成復仇心願後，開始祈求降雨，並以水為符咒為人療疾。有關徐道行此人，後世附加各種傳說，亦添加神仙思想與山岳信仰等其他民間信仰的影響，導致被視為徐道行修行地點的芝山天福寺，成為求子或祈雨等十分靈驗的寺院，至今依舊凝聚信仰。高宗於西元一一七七年賜予淨戒「雨師」之職，在此時期，如同道行或禪岩等人亦從事祈雨般，禪僧被期待的是擁有如此法力。

根據聖宗創建的〈圓光寺碑銘〉（西元一一二二年）所述，寺堂內的尊像是採取「彌陀坐中，（禪宗）祖師端坐於後」的形式，其工之精湛，令人想起彌勒菩薩的「兜率」淨土，由此可知禪與各種淨土思想逐漸相融。至於學派亦是如此，至李朝後，無言通派的第十二世禪師常照（？—一二〇三）成為六祖寺住持，其弟子之中人才輩出，而該寺原為毘尼多流支派的傳法據點。

至十二世紀初，無言通派甚至在少數民族地區建造寺塔，以漢字經典為基礎的佛教亦開始普及。無言通派的長原禪師（一一一〇—六五）為少數民族貝族人氏，長原援引《華嚴經》，強調眾人皆佛。其兩名弟子在常誦《法華經》後，卻焚身供養並遺留舍利。六祖寺的常照禪師亦採用《華嚴經》，其曾製作《南宗嗣法圖》，此書對《禪苑集英》的嗣法系譜亦造成影響。

三、陳朝

陳守度為李朝外戚並掌控軍勢，包括守度在內的陳氏一族逐漸強逼陳帝，惠宗（一二一〇—二四在位）遂禪位於七歲之女昭聖公主，此後剃度出家，閉關於真教禪寺並精進修道。陳守度促使成為女帝的昭聖公主，與自身年僅八歲的外甥成親，並將外甥立為皇帝太宗（一二二五—五八在位），其父陳承則擔任攝政，就此建立陳朝。繼李朝之後成為長期王朝的陳朝（一二二五—一四〇〇），是與李朝同樣為帝后皆尊佛的王朝。太宗於建中七年（一二三一）下令在所有驛亭安置佛之塑像，這是基於其父陳承於年少時曾在道傍驛亭休憩之際，被預言日後將晉陞為備受僧侶尊崇的人物所致。

太宗致力於推廣儒教，在位時建立國學院，進行講義《四書》及《五經》，並舉行科舉，同時亦傾力於禪宗。在其著作《禪宗指南》的〈序〉之中，記述太宗以皇帝身分赴安子山求法時，來自中土的臨濟宗天封禪師對其指示：「山寺無佛，佛唯存心。若能了悟，即可成佛。」自禪位之後，太宗在別宮旁建造普明寺，勤勵於修禪。太宗之子聖宗（一二五八—七八在位）則師事天封的越南弟子大燈，並十分熟稔《大慧語錄》。

第三任君主仁宗（一二七八—九三在位）曾師事無言通派的第十七世禪師慧忠，並考訂《慧忠上士語錄》，在退位之後出家為僧，入安子山，有竹林大士之稱。據傳仁宗將佛的十個尊號中的「調御」附加在自身名號之上，故有竹林調御之稱，並被尊奉為覺皇、聖祖，將其視同為佛。仁宗撰有《禪林鐵嘴語錄》、《大香海印詩集》等著作，曾為英宗（一二九三—一三一四在位）及文武百官授菩薩戒。仁宗的法系有竹林派之稱，被認為是在無言通派法系之中加入臨濟宗的禪風。調御的弟子有法螺（一二八四—一三一七）與玄光禪師，玄光在調御示寂後接受法螺的指導。仁宗師徒有竹林三祖之稱，記錄其言行的《三祖實錄》，迄今依舊影響甚鉅。

法螺是以普慧尊者之稱號而為人所知，亦是竹林派理論之集大成者，有關其記載，根據《三祖實錄》與西元一九七九年發現的〈青梅圓通塔碑〉之中有詳細傳述。當調御在退位後行旅各地之際，毀除淫祠之外，亦持續施藥給貧病者，並尋找後繼的法嗣，就此發現了法螺。法螺在調御的指引下，證得大悟。調御以法螺為侍者，講述《大慧語錄》並囑託嗣法。法螺在調御示寂後，將其舍利送入宮內，在喪儀中宣說法語。據傳法螺「晝夜持咒，禮佛不絕」，並創作願文來謳歌以《華嚴經》為基礎的菩薩行願。

法螺深受英宗及其子明宗（一三一四—二九在位）所尊崇，英宗曾為求取《大藏經》而遣使入元。法螺奉命刊刻《大藏經》續刊，並擔任給予天下僧侶僧籍及管理僧人的任務，亦從事祈雨，受託製作彌勒及彌陀、千手觀音等諸多佛菩薩的造像。饑荒發生之時，法螺則呼籲以墨汁摻血抄經《大藏經》五千卷，英宗與皇太后、后妃等王族亦紛紛率先協助。當法螺宣講《大慧語錄》、《禪林鐵嘴語錄》、《慧忠上士語錄》、《傳燈錄》等典籍之際，英宗列席聽法。英宗在延請法螺講義《雪竇語錄》之際，則賜其普慧尊者之號，並由法螺賜予印可。明宗命法螺撰述《仁王護國儀軌》，並與梵僧般底多烏吒室利共譯《白傘蓋神咒經》。仁宗之弟亦曾請法螺講述《大慧語錄》。此外，包括國母及公主在內，這些具有影響力的女眾亦曾求請法螺講經。法螺不僅屢次宣講早已獲得重視的《華嚴經》，亦講授《金剛場陀羅尼經》及《圓覺經》講義。

根據上述紀錄，可知大慧宗杲（一〇八九—一一六三）的禪風，在此時期的影響力遠及越南，大慧所確立的公案指導法，不僅重視儒教，亦強調王法、佛法一致，並獲得南宋士大夫階層所支持，此後成為臨濟宗主流。這項事實，顯示越南與中國同樣呈現禪宗儒教化的情況。竹林派甚至影響至後代，卻未能以宗派形式長久延續，原因就在於除了儒教批判佛教之外，儒教與陳朝皇帝的繫絆變得更為緊密所致。英宗於興隆十一年（一二九九）不僅廣泛流布經本，更於全國印行頒布《佛教法事道場公文格式》，促使各地區或各派的儀禮差異逐漸減少。

陳朝盛行佛教的背景因素之一，是基於蒙古軍自西元一二八五年以來再三侵略越南，但在仁宗指揮下，諸將擊退其勢。在此時期民族意識高漲，開始盛行使用越南的獨創文字。如同日本為了表記日語，將採用部分漢字的片假名與根據漢字草書而創造的平假名一般，越南使用的字喃是將漢字要素予以組合所成的獨創文字。據傳仁宗時期的韓詮、英宗時期的阮士固等文官盛行以越語大量創作詩賦，故而字喃的成立時間，被視為自十三世紀末至十四世紀初。實際上，應該考量到更早時期成立的文字。在此時期為了表記地名或人名而集其大成，其文字表現力之豐沛，甚至足以盛行使用在詩賦等方面。據推測字喃發達的原因，是受到唐朝為了音寫諸如陀羅尼等梵語而創造的漢字所啟發。在日本，如同片假名是由僧侶開始使用般，越南亦由當時的僧侶知識分子，為了標示無法以漢字表記的越語所具有的特殊發音，故而盛行使用字喃。至十四世紀，字喃不僅用於漢詩等文學作品，亦用於佛教文獻之中。

陳朝時期的寺院擁有廣大土地及農奴、奴隸。碑文記錄皇帝與有權者在建寺之際，除田地之外，更將耕夫及寺奴納入所屬之中。寺奴源於戰俘，或豁免死罪而隸屬寺院從事勞務。至於俘虜或奴隸，倘若是來自印度教十分盛行的占婆，其中則有不少是由北部寺院所贈予，他們對陳朝的寺院建築或佛像式樣亦造成影響。然而，約從陳朝時期開始利用崇佛風潮，有權者或破戒僧將寺院據為己有的傾向漸強，甚至招致批判。

陳朝擊退蒙古軍時，僧侶亦參與活動，占婆於昌符五年（一三八一）入侵，則是由大灘組織僧軍抗戰，並獲得功勳。

光泰九年（一三九六），陳朝末期的順宗（一三八八—九八在位）針對五十歲以下的僧侶舉行《金剛經》考試，並依其學養來賦予稱號，更藉此取締為逃稅而出家等不法行徑。佛教在此過程中滲入地方，女信徒所發揮的功能亦增加。當時，女性積極參與製作或捐贈佛像、佛具、鐘等物品，在功德芳名錄中多有婦女名列其中。女性戒名有「圓信婆」、「正信婆」、「幻心婆」等，採用末尾附有「婆」字的三字名稱。

四、前期黎朝、莫朝、後期黎朝、阮朝

身為外戚的胡季犛篡奪陳朝，創立胡朝，明成祖以復興陳朝為名，於西元一四〇六年派遣大軍，自西元一四一三至一四二七年使胡朝徹底歸順，時稱屬明時期。明成祖禁止紋身、涅齒、嚼檳榔等越南風俗，強制婦女穿著漢式服裝。此外，在各地學校發布儒教的《四書》、《五經》與佛教經典，不僅推廣儒教，亦將佛教僧侶與道教道士送至當地，設

置監督僧侶的僧綱與監督道士的道紀。另一方面，大量沒收陳朝及其前朝的史書、地理書、文學書籍等，紛紛送往金陵（南京）。

禪宗自此時期更強烈凸顯儒教色彩。胡朝規定採用字喃書寫公用文書，對於以字喃書寫的越南佛教著作，明朝或有掠奪或焚毀的情形，故而招致佛教界反對，僧侶范玉甚至率領武裝佛教團體，歷時五年與明朝持續抗爭。

胡朝與明朝相戰長達十載，最終於西元一四二八年由黎利即位為太宗（一四二八—一四三三在位）。太宗立國號為大越，以昇龍為都，改名為東京，並以儒教為核心思想，實際上則是確立由軍人集團霸占中樞的體制。繼蒙古之後，大越擊退明朝侵略，國家意識型態約從此時開始高漲，大越認為自國是有別於中國的文明國，這種「南國」意識，亦即小中華的意識逐漸增強。太宗曾命儒者阮薦書寫宣告勝利的布告，歌詠「我大越」實為文明之國，與中華風俗相異，長久維持獨立。然而，在中國文化不斷移入的佛教界中，這種意識型態究竟能發揮多少作用，則未能明確。

黎朝崇儒更勝於陳朝，並試圖管理佛教。順天二年（一四二九），將全國僧侶聚集於各地官府，使其參與僧科。當時佛教不斷與道教等宗教進行習合，詛咒、祈求與禱祝十分盛行，弊害漸廣。聖宗（一四六〇—九七在位）設置五經博士，約每三年一度舉行科舉，致力於振興儒教。越南早已導入儒教，卻因尚未確立父系社會，從屬明時期至黎朝期間開始正式導入朱子學，儒教漸能滲透婚姻型態之中。朝廷禁止官僚與僧侶或占卜術士互動交流，並禁造寺院，取締徒具外表的逃稅僧。西元一四七一年，聖宗占領原屬占婆領土的三佛齊，此後在現今的平定省以北地區成為大越領土，農民陸續遷入此地。

在前期黎朝的末期，內亂與權力相爭不斷，外戚莫氏於西元一五二七年篡位，並建立莫朝。然而黎朝隨即復興，將莫氏政權驅逐至北方的中國邊境，至十七世紀，建國有功的阮氏與鄭氏之間對立日益激烈，鄭氏以昇龍為據點所創建的安南國，與阮氏以越南中部的順化為中心所創建的廣南國，與莫氏之間一直維持三國鼎立的狀態。

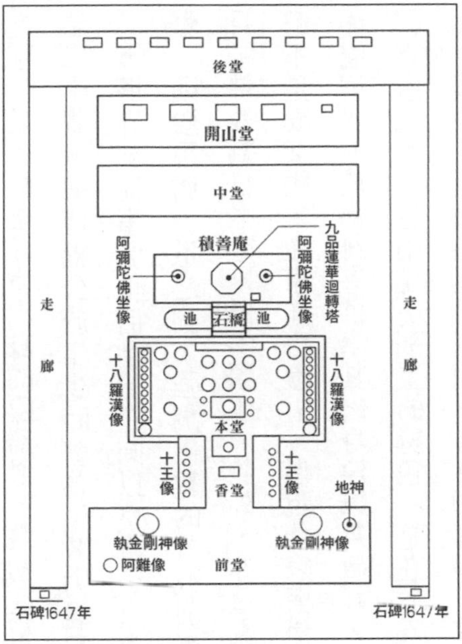

寧福禪寺伽藍配置圖

當時佛教漸趨墮落，朝廷取締更為嚴格，佛教一時失勢，至十七世紀略微復興，在南北各地出現各系新佛教運動。其中，十分興盛的宗派有越北的拙公派、水月派、蓮宗（白蓮宗），以及中南越的元紹禪派、了觀派等。

拙拙禪師（一五九〇——一六四四）為拙公派初祖，亦有拙公和尚之稱，是中國福建省出身的臨濟僧，最初在東埔寨弘傳佛教十六年，晚年於中越及北越弘法二十載。據傳拙公於年少時曾為了效力君民而鑽研儒學，博通諸學。晚年於寧福禪寺（筆塔寺）從事弘化活動，在向以皇帝、皇族、高官為首的上層階級仕紳及貴婦說法之際，則屢用儒、道之詞，強調佛教的五戒與儒教的五常一致，並擬喻儒教為星，道教為月，佛教為日，定以優劣順序。此外，亦重視「持齋、念佛」，認為若能消除無明，則無處不是安樂國，在家亦可證悟，倡說禪宗與淨土信仰互為調和。拙公示寂後，遺體經由塗漆處理，並於佛跡寺供奉其肉身像以為敬拜，其遺作有《拙公語錄》。此外，如同在寧福禪寺所見般，越南伽藍配置的特色，是在於安奉佛像的上堂（本堂）與位於前方的前堂之間，建有香堂做為連結之用。香堂的存在，成為最適於反映香料產地的構造。

拙公的弟子明行禪師（一五九五—一六五九）為中國江西人氏，與赴越的拙公相遇後，獲授不二心法。明行於西元一六三三年與拙公入國都，又奉師命返回中土，重攜佛典至越南並供奉於佛跡寺，部分經典於該寺雕版刊刻。明行成為供奉並侍於皇帝，連皇后亦至寧福禪寺師事明行及從事修行。在皇帝於寧福禪寺所建造的碑文中，甚至稱明行為「成等覺大禪師化身菩薩」。明行禪師的法系則有水月派之稱。

迄今北越寺院在舉行迎請諸佛降臨道場的奉請儀式之前，將先奉請拙公與明行禪師。來自印度或中國的僧侶雖眾多，卻僅有此二僧獲得如此禮遇。如此顯示今日越北佛教的實質發展，多由當時的拙公、明行所促成。此外，現今的北部佛教受到雲棲袾宏、憨山德清等明末四大高僧影響極深的原因，應是受到拙公、明行二僧，以及在明末清初混亂時期從中國赴越的僧侶所給予之影響。清化省澤林寺內置有明行禪師銅像，是以越南首屈一指的寫實造像而著稱。在此時期大量創造寫實作品，寧福禪寺的鄭氏玉竹妃像亦成為頗負盛名的傑作。

蓮宗是由麟角（一六九六—一七三三）接受蓮宗的主張，亦即是以在宋朝與禪宗融合之後興盛發展的淨土信仰所形成的結社，並連結竹林三祖的教義。蓮宗是在昇龍城外的靈光寺所提倡，在越北農村普遍發展而成為主流。蓮宗強化民間在地化，並在農民心懷不滿的背景下，屢次發動武裝起義，故在阮朝時期遭受壓迫。

元紹禪派是由漢僧元紹（原紹）於西元一七一八年自清朝遠赴阮氏所建的廣南國，在此後改稱為平定的占婆國都毘闍耶興建十座佛塔，並開始弘傳臨濟正宗。阮氏趁占婆內亂紛爭之便，在占婆文化氣息濃厚的地區廣泛推行屯田制，促使開墾民眾移殖當地。阮氏是為了抹滅占婆文化，乃支援中國佛教的弘傳活動，至今元紹禪派仍是南越禪宗的主流。

了觀派的創始者，則是繼元紹之後在廣南活動的臨濟正宗僧侶了觀（？—一七四三）。廣南的阮氏一族在順化建造多達兩百座私寺，另一方面，卻藉由僧綱制來取締眾僧。阮氏保護臨濟正宗，僅准許臨濟正宗的僧侶擔任僧綱之職，促使了觀派盛行於中南越。

除了創建者不明的西方寺之外，後期黎朝所興建或重建的主要五大寺院之中，分別為崇嚴寺是由成都王之妃阮氏蓉妃、法雨寺是由神宗側室吳氏玉源、神光寺是由宦官黃仁勇之妻賴氏玉札、寧福禪寺是由神宗之妃鄭氏玉竹妃所建造或重建，皆是由婦女發願修造。佛教在思想層面上已將主角之位讓予儒教，逐漸成為農村及婦女的精神寄託。

此外，自十六世紀末至十七世紀初，日本的朱印船與東南亞積極進行交易，其最大據點在於交趾。中部港鎮聚集眾多日本及中國商人，定居者漸增，造成費福（今會安）與沱灢（今峴港）形成日本人町及唐人街。在日本人町內，有許多遭受日本彈壓而避難當地的天主教徒，亦有佛教徒居此地。在費福，除了由日本人所建、今日稱之為日本橋的來遠橋，更有由伊勢出身的角屋七郎兵衛於西元一六七〇年建造的松本寺。在當地，交趾的道明禪師等人於西元一六四〇年在沱灢南方的聖嶽岩山改建寺院之際，曾有日本人混入交趾及中國信徒之中捐贈高額善款，其中亦包括日本商人的越籍妻子在內。這些日本人町是受到日本鎖國的影響而趨於穩定化，並隨著越南開始強制禁信天主教之後逐漸消失。

至十八世紀，南、北越皆疲於抗爭，農村則為重稅及勞役所苦。北越陸續發生叛亂並遭到鎮壓，其中，以僧人阮陽雄於西元一七三九年發生的叛亂為首，是由佛教徒、尤以蓮宗的叛亂為多。另一方面，在十八世紀末的廣南地區，包括僧侶在內，開始出現來

越南中部會安古城中由日本人建造的來遠橋（出處：達志影像）

自泰國等地的遷入者。其中，在西山邑的阮岳、阮侶、阮惠的阮氏三兄弟於西元一七七一年推翻廣南的阮氏政權，為了救濟各民族的貧困者而武裝起義。西山勢力迅速獲得支持者，在推翻廣南阮氏之後，亦進攻及掌控北越，因此招致清朝軍事介入。西山勢力擊退清軍，內部卻開始出現抗爭。阮福映是廣南阮氏的唯一倖存者，在逃往泰國後利用此內訌機會，受到泰王援助並進軍攻擊。阮福映雖遭受西山軍攻擊，一時敗北，卻在獲得法籍傳教士百多祿（越語 Bá Đa Lộc，Evequed' Adran，本名 Pigneau de Behaine）司教的軍事援助之後，擊潰西山軍而北上，並於西元一八〇二年成功統一原本處於分裂狀態的越南，形成越南最後的王朝阮朝。屬於西山勢力的阮惠保護佛教，命人使用字喃的越語翻譯佛典，阮朝卻將西山朝的文書悉數焚毀，尊儒教為國教，將佛教視為迷信。實際上，從黎朝末期至阮朝時期，佛教在具有兼容並蓄特質的情況下，廣泛流傳於民間，並強化與儒、道二教的融合。佛教進而與包含精靈信仰、祖先信仰在內的民間信仰互為習合，如此情況亦漸明顯。寺院中除了各種佛菩薩之外，尚有以孔子像為首的儒家聖者或包含玉皇大帝在內的道教諸神像，以及民間信仰中的女神或土地神等亦受到奉祀。僧侶不僅讀誦受到佛教所影響的道教經典，亦參與道教儀式。如此佛、道混淆的傾向一直傳承至今。

這種融合性在接受及信奉天主教方面亦是如此，民眾之間出現了在十字架之下焚香或供食、祭祖的習合信仰，而此傾向成為日後高台教產生之基礎。

在文學世界中，阮攸（一七六五—一八二〇）使用東京方言，並以字喃撰寫的長篇敘事詩《金雲翹》，是以儒教與因果報應及淨土信仰等佛教要素為基礎，內容中描述女主角的人生跌宕起伏，本欲投河自盡，卻受一名女尼搭救，於是自身亦出家並獲得精神自由。《金雲翹》詞藻優美，連文盲皆愛吟唱，因成為越南的國民文學，其影響力十分深遠。

第四節　從近代至現代

復興運動與新佛教

至十九世紀中葉之後，逐漸產生具有近代特質的佛教。寶山奇香派的創始者段明誼（一八〇七—？），在位於湄公河三角洲與柬埔寨邊境的聖地七山內的森林及寺院中修行，後於西元一八四九年，以西貢南方的西安寺為據點展開弘化活動。段明誼強調四恩，亦即以父母、國家（開國君主）、三寶、全體人類為感恩對象，並用符水醫病，故被視為活佛而獲得信仰。寶山奇香派主張的理想世界，是將中國古代聖帝的堯舜治世、阿彌陀佛的極樂淨土、彌勒菩薩的兜率淨土、神仙所居的蓬萊仙境等情境世界相互混淆，是將儒、釋、道三教融合的居士佛教。段明誼倡說忠君愛國，更主張當理想世界來臨之際，越南將成為世界中心，其因反抗殖民統治並與法軍相戰，甚至被下令禁教。

自十九世紀至二十世紀初，即使是傳統佛教教團，愛國主義亦愈漸高漲。在法國殖民統治與天主教勢力增強之中，研究者提出佛教究竟是屬於無神論或有神論，淨土是否真實存在的問題，在論爭漸盛之下，各種考察紛紛問世，著作出版亦十分盛行。另有主張認為，佛教是屬於科學性。這項運動亦具有抵抗法國殖民主義的面向，寺院往往成為抗法鬥爭的基地。

西元一九二〇年代，中國盛行佛教改革運動，對越南亦造成刺激，促使越南各地展開興佛運動。西元一九三一年，在西貢（今胡志明市）創設南圻佛學研究會。翌年在中越設置佛學會，兩年後則在北越創設北越佛學會。這些學會試圖抵抗基督教，將禪宗推展為近代型態並使其興盛發展。當時在亞洲各國組成的佛教青年會，相當於基督教的 YMCA（編案：基督教青年會，Young Men's Christian Association）組織，越南的佛學會在受到佛教青年會之刺激下，試圖培育青年才俊。這項運動是以國族主義為背景因素，取代過去所使用的漢文經典與漢文著作，亦有越語譯本及越語佛教著作問世。

在此時期，出現了傳承寶山奇香派的和好教。黃富楚出身於鄰近柬埔寨邊境的和好村，因病所擾而登七山，獲得某僧為其療疾，遂於西元一九三九年返村後，自稱寶山奇香派四祖，開始傳布和好教。黃富楚以符水治病，聲稱當前為「下元」時代，屬於末法時期，不久稱為「上元」的理想世界即將來臨，稱之為龍華會。換言之，其運用四諦、十二因緣、八正道等佛教的基本理念、彌陀信仰、彌勒信仰，以及摻融道教及祖先崇拜，與寶山奇香派同樣強調四恩。和好教不建寺院，而是採用祭壇來祭祀釋迦與諸佛、祖先、諸天。自第二次世界大戰末期至第一次印度支那戰爭之間，和好教是以軍事集團的形式從事活動，現今仍受到湄公河三角洲的農民所信奉。

至於乞士派方面，是由明燈光於西元一九四四年所創設的教派，該教是以釋迦牟尼佛的正法為基礎所形成的教義。明燈光在坐禪入定之際獲得阿彌陀佛授記，後於柬埔寨修習上座部佛教，並以此為軸心，試圖與大乘佛教互為融合。

第二次世界大戰之後，佛教活動更為興盛，至西元一九五〇年成立越南佛教總會，成為各地佛學會的全國統一組織。翌年召開全國佛學會議，制定統一儀禮與在家信徒的行儀準則，並展開全國運動。換言之，越南佛教總會的事業，在於推展建設佛學堂、住持教育、一般佛學講義、整頓儀禮、獎勵留學、刊行越語著作及佛教雜誌等事業。

越南在南、北分裂後，南越是以吳廷琰總統為首，在其指導階層中包含許多天主教徒，保護天主教勢力，推行限制佛教徒宗教自由的政令，並於西元一九六三年禁止懸掛佛教旗幟。因有政府軍的裝甲車向在古都順化進行抗議及高揭佛教旗幟的群眾開槍，導致民眾死亡，故而導致佛教徒的反政府運動更為激化。西元一九六三年六月十一日，僧侶廣德為了訴求宗教自由，在西貢最人潮擁擠的大街上，於眾目睽睽之下澆淋汽油焚身供養。此後亦陸續出現僧侶仿效，在國際上獲得反響，成為吳氏政權瓦解的原因之一。

在現代越南僧侶之中，最受矚目的就是提倡「入世佛教（Engaged Buddhism）」的提倡者釋一行（Thích Nhất Hạnh，本名阮春寶，一九二六—二〇二二），其身分亦是和平運動者及詩人、歷史研究家。釋一行是與鈴木大拙（一八七〇—一九六六）、第十四世達賴喇嘛（Dalai Lama，一九三五—）並稱為國際知名的佛教人士。越戰爆發之後，釋一行隨即展開主張非暴力主義的反戰運動，西元一九六五年赴美並進行和平提案，述說和平與和解的運動，甚至影響金恩（Martin Luther King, Jr.）牧師。然而，釋一行被限制入境，此後以法國及美國為據點從事活動，並在各國建設禪修中心，主張以「mindfulness（正念）」等思想而知名的現代禪法。

自南、北統一之後，在根據越南勞動黨的指示及政府決議之下，越南政府推出排除迷信異端的方針，規定及限制民間信仰或信奉道教，越南政府對於佛教方面，則透過西元一九八一年發起的國家公認組織越南佛教會，在某種程度的限制中承認其活動。目前越南佛教的主要流派，分別是以禪宗為中心的中國佛教系統之大乘佛教、高棉系統的上座部佛教，以及新興宗教的乞士派。在河內、順化、胡志明市設置佛教學院，年輕僧侶除了學習外語、電腦及其他近代教

一行禪師（出處：法鼓山象岡道場提供）

養科目（編案：專門學科之外的其他學科）之外，雖以漢譯經典為基礎的大乘佛教為主軸，依然廣泛學修佛教領域。此外，芹苴市內設有佛教學院，其目的在於教授以巴利文為基礎的上座部佛教，並培育傳承高棉佛教的後繼者。隨著西元一九八六年之後進行所謂的「革新」（Đổi mới，㓶𢷮）改革開放路線持續進行，佛教活動漸顯興盛。然而，越南統一佛教會於西元一九六三年在南越組成後，因在越戰期間涉入政治，故在未能獲得政府認同之下維持營運，結果同樣引發問題。

專欄六

越南巴克村的農民與佛教

櫻井由躬雄（東京大學名譽教授）

巴克村（Bách Cốc）是位於從河內往南九十公里，位於紅河下游三角洲的中央地區。我們自西元一九九四年起持續調查位於北越的農村，亦即巴克村的歷史區域學，參加這項研究者多達三百人，匯集了橫跨各領域的龐大區域學資訊。自從西元一九八六年開始推展經濟開放政策之後，越南農村發生有史以來規模最大的社會環境變遷，巴克村研究則是針對此變化進行記錄及分析。

人們對越南所憶起的「往昔」，大約是指西元一九四五年以前的世界。當時的越南是由一座村的神社，兩座村的寺院，無數的祠堂林立，分別舉行各自的例行祭典，並由區域共同管理。這是幾乎所有位於北越紅河三角洲的村落所具備的共同點。

巴克村西側有太行寺，該寺位於越南的北半部地區，在革命時期遭到村民破壞。如今僅在田裡留下「寺後」的地名而已，村落中央是幽深森林，森林中的興壽寺建有氣派的二重寺門。西元一五七一年，村內的長老在此創立道場，稱之為香蓋庵。贊同其志的族人則捐水田及旱田，所建道場卻僅是在家修行者的草庵而已。百年後，一名鄉紳之母改建草庵，加舖屋瓦，稱之為興壽寺。西元一九四七年的抗法戰爭時期，有說法指出興壽寺遭到法軍攻擊，寺院連同森林一併焚毀，或曾遭到越南獨立同盟會破壞。目前在遺跡上建造羌拉姆小學，除柱礎之外，其餘建築已蕩然無存。

在歷經久戰與革命期間，寺院就此在村內消逝。即使越南共產黨或政府承認信仰宗教的自由，但在基本上仍是採取將一切宗教視為迷信的立場。最重要的莫過於僥倖以求生存的生活方式，實是難以容許重興寺院。然而，心靈上的佛教信仰不可或缺。鄰近巴克村的南方地區，亦即在米村有一座名為米寺的名剎，該寺甚至擁有其他村落的虔誠信徒。自西元一九四七年至九〇年為止，米寺成為村民的佛教信仰中心。

越南是悲劇的國度。自西元一九四六年至一九五四年為止發生抗法戰爭，此後遭受社會主義化的風暴所席捲，自西元一九六四年至一九七五年之間持續發動抗美援越戰爭。後於西元一九七九年展開中越戰爭、越柬戰爭，農民生活低落至瀕臨餓死狀態。西元一九八一年，越南政府進行改革集團農業，准許農家個別經營其分配地，人民生活略顯充裕。在越柬戰爭的戰局略見好轉後，西元一九八五年，巴克村的老婦們建立「信徒會」。該會活動是在某人離世及舉行喪儀時，由會員集資布施。越南於西元一九八六年經濟開放，開始推行市場化政策，同時亦推展可使平均收入倍增的農業技術革命。經濟規制逐漸趨緩，在略顯寬裕的情況下，各村不約而同發起了復興祭祀與恢復宗教設施的運動。在此時期，共產黨地方幹部的動向十分耐人尋味。例如在某村落，年輕的共產黨幹部因憂心共同體受到市場化影響而面臨瓦解，故將復興村落祭祀視為共同體的發展主軸，並投身於復興神社活動。巴克村的共產黨員雖迴避公開活動，卻暗中支持家人加入信徒會或參與法會活動。

巴克村約於西元一九九〇年，召開以信徒會為中心的寺院重建會議，呼籲村民或外來移居者捐獻資金，每人提供的金額約二千至三千盾（約新臺幣三點五元）。但對當時一年現金收入未達百萬盾（約新臺幣一千二百元）的農民而言，是十分龐大的負荷。儘管如此，巴克村的家族數目為七百以上，在十年之間集資三億盾（約新臺幣三十六萬元）的資金。西元一九九九年，伽藍建築耗資二億盾（約新臺幣二十四萬元），佛像及佛具耗資一億盾（約新臺幣十二萬元），並在神社境內創建巴克寺。

每年舉行三次的祭儀，分別是農曆七月十五日、十二月二十五日、新年期間。然而，任何人皆可經常入寺敬拜。有別於戰前最顯著的變化是巴克寺沒有住持，而是由南定市卡寺的海師父騎機車來往兩地，卡寺是位距巴克寺七公里之外的地點。海師父另行掌管三座寺院，但每逢三祭禮日必前往巴克寺，其餘情況則是若有村民提出要求，則以電話聯繫外訪。海師父現年三十六歲，在建寺之際，一肩承擔建築業者未繳的七千萬盾（約新臺幣八萬五千元），深得村民信賴並擁有人氣。

巴克寺的日常寺院活動是由信徒會負責管理。在信徒會中除了會長之外，依各部落而指名組長。擔任組長的條件是年長者、個性正直、態度積極、多行布施、常詣寺院。組長在舉行喪儀或祭禮時，負責在各處宣傳及下達命令，並從會員中選出會長。大致上，會長是向每名會員大約集資一萬盾（目前金額，約新臺幣十二元），供奉於巴克寺。在舉行祭禮時購買及準備油飯、香蕉等水果。寺院鑰匙是由居住在寺院附近的老婦管理，婦人每日入寺掃除，今日寺院依舊香火不絕。

信徒們前往寺院拜佛，是向佛祈求已故家人解脫成佛，現世家人健康，並請求海師父書寫療病或結緣之用的符咒。在個人追求安身立命方面，與日本佛寺無異，巴克寺是屬於村落的產物，人們感到自豪的是憑靠己力來創建大寺院。該寺並非僧侶所屬，而是由村民共同擁有。寺院幾乎沒有住持，卻能香火鼎盛，這是基於該寺為村落象徵之故。巴克寺成為重新探討佛教這項區域共同體的重要之例。

專欄七

現代的越南佛教

范氏秋江（河內國家大學專任講師）

自越戰結束後的第十二年（一九八六），越南政府正式實施革新政策，經濟就此顯著成長，人民生活更加改善。經濟面雖逐漸寬裕，但在另一方面，卻因社會急遽變化而產生精神方面的問題。顯現如此社會矛盾的地點，就是胡志明市或河內市等大都市。故在大都市的民眾逐漸篤信佛教，市民在社會急遽發展之下而備感壓力，為了因應他們的要求而舉行許多儀式，至今處於寂靜存在的寺院逐漸變得充滿生趣。然而，這並非佛教的整體現狀，隨著都會與農村差距擴大，寺院狀況亦漸有不同。

在此背景中，位於河內市中心的館使寺（Chùa Quán Sứ），是越南佛教僧伽會的總部，其活動逐年擴大舉行。在該寺原為十五世紀的占城（今越南中北部至中南部）與哀牢（今寮國）使節團的宿處境內，是由當時的皇帝黎世宗（一五七三—一五九九在位）所建造。北越的佛教總會初創於西元一九三四年，當時選擇館使寺做為總部，西元一九四二年改建後，成為越南近代寺院中最具代表性的建築物之一。據說館使寺與其他寺院最為不同之處，就在於從三門至伽藍壁面中央部分的邊框上書有越南語，亦即並非以漢字表示，而是以羅馬字書成。或許這是為了越南寺院，亦即強調佛教當地化才會如此。

館使寺於西元一九八一年正式成為越南佛教僧伽會總部之後，成為佛教界的重要活動舞台，活絡推展宗教活動。現任住持清慈禪師（Thích Thanh Từ）擔任越南佛教協會副會長，以及在北越做為培育僧侶機構的越南佛教院院長，並以佛教界代表的身分擔任國會議員。清慈禪師不僅對於宗教活動，亦積極參與政治及慈善活動，試圖復興越南佛教界，並因應現代社會的佛教徒需求，舉行祈求消災除厄、舍宅平安、藥師佛供養、生意興隆等多種儀式。故有大量香客終年至館使寺進香，尤其值得矚目的是，過去習俗幾乎是在家裡迎新，近年則是在新年期間前往寺院進香者漸增，館使寺每日多達數千人來敬拜，向佛像祈求度過好年。館使寺為了迎新而豪華裝飾伽藍，並從除夕起費時多日舉行法會，目的是為求國泰民安，以及信徒的幸福或福運。

館使寺如此因應現代市民的需求，自然獲得捐款及香油錢等資金，並得以充分營運。但在農村地區的寺院，情況則非如此。姑且不論一般寺院，即使是歷史上家喻戶曉的宏偉寺院，僧侶們亦過著極為儉樸的生活。寧福禪寺位於距河內市二十公里之處的北寧省順成縣亭祖鄉，從其佛塔形式而有筆塔寺之稱。該寺是由十六世紀當時的黎神宗皇后，亦即鄭氏玉竹妃親自發願建造，並由來自福建的拙拙禪師（？—一五九〇）及眾弟子共同盡力修建。寧福禪寺周圍的村落在越戰時期遭到空襲，幾乎被破壞殆盡，但不可思議的是該寺的伽藍及佛塔、佛像等卻完整保留，在今日越南寺院中亦是難得僅見。單廊（編案：廊寬六尺，寬幅由兩柱構成）圍繞四方，做為整體伽藍的區隔之用。進入寺內則有精巧雕刻裝飾的木造建築鐘樓、前堂、上殿、蓄善庵、中堂、後堂等。尤其是上殿之內安奉的千手觀音像，此像被視為越南佛教美術之傑作。此尊千手觀音像高三八四公分，像寬達二〇〇公分，總計七百八十九隻手，是現存越南木像中的最大造像。然而，筆者數度造訪寧福禪寺，卻幾乎不見香客。僧侶大致上過著自給自足的生活，耕種寺院周圍田地，並以採收的農作物維持生計。至用齋時間，住持亦摻入其他僧侶之中，圍著放在地面的齋盆食用素齋。某日筆者在寺院門前的榕樹之下，望見有一名僧侶與鄰近的婦女們一邊唱當地民謠，一邊從事農務，詢問之下方知婦女們因無法捐獻，便自行服勞務來協助寺內工作。

有別於在都會熱鬧非凡的寺院，筆塔寺寧靜矗立於田地中央，或許位於交通不便之處，目前是遭到遺忘的狀態，令人十分遺憾。乍看之下，該寺彷彿是遺世而獨立，實際上是受到經濟成長及都市化所影響，民家與寺院不愛好古宅，試圖順應流行風潮而改建。況且在經營困頓的情況下，為了仿效都會寺院般吸引大量香客，誤以為必須革新伽藍外觀，甚至將古老佛像塗得奢華亮麗。在村民及地方行政機構尚未充分認知到此舉將招致破壞文化財的危機之下，一名畫家每個週末特地從河內前往筆塔寺，並在寺內借宿，試圖針對貴重文化財的伽藍與寺藏美術品進行研究及保護。這位名叫范錦尚（Phan Cẩm Th ợng）的畫家，不僅從事研究，更與筆塔寺的住持一同熱心說服政府機構及當地行政機構，來進行保護該寺文化財。在社會整體尚無法以充裕精力來關注文化財的階段，范錦尚身為民間人士卻能如此奉獻心力及從事活動，實在極為罕見，他的行為有如日本推行平城京保存運動的棚田嘉十郎（一八六〇—一九二一）。

如前所述，越南佛教界深受經濟迅速成長所影響，直接面臨到隨波逐流的危機。城鄉差異不僅是社會問題，更反映在佛教界之中。近年南越佛教界出現了僧侶從地方聚集至胡志明市的現象，此亦是城鄉差異之一，並成為佛教界懸而未決的課題。目前越南佛教界的樣貌，是在社會發展伴隨市場經濟問題的急遽變化中，以各種形式產生連動的現象。佛教在新社會狀態下將如何產生變化，則是頗耐人尋味的問題，筆者想在今後進行考察。

年表
參考文獻

年表

年表製作：山口弘江（金剛大學佛教文化研究所ＨＫ教授）

西元	朝鮮王時代	朝鮮佛教	越南佛教	中國、日本史事紀要
前二二四			*秦國於北越設置象郡。秦亡後，南越建國。	
前一一一			*西漢武帝征服南越國，設置交趾、九真、日南三郡。	
前一〇八		*於西漢、朝鮮設置樂浪、玄菟、真番、臨屯四郡。（*為歷史事項）		

一八四			＊約於一世紀末至二世紀，扶南成立。約於此時，撰寫《理惑論》的作者牟子至交趾。	六七（中），攝摩騰與竺法蘭將《四十二章經》攜至洛陽。興建白馬寺。一四七（中）安世高入洛陽，後譯《安般守意經》。
一九二			區連創建林邑為國。	
二二六			士燮歿。	
二四七			交趾出身的康僧會至吳都建業。	
二五五			支疆梁接於交州譯經（—二五六）。	二六五（中）竺法護入洛陽，後譯《正法華經》。
約三五〇		東晉支遁（三一四—六六）向高句麗道人致送書簡。	四世紀初，梵僧摩羅耆域自交州至洛陽。歷經二十五年後，于法蘭於赴梵土途中，示寂於象林。	三一〇（中）佛圖澄自西域至洛陽，教化道安等多名弟子。

三七二	高句麗小獸林王二	前秦苻堅遣僧順道至高句麗，傳入佛像經論。 佛教傳入高句麗。		
三七四	高句麗小獸林王四	前秦阿道至高句麗。		
三七五	高句麗小獸林王五	創建肖門寺、伊弗蘭寺，分別由順道、阿道擔任住持。		
三八四	百濟枕流王元	胡僧摩羅難陀自東晉入百濟。 百濟初傳佛教。		三八四（中）慧遠入廬山（或三八一）。
三八五	百濟枕流王二	於漢山創建佛寺，摩羅難陀度僧十人。		
三九二	高句麗廣開土王元 百濟阿莘王元	於平壤建造九寺。 王頒布「崇信佛法，求福」之令。		

三九六	高句麗廣開土王五	關中的僧侶曇始攜入數十部經律入平壤，化民於遼東。五世紀前期，長川一號墓（今中國吉林省）繪有佛畫。		四〇一（中）鳩摩羅什入長安，後譯《法華經》、《大品般若經》、《維摩經》。
四一七	新羅訥祇王元	在此時期（—四五八），高句麗僧墨胡子至一善郡。		四二〇（中）佛馱跋陀羅入建康，後譯《華嚴經》。
四二七	高句麗廣長壽王十五	*高句麗遷都平壤。		
四四六			宋朝攻陷林邑之都，焚毀寺院等處。	四四六（中）北魏太武帝斷然執行廢佛（三武一宗法難之一）。
四七五	百濟文周王元	*百濟自漢城遷都至熊津（公州）。		

四七九	新羅炤知王元	在此時期（—五〇〇），曾有宮內焚修僧的相關紀錄。阿道造訪毛禮。		
四八三			約於此時，道禪自交趾至建康。交趾出身的慧勝入南朝，備受尊崇。	
			扶南的曼陀羅仙與僧伽婆羅於南齊、南梁從事譯經。	
四九八	高句麗文咨明王七	創建金剛寺。		
五〇三			扶南的闍那跋摩王，將梵文經典及佛像等文物贈於南梁。	
五一二	高句麗文咨明王二十一	高句麗出身的僧朗於南梁向武帝派遣的十名僧人教授三論大義。		五一一（中）菩提流支、勒那摩提等人翻譯《十地經論》。

五二一	新羅法興王八	僧侶元表等人以梁使身分攜香晉見。認定新羅佛教由官方管道傳入（另有異說）。		六世紀初（中）南梁的法雲、智藏、僧旻積極傳法。
五二七	新羅法興王十四	異次頓殉教（或五二八）。認定新羅佛教由官方管道傳入（另有異說）。		
五二九	新羅法興王十六	禁止殺生（或五二八）。		
五三五	新羅法興王二十二	重新展開曾中斷（五二七）創建的興輪寺工程（或五三四）。認定新羅佛教由官方管道傳入（另有異說）。		
五三八	百濟聖王十六	*百濟遷都所夫里（扶餘）。		五三八（日）百濟聖明王贈予佛像及經論。佛教公傳（或五五二）。

五四一	百濟聖王十九	向南梁朝貢，請求賜予《涅槃經》經義，和專業工匠、畫師等人才。		
五四四	新羅真興王五	興輪寺建成。	＊創建萬春國。	五四二（中）曇鸞示寂。
五四八			自西印度至扶南的真諦抵達南梁國都。	五四八（中）真諦入建康，後譯《攝大乘論》等著作。
五四九	新羅真興王十	覺德與梁使同持佛舍利返國。新羅始有求法僧。		
五五〇	新羅真興王十一	安藏成為大書省。		
五五一	新羅真興王十二	高句麗僧惠亮入新羅，成為首任國統，僧官制度獲得整頓。		

五五四	百濟威德王元	在此時期（—五九八）受到中國法華信仰所影響的僧侶發正、玄光等人返國。		
五六五	新羅真興王二十六	明觀與陳使一同返國，攜歸經論一千七百餘卷（或兩千七百餘卷）。		
五六六	新羅真興王二十七	創建皇龍寺。祇園寺與實際寺竣工。		
五七四	新羅真興王三十五	鑄皇龍寺的丈六佛像。		五七四（中）北周武帝斷然執行廢佛（三武一宗法難之二）。
五七六	新羅真智王元	安弘與胡僧毘摩羅等人自南陳返國。		五七九（日）新羅贈予佛像。
五八〇			毘尼多流支入交州法雲寺從事譯經。	
五八八	百濟威德王三十五	慧聰向日本獻佛舍利。		五八八（日）派遣善信尼等人至百濟（—五九〇）。

五九四			毘尼多流支示寂（或五九二）。	五九二（中）慧遠示寂。 五九四（日）頒布三寶興隆之詔。 五九四（中）信行示寂。
五九九	百濟法王元	百濟頒布禁止殺生令及放生令。		五九六（日）創建法興寺（飛鳥寺），由慧慈、慧聰擔任住持。 五九七（中）智顗示寂。
六〇〇	百濟武王元 新羅真平王二十二	創建王興寺。 圓光自隋朝返國。此後述說「世俗五戒」。		七世紀前期（日）廣隆寺設置木造半跏思惟菩薩像。

六〇二	百濟武王三 新羅真平王二十四	百濟僧觀勒赴日，獻曆書、天文、地理、方術之書。 智明自隋朝返國。	＊隋朝平定北越。	
六〇五			隋朝侵略及進攻林邑，劫掠梵文貝葉經典。	六〇四（日）制定《十七條憲法》。
六〇八	新羅真平王三十	圓光撰〈乞師表〉，向隋朝請求援軍。		六〇七（日）創建法隆寺。
六一三	新羅真平王三十五 高句麗嬰陽王二十四	設置百高座，圓光宣講經典。 師事智顗的般若於天台山示寂。		六一二（中）＊隋煬帝侵略及進攻高句麗（—六一四）。
六一八			越南建造現存最早的佛教碑文〈大隋九真郡寶安道場之碑〉。	六一八（中）＊唐朝建立。

六二四	高句麗榮留王七	唐朝的五斗米道傳入高句麗。		六二三（中）吉藏示寂。（日）自新羅請入佛像。 六二四（日）訂定僧制，任命百濟僧觀勒為僧正。
六二六			法賢示寂。	六二五（日）慧灌自高句麗至新羅，傳三論宗。
六二七	新羅真平王四十九	惠業、玄大、玄恪、惠輪等人於唐朝貞觀年間（—四九）自中國至西域、印度求法。		
六二八	百濟武王二十九 新羅真平王五十	法華行者慧顯示寂。 安含伴隨毘摩真諦、農加陀返國。		六三〇（日）＊派遣遣唐使之始。

六三五	新羅善德女王四	慈藏之甥明朗自唐返國（年代有異說）。		
六三九	百濟武王四十	彌勒寺石塔建成。各地木塔開始轉變為石塔形式。		六四〇（中）杜順示寂。
六四三	高句麗寶藏王二 新羅善德女王十二	遣使入唐以求道教，道士叔達等人攜來《老子道德經》。為道士而廢佛寺，改為道觀。 慈藏自唐返國，新羅王任命其為大國統。		
六四五	新羅善德女王十四	皇龍寺九層塔建成（或六四三）。		六四五（中）玄奘自印度返國。
六五〇	新羅真德女王四	與元曉、義湘籌畫一同入唐，卻放棄計畫。	此時大乘燈習法於玄奘三藏，後巡禮印度。	六五三（日）道昭入唐。

六六〇		*百濟滅亡。		六五八（日）智通、智達等人乘新羅船入唐，獲得玄奘傳授法相教理。
六六一	新羅文武王元	義湘入唐，修學於智儼。		六六四（中）道宣撰《大唐內典錄》（六六七示寂）。
六六八	新羅文武王八	*高句麗滅亡，新羅統一。 義湘撰《一乘法界圖》。		六六八（中）智儼示寂。
六七一	文武王十一	義湘自唐返國。		
六七六	文武王十六	義湘建造浮石寺，開創華嚴宗。 自七世紀後期至八世紀初期，知名佛師釋良志製作多尊塑造佛像。	此時，眾多越南僧侶遊歷東南亞各國。	
六七九			*唐朝設置安南都護府。	六八一（中）善導示寂。

				六八二（中）窺基示寂。六八三（日）確立僧綱制。
六八六	神文王六	元曉示寂。	毘尼多流支派第四世禪師清弁示寂。	六八五（日）觀常與雲觀自新羅返日。
六九二	孝昭王元	道證自唐返國，獻天文圖。		
六九六	孝昭王五	新羅僧圓測於唐土的佛授記寺示寂。		
六九八		*渤海建國（—九二六）。		七〇一（日）頒布僧尼令。
七〇二	聖德王元	義湘示寂。		七〇六（中）神秀示寂。
七一三		*渤海受唐朝策封。派遣王子入唐，請求「入寺禮佛」。		七一二（中）法藏示寂。七一三（中）惠能示寂。

七二七	聖德王二十六	新羅僧慧超巡禮印度後返唐，撰《往五天竺國傳》。	日本遣唐使平群廣成約於此時漂流至林邑，此後渡唐。	七一八（日）道慈自唐朝傳入三論宗。七二五（中）善無畏與一行合譯《大日經》。七二八（日）在諸國頒布《金光明經》。
七三六			林邑僧佛哲（徹）將林邑樂傳入日本。	七三〇（中）李通玄示寂。七三六（日）菩提僊那、佛哲（徹）、道璿等人至新羅。
七四二	景德王元	約自八世紀中葉開始鑄鐵佛。在此時期（—七六四）太賢、真表弘化活動十分活躍。		七四一（日）頒布國分寺、國分尼寺建立之詔。
七五一	景德王十	在金大城發願之下，始建佛國寺。製作石窟庵本尊。		七五四（日）鑑真自唐朝傳入律宗。

七五五	景德王十四	製作《新羅華嚴經變相圖》（七五四—）。		七五九（日）創建唐招提寺。
約八〇〇		唐德宗（七七九—八〇五）時期，畫僧金忠義在中國十分活躍。		
七八五	元聖王元	初置僧官。		七七四（中）不空示寂。七八二（中）湛然示寂。
七九九	昭聖王元	梵修入唐，攜歸新譯後分《華嚴經》及澄觀的義疏。		
八〇二	哀莊王三	開創伽倻山海印寺。	*闍耶跋摩二世開創吳哥王朝。	
八〇八			毘尼多流支派第八世禪師定空示寂。	八〇五（中）惠果示寂。（日）最澄自唐朝返國（八二二示寂）。八〇六（日）空海自唐朝返國（八三五示寂）。

八二〇			無言通至建初寺，傳百丈禪，成立無言通派。	八一四（中）百丈懷海示寂。
八二一	憲德王十三	道義自唐返國，傳南宗禪。		
八二六			無言通示寂。	
八三〇	興德王五	慧照自唐返國，後創雙溪寺。		
八三七	僖康王二	玄昱自唐返國，住實相寺，後建鳳林寺。		八三八（中）澄觀示寂。（日）圓仁入唐（—八四七）。
八三九	文聖王元	慧徹自唐返國，後創泰安寺。		八四一（中）宗密示寂。八四二（中）武宗滅佛（三武一宗法難之三）。
八四五	文聖王七	無染自唐返國，後創聖住寺。		

八四七	文聖王九	梵日自唐返國，後創崛山寺。 道允自唐返國，後創興寧寺。		八五三（中）溈山靈祐示寂。 八五八（日）圓珍入唐（—八五八）。
八六〇	虔晃三	渤海使李居正請歸密乘典籍《尊勝咒諸家集》、《佛頂尊勝陀羅尼記》。		八六七（中）臨濟義玄示寂。 八六九（中）洞山良价示寂。
八七五			占婆王因陀羅跋摩二世於單陽始建石寺。	
八八八	真聖女王二	無染示寂。		
八九八	孝恭王二	道詵示寂。		
九一一	孝恭王十五	利嚴自唐返國，後創廣照寺。		九〇七（中）＊唐朝滅亡，進入五代十國時期。
九一七	景明王元	在此時期（—九二三）畫僧靖和、弘繼遺留傑作。		

九一八	太祖元	＊王建創建高麗國。		
九一九	太祖二	建造法王寺、王輪寺等十座寺院。		
九二七	太祖十	載雄自渤海逃亡高麗。		
九二八	太祖十一	洪慶自唐朝攜歸《大藏經》。		
九三五		＊新羅滅亡。	＊吳朝成立（九三九）後，隨即進入十二使君時期，出現丁朝、黎朝成立等持續混亂時期。	九三八（日）空也入京都念佛持誦。
九四三	太祖二十六	君王要求朴述希（熙）傳《訓要十條》。		
九四九	光宗元	在此時期（—七五）以智宗為中心的三十六人傳永明延壽之法。		九四九（中）雲門文偃示寂。九五五（中）世宗頒布廢佛令（三武一宗法難之四）。

九五八	光宗九	科舉併設僧科。		九五八（中）法眼文益示寂。
九六〇	光宗十一	此時派遣諦觀入宋，致送典籍。		
九七一			丁朝先帝設置僧官，命無言通派第四世禪師吳真流任僧統。	
九七三	光宗二十四	均如示寂。		
九八九	成宗八	派遣如何入宋，請《大藏經》。		九八三（中）《開寶藏》（《蜀版大藏經》）開版。 九八五（日）源信撰《往生要集》。
九九一	成宗十	韓彥恭自宋返國，獻《大藏經》。		
九九三	成宗十二	＊遭受契丹侵略。		

一〇〇五			黎朝君王黎桓取得宋版《開寶藏》。	一〇〇四（中）道原撰《景德傳燈錄》。
一〇〇七			黎朝的黎鋌遣弟入宋，請《大藏經》。	
一〇一〇	顯宗元	在此時期（—三一）重新舉行在成宗時期已停辦的燃燈會、八關會。	*太祖開創李朝。	
一〇一一	顯宗二	為求擊退契丹軍而始雕《大藏經》，後安奉於符仁寺（《高麗藏》初雕）。	太祖令造道教太清宮與佛教萬歲寺。進行建造及修復寺院。	
一〇一八	顯宗九	智宗示寂。	太祖向宋朝請賜《大藏經》與《道藏》。	
一〇二〇	顯宗十一	設百獅子座，舉行仁王會。		
一〇二三			太祖敕命繕寫《大藏經》。	一〇二二（中）智圓示寂。
一〇三四			太宗自宋獲授《大藏經》。	一〇二八（中）知禮示寂。

一〇四九			創建延祐寺。	一〇五二（日）此年進入末法時期。一〇五三（中）重顯示寂。
一〇六三	文宗十七	契丹贈《大藏經》。		
一〇六九			聖宗尊草堂為國師，與般若、遇赦並稱為草堂派初祖。	一〇七二（日）成尋入宋。
一〇七五			*導入科舉。開始強化崇儒。	
一〇八三	順宗元	自宋迎請及安奉《大藏經》。		
一〇八六	宣宗三	義天自宋攜歸三千餘卷佛典。此後不僅為其注釋，亦向遼、宋求取經書，蒐集四千餘卷。		

一〇八七	宣宗四	王於開國寺雕刻完成《大藏經》，於興王寺落成大藏經殿，並於歸法寺慶祝《大藏經》雕版完成。		
一〇八八			無言通派第八世禪師悟印示寂。	
一〇九〇	宣宗七	義天撰《新編諸宗教藏總錄》。	無言通派第七世禪師圓照示寂。	
一〇九六			無言通派第八世禪師滿覺示寂。	
一一〇一	肅宗六	義天示寂。		
一一一七			毘尼多流支派第十二世禪師徐道行示寂。	一一一五（中）＊金朝建立。
一一二三			於圓光寺刻造顯示禪、淨思想融合的碑文。	一一二〇（日）東大寺僧覺樹自高麗傳入一百餘卷佛典。
一一二八			神宗巡禮道觀及寺院，致謝擊退真臘。	

一一三四			無言通派第八世禪師通辨示寂。	
一一四五	仁宗二十三	《三國史記》成書。		
一一五一			毘尼多流支派第十八世禪師圓通示寂。	
一一六三			毘尼多流支禪派第十三世禪師禪岩示寂。	一一六三（中）大慧宗杲示寂。
一一六五			無言通派長原示寂。	一一六八（日）榮西入宋（一二一五示寂）。
一一七七			高宗賜淨戒擔任雨師之職。	
一一八九			此時蘇利耶跋摩七世信奉佛教，遣王子至斯里蘭卡。	
一二〇〇	神宗三	知訥將定慧社遷至松廣山。		

一二〇三			無言通派第十二世禪師常照示寂。	
一二一〇	熙宗六	知訥示寂。		一二一二（日）法然示寂。
一二一七	高宗四	了世開創白蓮社道場。		
一二二五			*陳守度被擁立為太宗，開創陳朝。	一二二三（日）道元入宋（一二五三示寂）。
一二三一			太宗下令所有驛站皆安置佛像。	
一二三二	高宗十九	蒙古來襲，符仁寺初雕《大藏經》付之一炬。*遷都江華島。		
一二三六	高宗二十三	於江華島的禪源寺設置大藏都監，進行再雕《大藏經》。		
一二七四	忠烈王元	此時一然撰《三國遺事》。		一二五二（中）普濟撰《五燈會元》。

				一二六二（日）親鸞示寂。一二六九（中）志磐撰《佛祖統紀》。
一二七六			中國道士許宗道入李朝，整頓道教儀禮。	
一二八五			*蒙古入侵（—一二八八為止）。	一二八二（日）日蓮示寂。
一二八九	忠烈王十五	一然示寂。		一二八九（日）一遍示寂。
一二九三			*仁宗退位出家，稱竹林大士。	
一二九九			英宗敕令印行及頒布《佛教法事道場公文格式》。	
一三一七			約於十四世紀編纂禪宗史書《禪苑集英》。竹林派二祖法螺示寂。	

一三二八	忠肅王十五	梵僧指空於延福寺宣說戒律。		一三二五（日）紹瑾示寂。
一三八二	辛禑王八	普愚示寂。		一三三五（中）德煇重修《百丈清規》。一三四二（日）幕府制定五山十剎順序。一三六六（中）*明朝建立。
一三八五			占婆軍入侵之際，僧侶大灘率僧軍抵禦。	
一三八九	恭讓王元	王禁荼毘。		
一三九二	太祖元	*高麗滅亡，李成桂開創朝鮮王朝。		
一三九四	太祖三	《朝鮮國經典》成書。奉天台僧祖丘為國師。		
一三九五			五十歲以下的僧侶課以《金剛經》考試之義務。	一三九五（日）高麗初贈《大藏經》。

一三九七	太祖六	建立興天寺，於建寬寺設置水陸道場。		一三九七（日）足利義滿創建金閣寺。
一三九八	太祖七	鄭道傳撰寫發展排佛論述的《佛氏雜辨》。		
一四〇五	太宗五	無學自超示寂。		
一四〇六	太宗六	將十一宗統合為七宗。限制全國寺剎總數。	*明軍入侵，大虔國滅亡。此後，明朝統治愈盛，強制要求中國化（—一四二七）。	一四〇九（日）足利義時向朝鮮請《大藏經》。
一四一二	太宗十二	興建聞慶寺做為超薦迴向之寺，收藏海印寺《大藏經》。		
一四一七			此時僧侶范玉率領武裝佛教團體，反抗明朝統治。	
一四二二	世宗四	禁止於都城內經行。		
一四二四	世宗六	將七宗合併為禪教兩宗。		

一四二八			*黎利（太宗）開創黎朝。此後重視儒教。	
一四二九	世宗十一	將檀君合祀於高句麗始祖東明王廟。	課以僧侶必須參與考試之義務。	
一四三三	世宗十五	涵虛己和示寂。准許重建及重修已遭禁止祭祀的寺院。於興天寺舉行盛大的大慶讚會，招請一雲主持。		
一四四一	世宗二十三	藉由〈司憲府上疏文〉積極推行抑制王家的佛教信仰。		
一四四三	世宗二十五	*制定《訓民正音》，此後予以刊行及頒布（一四四六）。		
一四四七	世宗二十九	《釋譜詳節》成書。		

一四五九	世祖五	刊行《月印釋譜》。		一四五五（日）與琉球使節同赴朝鮮求取經藏。
一四六一	世祖七	設置刊經都監，刊行諸經諺文翻譯。		
一四六四	世祖十	於漢陽創建圓覺寺，建造十層石塔（一四六七完成）。 正心示寂。		
一四七一	成宗二	禁止念佛所營運。 廢除刊經都監。 藉由制定《經國大典》，保證禪教兩宗延傳。	＊聖宗攻陷占城之都，將其中南部據為大越領土。	
一四七五	成宗六	破壞城內、外的尼寺，禁止火葬。		
一四七八	成宗九	禁止士族婦女及其子女出家。		
一四八二	成宗十三	禁建新寺。		

一四八五	成宗十六	＊《經國大典》完成最終階段。		
一四九二	成宗二十三	雖續留僧科，卻全部廢除度僧法。		
一四九九	燕山君五	將成均館做為宴會娛樂場所。橫闖淨業院。停止及廢除僧科。		一四九九（日）蓮如示寂。
一五〇〇	燕山君六	准許刊印海印寺《大藏經》一千卷。		十六世紀（日）各地相繼發生一向一揆。
一五〇六	中宗元	＊透過「中宗反正」廢黜暴君燕山君。		
一五〇七	中宗二	重興燕山君時期的廢寺。廢除僧科，撤除兩宗都會所。		
一五〇九	中宗四	悉數廢除京城寺院做為公府。		
一五二五	中宗十	停止禪教兩宗。		

一五二七			*莫氏雖開創莫朝，黎朝隨即復興。	
一五三四	中宗二十九	智嚴示寂。		
一五三九	中宗三十四	官吏破壞京畿道及全羅道的大多數寺院。		
一五五〇	明宗五	文定王后任用普雨，促使禪教兩宗復甦。		
一五五一	明宗六	恢復僧科與度牒制。實施宗選。		
一五五二	明宗七	實施僧科，發給度牒制。		
一五六五	明宗二十	文定王后崩逝後，普雨被流放濟州島。		
一五六六	明宗二十一	再度廢除禪教兩宗與僧科。		
一五六八	宣祖元	休翁一禪示寂。		

一五七一	宣祖四	靈觀示寂。		一五七一（日）織田信長討伐及焚毀比叡山。
一五九二	宣祖二十五	＊文祿之役（壬辰倭亂）。以西山休靜為首，四溟惟政、雷默處英、騎虛靈圭等人相繼率領義僧崛起。		一五九二（日）豐臣秀吉出兵朝鮮。
一五九四	宣祖二十七	四溟惟政於釜山與加藤清正會晤，展開斡旋講和。	＊十六世紀末至十七世紀初，於交趾形成唐人街、日本人町。	
一五九七	宣祖三十	＊慶長之役（丁酉倭亂）。		
一六〇四	宣祖三十七	四溟惟政為修和而赴日，會見德川家康。西山休靜示寂。		一六〇三（中）紫柏真可示寂。
一六〇八	宣祖四十一	靜觀一禪示寂。		
一六一〇	光海君二	四溟惟政示寂。		

一六一五	光海君七	浮休善修示寂。		一六一五（中）雲棲袾宏示寂。一六一六（中）*清朝建立。此後藏傳佛教隆盛發展。一六一七（中）如惺撰《大明高僧傳》。
一六二七	仁祖五	與後金相戰的丁卯胡亂之中，明照率領義兵，戰功彪炳。	*鄭、阮二氏抗爭激烈化，進入南、北分裂時期。	一六二三（中）憨山德清示寂。
一六三六	仁祖十四	在清朝入侵的丙子胡亂中，覺性以降魔軍自稱，率領義僧軍抗敵。		一六三二（日）制定本山末寺制。一六三六（日）*派遣朝鮮通信使。
一六四〇			道明禪師於交趾改建及開創寺院，受信徒高額供養。	
一六四三	仁祖二十一	松月應祥示寂。		

一六四四	仁祖二十二	鞭羊彥機示寂。	拙公派初祖拙拙示寂。	
一六四七	仁祖二十五	孤閑熙彥示寂。		
一六四九	仁祖二十七	逍遙太能示寂。		
一六五九			水月派明行示寂。	一六五四（日）隱元渡日（一六七三示寂）。一六五五（中）蕅益智旭示寂。
一六六〇	顯宗元	禁止良民為僧尼。覺性示寂。		
一六六一	顯宗二	撤除慈壽尼院、仁壽尼院，促使尼僧還俗。明照示寂。		一六六二（中）＊明朝滅亡。
一六七〇		開始盛行舉辦華嚴法會。	出身日本的角屋七郎兵衛於交趾建造松本寺。	

一六八〇	肅宗六	白谷處能示寂。	頒行《四書》、《五經》。	
一七〇〇	肅宗二十六	栢庵性聰示寂。		
一七〇四	肅宗三十	月潭雪霽示寂。		
一七一一	肅宗三十七	築造北漢山城，由三百五十名義僧守護。		
一七一五	肅宗四十一	月渚道安示寂。		
一七一八			漢僧元紹於占婆弘揚臨濟正宗。	
一七一九	肅宗四十五	無用秀演示寂。		
一七二九	英祖五	喚醒志安示寂。		
一七三三			蓮宗麟角示寂。	

一七三九			僧侶阮陽雄發起叛亂。蓮宗叛亂漸增。	
一七四三			了觀派的創始者了觀示寂。	
一七六四	英祖四十	獅巖采永撰《佛祖源流》。		
一七六九	英祖四十五	編纂《三門直指》。		一七六八（日）白隱示寂。
一七七一			＊西山邑阮氏三兄弟武裝起義。	
一七九〇	正祖十四	創建水原龍珠寺。		
一七九一	正祖十五	雪坡尚彥示寂。		
一七九六	正祖二十	仁岳義沾示寂。		一七九六（中）白蓮教叛亂。彭紹升示寂。

一七九九	正祖二十三	蓮潭有一示寂。		
一八〇二			*阮福映獲得法國援助，創建阮朝。	
一八一六	正祖二十六	白坡亘璇撰《禪文手鏡》。		
一八二〇			《金雲翹》作者阮攸歿。	一八三一（日）良寬示寂。
一八四九			段明諠以西貢南方的西安寺為據點開始弘教，開創寶山奇香派。	一八四〇（中）*鴉片戰爭。
一八五二	哲宗三	白坡亘璇示寂。		一八五〇（中）*太平天國之亂。
一八六六	高宗三	艸衣意恂示寂。		一八六八（日）*明治政府下令神佛分離。
一八七六	高宗十三	*簽訂日朝修好條約〈江華島條約〉。		

一八七八	高宗十五	日本真宗大谷派建造本願寺釜山別院，奧村圓心受任為首任輪番。		
一八八〇	高宗十七	李東仁與無佛獲得奧村圓心支持，赴日遊學結束後返國。		
一八八一	高宗十八	日本的日蓮宗於釜山建立會堂，並於各地展開弘教。		
一八八七			*成立法屬印度支那聯邦，越南成為其殖民地。	
一八九四	高宗三十一	*發生東學黨之亂（甲午農民戰爭）。梵海覺岸撰《東師列傳》。		一八九四（日）*中日甲午戰爭（—一八九五）。
一八九五	高宗三十二	日本的淨土真宗本願寺派以釜山弘教為嚆矢，在全國擴大弘教網絡。		

一八九七	高宗三十四	*成立大韓帝國。日本淨土宗傳入釜山。		
一八九九	高宗三十六	鏡虛於海印寺創設修禪結社。		一九〇〇（中）在敦煌發現大量古寫本。
一九〇二	高宗三十九	將元興寺視為大法山，設置寺社管理署，頒布〈國內寺刹現行細則〉。		
一九〇五	高宗四十二	*簽訂第二次日韓協約〈乙巳條約〉。		一九〇四（日）*日俄戰爭（—一九〇五）。一九〇五（日）始刊《大日本續藏經》。
一九〇六	高宗四十三	淨土宗的井上玄真吸收洪月初、李寶潭等首爾地區的僧侶，組織佛教研究會。統監府頒布〈宗教宣布相關規則〉。		
一九〇八	純宗二	於元興寺召開全國寺院代表會議，決議開創圓宗。		

一九一〇	純宗四	*日韓合併（韓日合邦）。設置朝鮮總督府。創建覺皇寺。與圓宗相抗，決議設立臨濟宗。韓龍雲向日本統監請求准許僧侶擁有妻眷。明真學校改編為佛教師範學校，因財政困難，於翌年降格為各種學校。		一九一〇（日）*日韓合併。
一九一一	（日帝時期）	朝鮮總督府頒布〈寺刹令〉與〈寺刹令施行規則〉。		一九一一（中）楊文會示寂。
一九一二		鏡虛示寂。設立朝鮮臨濟宗中央布教堂。總督府決定解散圓宗與臨濟宗，組成三十本山住持會議院。權相老於《朝鮮佛教月報》刊載〈朝鮮佛教改革論〉（—一九一三）。		

一九一三		韓龍雲發表《朝鮮佛教維新論》。		一九一四（日）＊第一次世界大戰（—一九一八）。
一九一八		李能和著《朝鮮佛教通史》。		
一九一九		＊發生三一運動。		
一九二〇		設立朝鮮佛教青年會，組織佛教維新會。		
一九二一		廢除三十本山聯合制規，設立總務院。		
一九二三		李英宰於《朝鮮日報》發表〈朝鮮佛教革新論〉。		一九二四（日）始刊《大正新脩大藏經》。
一九二七		白龍城宣布創立大覺教。		
一九二九		舉行朝鮮佛教禪教兩宗僧侶大會，決議建構佛教界統一機構、制定宗憲、設置宗會及中央教務院。		

一九三一			於西貢創設南圻佛學研究會，展開復興佛教運動。	一九三〇（日）始刊《國譯一切經》。
一九三四		禪學院設立財團法人禪理參究院。	於河內創立佛教總會。	
一九三九			黃富楚開始弘傳和好教。	
一九四一		朝鮮佛教曹溪宗舉行第一屆中央宗會。	*日軍進駐南越。	一九四一（日）*太平洋戰爭（—一九四五）。
一九四四			明燈光創立乞士派。	
一九四五		*第二次世界大戰結束。建構朝鮮佛教革新準備委員會，於太古寺舉行全國僧侶大會。廢除曹溪宗之宗名，將教團改名為「朝鮮佛教」。	*受二戰結束所影響，故而成立越南民主共和國，此後再度趨於法屬殖民地化。	
一九四六	（大韓民國）	於海印寺開設做為修道道場的伽倻叢林。		

一九四七		在李性徹等人主導下，於鳳巖寺組織參禪結社。約於此時，宋蔓庵以白羊寺為中心結成古佛叢林，發展獨有的僧風淨化運動。		一九四七（中）太虛示寂。
一九五〇		*朝鮮爆發動亂。	組織越南佛教總會。	一九四九（中）中華人民共和國成立。
一九五一			於全國佛學會議中，規定統一儀禮與在家信徒的應有規範。	
一九五四		李承晚總統發表促進佛教淨化的談話文稿。設立曹溪宗宗務院，將太古寺更名為曹溪寺。	*依據簽訂日內瓦協議，越南形成南北分裂。	一九五三（中）中國佛教協會成立。
一九六二		成立大韓佛教曹溪宗。		
一九六三			廣德師為抗議彈壓佛教而焚身供養。	

一九六四		設立東國譯經院，計畫刊行韓文《大藏經》。		
一九六五		制訂叢林設置法。	*越戰開戰（—一九七五）。釋一行推展貫徹非暴力的社會活動。	一九六六（日）鈴木大拙示寂。
一九七〇		太古宗分宗。		
一九七五		訂定佛誕日為假日。		
一九七六			*越南社會主義共和國成立。	
一九八一		實施單一戒壇授戒山林。自一九八〇年代之後，開始流行看話禪。設置諸如中央僧伽大學等培育僧侶的教育機構。	於館使寺設置全國佛教協會總部。	
一九八六			導入革新政策後，佛教活動逐漸盛行。	
一九九三		李性徹示寂。		

二〇〇一		刊行韓文《大藏經》。		

參考文獻

【第一章】福士慈稔

アジア民族造形文化研究所編，《アジアの龍蛇——造形と象徵》，雄山閣，一九九二年。
安承周，〈百済寺址の研究〉（《アジア公論》十六—三），一九八七年。
李興範，《韓国古代伽藍の形成と展開の研究》，山喜房佛書林，二〇〇三年。
江田俊雄，《朝鮮仏教史の研究》，国書刊行会，一九七七年。
鎌田茂雄，《朝鮮仏教史》，東京大学出版会，一九八七年。
鎌田茂雄編著，《講座　仏教の受容と変容五　韓国編》，佼成出版社，一九九一年。
韓国留学生印度学仏教学研究会編，《韓国仏教学 SEMINAR》第八号（特集：日本における韓国仏教思想の研究の成果と展望），二〇〇〇年。
木村宣彰，〈曇始と高句麗仏教〉（《仏教学セミナー》三十一），一九八〇年。
金永晃，〈韓国弥勒信仰の民俗学的展開——龍信仰を中心として〉（《仏教の死生観

と基層信仰》，大正大学綜合仏教研究所叢書第二十一巻），勉誠出版社，二〇〇八年。
金東賢，〈新羅　皇龍寺跡の発掘〉（《仏教芸術》二〇七），毎日新聞社，一九九三年。
斎藤忠，〈高句麗・百済の仏教文化に関する二・三の考察〉（《日本仏教史学》十六），一九八一年。
蔡印幻，《新羅仏教戒律思想研究》，国書刊行会，一九七七年。
蔡沢珠，〈新羅における中国仏教の受容形態〉（《東洋文化研究所紀要》七十一），一九七七年。
新川登亀男，〈高句麗の仏教受容〉（《大分大学教育学部研究紀要（人文・社会科学B集）五—二》），一九七七年。
薗田香融，〈東アジアにおける仏教の伝来と受容〉（《東西学術研究所紀要》二十二），一九八九年。
田村圓澄、黄壽永編，《百済文化と飛鳥文化》，吉川弘文館，一九七八年。
崔孟植、尹根一，〈百済　王宮里廃寺（官宮寺）跡の発掘〉（《仏教芸術》二〇七），毎日新聞社，一九九三年。

千田剛道，〈高句麗 寺院跡の発掘〉（《仏教芸術》二〇七），毎日新聞社，一九九三年。
張慶浩，〈百済 弥勒寺跡の発掘〉（《仏教芸術》二〇七），毎日新聞社，一九九三年。
礪波護、武田幸男，《隋唐帝国と古代朝鮮》（《世界の歴史》六），中央公論社，一九九七年。
中井真孝，〈仏教の伝来と朝鮮三国〉（《東洋学術研究》十八—二），一九七九年。
里道徳雄，《東アジア諸地域の仏教》（中村元、笠原一男、金岡秀友監修、編，《アジア仏教史 中国編四》），佼成出版社，一九七六年。
林泉，〈高句麗における仏教受容と平壌——肖門・伊弗蘭の位置をめぐって〉（《駿台史学》九十六），一九九六年。
深津行徳，〈法体の王〉（《調査研究報告》三十九），一九九三年。
洪潤植，〈中国南北朝と百済の仏教〉（《仏教史研究》十八），一九八三年。
松林弘之，〈朝鮮三国鼎立時代の仏教〉（《仏教史学研究》十四—一），一九六八年。
村上四男，〈新羅真興王と其の時代〉（《朝鮮学報》八十一），一九七六年。
森浩一監修、東潮、田中俊明編著，《高句麗の歴史と遺跡》，中央公論社，一九九五年。

森浩一監修、東潮、田中俊明編著，《韓国の古代遺跡一——新羅篇（慶州）》，中央公論社，一九八八年。

森浩一監修、東潮、田中俊明編著，《韓国の古代遺跡二——百済・伽耶篇》，中央公論社，一九八九年。

柳東植，《朝鮮のシャーマニズム》，学生社，一九七六年。

吉村怜，〈百済仏教伝来考〉（《社会科学討究》三十五—二），一九八九年。

李萬，〈高句麗 義淵의 唯識教学〉（《韓国仏教学》二十一），一九九六年。

인하대학교박물관 학술총서四，《용，그 신화와 문화》（龍的神話與文化），仁川：민속원，二〇〇二年。

金泰坤，〈蘇塗宗教民族学的照明〉（《馬韓百済文化》十二），益山：圓光大學馬韓百濟研究所，一九九〇年。

辛鐘遠，〈新羅仏教伝来의 諸相〉（《伽山李智冠스님 華甲記念論叢 韓国仏教文化思想史》），首爾：論叢刊行委員會，一九九二年。

辛鐘遠，《新羅初期佛教史研究》，首爾：民族社，一九九二年。

崔琮錫，〈韓國土著宗教와 佛教의 習合過程——山神信仰을 中心으로〉（《仏教学報》

三十五），一九九八年。

趙景徹，〈百濟의 支配勢力과 法華思想〉（《韓國思想史學》十二），一九九九年。

趙景徹，〈백제 漢城時代 불교수용과 정치세력의 변화〉（百濟王國漢城時期佛教的拓展與政權更迭）（《韓國思想史學》十八），二〇〇二年。

全虎兌，〈5세기 高句麗古墳壁畫에 나타난 佛教的來世觀〉（五世紀高句麗王國古墳壁畫出現之佛教來世觀）（《韓國史論》二十一），一九八九年。

무함마드 깐수（Muhammad Kansu），《新羅・西域交流史》，首爾：檀國大學出版部，一九九二年。

文明大，〈高句麗佛塔의 考察〉（《歷史教育論集》五），大邱：慶北大學師範大學歷史教育科，一九八三年。

國立慶州博物館編，《慶州遺跡地圖》，慶州：國立慶州博物館，一九九七年。

忠清南道公州大學博物館編，《文化遺跡分布地圖——公州市》，公州：忠清南道公州大學博物館，一九九八年。

忠清南道公州大學博物館編，《文化遺跡分布地圖——扶餘郡》，大田：忠清南道公州大學博物館，一九九八年。

【第二章】佐藤厚

青木隆，〈地論宗〉（《新・八宗綱要》），法藏館，二〇〇一年。
愛宕邦康，《遊心安楽道と日本仏教》，法藏館，二〇〇六年。
阿部肇一，〈《宋高僧伝》に著れた新羅僧伝について〉（《台湾の宗教と中国文化》），風響社，一九九二年。
石井公成，〈アジア禅宗史という視点〉（《東方学の新視点》），五曜書房，二〇〇三年。
石井公成，〈中国禅の形成〉（《思想》九六〇），二〇〇四年。
石井公成，《華厳思想の研究》，春秋社，一九九六年。
石井公成，〈仏教東漸史観の再探討——渡来人とその系統の人々のアイデンティティー〉（《日本の仏教》二），法藏館，一九九五年。
石井公成，〈仏教受容期の国家と仏教——朝鮮・日本の場合〉（高崎直道、木村清孝編，《シリーズ・東アジア仏教》五），春秋社，一九九六年。
大竹晉，《唯識説を中心とした初期華厳教学の研究——智儼・義湘から法藏へ》，大蔵出版，二〇〇七年。
岡本一平，〈新羅唯識派の芬皇寺玄隆《玄隆師章》の逸文研究〉（《韓国仏教学

SEMINAR》第八号〔特集：日本における韓国仏教思想の研究の成果と展望〕），二〇〇〇年。
梯信暁，〈元暁の浄土教思想について〉（三崎良周編，《仏教思想とその展開——日本・中国》），山喜房佛書林，一九九二年。
鎌田茂雄，《朝鮮仏教史》，東京大学出版会，一九八七年。
鎌田茂雄，《新羅仏教史序說》，東京大学東洋文化研究所，一九八八年。
橘川智昭，〈円測による五性各別の肯定について〉（《仏教学》四十），一九九九年。
橘川智昭，〈慈恩教学における法華経観〉（《仏教学》四十四），二〇〇二年。
橘川智昭，〈密意と未了義——唯識思想を中心として〉（《仏教学》四十九），二〇〇七年。
橘川智昭，〈新羅唯識の研究状況について〉（《韓国仏教学 SEMINAR》第八号〔特集：日本における韓国仏教思想の研究の成果と展望〕），二〇〇〇年。
橘川智昭，〈円測新資料・完本《無量義経疏》とその思想〉（《仏教学レビュー》Vol. 4），二〇〇八年。
木村清孝，〈《白花道場発願文》考〉（《鎌田茂雄博士還暦記念論集》），大蔵出版，一九八八年。

木村清孝，〈《海印三昧論》考〉（《印度学仏教学研究》五十一—二），日本印度学仏教学会，二〇〇三年。
佐藤厚，〈義湘系華厳学派の基本思想と《大乗起信論》批判〉（《東洋学研究》三十七号），二〇〇〇年。
里道徳雄，〈朝鮮半島の仏教〉，《東アジア諸地域の仏教》（中村元、笠原一男、金岡秀友監修、編，《アジア仏教史 中国編四》），佼成出版社，一九七六年。
章輝玉，〈新羅の浄土教〉（《浄土仏教の思想》第六巻），講談社，一九九二年。
崔鉛植，〈《大乗起信論同異略集》の著者について〉（《駒澤短期大学仏教論集》七号），二〇〇一年。
崔鉛植，〈《新羅見登》の活動について〉（《印度学仏教学研究》通号一〇〇号），二〇〇二年。
崔鉛植，〈珍嵩の《孔目章記》逸文に対する研究〉（《韓国仏教学 SEMINAR》第九号），二〇〇三年。
全海住，〈一乗法界図の著者について〉（《印度学仏教学研究》四十七—二），一九九九年。
常盤大定，《仏性の研究》，国書刊行会，一九七二年。

東国大学校仏教文化研究所編，《韓国仏書解題辞典》，国書刊行会，一九八二年。

西口芳男編，《〈禅門宝蔵録〉の基礎的研究》，花園大学国際禅学研究所，二〇〇〇年。

濱田耕策，〈新羅の遣唐使と崔致遠〉（《朝鮮学報》二〇六），二〇〇八年。

韓普光，《新羅浄土思想の研究》，東方出版，一九九一年。

富貴原章信，《中国日本仏性思想史》（《富貴原章信仏教学選集》第一巻），国書刊行会，一九八八年。

福士慈稔，《新羅元暁研究》，大東出版社，二〇〇四年。

森克己，〈慈覚大師と新羅人〉（福井康順編，《慈覚大師研究》），天台学会，一九六四年。

山口瑞鳳，〈チベット仏教と新羅金和尚〉（金知見、蔡印幻編，《新羅仏教研究》），山喜房佛書林，一九七三年。

姚長壽，〈房山石経における華厳典籍について〉（気賀沢保規編，《中国仏教石経の研究――房山雲居寺石経を中心に》），京都大学学術出版会，一九九六年。

吉津宜英，《華厳一乗思想の研究》，大東出版社，一九九一年。

李萬，《韓國唯識思想史》，首爾：藏經閣，二〇〇〇年。

金相鉉，《新羅の思想と文化》，首爾：一志社，一九九九年。
金相鉉，〈明晶の《海印三昧論》〉（《新羅の思想と文化》），首爾：一志社，一九九九年。
金相鉉，《元曉研究》，首爾：民族社，二〇〇〇年。
金相鉉《新羅華嚴思想史研究》，首爾：民族社，一九九一年。
金福順，《新羅華嚴宗研究》，首爾：民族社，一九九〇年。
金天鶴，《華嚴經文義要決問答》，首爾：民族社，一九九八年。
金英美，《新羅佛教思想史研究》，首爾：民族社，一九九四年。
權悳永，《古代韓中外交史——遣唐使研究》，首爾：一潮閣，一九九七年。
高翊晉，《韓國古代佛教思想史》，首爾：東國大學出版部，一九八九年。
黃有福、陳富景，《中朝佛教文化交流研究史》，北京：中國社會科學出版社，一九九三年。
佐藤繁樹，《元曉의 和諍論理》，首爾：民族社，二〇〇〇年。
鄭性本，《新羅禪宗의 研究》，首爾：民族社，一九九五年。
全海住，《義湘華嚴思想史研究》，首爾：民族社，一九九三年。

【第三章】金天鶴

鎌田茂雄博士古稀記念会編，《華厳学論集》，大蔵出版，一九九七年。
竺沙雅章，《宋代仏教文化史研究》，汲古書院，二〇〇〇年。
藤田亮策，〈海印寺雑板攷　1・2・3〉（《朝鮮学報》一三八—一四〇号），一九九一年。
藤本幸夫，〈高麗大蔵経と契丹大蔵経について〉（気賀沢保規編，《中国仏教石経の研究——房山雲居寺石経を中心に》），京都大学学術出版会，一九九六年。
洪潤植，《韓国仏教儀礼の研究》，隆文館，一九七六年。
横内裕人，《日本中世の仏教と東アジア》，塙書房，二〇〇八年。
金鍾明，〈高麗燃燈會와 그 遺產〉（《仏教研究》十六，四十五—九十四頁），一九九九年。
金知見等，《道詵研究》，首爾：民族社，一九九九年。
國史編纂委員會編，《信仰과 思想을 통해서 본 佛教傳統의 흐름》，首爾：두山東亞，二〇〇七年。
石吉岩，〈高麗時代海東佛教典籍의 中國流通에 대하여〉（《佛教學研究》十七，一六一—一七九頁），二〇〇七年。

崔昌祚，《韓國의風水》，首爾：民音社，一九八四年。
張愛順等共著，《高麗大藏經의研究》，首爾：東國大學出版部，二〇〇六年。
鄭駜謨，《高麗佛典目錄研究》，首爾：韓國學術情報，二〇〇四年。
朴相珍，《다시 보는 팔만대장경 이야기》（高麗大藏經的軼聞古事），首爾：운송신문사，一九九九年。
朴鎔辰，〈11－12世紀《圓宗文類》의 流通과 東아시아 佛教交流〉（《韓國中世史研究》二十五），二〇〇八年。
朴鎔辰，〈高麗中期 義天의 佛教儀禮와 그 認識〉（《韓國中世史研究》二十二，一四七－一七六頁），二〇〇七年。
韓基斗，《韓國禪思想研究》，首爾：一志社，一九九一年。
韓国留学生印度学仏教学研究会編，《韓国仏教学SEMINAR》第八号（特集：日本における韓国仏教思想の研究の成果と展望），二〇〇〇年。
佛教時代社編，《韓國佛教史의再照明》，首爾：佛教時代社，一九九一年。

【第四章】中島志郎

李泰鎮著、六反田豊譯，《朝鮮王朝社会と儒教》，法政大学出版局，二〇〇〇年。

押川信久，〈一五世紀朝鮮の日本通交における大蔵経の回賜とその意味〉（北島万次等編，《日朝交流と相克の歴史》），校倉書房，二〇〇九年。
鎌田茂雄，《朝鮮仏教史》，東京大学出版会，一九八七年。
姜在彥，《朝鮮儒教の二千年》（《朝日選書》六六八），朝日新聞社，二〇〇一年。
金奉鉉，《秀吉の朝鮮侵略と義兵闘争》，彩流社，一九九五年。
金煐泰著、沖本克己監譯，《韓国仏教史》，禅文化研究所，一九八五年。
申正午，《西山大師の禅家亀鑑研究》，山喜房佛書林，一九九一年（原著為新紀元社，一九八三年）。
須川英徳，〈背徳の王燕山君——儒教への反逆者〉（《アジア遊学》五十），勉誠出版，二〇〇三年。
高橋亨，《李朝仏教》，宝文館，一九二九年。
高橋亨，〈虛応堂集及普雨大師〉（《朝鮮学報》第十四輯），一九五九年。
仲尾宏，《朝鮮通信使と壬辰倭乱》，明石書店，二〇〇〇年。
仲尾宏、曹永禄編，《朝鮮義僧将・松雲大師と徳川家康》，明石書店，二〇〇二年。
中島志郎，〈李朝仏教信仰の一断面——文定王后と普雨〉（《日本仏教学会年報》巻六十七），二〇〇二年。

忽滑谷快天，《朝鮮禅教史》，春秋社，一九三〇年；名著刊行会，一九六九年。
洪潤植，《韓国仏教儀礼の研究》，隆文館，一九七六年。
三宅英利，《近世アジアの日本と朝鮮半島》，朝日新聞社，一九九三年。
《朝鮮王朝実録》（《太祖実録》、《世宗実録》、《成宗実録》、《明宗実録》、《燕山君日記》等）。
《朝鮮金石総覧》卷下（〈清虛堂休靜大師碑〉、〈海印寺四溟大師石蔵碑〉、〈乾鳳寺四溟大師紀蹟碑〉）
《朝鮮寺刹資料》卷上（〈西山大師行録〉）。
李泰鎮，《朝鮮儒教社會史論》，首爾：知識產業社，一九八九年。
李智冠編，《韓國高僧碑文總集　朝鮮朝・近現代》，首爾：伽山佛教文化研究院，二〇〇〇年。
李能和，《朝鮮仏教通史》，新文館，一九一八年。
禹貞相，《朝鮮前期佛教思想研究》，首爾：東國大學出版部，一九八五年。
金煐泰，《韓國佛教史》，首爾：經書院，一九九七年。
金燉，《朝鮮前期君臣權力關係研究》，首爾：首爾大學出版部，一九九七年。
權奇悰，〈朝鮮前期의 禪教觀〉（《韓國禪思想研究》），首爾：東國大學出版部，一

九八四年。
高麗大學民族文化研究所編，《文化史大系》（《韓國文化史大系》IV），首爾：高麗大學，一九八〇年。
徐閏吉，〈普雨大師의 思想〉（崇山朴吉真博士華甲紀念事業會編纂，《韓國佛教思想史——崇山朴吉真博士華甲紀念》），首爾：圓光大學出版局，一九七五年。
池斗煥，〈朝鮮初期 朱子家禮의 理解過程〉（《韓國史論》八）首爾：首爾大學人文大學史學科，一九八二年。
全惠星，〈朝鮮時代女性의 役割과 業績〉（《韓國史市民講座》十五）首爾：一潮閣，一九九四年。
張愛順等人共著，《高麗大藏經의 研究》，首爾：東國大學出版部，二〇〇六年。
大韓佛教曹溪宗教育院編，《曹溪宗史——古中世篇》，首爾：曹溪宗出版社，二〇〇四年。
《韓國佛教全書　朝鮮時代編一》第七冊，首爾：東國大學出版部，一九八六年。
韓基斗，〈朝鮮末期의 禪論〉（《韓國禪思想研究》），首爾：東國大學出版部，一九八四年。
韓㳓劤、李泰鎮編著，《韓國文化史　朝鮮前期篇》，首爾：一志社，一九八四年。

韓鐘萬，〈朝鮮前期의 佛教哲學〉（韓國哲學會編，《韓國哲學研究》卷中），首爾：東明社，一九七八年。
黃善明，《朝鮮朝宗教社會史研究》，首爾：一志社，一九八五年。
邊東明，《高麗後期性理學受容研究》，首爾：一潮閣，一九九五年。
普雨思想研究會編，《虛應堂普雨大師研究》，首爾：佛舍利塔，一九九三年。

【第五章】崔鈆植

滝沢誠，《武田範之とその時代》，三嶺書房，一九八六年。
韓晰曦，《日本の朝鮮支配と宗教政策》，未來社，一九八八年。
이재헌，《이능화와 근대 불교학》（李能和與當代佛教學），坡州：지식산업사，二〇〇七年。
임혜봉，《친일불교론》（親日佛教論），首爾：民族社，一九九三年。
임혜봉，《일제하 불교계의 항일운동》，首爾：民族社，二〇〇一年。
姜昔珠、朴敬勛編，《佛教近世百年》，首爾：中央日報社，一九八〇年。
金光植解題，李哲教資料收集，《韓國近現代佛教資料全集：解題》（全六十九卷），首爾：民族社，一九九六年。

金光植，《韓國近代佛教史研究》，首爾：民族社，一九九六年。

金光植，《韓國近代佛教의 現實認識》，首爾：民族社，一九九八年。

金光植，《근현대불교의 재조명》（再談近現代佛教），首爾：民族社，二〇〇〇年。

金光植，《새로운 불교운동의 전개》（新佛教運動的展開），安城：도피안사，二〇〇二年。

金光植，《한국현대불교사연구》（韓國現代佛教史研究），首爾：불교시대사，二〇〇六年。

金光植，《민족불교의 이상과 현실》（民族佛教的理想與現實），安城：도피안사，二〇〇七年。

金敬集，《韓國近代佛教史》，首爾：經書院，一九九八年。

김순석，《일제시대 조선총독부의 불교정책과 불교계의 대응》（日本殖民時期日本總督府的佛教政策與韓國佛教界的反應），首爾：경인문화사，二〇〇三年。

鄭珖鎬，《近代韓日佛教關係史研究——日本 의 植民地政策 과 관련 하여》，仁川：인하대학교출판부，一九九四年。

大韓佛教曹溪宗教育院編，《曹溪宗史——近代與現代篇》，首爾：曹溪宗出版社，二〇〇七年。

崔柄憲，〈日帝佛教의 浸透와 植民地佛教의 性格——淨土眞宗大谷派의 浸透事例를 中心으로〉（《韓國思想史學》七），一九九六年。
崔柄憲，〈近代禪宗의 復興과 鏡虛의 修禪結社〉（《德崇禪學》創刊號），二〇〇〇年。
崔柄憲，〈日帝의 侵掠과 佛教——日本曹洞宗의 武田範之와 圓宗〉（《韓國史研究》一一四），二〇〇一年。
韓國佛教近現代史研究會編，《新聞으로 본 韓國佛教近現代史》上、下，首爾：선우도량출판부，一九九五、一九九九年。
송월주 외，《교단정화운동과 조계종의 오늘》（教團淨化運動與現今之曹溪宗），首爾：한국불교근현대연구회、불교신문사，二〇〇一年。
韓國佛教近現代史研究會編，《22인의 증언을 통해 본 근현대 불교사》（二十二名見證者眼中的近現代佛教），首爾：선우도량출판부，二〇〇二年。
佛教史學會編，《近代韓國佛教史論》，首爾：民族社，一九八八年。

【第六章】朴亨國

林碩奎，〈渤海の二仏並座像〉（《仏教芸術》三〇二），二〇〇九年。

山口県立美術館編，《高麗・李朝の仏教美術展》（図録），山口県立美術館，一九九七年。
東京国立博物館編，《金銅仏——中国・朝鮮・日本》（図録），東京国立博物館，一九八七年。
朴亨國，〈韓国の仏教彫刻〉（畠中光享編，《アジア美術史》），京都造形芸術大学通信教育部，一九九九年。
朴亨國，〈韓国の密教美術〉（《中国密教》シリーズ密教三），春秋社，一九九九年。
朴亨國，〈韓国の美術〉（《カラー版東洋美術史》），美術出版社，二〇〇〇年。
朴亨國，《ヴァイローチャナ仏の図像学的研究》，法蔵館，二〇〇一年。
朴亨國，〈古代韓国の女神信仰と現存女神像について〉（《仏教芸術》二七八），二〇〇五年。
朴亨國，〈韓国・慶州石窟庵の諸仏像に関する図像学的研究〉（《曼荼羅の諸相と文化》下），法蔵館，二〇〇五年。
朴亨國，〈韓国における五台山信仰について——韓国五台山信仰の開祖とされる慈蔵に関する考察〉（真鍋俊照編著，《仏教美術と歴史文化——真鍋俊照博士還暦記念論集》），法蔵館，二〇〇五年。

朴亨國，〈韓国の毘盧遮那仏〉（頼富本宏編著，《大日如来の世界》），春秋社，二〇〇七年。
朴亨國編著，《韓国の浮彫形態の仏教集合尊像（四仏・五大明王・四天王・八部衆）に関する総合調査》（文部科学省科学研究費補助金成果報告書），二〇〇八年。
水野さや，〈韓国江原道襄陽郡陳田寺址三層石塔の八部衆像について〉（《美学美術史研究論集》十六），一九九八年。
水野さや，〈慶州昌林寺址三層石塔の八部衆像について〉（《美術史》十五），二〇〇一年。
金理那，《韓國古代佛教雕刻史》，首爾：一潮閣，一九八九年。
金理那，《韓國古代佛教雕刻比較研究》，首爾：문예출판사，二〇〇三年。
三星美術文化財團編，《高麗、영원한 美——高麗佛畫特別展》，首爾：三星美術文化財團，一九九三年。
國立中央博物館編，《三國時代佛教雕刻》，首爾：國立中央博物館，一九九〇年。
文明大，《韓國雕刻史》，首爾：悅話堂，一九八〇年。
文明大，《한국의 불상조각》（《韓國佛像彫刻》）全四卷，首爾：예경，二〇〇二—二〇〇四年。

方學鳳著、朴相佾編譯，〈渤海의 佛教遺跡과 遺物〉，首爾：書景文化社，一九九八年。
국립부여박물관編，《백제가람에 담긴 불교문화》（百濟佛教的伽藍文化），首爾：국립부여박물관，二〇〇九年。
忠清南道公州大學博物館，《百濟의 彫刻과 美術》（百濟的雕刻與美術），公州：忠清南道公州大學博物館，一九九一年。
서울대학교박물관、동경대학 문학부，《해동성국 발해》（海東盛國——渤海），首爾：통천문화사、서울대학교박물관，二〇〇三年。
엄기표，《신라와 고려시대 석조부도》（新羅、高麗王朝之石造浮屠），首爾：학연문화사，二〇〇三年。
韓國國立中央博物館編，《영원한 생명의 울림 통일신라 조각》（生命的永恆——統一新羅時代的雕塑），首爾：韓國國立中央博物，二〇〇九年。

【第七章】石井公成

石井米雄監修、櫻井由躬雄、桃木至朗編，《ベトナムの事典》，同朋舍，一九九九年。
石井米雄、櫻井由躬雄編，《東南アジア史》I，山川出版社，一九九九年。

伊東照司，《ベトナム仏教美術入門》，雄山閣，二〇〇五年。
伊東照司，《東南アジア美術史》，雄山閣，二〇〇七年。
大西和彦，〈ベトナムの道観・道士と唐末道教〉（遊佐昇、野崎充彦、増尾伸一郎編，《アジア諸地域と道教》，講座道教第六巻），雄山閣，二〇〇一年。
大西和彦，〈18世紀ベトナム仏教儀礼文書集に見える仏僧の道士としての役割〉（《ベトナムの社会と文化》七），風響社，二〇〇七年。
小倉貞男，《物語ヴェトナムの歴史》，中公新書，一九九七年。
川本邦衛，《ベトナムの詩と歴史》，文芸春秋社，一九六七年。
川本邦衛，〈ヴェトナムの仏教〉，《東アジア諸地域の仏教》（中村元、笠原一男、金岡秀友監修、編，《アジア仏教史　中国編四》），佼成出版社，一九七六年。
久野芳隆，《南方民族と宗教文化》，第一出版協会，一九四三年。
櫻井由躬雄、大西和彦，〈ベトナムの仏教——徐道行と仏跡山天福寺を中心として〉（高崎直道、木村清孝編，《東アジア仏教とは何か》），春秋社，一九九五年。
Tran Ky Phuong 著、重枝豊譯，《チャンパ遺跡》，連合出版，一九九七年。
陳荊和編校，《校合本　大越史記全書》上、中、下冊，東京大学東洋文化研究所附属東洋学文献センター，一九八四—一九八六年。

ベトナム社会科学院編，石澤良昭、富田春生譯，《チャム彫刻写真集》，連合出版，一九八八年。

三根谷徹，《中古漢語と越南漢字音》，汲谷書院，一九九三年。

桃木至朗、樋口英夫、重枝豊，《チャンパ》，めこん，一九九九年。

山本達郎編，《ベトナム中国関係史》，山川出版社，一九七五年。

釋聖嚴，〈越南佛教史略〉（張曼濤主編《現代佛教學術叢刊》第八十三冊《東南亞佛教研究》），臺北：大乘文化出版，一九七八年。

藩文閣、蘇爾夢主編，《越南漢喃銘文匯編第一集：北屬時期至李朝》，EFEO 出版，一九九八年。

中越共同研究主編，《越南漢喃銘文匯編第二集：陳朝（上、下）》，臺北：新文豐出版社，二○○二年。

北圻佛教總会，《越南佛典叢刊》八巻十冊，河內：北圻佛教總会，一九四三年。

黎崱，《安南史略》，北京：中華書局，二○○○年。

Nguyen, Tai Thu ed., *The History of Buddhism in Vietnam*, Washington : The Council for Research in Values and Philosophy, 2008.

Thich Nhat Hanh, *Master Tăng Hội: First Zen Teacher in Vietnam and China*, Berkeley,

California: Parallax Press, 2001.

Trấn-Văn Giáp,"Le Bouddhisme en Annam," *BEFEO*, vol. XXXII, Hanoi, 1932.

Thich Thien-An, *Buddhism And Zen In Vietnam: In Relation To The Development In Asia* ,Tokyo: Charles E. Tuttle, 1975.

Cuong Tu Nguyen, *Zen in Medieval Vietnam*, Honolulu, 1997.

Shawn Frederick McHale, *Print and Power: Confucianism, Communism, and Buddhism in the Making of Modern Vietnam*, Honolulu, 2003.

Keith Weller Taylor, *The Birth of Vietnam*, Berkeley, 1983.

Hà Văn Tấn, Nguyễn Văn Kự, Phạm Ngọc Long, *Chùa Việt Nam*（越南寺院）, Hà Nội, 2009.

Lê Mạnh Thát, *Lịch sử Phật giáo Việt Nam*（越南佛教史）（1, 2, 3）, Hồ Chí Minh, 2006.

Lê Mạnh Thát, *Nghiên Cứu Về Thiền Uyển Tập Anh*（禪苑集英研究）, Hồ Chí Minh, 1999.

Lê Mạnh Thát, *Tổng Tập Văn Học Phật Giáo Việt Nam*（越南佛教文學總集）, Hồ Chí Minh, 1999.

Nguyễn Đăng Thục, Thiền Học *Việt Nam*（越南禪學）, Huế, 1997.

Nguyễn Duy Hinh, *Tư Tưởng Phật Giáo Việt Nam*（越南佛教思想）, Hà Nội, 1999.

Nguyễn Lang（Thích Nhất Hạnh）, *Việt Nam Phật Giáo Sử Luận*（越南佛教史論）, Hà Nội,

1994.
Thích Mật Thể, *Việt Nam Phật Giáo Sử Lược*（越南佛教史略）, Hà Nội, 2004.
Thích Thanh Đạt, *Thiền Phái Trúc Lâm thời Trần*（陳代竹林禪派）, Hà Nội, 2000.
Thích Thanh Từ, *Khóa Hư Lục Giảng Giải*（課虛錄講解）, Hồ Chí Minh, 1996.
Thích Thông Phương, *Thiền Phái Trúc Lâm Yên Tử*（安子竹林禪派）, Hà Nội, 2003.
Thích Thanh Từ, *Tam Tổ Trúc Lâm Giảng Giải*（竹林三祖講解）, Hồ Chí Minh, 1997.

專欄一　森博達

石井公成，〈三経義疏の語法〉（《印度学仏教学研究》五十七—一），二〇〇八年。
小倉進平，《郷歌及び吏讀の研究》（《小倉進平博士著作集》一），京都大学国文学会，一九七四年。
桑山正進編，《慧超往五天竺國傳研究》，京都大学人文科学研究所，一九九二年。
森博達，《日本書紀の謎を解く》，中公新書，一九九九年。
李基文，《（新訂版）國語史概說》，首爾：太學社，一九九八年。
徐鍾學，《吏讀의 歷史的研究》，韓國：嶺南大學出版部，一九九五年。
南豐鉉，《吏讀研究》，首爾：太學社，二〇〇〇年。

專欄二　平井宥慶

平井宥慶，《シルクロードを仏教が往く》上（黎明篇），大東出版社，一九九六年。
平井宥慶，《シルクロードを仏教が往く》下（開花篇），大東出版社，一九九七年。
藤田豐八，《慧超往五天竺國傳箋釈》，一九一一年（收於《大日本佛教全書》卷一三，佛書刊行會，一九一五年）。
慧超原著、張毅箋釋，《往五天竺國傳箋釋》，北京：中華書局，一九九四年。

專欄三　藤本幸夫

宮崎健司，《日本古代の写経と社会》，塙書房，二〇〇六年。
山本信吉，〈聖語蔵《大方広仏華厳経　自巻七十二至巻八十》の書誌的考察〉（《正倉院紀要》二十八），二〇〇六年。

專欄四　嚴基珠

鎌田茂雄，《朝鮮仏教史》，東京大学出版会，一九八七年。
鎌田茂雄編著，《講座　仏教の受容と変容五　韓国編》，佼成出版社，一九九一年。
金台俊著，安宇植譯註，《朝鮮小說史》，東洋文庫，一九七五年。

專欄五　小林芳規

春日政治，〈初期点法例——聖語蔵点本を資料として〉（《国語国文》第二十一巻第九號《吉澤博士喜寿壽記念特輯》，一九五二年）。後重編於春日政治，《古訓点の研究》，風間書房，一九五六年。

国語学会編，《国語学大辞典》，東京堂出版，一九八〇年。

小林芳規，《角筆文献研究導論　上卷　東アジア篇》，汲古書院，二〇〇四年。

小林芳規，〈日本の訓点の一源流〉（《汲古》四十九號），二〇〇六年。

小林芳規，〈東アジアの角筆文献——その交流の軌跡を辿る〉（《和漢比較文学》三十八號），二〇〇七年。

小林芳規，〈日本語訓点表記としての白点・朱点の始原〉（《汲古》五十三號），二〇〇八年。

小林芳規，〈角筆による新羅語加点の華厳経〉（《南都仏教》九十一號），二〇〇八年。

小林芳規，〈日本の経典訓読の一源流——助詞イを手掛かりに〉（《汲古》五十五號），二〇〇九年。

小林芳規，〈日本に伝来した宋版一切経の角筆加点——醍醐寺蔵宋版一切経の角筆点と

韓国の角筆点吐との関連〉（《醍醐寺文化財研究所研究紀要》二十二號），二〇〇九年。

專欄六　櫻井由躬雄

櫻井由躬雄，《歴史地域学の試み——バックコック》，東京大学大学院人文社会系研究科南東アジア南アジア歴史研究室，二〇〇六年。

專欄七　范氏秋江

Đặng Nghiêm Vạn, *Lý luận về tôn giáo và tình hình tôn giáo ở Việt Nam*（越南宗教的宗教理論與現狀）, Nhà xuất bản khoa học xã hội, năm 2001.

Đặng Nghiêm Vạn chủ biên, *Về tín ngưỡng tôn giáo Việt Nam hiện nay*（現今越南的宗教信仰）, Nhà xuất bản khoa học xã hội, năm 1998.

Lê Hồng Lý, Nguyễn Thị Phương Châm tổ chức bản thảo, *Sự biến đổi của tôn giáo tín ngưỡng ở Việt Nam hiện nay*（現今越南宗教信仰的變革）, Nhà xuất bản Thế giới, năm 2008.

Lê Mạnh Thát, Thích Nhật Từ chủ biên, *Phật giáo với điều chỉnh xã hội*（佛教與社會的協調）, Nhà xuất bản Văn hoá-Thông tin, năm 2008.

Phan Cẩm Thượng, *Bút tháp nghệ thuật Phật giáo*（寧福寺的佛教藝術）, Nhà xuất bản mỹ thuật, năm 1996.

Nguyễn Duy Quý, Đặng Nghiêm Vạn.: chủ biên, *Những vấn đề tôn giáo hiện nay*（現代宗教的問題）, Nhà xuất bản khoa học xã hội, năm 1994.

索引

編錄重要相關人物、寺院、文獻等項目。

一畫

二畫

三畫

四畫

五畫

六畫

七畫

八畫

九畫

十畫

十一畫

十二畫

十三畫

十四畫

十五畫

十六畫

十七畫

十八畫

十九畫

二十畫

二十一畫

二十二畫

二十三畫

二十四畫

二十五畫

作者簡介

福士慈稔

一九五六年生於岡山縣，立正大學佛教學部佛教學科畢業，同大學院人文科學研究科佛教學專攻博士後期課程學分取得肄業。大韓民國圓光大學研究所博士課程佛教學修畢。博士（哲學）。身延山大學佛教學部教授。專門領域為佛教學、以朝鮮半島為中心的東亞佛教史。著作有《新羅元曉研究》等，另有論文及共同著作甚豐。

佐藤厚

一九六七年生於山形縣，東洋大學文學部印度哲學科畢業，同大學院文學研究科佛教學專攻博士課程修畢。博士（文學）。東洋大學兼任講師。專門領域為韓國佛教史、華嚴學。主要論文有〈義湘系華嚴学派の基本思想と《大乘起信論》批判〉。

金天鶴

一九六二年生於韓國首爾，韓國外國語大學泰語學科畢業，韓國學中央研究院韓國學研究所博士課程修畢，東京大學大學院亞洲文化研究科博士課程修畢。博士（哲學、文學）。金剛大學佛教文化研究所所長。專門領域為華嚴學。著作有《均如の華厳思想研究》，主要論文有〈東大寺写本理理円融について〉等。

中島志郎

一九五三年生於京都府，花園大學文學部佛教學科畢業。大韓民國東國大學研究所佛教學碩士課程修畢。哲學（碩士）。花園大學文學部教授。專門領域為禪宗學、禪宗史。著作有《高麗中期禅思想研究》（国際禅学研究所研究報告）、《神会の語録》（共著）、《孤高の禅師　道元》（共著）、《傍訳　六祖壇経》等。

崔鈆植

一九六六年生於韓國全州，首爾大學國史學科畢業，同大學院博士課程修畢。博士（文學）。首爾大學兼任講師，曾任金剛大學佛教文化研究所常任研究員，現為木浦大學歷史學科教授。專門領域為韓國古代中世佛教史。著作有《校勘　大乘四論玄義記》等，另有論文及共同著作甚豐。

朴亨國

一九六五年生於韓國慶北高靈郡，延世大學文學部史學科畢業，武藏野美術大學大學院修士課程修畢，名古屋大學大學院博士後期課程修畢。博士（文學）。武藏野美術大學造形學部教授。專門領域為佛教雕刻史、密教圖像學。主要著作有《ヴァイローチャナ仏の図像学的研究》、《韓国の浮雕形態の仏教集合尊像（四仏・五大明王・四天王・八部衆）に関する総合調査》等，另有論文及共同著作甚豐。

石井公成

一九五〇年生於東京都，早稻田大學第一文學部東洋哲學專攻畢業，同大學院人文科學研究科博士後期課程學分取得肄業。博士（文學）。駒澤大學佛教學部教授。專門領域為探析與在漢字文化圈內各國佛教相關的文學、歷史、藝能。著作有《華厳思想の研究》。

森博達

一九四九年生於兵庫縣，大阪外國語大學中國語學科畢業，名古屋大學大學院文學研究科（中國文學專攻），博士課程肄業。愛知大學專任講師，同志社大學副教授，大阪外國語大學副教授，京都産業大學教授。專門領域為東亞語文交涉史。主要著作有《古代の音韻と日本書紀の成立》、《日本書紀の謎を解く》、《일본서기의 비밀（日本書紀の秘密）》等，另有論文及共同著作甚豐。

平井宥慶

一九四三年生於東京都，大正大學畢業，同大學院文學研究科博士課程學分取得肄業。大正大學人間學部教授。專門領域為佛教學、東西文化交涉史。主要著作有《シルクロードを仏教が往く（上、下）》（私著）、《新国訳大蔵経・本縁部二－一》（共著）、《中国仏教研究入門》（共著）、《中国密教》（共著）等，另有論述甚豐。

藤本幸夫

一九四一年生於京都府，京都大學文學部言語學科畢業，同大學院文學研究科博士課程學分取得肄業。碩士（文學）。歷任大阪大學文學部助手、富山大學人文學部教授，麗澤大學大學院教授。專門領域為朝鮮語、朝鮮文學。主要著作有《韓国語の歴史》（譯著）、《韓国絵画史》（譯著）、《日本現存朝鮮本研究　集部》（私著），另有共同著作及論文甚豐。

嚴基珠

一九六〇年生於韓國首爾，韓國成均館大學國語國文學科畢業，同大學院博士課程修畢。博士（文學）。專修大學網路情報學部教授。專門領域為韓國文學、韓中日比較文學。主要論文有〈中国・日本・韓国における愚人譚の一類型比較〉、〈東アジア三国における《剪燈新話》の存在様相〉、〈《三綱行実図》類の変化に表れた17世紀朝鮮の社会相——兄弟対立譚解釈のための試論〉、〈近世の韓・日儒教教訓書——《東国新続三綱行実図》・《本朝女鑑》・《本朝列女伝》を中心として〉等。

小林芳規

一九二九年生於山梨縣，東京文理科大學國語國文學科畢業。博士（文學）。歷任廣島大學教授、德國島文理大學教授，現為廣島大學名譽教授。專門領域為日本語學的日本

語史、角筆文獻研究。主要著作有《平安鎌倉に於ける漢籍訓読の国語史的研究》、《角筆文献の国語学的研究》、《角筆のみちびく世界（中公新書）》、《角筆文献研究導論（四冊）》、《図説日本の漢字》等，另有論文及共同著作、編著甚豐。

櫻井由躬雄

一九四五年生於福井縣，東京大學文學部東洋史學科畢業，東京大學名譽教授、京都大學特任教授。博士（文學、農學（以上為東京大學））、名譽學術博士（越南國家大學）。榮獲第一屆越南學獎。專門領域為歷史地域學。主要著作有《ベトナム村落の形成》、《ハノイの憂鬱》、《米にきる人々》、《緑色の野帖》、《東南アジアの歴史》、《前近代の東南アジア》、《東南アジア世界の形成（共著）》、《歴史地域学の試み——バックコックー》，編著有《東南アジア史》、《ベトナムの事典》、《岩波講座　東南アジア史》、《地域からの世界史　東南アジア》、《もっと知りたいベトナム》、《ベトナムの事典》等，另有多篇論文。

范氏秋江

一九七八年生於越南海防市，河內國家大學下屬外國語大學日本語學科畢業。獲得

奈良女子大學大學院人間文化研究科碩、博士學位。河內國家大學人文社會科學校東洋學部專任講師。專門領域為日本佛教思想史。主要論文有〈近世浄土真宗における肉食妻帯論——その人間観と仏教観〉、〈日本仏教における妻帯問題——古代・中世・近世の実態と歴史的変化〉，另有福澤諭吉著《福翁自伝》等譯著。

國家圖書館出版品預行編目資料

佛教在漢字文化圈的流布：朝鮮半島、越南 / 石井公成編輯委員；辛如意譯. -- 初版. -- 臺北市：法鼓文化, 2022.05
面； 公分
ISBN 978-957-598-954-5 (平裝)

1. CST: 佛教史 2. CST: 韓國 3. CST: 越南

228 111003959

新亞洲佛教史 10

佛教在漢字文化圈的流布 —— 朝鮮半島、越南

漢字文化圏への広がり —— 朝鮮半島・ベトナム

編輯委員	石井公成
譯者	辛如意
中文版總主編	釋果鏡
中文版編輯顧問	釋惠敏、于君方、林鎮國、木村清孝、末木文美士
中文版編輯委員	釋果鏡、釋果暉、藍吉富、蔡耀明、廖肇亨、陳繼東、陳英善、陳一標
出版	法鼓文化
封面設計	化外設計
內頁美編	小工
地址	臺北市北投區公館路186號5樓
電話	(02)2893-4646
傳真	(02)2896-0731
網址	http://www.ddc.com.tw
E-mail	market@ddc.com.tw
讀者服務專線	(02)2896-1600
初版一刷	2022年5月
建議售價	新臺幣650元
郵撥帳號	50013371
戶名	財團法人法鼓山文教基金會—法鼓文化
北美經銷處	紐約東初禪寺
	Chan Meditation Center (New York, USA)
	Tel: (718)592-6593 E-mail: chancenter@gmail.com

SHIN ASIA BUKKYOUSHI <10> CHŌSENHANTŌ BETONAMU —
KANJI BUNKA-KEN E NO HIROGARI
by Editorial Committee: Kosei ISHII

法鼓文化

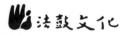

扶餘
雞龍山
東鶴寺
論山
灌燭寺
錦江
益山
威鳳寺
金提
金山寺
來蘇寺
全羅北道
慶尚北道
龜尾
桐華寺
銀海寺
慶州
大邱
佛國寺
龍淵寺
海印寺
表忠寺
實相寺
南原
內藏寺
慶尚南道
通度寺
華嚴寺
智異山
白羊寺
光州
梵魚寺
晉州
仙巖寺
雙溪寺
木浦
羅州
松廣寺
光陽
釜山
順天
全羅南道
麗水
大興寺
西水道（大韓海峽）
對馬
東水道
玄界灘
濟州海峽
壹岐
對馬海峽
濟州
觀音寺
濟州道
漢拏山
濟州島
福岡
佐賀

㊱ 法雨寺
㊲ 神光寺
㊳ 崇嚴寺
㊴ 香跡寺(
㊵ 崇福寺(西
㊶ 福林寺
㊷ 福光寺
㊸ 龍仙寺
㊹ 古禮寺
㊺ 延慶寺
㊻ 青天寺(三青寺)
㊼ 崇福寺
㊽ 新寶寺
㊾ 浮璉寺
㊿ 館使寺
51 拜頂新寺
52 洞天寺
53 香光寺
54 靈雲寺
55 安樂寺
56 安舍寺
57 珠光寺
58 天姥寺
59 國恩寺
60 慈曇寺
61 報國寺
62 龍首寺
63 來遠橋(日本橋)
64 天印寺
65 十塔彌陀寺
66 湖山寺
67 隆山寺
68 妙印寺
69 博愛寺
70 寶巖寺
71 啟端寺
72 法華寺
73 靈山寺
74 大叻竹林禪院
75 婆德生寺
76 覺林寺
77 覺圓寺
78 草堂禪寺
79 永巖寺
80 中心淨舍
81 釋迦佛寺
82 靈山寺
83 會慶寺
84 大覺寺
85 塔靈寺
86 永長寺
87 寶林寺
88 靈山寺
89 西山寺
90 會德寺
91 洞寺
92 三寶寺
93 洞寺
94 克郎寺
95 瑪哈塔布寺
96 寶山寺
97 觀音佛台
98 敕賜觀音寺
99 姆尼翁薩寺

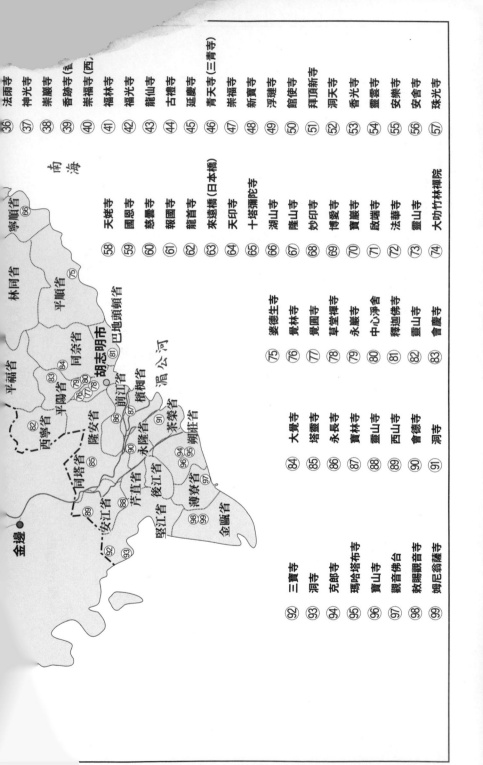